바젤탑

Tower of Basel

Copyright © 2013 by Adam LeBor
Korean Translation Copyright © 2022 by TheNeum
Korean edition is published by arrangement with PublicAffairs, an imprint of Perseus Books, LLC, a subsidiary of Hachette Book Group Inc., New York, New York, USA through Duran Kim Agency. All rights reserved.

* * *

이 책의 한국어판 저작권은 듀란킴 에이전시를 통한 Perseus Books 와 독점계약으로 더늠에 있습니다. 저작권법에 의하여 한국 내에서 보호를 받는 저작물이므로 무단전재와 무단복제를 금합니다.

금융이 무너지는 시기, 무엇을 할 것인가?

저자 **아담 레보어** | 옮긴이 **임수강**

바젤탑

국제결제은행(BIS)의 역사, 금융으로 쌓은 바벨탑

| 추천사

월 스트리트 저널

"아담 레보어의 『바젤탑: 세계를 경영하는 비밀 은행의 어두운 역사』는 중앙은행가들에 대한 도전을 끈질기게 변호한다. 우리는 중앙은행가들에게서 훌륭한 통치를 하는 공정한 영웅을 기대한다. 레보어는 그것이 잘못이라고 주장한다. 오히려 그들은 민주주의가 가장 경계해야 하는 존재이다. 중앙은행가들은 군대나 의회가 아니라 금융 규칙을 사용하여 통제력을 행사하는 전제군주이다…. 이는 몹시 추한 그림인데, 레보어는 그것을 잘 그려냈다."

뉴욕 타임즈

"BIS의 전체 이야기를 풀어낼 이유는 충분하다. 많은 조사연구를 거친 이 책에서 르보아는 그것을 설득력 있게 해냈다."

블룸버그 비즈니스 위크

"만약 여러분이 BIS를 그저 중립적인 중개 기관이라고 생각한다면, 아담 레보어의 이 책은 여러분의 그러한 생각을 바로잡아 줄 것이다. 『바젤탑: 세계를 경영하는 비밀 은행의 어두운 역사』는 BIS에 대한 본격적인 공격이다."

로이터

"세계에서 가장 중요한, 그럼에도 불투명한 한 기관에 대한 철저하면서도 흥미로운 조사"

퍼블리셔 위클리

"새로운 자료와 내부자에게서 나오는 정보를 추구하면서, 레보어는 글로벌 투자은행가들의 모습(수단 방법을 가리지 않고 이윤을 짜내는, 사악한 행동도 서슴지 않는 모습)을 생생하게 드러낸다. 비밀스런 BIS의 시대를 초월하는 권력은 독자들을 깜짝 놀라게 할 것이다."

북리스트

"이 책은 금융 부문의 책략, 비밀, 거짓말, 루머, 그리고 진실에 대한 이야기이다. 레보어는 금융에 대한 사실적인 이야기를 첩보소설 못지않게 짜릿하게 풀어나간다. 『바젤탑』은 여러분이 아마 들어보지 못했을 가장 강력한 은행에 대한 매우 흥미롭고도 유익한 책이다."

에드워드 루카스 _『속임수』의 저자_

"『바젤탑』은 꼭 읽어야 할 책이다. 꼼꼼하게 조사하고 유려하게 쓴 이 책은 현대 세계의 알려지지 않은 역사 한 토막을 드러낸다. 비밀 네트워크, 비밀 거래, 불가사의하면서도 권세 있는 개인들(이들의 의사결정이 우리 삶의 형태를 규정한다)에 대한 매혹적인 이야기"

리아콰트 아메드 _『금융의 제왕: 세계를 파괴한 은행가들』의 저자_

"아담 레보어는 굉장히 흥미진진한 BIS의 역사를 썼다. BIS는 어쩌면 세계에서 가장 수수께끼 같은 금융기관이다. 그가 밝힌 음험한 이야기와 시대순으로 짜인 그 이야기의 놀라운 전개는 신비로움을 더해 줄 뿐이다."

해롤드 세임스 _프린스턴대학 역사·국제문제 교수, 『유럽 통화동맹의 창조』의 저자_

"눈을 뗄 수 없는 읽을거리 – 나치 시기와 제2차 세계대전 동안의 BIS 역할에 대한 거장다운 묘사"

목차

서론 · 19

제1부 자본이 먼저다

1장 중앙은행가들의 꿈의 은행 · 38
2장 바젤의 은밀한 클럽 · 54
3장 가장 쓸모 있는 은행 · 68
4장 나치에 이용당하는 BIS · 86
5장 합법적인 약탈 · 107
6장 히틀러를 돕는 미국인 은행가 · 123
7장 전쟁에서 돈 버는 월 스트리트 · 147
8장 적과 맺은 협정 · 171

제2부 연방 제국

9장 유럽의 통합을 요구하는 미국 · 198
10장 처벌받지 않은 전쟁 범죄 · 214
11장 불사조처럼 살아나는 독일 · 233
12장 책상물림 살인자들의 귀환 · 251
13장 솟아오르는 바젤탑 · 273

제 3 부　붕괴

14장　두 번째 탑　·　298

15장　모든 것을 보는 눈　·　320

16장　성채 균열　·　345

감사의 말　·　369

옮긴이 후기　·　373

미주　·　377

참고 자료　·　397

1927년에 세계에서 가장 유력한 중앙은행 총재 네 명이 뉴욕에 모인다; 얄마르 샤흐트(독일 제국은행), 벤자민 스트롱(뉴욕 연준), 몬태규 노먼(잉글랜드은행), 샤를 리스트(프랑스은행). _BIS 제공

1930년 4월 BIS의 첫 비공식 이사회; 이 회의는 비밀스럽기 짝이 없어서 중앙은행 총재들이 떠난 뒤에도 회의실을 외부인들에게 개방하지 않았다. _BIS 제공

BIS의 첫 번째 본부는 바젤 중앙역 근처의 과거 호텔 건물이었다. 임시 장소로 쓸 계획이었던 이 건물은 1977년까지도 BIS의 본부였다. _BIS 제공

1935년 5월에 열린 이사회; 참석자 가운데에는 몬태규 노먼, 얄마르 샤흐트, 나치의 유력한 민간은행가인 폰 슈뢰더가 끼어 있었다. _BIS 제공

아돌프 히틀러와 얄마르 샤흐트(가운데); 독일 전쟁 경제의 설계자인 샤흐트는 한때 자기를 히틀러의 **가장 충성스러운 동지**라고 묘사했다. _쥐트도이체차이퉁/노르트포토

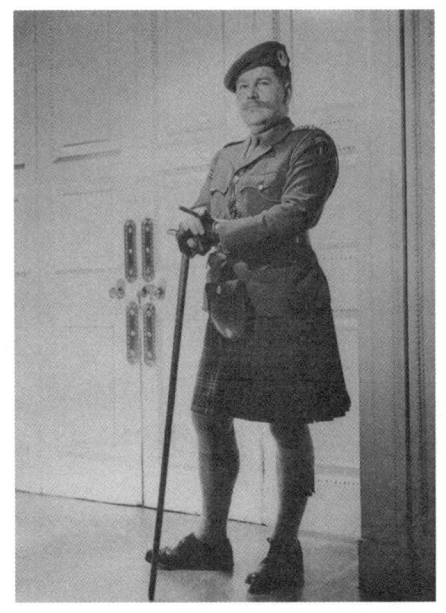

영국의 정보기관 요원 도널드 매클래런은 나치 산업재벌 IG 파벤의 미국 자회사를 상대로 파괴 공작을 폈다. IG 파벤의 최고경영자인 헤르만 슈미츠는 BIS의 이사였다. _매클래런 가족 제공

제2차 세계대전 당시 미국 정보기관 스위스 지국의 책임자 앨런 덜레스(오른쪽); 덜레스와 BIS 총재인 토마스 맥키트릭은 친구였다. 맥키트릭은 코드명 644로 그에게 정보를 제공했다.
_쥐트도이체차이퉁/노르트포토

독일 연방은행 총재이자 BIS 이사(1958-1969년)를 역임한 칼 블레싱(왼쪽); 대부분의 독일 은행가들처럼, 블레싱도 제3제국 시기에는 충실한 나치당원이었다. 그는 강제수용소와 노예 노동자 제국을 감시했다. _쥐트도이체차이퉁/노르트포토

1940년부터 1946년까지 BIS 총재를 지낸 미국의 은행가 토마스 맥키트릭; BIS는 독일 제국은행의 대외 지점처럼 활동했고, 나치가 약탈한 금을 받아들였으며, 연합국과 추축국 사이의 비밀 접촉을 위한 창구 역할을 했다. _BIS 제공

1938년부터 1958년까지 BIS의 사무국장을 역임한 로제 오보앵; 프랑스 은행가 오보앵은 제2차 세계대전 이전부터 이후까지, 심지어 전쟁 동안에도 초국가적인 금융이익의 연속성을 상징했다. _BIS 제공

유로화의 아버지로 알려진 헝가리 태생의 경제학자 알렉산드르 람파루시; 람파루시는 1985년부터 1993년까지 BIS의 사무국장을 지냈다. 이후 BIS를 떠나 유럽통화연구소를 설립했는데, 이 연구소는 유럽중앙은행의 전신이었다. _BIS 제공

1931년부터 1956년까지 BIS의 유력한 경제고문이었던 야콥센; 야콥센은 중립국 스웨덴 출신이라는 지위를 이용하여 전쟁 동안 워싱턴의 경제 정보를 베를린으로 넘겨주었다. _BIS 제공

람파루시의 뒤를 이어 BIS의 사무국장이 된 영국의 존경받는 경제학자 앤드루 크로켓; 크로켓은 BIS를 유럽 중심 기관에서 글로벌 기관으로 변모시키는 활동을 지휘했다. 이를 통해 BIS의 지위를 공고히 다졌다. _BIS 제공

1980년 연차총회; 창립 50년 만에 BIS는 글로벌 경제의 필수적인 기둥이 되었다. _BIS 제공

2013년 1월, 유럽중앙은행 총재위원회; 유럽중앙은행은 그 모은행인 BIS와 마찬가지로 국제조약의 보호를 받고 있지만, 불투명하고 설명책임도 지지 않는다. _ECB 제공

"국제결제은행BIS은
정부나 정치의 모든 통제에서
완전히 벗어나 있다."

- 게이츠 맥거러 Gates Mcgarrah,
BIS 초대 총재, 1931.¹

| 서론 |

　세계에서 가장 배타적인 이 클럽의 회원은 18명이다. 이들은 두 달에 한 번씩 일요일 저녁 7시에 원통형 고층 건물의 E 회의실이라는 곳에 모인다. 그곳에서는 옅은 색 유리 창문 밖으로 스위스 바젤 중앙역이 굽어보인다. 그들의 토론은 한 시간에서 한 시간 반가량 이어진다. 참가자들의 일부는 보좌관을 데리고 오기도 하지만, 보좌관들이 이 비밀스럽기 짝이 없는 모임에서 발언을 하는 경우는 드물다. 회의가 끝나면 보좌관들은 물러나고, 회원들은 남아서 식사를 하러 18층으로 이동한다. 그곳의 음식과 와인이 최고급일 것이라는 사실은 미루어 짐작할 수 있다. 식사는 늦은 밤까지 이어지는데, 이때야말로 진짜 중요한 일이 처리된다. 80년 넘게 가다듬어 온 의전과 손님맞이는 흠잡을 데가 없다. 식사 테이블에서 오고 간 모든 발언들은 밖으로 새나가지 않아야 한다고 다들 이해하고 있다.
　스위스의 최고급 요리와 그랑 크뤼 와인을 즐기는 그들을 알아보는 외부인은 거의 없다. 그러나 그들은 세계에서 가장 영향력 있는 사람들 축에 든다. 대부분 남성인 이들은 세계의 중앙은행가들이다. 그들은 중앙은행의 은행이라 할 수 있는 국제결제은행BIS의 경제자문위원회ECC에 참석하기 위해 바젤에 왔다. 2013년을 기준으로, 경제자문위원회의 구성원은 미국 연준이사회FRB 전임 의장인 벤 버냉키, 잉글랜드은행 총재인 머빈 킹, 유럽중앙은행ECB의 마리오 드라기, 중국 인민은행의 저우샤오촨周小川, 그리고 독일, 프랑스, 이탈리아, 스웨덴, 캐나다, 인도, 브라질의 중앙은행 총재 등이다. 스페인 중앙은행의 전임 총재인 하이메 카루아나는 BIS의 사무국장 자격으로 그 위원회에 참석한다.

2013년 초에는 머빈 킹이 경제자문위원회ECC의 의장이었다. 그룹텐G10 총재회의로 알려진 경제자문위원회는 BIS의 여러 모임 가운데서 영향력이 가장 크다. 거기에는 선진국에서 온 소수 정예의 중앙은행가 그룹만 참석할 수 있다. 경제자문위원회는 글로벌금융시스템, 글로벌지급시스템, 그리고 국제시장을 다루는 BIS 위원회들의 회원과 조직에 대한 권고안을 만든다. 위원회는 또한 글로벌경제회의를 위한 제안서를 마련하고 의제를 설정한다.

글로벌경제회의는 월요일 아침 B 회의실에서 9시 30분에 시작하여 3시간 동안 이어진다. 머빈 킹이 주재하는 그 회의에는 세계경제에서 영향력이 가장 크다고 인정받는 30개국의 중앙은행 총재들이 참석한다. 월요일 회의에는 일요일 저녁 식사에 참석하는 사람들 외에도 인도네시아, 폴란드, 남아프리카공화국, 스페인, 터키와 같은 곳에서 온 대표들이 참여한다. 헝가리, 이스라엘, 뉴질랜드와 같은 좀 더 작은 나라에서 온 15명의 총재들은 참관인으로 참석할 수 있지만 보통 발언은 하지 않는다. 마케도니아, 슬로바키아와 같은 세 번째 그룹의 중앙은행 총재들은 회의장에 참석할 수 없다. 대신에 그들은 휴식 시간이나 식사 시간에 단편적인 정보라도 얻기 위해 여기저기 기웃거려야 한다.

회의가 끝나면 총 60명의 BIS 회원[2022년 10월 기준으로는 63명- 역자

주] 중앙은행 총재들은 18층에 있는 뷔페식당에서 점심을 즐긴다. 베이징 올림픽 주경기장을 지은 스위스의 건축회사 헤어초크&드뫼론이 설계한 이 식당은 하얀 벽과 검은 천정이 특징이며, 멋진 전망이 세 나라(스위스, 프랑스, 독일)에 걸쳐 펼쳐지는 곳이다.[2] 오후 두 시에 중앙은행가들과 보좌관들은 총재회의를 하기 위해 B 회의실로 되돌아간다. 여러 관심사들을 토의하는 이 회의는 오후 다섯 시에 끝난다.

킹은 전임자인 장 클로드 트리셰Jean-Claude Trichet(2003년부터 2011년까지 유럽중앙은행 총재 역임)와 전혀 다른 방식으로 글로벌경제회의를 이끈다. 한 전직 중앙은행가에 따르면, 트리셰는 프랑스인 특유의 스타일이 두드러지는 인물이었다. 그는 의례를 까다롭게 따졌는데, 중앙은행가들에게 발언을 요청할 때에도 나라별 무게감의 순서를 따랐다. 그리하여 발언은 미국 연준이사회 의장부터 시작하여 잉글랜드은행 총재, 독일 연방은행Bundesbank 총재를 거쳐 그다음의 위계 순서로 이어졌다. 이와 달리 킹은 좀 더 의제를 중시하면서 평등한 방식으로 회의를 이끌었다. 그는 회의의 토론 시간에는 참석자 누구에게든 발언 기회를 주었다.

총재회의는 글로벌 금융위기에 대한 세계의 대응을 결정하는 데서 중요한 역할을 했다. "BIS는 위기 때 중앙은행가들의 중요한 만남 공간이었고, 조직의 존재 이유도 이때 늘었다."고 킹은 말했다. "우리는 지금까지 본 적이 없는 도전에 직면해야 했다. 우리는 무슨 일이 일어나고 있는지, 금리가 0%에 가까울 때 무슨 수단을 동원할 수 있는지, 정책을 어떻게 소통해야 하는지 알아내야 했다. 우리는 이 문제를 자국에서는 직원들과 협의하겠지만, BIS에서는 총재들이 함께 모여 서로 이야기를 나눈다. 이는 매우 가치 있는 일이다."

중앙은행가들은 그러한 논의가 비밀에 부쳐져야 한다고 말한다. 킹은 이어서 말했다. "여러분이 어떤 자리의 수장에 있을 때는 가끔 고독할 수 있다. 여러분이 다른 수장을 만나서 '내가 이런 문제를 안고 있는데 당신이라면 이것을 어떻게 처리하겠는지'를 얘기해보는 것은 큰 도움이 된다. 우리들의 경험을 격의 없이 솔직하게 말할 수 있다는 것은 매우 소중하다. 우리는 내심 생각하고 믿는 바를 공개 포럼에서는 말하지 못하더라도 비공식 자리에서는 말할 수 있고, 질문을 할 수 있으며, 다른 사람들에게서 도움을 얻을 수도 있다."[3]

BIS 경영진은 주말 내내 친절하고 화기애애한 분위기를 유지하기 위해 최대한 노력하며, 대체로 잘 해낸다. BIS는 리무진 여러 대를 마련하여 취리히 공항으로 보내서 총재들을 바젤로 데려온다. 여러 나라 중앙은행 총재들을 위한 식사 자리는 국민경제의 규모와 형태를 고려하여 그룹별로 따로 마련하기 때문에 누구든 소외감을 느끼지 않는다. 바젤의 주말 모임에 참석한 적이 있는 폴 볼커Paul Volker 미국 연준이사회 전 의장은 "중앙은행가들은 자국 정부 관료들보다 다른 나라 동료 중앙은행가들과 함께 있는 쪽을 더 편하게 여긴다"고 회상했다.[4] 헝가리 중앙은행 전 총재인 페테르 아코스 보드는 동지애를 쉽게 만드는 데에 최고급의 식사와 와인이 도움이 된다고 말했다. "토론의 단골 주제는 와인의 품질과 재무부장관들의 어리석음에 대한 것이었다. 누구든 와인에 대한 지식이 없다면 대화에 끼어들 수 없다."[5]

그 대화는 대개 활기와 즐거움을 준다고 중앙은행가들은 말한다. 1996년부터 2002년까지 미국 연준 이사였던 로렌스 마이어는 미국 연준이사회 의장이 바젤 회의에 참석하지 못할 때 가끔 대리 참석했다. 그는 미국 연준의 연방공개시장위원회FOMC와 바젤의 일요일 저녁 그룹텐G10 저녁 식사 자리는 눈에 띄게 대비된다고 회상했다. BIS 토론은 항상 활기찼고

쟁점이 있었으며 생각을 일깨웠다. "내가 연준에서 일할 때 연방공개시장위원회 회의에서는 거의 모든 위원들이 미리 준비한 자료를 읽을 뿐이었다. 그들은 다른 위원들의 발언에 거의 신경을 쓰지 않았다. 경제 전망이나 정책 선택을 두고 위원들 사이에서 의견 교환이나 토론이 이뤄지는 경우는 매우 드물었다. 그렇지만 BIS의 저녁 식사 자리에서는 사람들이 실제적인 문제에 대해 서로 대화를 나누었다. 세계경제가 직면하고 있는 심각한 문제에 초점을 맞춘 토론은 항상 열띤 분위기 속에서 진행되었다."[6]

이틀 동안의 모임에 참석한 총재들은 모두 완전한 비밀이 유지되는 가운데 행동의 자유를 누리며 최고 수준의 신변 보호를 받는다. 회의는 보통 총재들이 참석할 때만 사용하는 몇 개의 층에서 열린다. 총재들에게는 전용 사무실과 필수 서비스, 비서 직원이 배정된다. 스위스 당국은 BIS 경내에 대한 관할권을 갖지 않는다. 국제조약에 의해 설립된 BIS는 1987년에 맺어진 BIS-스위스정부 협정에 따른 보호를 받는다. BIS가 누리는 보호 수준은 UN 본부나 국제통화기금IMF, 그리고 외교 대사관에 허용되는 것과 유사한 정도이다. 스위스 당국은 BIS 경영진의 허가를 얻어야만 BIS 건물에 들어갈 수 있다. 사람들은 이를 **신성 불가침**이라는 말로 묘사한다.[7]

BIS는 대사관들처럼 암호로 통신할 수 있고 열어볼 수 없는 행낭을 통해 서류를 주고받을 수 있다. BIS는 스위스 세금에서 면제된다. BIS 직원들이 받는 높은 급여에 소득세를 매기지 않는 이유는 민간 부문에 뒤지지 않는 대우를 해주기 위해서라고 한다. 2011년 사무국장의 연봉은 763,930 스위스 프랑, 부서장의 연봉은 587,640 스위스 프랑이었다. 여기에 후한 수당까지 더해진다. BIS에 대한 엄청난 법적 특권은 임직원에게도 마찬가지로 적용된다. 스위스 안에서 업무를 수행할 때 고위 직원들은 외교관들과 비슷한 특별 지위를 누린다. 이것은, 노골적인 범죄행위의 증거가 없는 한, 당국이 그들의 가방을 수색하거나 서류를 몰수하지 못한다는 것을 의미한다. 두 달에 한 번씩 바젤로 여행하는 중앙은행 총재들도 스위스에 머무는 동안 똑같은 특권을 누린다.

BIS의 직원이 직무수행 과정에서 행한 모든 행위는 스위스 법에 따른 면책 대상이다. BIS는 인기 있는 직장인데, 이는 단지 월급이 많기 때문만은 아니다. BIS는 50개가 넘는 나라에서 온 약 600명의 직원들이 일하는 곳이다. BIS 업무 분위기는, 은행의 위계질서를 강조한다는 점에서 비록 스위스풍이 섞여 있지만 다국적이고 세계 시민적이다. 국제연합이나 국제통화기금에서 근무하는 직원들과 마찬가지로 BIS에서 일하는 직원(특히 고위직)들 가운데 일부는 사명감으로 직무를 수행한다. 숭고한 목적을 위해 일한다는 자부심으로 가득 찬 그들은 책임성이나 투명성과 같은 일반적인 관념 따위는 무시해도 괜찮다고 생각한다.

BIS 사무국은 만일의 사태에 대처하기 위한 계획을 면밀하게 세워왔기 때문에 지금까지는 스위스 경찰을 부를 필요는 전혀 없었다. BIS 본부는 테러리스트 공격이나 무장 충돌에 대비하여 다중의 백업 기능을 가진, 다시 말해서 한쪽이 작동하지 않으면 다른 쪽이 작동하도록 설계된 첨단 스프링클러시스템과 함께, 구내 의료시설, 자체 대피소를 갖추고 있다. BIS의 자산은 스위스 법에 따른 민사소송과 압류의 대상에서 제외된다.

BIS는 은행가들의 비밀을 철저하게 지킨다. 글로벌경제회의나 경제자문위원회 회의록, 의제, 실제 참석자 명단은 어떤 형태로든 공개되지 않는다. 이는 BIS가 공식적인 회의록을 작성하지 않기 때문이다. BIS는 때때로 회의 뒤에 짧은 기자회견을 하거나 무미건조한 성명서를 발표하지만, 거기에 세부내용이 들어있을 리는 없다. 이러한 특권적인 비밀주의 전통은 BIS 창설 때로 거슬러 올라간다.

"조용하면서 정치와 전혀 관련이 없는 바젤의 특징은 똑같이 조용하고 비정치적인 모임을 추구하는 BIS에게 완벽한 환경을 제공한다"고 1935년에 미국의 한 관리는 썼다. "회의는 정기적으로 열린다. 실제적으로 이 사회의 모든 구성원은 거의 빠짐없이 회의에 참석한다. 이 때문에 회의는 사람들의 흥미를 끌지 못하고 언론에도 거의 나오지 않는다."[8] 오랜 세월이 흐른 뒤에도 변한 것은 별로 없다. 과거 뉴욕 연준의 외환국장이었던 찰스 쿰스Charles Coombs는 1960년부터 1975년까지 바젤의 글로벌 경제회의에 참석했다. 그는 회고록에서, 총재회의의 지성소 안으로 들어갈 수 있었던 중앙은행가들은 서로 절대적으로 신뢰했다고 회상했다. "아무리 큰돈의 거래를 하더라도 합의문에 서명하거나 양해각서를 작성하는 일은 없었다. 서로 구두 약속하는 것으로 충분했고, 그 때문에 어떤 불미스러운 결과가 생기지도 않았다."[9]

그렇다면 이 비밀주의 문제가 우리 같은 일반 사람과 무슨 관련이 있다는 것인가? 은행가들은 돈이 처음 발명된 때부터 비밀리에 모임을 가져왔다. 중앙은행가들은 자기들이 금융의 대제사장이라고 생각하는 것을 좋아한다. 말하자면, 그들은 내부집단에서 자기끼리 선택한 소수의 엘리트만이 이해할 수 있는 신비로운 화폐 의식과 금융 의례를 감독하는 전문가라고 스스로 생각한다.

그러나 바젤에서 두 달에 한 번씩 만나는 중앙은행 총재들은 공직자들이다. 그들의 급여, 항공권, 호텔 비용, 그리고 그들이 은퇴한 뒤 받는 고액의 연금은 공적인 지갑에서 지급된다. 중앙은행이 보유하고 있는 자산은 공공의 돈이고 국민의 재산이다.

BIS에서 열리는 중앙은행 총재들의 토론, 그들이 공유하는 정보와 평가하는 정책, 서로 교환하는 의견, 그리고 이후에 행하는 결정들은 고도로 정치적인 것이다. 선진국들의 중앙은행가들은 통화정책을 통제하는데, 그들의 독립성은 합법적으로 보장된다. 그들은 국민경제에 공급할 화폐량을 관리한다. 그들은 이자율을 설정하여 우리의 저축과 투자의 가치를 결정한다. 그들은 긴축에 초점을 둘 것인지 아니면 성장에 초점을 둘 것인지를 결정한다. 그들의 결정은 우리 삶의 모습을 만들어 낸다.

BIS의 비밀주의 전통은 수십 년 전으로 거슬러 올라간다. 예를 들어, 1960년대에 BIS는 미국 연준과 유럽 7개국 중앙은행이 금을 공동으로 보유하는 제도인 런던골드풀LGP을 주관했다. 골드풀에 참여한 여덟 나라는, 제2차 세계대전 이후의 국제 금융시스템을 지배해 온 브레턴우즈 협정에 따라 1온스의 금 가격이 35달러 수준에서 머물도록 금 시장을 관리한다는 데 합의한 바 있다. 런던골드풀은 이제 존재하지 않지만 그 승계 조직이 BIS 시장위원회로 남아 있다. 이 위원회는 두 달에 한 번씩 총재회의가 열리는 시기에 회의를 열어 금융시장 동향을 논의한다. 여기에는 21개 중앙은행에서 온 간부들이 참여한다. 위원회에서는 이런저런 논문이 발표되지만, 그 주제와 논의 사항은 비밀에 부쳐진다.

BIS의 자체 통계에 따르면 오늘날 글로벌경제회의에 참석하는 국가들의 국내총생산GDP 합계액은 세계 전체의 약 5분의 4를 차지한다. 다시 말하면 세계 부의 대부분을 이 나라들이 생산한다. 중앙은행가들은 이제 "정치인들보다 힘이 더 센 것 같다"고 『이코노미스트』는 썼다. "세계경제의 운명은 그들의 손에 달려 있다."[10] 어떻게 이런 일이 일어났는가? 이는 세계에서 가장 비밀스러운 글로벌 금융조직인 BIS의 공이 크다. BIS는 설립 첫날부터 중앙은행의 이익을 확대하고 새로운 초국적 금융구조를 세우는 데 전념해 왔다. 그렇게 함으로써 BIS는 글로벌 수준에서 긴밀하게 연결된 기술전문가라는 새로운 계급을 탄생시켰는데, 이 전문가들은 고액 연봉을 받으면서 BIS, 국제통화기금, 여러 나라 중앙은행과 상업은행의 고위직을 넘나들었다.

기술전문가 파벌을 만든 사람은 1931년부터 1956년까지 BIS의 경제고문을 지낸 스웨덴의 경제학자 팔 야콥센Per Jacobssen이었다. 고문이라는 소박한 직책명은 그의 영향력과 인맥을 과소평가하도록 했다. 야콥센은 영향력이 매우 컸고, 인맥이 매우 넓었으며, 동료들의 평판도 좋았다. 그는 최초로 BIS 연차보고서를 작성했다. 이 연차보고서는 지금까지도 세계의 재무부 직원이 반드시 읽어야 하는 자료라는 평가를 받는다. 야콥센은 초기부터 유럽 연방주의를 지지했다. 그는 인플레이션, 과도한 정부지출, 경제에 대한 국가개입에 대해 억척스럽게 반대했다. 야콥센은 1956년에 BIS를 떠나 국제통화기금으로 자리를 옮겼다. 그러나 그의 유산은 우리가 살아가는 세계에 여전히 영향을 준다. 경제적 자유주의, 물가안정에 대한 집착, 그리고 국가주권의 해체를 혼합한 그의 주장은 유럽에서 밤마다 텔레비전 뉴스를 채운다.

BIS의 옹호자들은 그 조직이 비밀스럽다는 것을 부정한다. BIS의 문서고는 열려 있고 연구자들은 30년이 지난 문서의 경우 별다른 사정이 없다면 대부분 이용할 수 있다. BIS 문서고 직원들은 정말 친절하고, 방문자들에게 도움을 주며, 전문가다운 모습을 보인다. BIS의 웹사이트에는 다운로드가 가능한 모든 연차보고서와 BIS의 연구부서가 생산한 여러 정책보고서가 실려 있다. 이러한 보고서들은 높은 평가를 받고 있다. BIS는 증권, 파생상품 시장이나, 국제 은행통계에 대한 상세한 설명 자료를 발간한다. 그러나 이것들은 대체로 이미 공공부문에서 발표한 정보를 수집하고 분석한 것에 지나지 않는다. BIS 자체의 핵심 활동에 대한 세부사항, 예컨대 BIS의 고객(여러 나라 중앙은행과 국제기구)에 대한 은행업무의 대부분은 비밀 영역이다. 바젤에서 열리는 글로벌경제회의나 기타 시장위원회와 같은 중요한 금융회의는 외부인에게 닫혀 있다. BIS의 불투명성, 책임성의 결여, 그럼에도 끊임없이 증가하는 영향력은 심대한 의문을 제기한다. 이러한 의문은 통화정책에 대한 것뿐만 아니라 투명성, 책임성, 그리고 민주주의 사회에서 권력을 어떻게 행사해야 하는가에 대해서까지 걸쳐 있다.

내가 친구와 지인들에게 BIS에 대한 책을 쓰고 있다고 말하자 보통은 어리둥절한 표정을 지으면서 다음과 같이 물었다. "무슨 은행이라고?" 그들은 나름대로 최신의 정세에 정통한 지식인들이었다. 많은 이들은 세계 경제와 금융위기에 대해 어느 정도 관심이 있었으며 이해도 깊었다. 그러나 BIS에 대해 들어본 사람은 거의 없었다. 이것은 이상한 일이었다. BIS는 세계에서 가장 중요한 은행일 뿐만 아니라 국제통화기금이나 세계은행보다 먼저 설립된 기관이다. 수십 년 동안 BIS는 돈, 권력, 그리고 은밀한 세계적 영향력의 글로벌 네트워크에서 중심을 차지하고 있었다.

BIS는 1930년에 설립되었다. 표면적으로는 제1차 세계대전 이후 영 플랜Young Plan의 일환으로 독일의 배상금 지급을 관리할 목적으로 출발했다. 은행의 핵심 설계자는 잉글랜드은행의 총재 몬태규 노먼Montagu Norman과 독일 제국은행Reichsbank의 총재 얄마르 샤흐트Halmar schacht였다. 샤흐트는 BIS에 대해 **내 은행**이라고 얘기할 만큼 애착이 강했다. BIS의 창립 멤버는 영국, 프랑스, 독일, 이탈리아, 벨기에의 중앙은행과 일본의 민간은행 컨소시엄이었다. 주식은 연준FRB에도 배정되었지만, 미국은 자국의 주권이 침해당할 수 있는 어떤 것이든 의심했기 때문에 주식 인수를 거절했다. 대신 상업은행 컨소시엄이 주식을 인수했다. J.P. 모건, 뉴욕퍼스트내셔널은행, 시카코퍼스트내셔널은행이 그들이다.

BIS의 진정한 목적은 법규에 자세히 나와 있는 바와 같이 '중앙은행들의 협력을 촉진하고 국제금융 업무에 추가적인 편의를 제공하는 것'이다. 중앙은행가들이 수십 년 동안 품어온 꿈의 결정판은 간섭하기 좋아하는 정치인이나 귀찮은 언론에서 멀리 떨어진 강력하고 독립적인 그들만의 은행을 갖는 것이었다. 아주 적절하게도 BIS는 자기 자금을 조달할 수 있었는데, 이점은 BIS가 오래 존속할 수 있는 토대였다. BIS의 고객은 설립자이자 주주, 곧 중앙은행들이었다. 샤흐트와 노먼이 지배하고 있던 1930년대의 BIS는 중앙은행 총재 무리가 몰려드는 모임 장소였다. 이 중앙은행 총재들은 독일의 재건을 도왔다. 샤흐트는 독일 경제의 부활을 떠받친 천재로 널리 알려졌다. 『뉴욕 타임즈』는 그런 그를 '철의 의지를 가진 나치 금융의 조종사'로 묘사했다.[11] 제2차 세계대전 동안 사실상 독일 제국은행의 지점으로 전락한 BIS는 나치가 약탈한 금을 받아들였고, 나치 독일을 위한 외환거래를 수행했다.

BIS와 베를린이 깊은 관련을 맺고 있다는 사실은 워싱턴과 런던도 알고 있었다. 그러나 BIS가 계속 기능할 필요가 있다는 점과 국가들 사이에 새로 만들어진 금융 창구를 계속 열어둘 필요가 있다는 점은 모든 당사국들 사이에서 완전한 의견일치를 본 사항이었다. 바젤은 안성맞춤 장소였는데, 그 이유는 스위스의 북쪽 끝자락에 놓여 있는 데다 프랑스와 독일 국경에 거의 맞닿아 있기 때문이다. 나치와 연합군 병사들은 몇 마일 떨어진 곳에서 전투를 이어갔고 또 수없이 죽어 나갔다. BIS에게 그런 것들은 중요하지 않았다. 이사회의 개최는 중단되었지만, 여러 교전국들에서 온 BIS 직원들 사이의 관계는 여전히 따뜻하고 전문가다우며 생산적이었

서론   29

다. 국적은 아무래도 좋았다. 무엇보다 중요한 것은 국제금융에 대한 충성이었다. 가장 중요한 충성심은 국제금융에 대한 것이었다. BIS 총재 토마스 맥키트릭Thomas McKittrick은 미국인이었다. 사무국장 로제 오보앵Roger Auboin은 프랑스인이었다. 사무차장 파울 헤실러Paul Hechler는 나치 당원이었으며, 그가 쓴 편지에 **하일 히틀러**라고 서명했다. 비서실장 라파엘레 필로티Lafaelle Pilloti는 이탈리아인이었다. 영향력 있는 은행의 경제 고문 팔 야콥센은 스웨덴인이었다. 야콥센과 필로티의 스태프는 영국인들이었다.

1945년 이후, 샤흐트를 포함한 다섯 명의 BIS 이사들은 전쟁범죄 혐의로 기소되었다. 독일은 전쟁에서 졌지만 경제적 평화를 얻었는데, BIS의 덕이 컸다. BIS는 처음에는 제국은행에게, 그리고 나중에는 그 승계 은행에게 국제무대, 대외 접촉기회, 은행 네트워크를 제공했을 뿐만 아니라 정당성까지 부여했다. 이를 통해 독일은 나치 시대부터 오늘에 이르기까지 엄청나게 강력한 금융적, 경제적 이익의 연속성을 지킬 수 있었다.

BIS는 창설부터 47년 동안, 다시 말해서, 1930년부터 1977년까지는 바젤 중앙역에서 가까운, 옛 호텔 건물에 본부를 두고 있었다. 은행의 입구는 초콜릿 가게로 가려져 있었고, 오직 작은 안내판만이 좁은 출입구가 BIS로 이어진다는 사실을 알려주었다. 은행의 경영진이 믿는 바로는, BIS가 어디에 있는지 알 필요가 있는 사람들은 그것을 찾아낼 것이고 나머지 세상 사람들은 그것을 알 필요가 없었다. 쿰스는 건물 내부가 수십 년 동안 거의 변하지 않았다고 회상했다. BIS는 "과거 빅토리아 스타일의 호텔을 개조하여 간소한 업무공간을 마련했다. 사무실은 1인실과 2인실 호텔 방에서 침대를 빼내고 책상을 집어넣어 만들었다."[12]

BIS는 1977년에 센트럴반플라츠 2에 있는 현재의 본부로 이전했다. 본부는 과거 건물에서 멀지 않았고 바젤 중앙역이 내려다보이는 곳이었다. 오늘날 BIS는 자기의 사명이 세 가지라고 스스로 말한다. 그 세 가지란, "첫째, 화폐와 금융의 안정을 추구하는 중앙은행들을 돕는 것, 둘째, 화폐와 금융 영역에서 국제적인 협력을 촉진하는 것, 셋째, 중앙은행들의 은행으로서 활동하는 것이다."[13] 또한 BIS는 중앙은행과 상업은행의 글로벌 네트워크가 매끄럽게 기능하는 데 필요한 실용적이고 기술적인 여러 인프라를 제공한다. BIS에는 서로 연결된 두 개의 트레이딩 룸(바젤 본부와 홍콩 지역사무소)이 있다. BIS는 고객을 위해 금과 외환을 사고판다. BIS는 자산관리 서비스를 제공하며, 필요할 때는 중앙은행들에게 단기 신용을 제공한다.

BIS는 독특한 기구인데, 국제조약에 의해 설립되고 보호받는 국제조직이고, 수익성이 매우 높은 상업은행이며, 연구기관이기도 하다.[14] BIS는 고객이자 주주인 중앙은행들에게 책임을 지지만 거꾸로 그들의 운영을 지도하기도 한다. BIS는 중앙은행의 주요 임무를, 첫째, 안정적인 사업 환경을 보장하기 위하여 신용의 흐름과 유통 화폐량을 통제하는 것, 둘째, 환율을 관리 가능한 범위 내에 묶음으로써 통화의 가치를 보장하는 것, 셋째, 이를 통해 국제무역과 자본이동을 매끄럽게 하는 것이라고 설명한다. 이러한 임무는 특히 글로벌 수준으로 발전한 경제에서 큰 의미를 갖는다. 글로벌 경제의 특징은 시장이 마이크로초 단위로 반응한다는 점과, 경제적 안정과 경제적 가치에 대한 통찰력이 현실 경제 그 자체만큼이나 중요하다는 점에서 나타난다.

또한 BIS는 법적 권한이 없음에도 민간은행들을 사실상 감독한다. BIS에 속하는 바젤은행감독위원회(통칭 바젤위원회)는 상업은행의 자본과 유동성 충족 요건을 규제한다. 바젤위원회는 은행들에 대출을 할 때 위험 가중자산의 최소 8%에 해당하는 자본을 보유할 것을 요구한다. 곧, 어떤 은행이 1억 달러의 위험 가중자산을 가지고 있다면 그 은행은 적어도 800만 달러의 자본을 유지해야 한다.[15] 바젤위원회는 강제력은 없지만 막강한 도덕적 권위를 가지고 있다. "이러한 규제가 매우 강력한 탓에 8% 원칙을 국내법으로 도입하는 사례가 늘고 있다"고 페테르 아코스 보드는 말한다. "이것은 220볼트로 설정된 전압에서 95볼트를 선택할 수 없는 것과 같다." 이론적으로는, BIS가 은행을 감독하면 현명한 관리와 상호 협력으로 글로벌금융시스템은 매끄럽게 기능해야 한다. 그러나 이는 어디까지나 이론적으로 그렇다는 얘기다.

현실은 우리가 경기침체를 넘어 심각한 구조적 위기로 빠져드는 모습이며, 게걸스럽게 덤비는 은행들의 탐욕은 그러한 위기에 기름을 붓고 있다. 이러한 현실이 우리의 모든 금융안정을 위협한다. 1930년대처럼 유럽의 일부 지역은 경제붕괴에 직면해 있다. BIS에서 가장 힘센 축에 속하는 두 회원(독일 연방은행과 유럽중앙은행)은 긴축재정을 극단적으로 밀어붙였다. 그러나 긴축은 이미 한 유럽 국가, 곧, 그리스를 벼랑으로 내몰았다. 여기에 지배계급의 독직과 부패까지 더해지면서 그리스는 고비를 맞았다. 다른 나라들도 곧 그리스를 뒤따를 것이다. 낡은 질서는 삐걱거리고, 그 정치와 금융 제도는 안쪽부터 썩고 있다. 오슬로에서 아테네까지, 치솟는 빈곤과 실업을 주요한 자양분으로 삼으면서 극우 세력이 다시 살아나고 있다. 분노와 냉소가 민주주의와 법치에 대한 시민들의 믿음을 좀먹고 있다. 다시 한번, 눈앞에서 부동산과 자산의 가치가 증발하고 있다. 유로화는 붕괴 위험을 받고 있는 반면, 돈을 가진 사람들은 스위스 프랑이나 금에서 안전한 피난처를 찾는다. 젊고, 재능이 있으며, 이사를 할 수 있는 사람들은 다시 고국을 버리고 새로운 삶을 찾아 외국으로 떠나고 있다. BIS를 탄생시키고 여기에 힘과 영향력을 가져다준 강력한 국제자본 세력이 다시 이기고 있다.

BIS는 무너지고 있는 국제금융시스템의 정점에 앉아 있지만, 그 간부들은 BIS가 국제 금융 규제기관으로서 행동할 힘이 없다고 주장한다. 그럼에도 BIS는 유로존 위기에 대한 책임에서 벗어날 수 없다. 1940년대 말에 맺은 첫 번째 다자간 지급 합의부터 1998년의 유럽중앙은행 설립에 이르기까지, BIS는 유럽 통합 프로젝트의 핵심에 있으면서 통화 협조에 대한 기술적인 전문지식과 금융 메커니즘을 제공해 왔다. 1950년대에, BIS는 유럽지급동맹EPU을 운영했는데, 이를 통해 유럽 대륙의 결제시스템이 국제화했다. BIS는 1964년부터 유럽경제공동체EEC의 중앙은행 총재위원회를 주재하고 있는데, 여기에서 유럽 나라들의 통화정책이 조정된다. 1970년대에 BIS는 유럽 통화들의 환율을 일정 폭 안에 묶어 두는 **스네이크** 메커니즘을 운영했다. 1980년대에 BIS는 들로르위원회를 주관했는데, 1988년의 들로르 보고서는 유럽 통화동맹과 단일통화 실현으로 나아가는 길을 닦았다. BIS는 유럽중앙은행의 전신인 유럽통화연구소를 탄생시켰다. 이 연구소의 소장은 세계에서 가장 영향력 있는 경제학자의 한 명이자 **유로화의 아버지**로 알려진 알렉산드르 람파루시Alexandre Lamfalussy였다. 람파루시는 1994년 유럽통화연구소에서 일하기 전에 BIS에서 처음에는 경제고문으로, 나중에는 사무국장으로 17년 동안 일했다.

듬직하고 비밀스러운 조직으로서, BIS는 놀라울 정도로 민첩하다는 것을 보여주었다. BIS는 세계 대공황, 독일 배상금 지급과 금본위제도의 종료(독일 배상금 관리와 금본위제도는 BIS의 주요한 존재 이유였다), 나치즘의 부상, 제2차 세계대전, 브레턴우즈 협정, 국제통화기금과 세계은행의 탄생, 냉전, 1980년대와 1990년대의 금융위기, 코뮤니즘의 종말이라는 사건들을 헤쳐 나왔다. 2003년부터 2008년까지 사무국장을 맡은 맬컴 나이트는 다음과 같이 말한다. "BIS는 작고, 유연하며, 정치적 간섭을 받지 않는 조직으로 남았다. BIS는 자기의 역사를 개척하면서 진화하는 환경에 매우 성공적으로 적응해왔다. 이는 주목할 만한 일이다."[16]

BIS는 글로벌 금융시스템의 중심 축으로 발돋움했다. BIS는 글로벌경제회의뿐만 아니라 글로벌 은행업무를 다루는 4개의 가장 중요한 국제위원회를 주관한다. 4개 위원회란 바젤은행감독위원회, 글로벌금융시스템위원회, 지급결제시스템위원회, 중앙은행 통계를 다루는 어빙피셔위원회를 말한다. BIS는 또한 세 개의 독립조직, 곧, 금융안정이사회FSB, 보험감독협회IAIS, 그리고 국제예금보험협회IADI를 관할한다. 금융안정이사회FSB는 여러 나라 금융당국 사이에서 규제정책을 조정하는 조직인데, 이미 BIS, 국제통화기금, 세계은행에 이은 글로벌 금융시스템의 네 번째 기둥이라는 평가를 받는다.

BIS는 현재 세계에서 서른 번째로 많은 금 보유기관이다. 그 규모는 카타르, 브라질, 캐나다보다 많은 119톤에 이른다.[17] BIS 회원이라는 것은 이제 권리를 넘어서는 특권이다. 이사회는 "국제적인 금융협력과 BIS의 활동에 실질적으로 기여할 수 있는가"를 기준으로 중앙은행들의 회원가입을 결정한다. 중국, 인도, 러시아, 사우디아라비아는 1996년에야 겨우 회원에 가입했다. BIS는 멕시코시티와 홍콩에 사무소를 열었지만 아직도 매우 유럽중심적인 기관이다. 에스토니아, 라트비아, 리투아니아, 마케도니아, 슬로베니아, 슬로바키아(합계 인구 1,620만 명)는 회원에 가입했다. 그러나 파키스탄(인구 1억 6,900만 명)과 중앙아시아의 강국인 카자흐스탄은 그렇게 하지 못했다. 아프리카에서는 알제리와 남아프리카공화국만이 회원이다. 아프리카의 두 번째 경제 대국인 나이지리아의 회원 가입은 아직 이뤄지지 않았다(BIS의 옹호자들은 다음과 같이 말한다. 곧, BIS는 새로운 회원이 되려는 중앙은행에게 높은 지배구조 기준을 요구한다. 나이지리아나 파키스탄과 같은 나라의 중앙은행들도 그 기준에 도달한다면 회원 가입이 논의될 것이다).

초국가적 경제에서 중추적인 역할을 수행하고 있는 BIS의 인지도가 낮다는 사실은 눈에 띄는 대목이다. 과거 1930년, 『뉴욕 타임즈』의 한 기자는 BIS의 비밀주의 문화가 너무 강해서 이사들이 떠난 뒤에도 이사회실 안을 들여다볼 수 없었다고 말했다. 지금도 변한 것은 거의 없다. 글로벌경제회의가 진행되는 동안에 기자들은 본부 안으로 들어갈 수 없다. BIS 직원들은 공식석상에서 거의 발언을 하지 않으며 언론인들을 상대로 한 발언도 꺼린다. 이러한 전략은 효과를 발휘한 듯하다. 월 스트리트 점령 운동, 세계화 반대주의자, 소셜 네트워크 시위자들은 BIS를 항의 대상 기관으로 삼지 않았다. 바젤의 센트럴반플라츠 2는 조용하고 잠잠하다. BIS 본부 바깥에 모인 시위대도, 인근 공원에 진을 친 항의자들도 보이지 않는다. 세계의 중앙은행 총재들을 위한 시끌벅적한 환영 인파도 보이지 않는다.

세계경제가 연이은 위기로 휘청거리는 가운데, 금융기관들은 전례 없는 정밀감사를 받고 있다. 수많은 언론인, 블로거, 탐사전문 기자들이 은행의 일거수일투족을 샅샅이 뒤진다. 어찌 된 영문인지, 신문 금융란의 짧은 토막 기사를 제외한다면 BIS는 용케도 비판적인 감시에서 벗어나 있었다. 지금까지는 그랬다.

제1부

자본이 먼저다

1장 중앙은행가들의 꿈의 은행

2장 바젤의 은밀한 클럽

3장 가장 쓸모 있는 은행

4장 나치에 이용당하는 BIS

5장 합법적인 약탈

6장 히틀러를 돕는 미국인 은행가

7장 전쟁에서 돈 버는 월 스트리트

8장 적과 맺은 협정

1장
중앙은행가들의
꿈의 은행

나는 내년 여름에 다수가 참여하는 민간 성격의 중앙은행 클럽이 출범하기를 희망한다.
그 클럽의 규모는 처음에는 작겠지만 미래에는 거대할 것이다.
- 1925년 잉글랜드은행 총재 몬태규 노먼이 뉴욕 연방준비은행 총재 벤자민 스트롱에게 보낸 편지[1]

    1929년 여름 어느 날, 잉글랜드은행(잉글랜드 중앙은행) 총재인 몬태규 노먼Montagu Norman은 전화를 걸어 『이코노미스트』의 편집장 월터 레이튼에게 이야기했다. 노먼은 흥분한 목소리로, 아주 중요한 문제를 논의할 게 있으니 가능한 한 빨리 그의 사무실로 와달라고 레이튼을 재촉했다.
    노먼은 1920년부터 1944년까지 잉글랜드은행 총재를 역임했다. 이 기간에 그는 세계에서 가장 영향력 있는 사람 축에 속했으며, 명백히 글로벌 금융시스템의 영원한 수호자였다. 그의 발언은 수수께끼 같았는데, 사람들로 하여금 그 본뜻을 찾도록 할 만큼 영향력이 컸다. 1932년, 그가 총재로 다시 임명되었을 때, 『뉴욕 타임즈』는 그를 영국의 '보이지 않는 부의 제국'을 감독하는 인물로 묘사했다. 이어서 이 신문은 '금본위제도는 변하겠지만 노먼은 그대로일 것'이라고 썼다.[2] 노먼의 힘이란 한 번의 연설로 시장을 움직일 수 있다는 그런 것이다. 1932년 10월, 노먼은 런던에서 가진 은행가들의 식사 자리에서 세계의 경제적 무질서가 한 개인이나 정부, 그리고 국가의 통제 범위를 벗어났다고 우울하게 선언했다. 그러자 뉴욕에서 주식, 채권, 달러의 가격이 큰 폭으로 빠르게 미끄러졌다.

레이튼은 노먼의 성마른 태도에 놀라지 않았다. 총재는 전통이 있고 존경받는 은행가문의 후손이었지만, 그의 정신 상태는 금융업계 내부자들 사이에서 공공연한 비밀이었다. 노먼은 변덕스러운 인물이었고, 우울증을 앓았으며, 일 중독자였다. 그는 오락가락하는 기분 변덕으로 금융계 인사들 사이에서 악명 높았다. 과민하고 수줍음을 타는 노먼은 신경증에 걸릴 정도로 내성적이었다. 제1차 세계대전 이전에 노먼은 스위스 분석심리학의 창시자인 칼 융에게 상담을 의뢰했다. 그는 어떻게 치료할 것인가를 두고 융과 절차를 의논했지만 결론을 내지 못했다. 융은 노먼의 병이 치료가 불가능한 수준이라고 넌지시 내비쳤다. 결국 상담이 노먼의 문제를 해결하는 데 도움을 주지 못했다.

세계에서 가장 영향력 있는 은행가 노먼은 남의 주목을 받거나 남에게 알려지거나 남과 어울리는 것을 싫어했고 졸도하기 일쑤였다. 언젠가 노먼은 그의 엄격한 기준에 맞추지 못하는 부하직원의 머리에 잉크 병을 집어던졌다. 노먼의 의붓아들인 페레그린 워손은 다음과 같이 회상했다. "노먼은 전혀 은행가답지 않았다. 그는 17세기의 귀족이나 화가에 가까웠다. 그는 항상 매우 신경질적이었고 아주 심한 신경쇠약을 겪었다. 노먼은 수줍음을 매우 많이 탔고 외톨이였다. 그는 인습 따위는 아랑곳하지 않았다. 그는 양말도 신지 않고 만찬회에 참석하거나, 지하철로 통근하기도 했다. 노먼과 같은 지위의 사람이 지하철을 이용한다는 것은 당시로서는 흔치 않은 일이다."[3]

노먼은 수수한 금융가다운 모습도 아니었다. 그는 망토를 걸치고 깔끔하게 다듬은 반다이크 수염을 길렀으며, 반짝이는 보석을 박은 넥타이핀 장식을 했다. 워손은, 그가 화려한 옷차림 감각을 가졌음에도 가식적인 모습은 못마땅하게 여겼다고 말했다. "그는 매우 검소하게 살았고 어떤 허세도 부리지 않았다. 그는 칵테일 파티를 싫어했다." 대중의 관심에 대한 노먼의 두려움은 자연스럽게 정확히 정반대의 효과, 곧, 오히려 대중의 관심을 끄는 효과를 가져왔다. 언론이 그의 일거수일투족을 보도했기 때문에 그는 대서양을 건너 미국으로 갈 때 가명을 사용해야 했다. 그러나 뉴욕항에는 어떻게 알았는지 수많은 언론인과 사진기자들이 그의 도착을 기다리고 있었다.

1929년의 훈훈한 몇 달은 포효하는 20년대의 마지막 환희였다. 미국의 호경기는 끝을 모르는 듯했고, 주가는 상승세를 이어갔다. 미국라디오주식회사RCA의 주가는 한 달 만에 거의 50% 올랐다. 월 스트리트의 구두닦이 소년들조차도 모아 둔 팁을 주식 중개인에게 넘겨 주식을 샀다. 8월에 한 증권회사는 항해선을 타고 유럽으로 가는 사람들을 위한 새로운 서비스를 발표했다. 그것은 일주일의 항해 동안 배 안에서 증권 거래를 할 수 있도록 하는 서비스였다.

레이튼은 노먼의 부름을 받고 재빠르게 그의 발걸음을 스레드니들 거리에 있는 잉글랜드은행 본점으로 돌렸다. 은행 본점은 런던의 금융지구로 알려진 시티의 중심에 있다. 시티 지구의 다른 건물들처럼 높은 담으로 둘러싸인 은행 본점은 깊은 인상을 주며 심지어 위압감을 느끼게까지 한다. 거대한 청동 문 안쪽에는 잘 설계된 마당, 은행 건물들, 분수가 딸린 정원이 자리잡고 있다. 이곳은 건물 복도를 따라 바삐 움직이는 직원들로 붐비는, 진정한 돈의 알함브라 궁전이다. 용어조차 왕정스타일로 장엄하다. 그곳에서는 잉글랜드은행이 이사회의 지배를 받는다고 말하는 대신, **궁정**의 지배를 받는다고 말한다.

레이튼은 안내를 받아 노먼의 사무실로 들어갔다. 노먼은 나무 판넬로 꾸민 방의 중앙에 있는 마호가니 테이블 곁에 앉아 있었다. 그는 BIS라고 불릴 새로운 은행에 대해 이야기를 나누고 싶어 했다. BIS는 영 플랜과 관련하여 설립이 추진되고 있었다. 영 플랜은 제1차 세계대전 이후 독일의 배상금 지급을 이행하기 위한 최신이자 최후의 프로그램이 될 것이라는 기대를 모았다. 그러나 노먼은 훨씬 더 원대한 아이디어를 가지고 있었다. BIS는 세계 최초의 국제 금융기관이자 중앙은행가들의 회담장소가 될 것이다. 중앙은행가들은, 정치인들의 성가신 요구와 귀찮게 캐물으려는 언론인들의 시선에서 벗어나, 세계 금융시스템에 꼭 필요한 질서와 협력을 만들어낼 것이다. 그러나 BIS가 성공하고 잠재력을 제대로 발휘하기 위해서는 레이튼의 도움이 필요하다고 노먼은 설명했다. 독일의 바덴바덴에서 열리는 영위원회의 한 소위원회는 BIS의 규정을 제정할 예정이었다. 노먼은 『이코노미스트』의 편집장이야말로 BIS 헌장 초안을 작성할 적임자이며, 그 초안은 무엇보다 정치인들에 대한 BIS의 독립성을 보장해야 할 것이라고 말했다.

오늘날 BIS가 어떻게, 왜 그러한 영향력을 휘두르게 되었는가를 이해하기 위해서는 1920년대 초로 되돌아가서 제1차 세계대전 이후 독일의 배상금 지급에 대한 논쟁을 살펴보아야 한다. 독일의 전쟁범죄는 1919년 베르사이유 평화조약에 고스란히 담겨있다. 그러나 아무리 많은 배상금이 지급된다고 하더라도 헤아릴 수 없이 죽어간 사람들을 되살릴 수는 없었다. 1916년 7월, 솜 전투 첫날 영국은 6만 명의 병력을 잃었다. 몇 시간 만에 중간 규모의 도시 인구와 맞먹는 사람들이 쓰러진 것이다. 4년의 전투 동안 프랑스에서 140만 명, 독일에서 200만 명이 죽어갔다. 1917년까지 전쟁에 참여하지 않았던 미국도 117,000명의 목숨을 잃었.

독일의 배상금에 대한 합의 과정은 느리고, 복잡하며, 정치적으로 화근

이 따르는 일이었다. 제1차 세계대전에서는 분쟁이 전례 없이 국제적으로 번졌다. 전쟁이 금융에 미치는 여파도 마찬가지로 글로벌 수준으로 번졌다. 전쟁으로 유럽의 인구뿐만 아니라 경제도 끔찍한 비용을 치렀다. 아직 풋내기인 국제 금융시스템은 그의 어깨에 지워진 복잡한 요구들을 처리할 수 있을 만큼 제대로 설계된 것이 아니었다. 독일은 지급해야 할 돈을 어디에서 조달할 것인가? 이를 가능하게 할 메커니즘은 무엇인가? 누가 배상금 지급을 감시하고 규제할 것인가? 이러한 어려운 논의들 가운데서 BIS의 역할, 구조, 그리고 특권적인 법적 지위가 형성되었다.

패전국에 대해서, 1945년에 그랬던 것처럼 1919년에도 대체로 응징과 재건이라는 두 가지 견해가 있었다. 프랑스는 응징파를 이끌었다. 프랑스인들은 **독일인**들이 주로 프랑스 땅에서 저지른 죄에 대해 그들의 죗값을 치러야 할 뿐만 아니라 치를 수 있다고 주장했다. 노먼과 재건주의자들(대부분의 월 스트리트 금융자본가도 재건주의자였다)은 다르게 생각했다. 유럽은 재건될 수 있겠지만, 그 미래는 무역과 금융 협력에 달려 있다. 그 목적은 독일을 가난하게 만드는 것이 아니라, 독일 경제의 재건을 도와서 가능한 한 다시 무역을 시작하도록 하는 것이다.

1921년 4월, 배상금위원회는 독일이 1년에 20억 마르크씩 총 1,320억 마르크(315억 달러)를 지급할 것이라고 발표했다. 위원회는 이보다 열 배라도 더 많은 금액을 요구할 수도 있었다. 그러나 독일은 여전히 패전으로 비틀거리고 있었다. 사회는 무너지고 있었고, 실업률은 치솟았으며 식량 부족은 심각했다. 우익 극단주의자들인 자유군단은 거리에서 전투적인 마르크스주의 세력과 싸웠다. 노동자 평의회는 함부르크, 브레멘, 라이프치히, 베를린 중심부를 장악했다. 이것은 살롱에서 공상적인 얘기나 나누는 마르크스주의가 아니라 노골적인 피투성이의 현실이었다. 납치 사건은 이어졌고, 공장들은 탈취되었으며, 죄수들은 담벼락을 향해 일렬로 세워진 채 총살당했다.

자본주의가 필연적으로 멸망할 것이라는 마르크스의 예언은 시간이 흐를수록, 특히 그의 조국인 독일에서 실현될 것처럼 보였다. 독일이 공산주의 러시아를 곧 뒤따를 수 있다는 은행가들의 걱정은 완전히 정당해 보였다. 정부가 경제를 유지하기 위해 돈을 찍어내면서 초인플레이션이 시작되었다. 상점에 가는 사람들은 기본적인 생필품을 사는 데 필요한 돈뭉치를 옮기려고 손수레를 사용했다. 이러한 혼란은 막아야만 했다. 뮌헨에서 히틀러의 맥주 홀 폭동이 실패로 돌아간 닷새 뒤인 1923년 11월 13일, 키가 크고 거만한 어떤 독일인이 제국 통화감독관으로 일하기 시작했다. 얄마르 샤흐트Halmar schacht는 독재에 가까운 권력을 정부에 요구해서 얻어냈다. 샤흐트는 과거 건물 경비원이 쓰던 방에서 일하면서 독일의 새로운 통화인 렌텐마르크의 가치를 안정시키는 일에 착수했다. 화폐는 보통 금으로 뒷받침한다. 그러나 독일은 금을 가지고 있지 않았기 때문에 독일의 땅과 보유 증권의 가치로 새로운 화폐인 렌텐마르크를 뒷받침했다. 이것은 어딘지 막연한 아이디어였다. 렌텐마르크의 소지자는 그의 돈을 어떻게 실물로 받을 수 있다는 것인가? 땅 한 조각이라도 받게 된다는 것인가?

이것은 걱정할 문제가 아니었다. 샤흐트가 재임하는 한, 아무도 렌텐마르크를 실물로 바꾸려고 하지 않을 것이다. 그는 화폐 심리학의 핵심을 탁월하게 이해하고 있었다. 그 핵심이란 금융이 안정되어 있다고 보이는 것 자체가 화폐의 가치를 창출한다는 것인데, 이는 1920년대 초인플레이션 때와 마찬가지로 오늘날에도 유효하다. 만약 사람들이, 사태를 해결할 책임자가 있고, 혼란은 끝날 것이며, 렌텐마르크의 가치가 유지될 것이라고 믿는다면, 렌텐마르크는 실제로 가치를 갖게 된다. 최초의 지폐는 1923년 11월 15일에 인쇄되었다. 1 렌텐마르크는 구권 1조 마르크와 동등했다. 1달러는 4.2 렌텐마르크와 맞바꿀 수 있었는데, 이는 제1차 세계대전 이전의 환율로 되돌아간 것이다. '화폐 개혁의 목적은 돈을 희소하고 가치 있게 만드는 것'이라고 샤흐트는 말했다. 은행권을 인쇄하는데 필요한 물자를 확보하고 은행권을 분배하는 것, 그리고 샤흐트의 외국 동료들에게 독일 경제가 잘 돌아가고 있다는 믿음을 주는 것 이상의 더 할 일은 없었다.

독일 기자들이 샤흐트의 비서인 클라라 스테펙에게 샤흐트가 하루 종일 무엇을 하느냐고 묻자 스테펙은 이렇게 답했다.

샤흐트가 무슨 일을 하느냐고 물었는가? 그는 낡은 걸레 냄새가 나는 어두운 방에 앉아 담배를 피웠다. 그가 편지를 읽느냐고 물었는가? 아니다. 그리고 그는 편지를 쓰지도 않았다. 그러나 그는 세계 여러 나라에 전화를 많이 걸었는데, 독일과 외국의 돈에 대한 내용이었다. 그런 다음 담배를 좀 더 피웠다. 그는 많이 먹지 않았다. 그는 보통 늦게 퇴근하여 대중교통을 타고 집으로 돌아갔다. 그게 다였다.[4]

실제로는 이것이 **다**는 아니었다. 샤흐트의 정책 때문에 세금은 올랐고, 40만 명의 독일 공무원들은 일자리를 잃었다. 그럼에도 렌텐마르크는 독일의 인플레이션을 매우 성공적으로 멈춰 세웠고, 1923년 12월 22일 샤흐트는 통화감독관직을 유지하면서 제국은행Reichsbank의 총재로 승진했다. 그는 이제 국무회의에도 참석할 수 있게 되었다. 샤흐트의 전기 작가인 존 바이츠는 "그가 몇 주일 만에 사실상 독일경제의 독재자가 되었다"

고 썼다.[5]

샤흐트는 확실히 엄격한 프로이센 은행가다운 모습을 보였다. 머리카락은 정중앙 가르마였고, 콧수염이 코와 굳게 다문 입 사이에서 양쪽으로 뻗어 나갔다. 그는 코안경을 통해 의심스러운 눈초리로 대상을 바라보았다. 그는 군인처럼 딱딱한 태도로 걸었고 셀룰로이드로 만든 높은 깃을 단 셔츠를 입었다. 사실 그는 결코 프로이센인이 아니었다. 그는 북쪽 슐레스비히에서 태어났는데, 이 지역의 귀속은 독일과 덴마크 사이에서 오가기를 반복했다. 누가 그 지역을 지배하든 그 주민들은 완고하고 강인했다. 그들은 번갈아 나타나는 지배자들에게 쉽게 적응했지만 끈기와 독립성만큼은 잃지 않았다. 샤흐트도 이러한 기질을 많이 이어받았다. 그의 할아버지 빌헬름은 시골 의사로 열두 명의 자녀를 키웠는데, 돈이 많은 사람이든 가난한 사람이든 모든 환자에게 60페니히의 치료비를 받았다. 그의 아버지의 이름도 빌헬름이었는데, 교사를 하다가 미국으로 이민 갔다. 미국에서 그는 브루클린에 있는 독일 양조장에서 일했고 시민권을 얻었다. 얄마르의 어머니 콘스탄체는 폰 에거스 남작 가문 출신의 거침없는 귀족 여성이었다.

샤흐트 가족은 뉴욕에 정착했지만, 살림이 넉넉하지는 못했다. 빌헬름은 그의 가족을 데리고 유럽으로 되돌아왔다. 1876년에 그들은 현재 덴마크에 속하는 팅레프로 이사했고, 다음 해에 둘째 아들을 얻었다. 처음에 그들은 노예무역에 반대하는 캠페인을 벌였던 영향력 있는 뉴욕 언론인이자 정치가인 호레이스 그릴리의 이름을 그의 아들 이름으로 지으려 했다. 남작 부인은 아버지가 덴마크에서 농노제를 폐지하기 위해 일했던 경력과 그 영향을 받은 자기의 급진적인 견해를 자랑스러워했다. 아기의 할머니는 아기가 적어도 덴마크 고유의 이름을 먼저 가져야 한다고 주장했다. 이러한 의견들을 반영하여 가족들은 아기의 이름을 얄마르 호레이스 그릴리 샤흐트로 정했다.

그 가족은 끊임없이 이사를 다녔다. 그들은 함부르크에서 잠시 살다가 베를린으로 옮겨갔다. 얄마르는 부지런한 학생이었다. 그는 키엘대학교에 입학하여 정치경제학을 공부했다. 그는 언론인으로 일했고, 광고업에 도전했으며, 그런 다음 드레스너은행에 들어갔다. 그는 근면하고, 조그만 것까지 챙기며, 검소한 태도를 보인 탓에 금세 사람들의 눈에 띄었다. 샤흐트는 다른 은행직원들과 함께 미국으로 출장을 간 적이 있다. 그들은 프랭클린 루스벨트 대통령과 면담했고, J.P. 모건의 경영자 전용식당으로 식사 초대를 받았다. 샤흐트는 세계 정세를 잘 이해하고 있었고 영어를 능숙하게 구사했는데, 이점은 그의 출세길에 큰 도움이 되었다. 그는 드레스너은행의 부행장으로 승진했고 제국은행의 이사회에도 합류했다.

그렇게 해서 1923년에 렌텐마르크가 도입되었다. 다음 단계는 새로운 통화를 실질적으로 뒷받침하기 위해 금 준비금을 늘리는 것이었다. 이것이 12월 31일 저녁, 제국은행 총재가 런던 중심부의 리버풀스트리트역에서 기차를 내린 이유이다. 놀랍고 기쁘게도 노먼은 플랫폼에서 샤흐트를 기다리고 있었다. 노먼은, "우리가 친구가 되기를 정말로 바란다"고 말하면서 수줍은 듯 가볍게 웃었다. 샤흐트는 노먼에게 잉글랜드은행이 2,500만 달러를 제국은행의 새로운 자회사인 골드디스카운트은행에 빌려주기를 원한다고 말했다. 새 은행은 독일의 금융 전망에 대한 세계의 인식을 곧바로 바꿀 것이다. 잉글랜드은행 총재의 승인은 독일이 월 스트리트와 런던 시티로 가는 길을 틀 것이다.

언제나 그러했듯이 샤흐트는 끈질겼고 원하는 돈을 얻었다.

샤흐트가 노먼에게 달콤한 말을 쏟아내서 원하는 돈을 얻어냈지만, 배상금 문제는 여전히 풀리지 않고 있었다. 미국은 자기 집안도 정리하지 못하고 티격태격해대는 유럽인들에게 지쳤지만 다른 한편, 금융위기가 이어지는 가운데 유럽이 휘청거리는 한 미국의 지속적인 번영도 있을 수 없다는 사실을 이해하고 있었다. 새로운 보상 위원회가 성미 급한 미국 출신 은행가인 찰스 도즈Charles Dawes를 위원장으로 삼아 설치되었다. 도즈위원회는 1924년 1월에 파리에서 회의를 가졌다. 도즈는 제너럴일렉트릭과 미국라디오주식회사RCA의 회장인 오웬 D. 영을 위원으로 참가시켰다. 영은 능숙한 외교관이었고 또 그럴 수밖에 없었다. 그의 임무는 프랑스와 독일을 설득하는 것이었다. 프랑스에 대해서는 독일 경제를 파괴함으로써 유럽 부흥을 가로막고 있는 배상 조건을 완화하도록 하는 것이었고 독일에 대해서는 재정에 대한 더 엄격한 외부 통제를 받아들이도록 하는 것이었다.

도즈위원회는 1924년 4월 9일에 권고안을 발표했다. 독일의 배상금 지급액은 한동안 줄어들다가, 경제가 안정되면 나중에 늘어날 것이다. 이 안정은 부분적으로 국제 금융시장에서 조달할 8억 마르크의 대출에 바탕을 두었다. 독일 정부는 자금을 마르크화로 보유했다가 제국은행에 있는 제3자 관리계좌로 넘긴다. 이 계좌는 독일 예산 집행의 총책임자인 외국 공직자가 관리하게 된다. 이 외국인은 독일 돈을 어떻게 사용할지, 돈을 언제 풀어야 할지를 결정할 권한을 가졌다. 그에게는 돈이 넘쳐나서 라이히스마르크의 가치가 흔들리는 것을 막을 책임이 있었다. 제국은행은 7명의 외국인과 7명의 독일인으로 구성된 14명의 이사회가 통제했다.

미국 기업들은 독일에 투자하기 위해 서둘렀다. 제1차 세계대전은 미국 경제의 붐을 불러일으켰다. 유럽과는 달리, 미국 본토는 전쟁의 피해에서 비켜나 있었다. 미국의 공장, 농장, 광산과 공업 설비들은 아무런 손상을 받지 않았기 때문에 완전가동 상태였다. 도즈 플랜에 따른 독일 대출자금 마련 용도의 채권이 10월에 뉴욕과 런던에서 모집되었고 빠르게 예정 청약금액을 넘어섰다. 미국 은행들은 독일경제에 투자하고 있는 미국 기업들에게 자금을 대주기 위해 떠들썩했다.

1924년부터 1928년 사이에 독일은 해마다 6억 달러를 빌렸는데, 그 가운데 절반은 미국 은행들에서 나왔다. 미국에서 나온 자금의 대부분은 빠르게 미국으로 돌아갔다. 현대의 구제금융에서 보듯, 거액의 돈이 여러 나라 대차대조표를 들었다 놓았다 하면서 한 바퀴 돌고 나자 신뢰가 높아졌고 시장 분위기도 좋아졌다. 케인즈는 다음과 같이 썼다. "미국은 독일에게 돈을 빌려주고, 독일은 같은 금액의 돈을 연합국에 이체하고, 연합국은 이를 다시 미국 정부에 갚는다. 실제로 이동하는 것은 아무것도 없다. 조금이라도 손해를 보는 사람도 없다. 돈을 찍어내느라 제판공은 녹초가 되고 조폐국 인쇄기는 더 바쁘게 돌아가겠지만 덜 먹거나 더 일하는 사람은 아무도 없다."[6] 샤흐트를 포함한 여러 금융가들은 그러한 거래로 사람들의 사정이 조금도 나아지지 않는다고 믿었다. 그리고 그들은 옳았다. 금융시스템에서 거액의 돈은 그저 반창고와 같은 것이다. 거액의 돈이 근본적인 해결책이 아니라는 사실은 1929년 10월, 월 스트리트가 붕괴했을 때 드러났다. 미국 투자자들은 독일 투자에서 미친 듯이 떼 지어 철수했다.

다시 한번 독일경제는 재앙 앞에 마주섰다. 그러나 바이마르공화국이 채무불이행을 선언한다면 세계경제가 붕괴할지도 몰랐다. 배상금 문제를 해결해야 한다는 것은 분명했다. 심지어 도즈 플랜 실행의 총책임자인 세이모어 파커 길버트조차 독일이 스스로 금융의 운명을 통제할 필요가 있다고 주장했다. 길버트는 독일인에게 인기가 없었다. 1928년에 독일 국가주의자들은 그를 조롱하기 위해 만 명이 참여한 집회를 열어 모의 대관식을 거행했다. 사람들은 '삐에로 모자를 왕관 삼고 쿠폰 자르는 가위를 홀(笏) 삼아 독일을 지배하는 새로운 카이저' 왕관을 쓴 그의 허수아비를 노려보았다.[7]

예상할 수 있듯이, 지루한 독일의 배상 문제에 대한 해법은 또 다른 회의를 여는 것이었다. 이 회의의 이름은 의장인 오웬 영의 이름을 따서 지었다. 대표단은 거의 1세기 만에 가장 추운 겨울인 1929년 2월에 파리에 도착했다. 독일 배상금을 둘러싼 프랑스와 독일의 관계는 전례 없이 싸늘한 상태였다. 먼저 샤흐트가 앞으로 37년 동안 해마다 2억 5천만 달러씩 배상하는 안을 제시했다. 샤흐트만큼이나 고집불통인 프랑스은행 총재 에밀 모로Emil Moreau는 62년 동안 6억 달러씩 갚을 것을 요구했다. 아마도 그것으로도 충분하지 않을지 모른다고 그는 영에게 전했다. 프랑스는 1년 지급금액이 적어도 10억 달러는 넘어야 합의할 것처럼 보였다.

모로는 꿈쩍도 하지 않았고, 샤흐트도 마찬가지였다. 초기의 모든 낙관주의는 금세 시들해졌다. 독일 대표단은 그들의 전화를 도청하는 프랑스 비밀경찰에 겁을 먹었다. 샤흐트와 동료들은 암호전보로 베를린과 소통했다. 샤흐트는 정부와 협의하기 위해 2주에 한 번꼴로 독일로 돌아갔다. 영국 대표단의 차석대표인 리벨스토크는, 샤흐트가 **강한 부정적 태도**로 되돌아가는 것은 **조금도 도움**이 되지 않는다고 자기의 일기에 썼다.[8]

최종 금액이 얼마로 결정되든, 독일의 배상금을 관리할 새로운 은행이 필요할 것이라는 점에는 어느 정도 합의가 이뤄졌다. 샤흐트와 노먼은 새 은행이 정치 이슈에서 자유로울 것이며 순수하게 금융적인 기반 위에서 운영될 것이라고 주장했다. 배상금보다 더 정치적인 사안의 이슈는 없었기 때문에 이러한 주장은 실현 가능성이 낮았다. 그럼에도 이것은 정치적 제약에서 자유로운 은행이 가져다줄 이익을 두 총재가 어떻게 바라보고 있는가를 드러낸다. 몇 해 뒤, 샤흐트는 『늙은 마법사』라는 제목을 붙인 자서전을 발간했다. 확실히 그는 오웬 영에게 마법을 걸었다. "독일은 다른 나라의 돈을 빌려서 배상금을 지급하고 있다"고 샤흐트는 영에게 설명했다. 이러한 시스템은 더 이상 지속가능하지 않다. 연합국이 독일에 대해 정말로 배상금을 지급할 수 있게 되기를 바란다면 독일은 생산을 재개해야 한다. 연합국들은 독일에 돈을 빌려주는 대신 개발도상국들에게 돈을 빌려주어서 그들이 독일에서 산업 장비를 살 수 있도록 해야 한다.

오웬 영은 그런 계획이 어떻게 실행에 옮겨질 수 있는지 물었다. 샤흐트는 준비된 답을 가지고 있었다. 그것은 은행을 설립하는 것이다. 샤흐트는 주장했다. "이런 종류의 은행은 이익의 공동체로 이어질 것이며 패자와 승자 사이의 금융협력을 요구할 것이다. 이는 다시 상호 신뢰와 이해를 높이고, 따라서 평화를 촉진하고 보장할 것이다." 샤흐트는 회고록에서 이 장면을 다음과 같이 회상했다.

오웬 영은 안락의자에 앉아 다리를 쭉 뻗은 채, 파이프 담배를 뻐끔뻐끔 피우고 있었다, 그는 크고 예리한 눈으로 나를 뚫어지게 쳐다보았다. 중요한 주장을 제기할 때 습관적으로 그랬듯이 나는 조용하고 침착하게 방을 이리저리 걸으면서 얘기했다. 내가 말을 마치자 일순간 적막이 흘렀다. 그런 다음 그의 얼굴 전체가 환하게 밝아졌고 말 속에서 그의 결심을 읽을 수 있었다. "샤흐트 박사, 당신은 나에게 멋진 아이디어를 주었다. 나는 그것을 세상에 알리고자 한다."[9]

연합국은 독일이 처음 37년 동안 해마다 5억 2,500만 달러, 그다음 21년 동안 해마다 4억 달러를 지급하는 안을 제시했다.

샤흐트는 이를 받아들일 수 없었다. 그는 다음과 같은 반론을 폈다. 이러한 조건들을 만족시키려면, 독일은 대부분 아프리카에 있었던 이전의 식민지를 다시 차지해야 한다. 그는 또한 폴란드와 발트해를 연결하는 단치히 통로의 반환을 요구했는데, 이는 전후 평화조약을 깨트리자는 것이나 마찬가지였다. 모로는 이 말을 듣고 주먹으로 탁자를 쾅 치면서 잉크 흡수지 뭉치를 방의 건너편으로 내던졌다. 프랑스 신문에 실린 한 풍자만화가 현지 분위기를 전달했다. 만화는 모로가 샤흐트에게 "좋다. 총재 나으리, 우리가 독일에 얼마나 더 넘겨주어야 하는가?"라고 묻고 있다.

1929년 4월 19일, 리벨스토크가 갑자기 죽었다. 영 위원회는 휴회로 들어갔다. 6월 7일, 모든 참가자들은 마침내 합의에 이르렀다. 합의 내용은 다음과 같았다. 첫째, 독일은 58년에 걸쳐 약 290억 달러를 지급한다. 둘째, 독일의 경제정책에 대한 통제권은 베를린으로 반환한다. 셋째, 새로운 은행이 지급을 관리한다. 샤흐트는 새로운 은행의 탄생에 대해 다음과 같이 썼다. "그동안 영 위원회에 참가한 모든 사람들은 BIS에 대한 내 제안을 뜨겁게 지지했다. 그들은 금세 내 제안을 자기의 것인 양 말하고는 했다."[10] 대표단들이 최종안에 서명했을 때, 회의장 분위기는 열광적이었다.

영 플랜은 제1차 헤이그회의에서 원칙적으로 승인되었다. 이의 후속 조치로 기술적인 세부사항을 가다듬기 위한 일곱 개의 위원회가 설치되었다. 샤흐트의 제안에 따라 제7위원회(조직위원회)는 바덴바덴에서 모였다. 이것은 가장 중요한 위원회였는데, 새로운 은행의 법적 지위를 규정하게 될 법규를 성문화하고 은행과 설립사무국의 관계를 문서화하는 책임을 떠맡았다. 조직위원회 대표단은 은행의 거버넌스, 이사와 관리자의 역할, 심지어 새 은행의 법규를 만들 때 어떤 언어를 사용할 것인지에 대해서도 논쟁했다. 논쟁 끝에 대표단은 프랑스어와 영어를 공식 언어로 사용한다는 데 모두 동의했다. 중앙은행들은 BIS에 금을 보관할 것이며 태환 가능한 예금계좌도 틀 것이다. 이러한 예금계좌는 중앙은행들이 금을 물리적으로 옮기지 않더라도, 그리고 외환시장을 통해 통화를 거래하지 않더라도 국제 지급결제가 가능하도록 할 것이다. BIS는 세계 최초로 중앙은행들을 위한 국제 청산소가 될 것이다. 대강의 윤곽이 잡히자 다음 문제는 새로운 은행을 어디에 두어야 하는가에 대한 것이었다. 노먼과 영국 정부는 런던을 밀었다. 프랑스는 새로운 은행이 작은 나라에 위치해야 한다고 주장하면서 영국의 제안에 원칙적으로 반대했다. 잠깐 암스테르담 이야기도 나왔지만, 대표단은 마침내 스위스 바젤로 낙착을 보았다. 바젤은 여러 국제 철도노선과 연결되어 있었고 프랑스와 독일의 국경과 가깝다는 이점도 가졌다.

『이코노미스트』의 편집장 월터 레이튼은 런던에서 여전히 새 은행의 헌장과 씨름하고 있었다. 레이튼이 회상했듯이 핵심 문제는 'BIS를 정부들의 손이 닿지 않는 곳'에 두게끔 문구의 형식을 정리하는 것이었다. 레이튼은 **악전고투**했지만 실패했다고 노먼에게 전했다.

"왜 안 된다는 것인가?" 노먼은 짜증 섞인 목소리로 물었다. 레이튼은 대답했다. "왜냐하면 행동의 자유를 유지하는 것은 모든 민주정부의 권리이기 때문이다." 이 주장은 이후 수십 년 동안 울려 퍼졌다.[11] 레이튼은 패배를 인정했다. 결국 이 헌장은 BIS를 설립하기 위해 설치한 한 위원회가 초안을 작성했다. 노먼은 승리했다. 오늘날까지 거의 그대로 남아 있는 BIS 법규는 정치인과 정부의 간섭에서 벗어난 BIS의 절대적인 독립성을 보장하고 있다. 영 플랜의 배상금 문제로 한 방 얻어맞아 축 처진 기분이 든 샤흐트는 그의 아내 루이제와 함께 시간을 보내기 위해 체코슬로바키아의 마리엔바드로 여행을 떠났다. 루이제는 기차역에서 샤흐트를 만나자 소리쳤다. "당신은 배상금 요구안에 서명하지 말았어야 했다." 샤흐트는 나중에 이와 같은 주장을 하는 독일인들을 염두에 두고서, 루이제를 속 좁고 딱딱한, 전형적인 프로이센인이라고 묘사했다.

그러나 샤흐트와 노먼은 그들의 BIS를 얻었다.

2장
바젤의 은밀한 클럽

사실 비밀주의가 너무 강하게 배어 있어서 모든 이사들이 떠난 뒤에도 외부인은 그 신성한 방을 들여다볼 수 없었다.
- 클라렌스 K 스트레이트, BIS 이사회가 끝난 뒤의 회의실 모습, 『뉴욕 타임즈 매거진』 1930. 7.

 1930년 9월, BIS가 영업을 시작한 지 몇 달 뒤, 앨런 덜레스Allen Dulles라는 미국 변호사가 파리의 루 깡봉 37에 있는 그의 사무실에서 레온 프레이저Leon Fraser에게 편지를 썼다. 같은 미국 출신인 프레이저도 변호사였다. 『뉴욕 월드』의 전직 기자였던 프레이저는 당시 도즈 플랜 실행의 법무 자문위원으로 일했고, BIS의 구조를 논의한 바덴바덴 협상에 참여하고 있었다. 당시 프레이저는 BIS 이사였고 차기 총재가 된다.
 덜레스는 자기의 부탁이 아주 단순한 것이어서 받아들여질 것이라고 확신했다. 그는 미국에서 가장 힘 있는 집안의 후손이었다. 그의 할아버지인 존 W. 포스터는 국무부장관이었고 삼촌인 로버트 랜싱도 마찬가지였다. 1893년 뉴욕 워터타운에서 태어난 덜레스는 프린스턴 대학교를 졸업한 다음 미국 외교관으로 일했다. 그는 오스트리아 빈으로 배치를 받았다가 1917년에 미국이 참전하면서 스위스 베른으로 건너가 미국공사관의 정보 부관으로 일했다. 중립국 스위스는 분쟁국에서 온 망명자, 사업가, 혁명가들의 본거지로서 풍부한 정보를 수집하기에 제격이었다. 덜레스는 다음과 같이 썼다. "스위스에는 온갖 수상쩍은 사람투성이다." 베

른은 온갖 국적의 정보요원과 대표들로 가득 차 있다.[1]

덜레스는 어둠의 세계를 즐겼다. 천재성이 있는 학생이었을 때조차 그는 국제 음모와 지정학에 대한 끝없는 흥미를 보였다. 그는 일곱 살 때 첫 번째 책을 썼다. 『보어 전쟁』이라는 이 소책자는 네덜란드 정착민인 보어인들이 영국 지배자들보다 먼저 남부 아프리카에 도착했기 때문에 거기에 대한 우선권을 갖는다는 내용이었다(20세기 초의 제2차 보어전쟁에 참전했던 노먼은 동의하지 않을지도 모른다). 덜레스 가족은 700부의 책을 자비로 인쇄하여 한 권에 50센트에 팔았는데, 수익금은 보어 자선단체에 기부했다.

그러나 미국의 미래 중앙정보국장이 될 덜레스는 잠재적인 정보원을 잘못 평가할 때도 있었다. 그는 나중에 1917년 4월 어느 날 베른 주재 미국공사관의 전화가 울리면서 시작한 일에 대해 이야기하기를 좋아했다. 덜레스는 전화를 받았다. 한 러시아 이민 지도자가 미국 외교관을 급히 만나고 싶어 했다. 덜레스는 테니스 선약이 있었기 때문에 만남을 거절했다. 전화를 걸었던 사람은 레닌이었다. 그는 다음날 봉인된 기차를 타고 스위스를 떠나 상트페테르부르크의 핀란츠키 역으로 향했다. 이 도시는 뒤에 그를 기리기 위해 레닌그라드로 이름을 바꾸었다. 덜레스는 1919년에 베른에서 파리로 파견되어 베르사이유 평화회의의 미국 대표단에 합류했다. 그는 신생국가인 체코슬로바키아의 국경선을 정하는 위원회에 공식위원으로 참여했다. 사실, 덜레스는 중앙유럽의 외교정보를 수집하기 위한 미국 정보조직을 운영하면서 이민자, 망명자, 혁명가들을 한편으로는 보호하면서 다른 한편으로는 감시하고 있었다.

1930년, 레온 프레이저에게 편지를 쓸 당시에 덜레스는 외무관을 그만둔 상태였다. 그와 그의 형 존 포스터 덜레스John Foster Dulles는 월 스트리트에 본부를 둔 설리번&크롬웰의 파트너가 되었다. 이 회사는 세계에서는 아니더라도 미국에서는 가장 영향력이 큰 법률회사였다. 앨런 덜레스는 설리번&크롬웰의 파리 사무소를 운영했고 얄마르 샤흐트Halmar schacht를 잘 알고 있었다. 1919년 파리에서 덜레스는 외교에 대해 배웠다. 그리고 1930년 파리에서 그는 초대형 금융의 세계와 BIS에 대해 배웠다. 전기 작가인 피터 그로스는 덜레스가 "국가 의도들이 뻔히 들여다보이고 민주국가도 가끔 속아 넘어가는 영역으로 굴러떨어졌다. 에릭 앰블러의 스파이 소설이나 그레이엄 그린의 공상 소설에 빠진 독자들처럼, 그는 존경받는 초대형 금융과 어두운 지하세계 사이에는 종이 한 장의 차이밖에 없다는 사실을 알아차렸다"고 썼다.²

한편, 노먼과 샤흐트는 독일 배상금 문제를 둘러싼 혼란을 교묘히 이용하여 강대국들이 BIS 창설에 참여하도록 수완을 발휘했다. 덜레스 형제는 거래를 성사시키기 위해 유럽의 무질서를 이용했으며, 독일로 자금이 다시 흘러갈 수 있도록 금융수단을 구축했다. 이러한 금융수단은 너무 복잡해서 설리번&크롬웰 법률회사 밖의 외부인이 이를 이해할 수는 없었다.

덜레스가 만든 인맥은 BIS에 연결되어 있었다. 덜레스 형제, 그리고 월스트리트, 런던, 독일에 있는 덜레스 형제의 친구들은 BIS로 가는 통로 역할을 했다. 뉴욕 은행들은 1920년대에 독일을 위한 자금조달에 앞장섰고, 런던 금융가 또한 상당한 자금을 독일에 제공했다. 영국 은행들 가운데 맨 앞에는 헨리슈뢰더은행이 있었다. 이 은행은 함부르크에 본부를 두고 성공한 같은 이름의 독일 은행이 런던에 설립한 지사였다. 런던에서 슈뢰더는 IG 파벤, 지멘스, 도이체방크를 포함한 수많은 독일 기업들에 투자하기 위해 신탁회사를 세웠다. 슈뢰더 런던 지사의 파트너였던 프랭크 티어크스Frank Tiarks는 뉴욕에 슈로방코라는 자회사를 설립했다. 이 자회사는 1923년 10월에 문을 열었고, 순식간에 성공을 거두었다. 슈로방코의 대표는 프렌티스 그레이라는 미국인 은행가로, 파리평화회의에서 만난 존 포스터 덜레스와 가까운 친구 사이였다. 슈뢰더가 독일에서 출발했고 따라서 독일 인맥과 접촉이 많았던 만큼 슈로방코의 자연스런 영업대상은 독일이었다. 이 회사는 독일에서 사업을 이끄는 데서나 나중에 도즈와 영 배상 플랜에 따른 대출을 처리하는 데서 빠르게 두각을 나타냈다. 슈로방코의 주주 가운데에는 독일, 스위스, 오스트리아의 여러 은행들이 있었는데, 여기에는 자연스럽게 헨리슈뢰더은행의 함부르크 지점이나 쾰른의 J. H. 슈타인 은행도 들어 있었다. 슈타인의 파트너 가운데 한 명은 슈뢰더 가문의 후손으로 뒤에 BIS 이사회에 참여한다. 그는 독일 사업가들의 자금을 모아서 하인리히 힘러의 개인 비자금 계좌로 보낼 때 슈타인 은행을 이용했다.

프랭크 티어크스는 잉글랜드은행의 이사로 몬태규 노먼Montagu Norman의 가까운 동료였다. 티어크스는 게이츠 맥거러Gates Mcgarrah라는 이름의 미국 금융가를 눈여겨보았는데, 그를 슈로방코의 이사회에 영입하고 싶어 했다. 티어크스가 '가장 중요한 미국 은행가의 한 명'이라고 묘사한 맥거러는 뉴욕 연준의 이사였다. 또한 그는 독일에 좋은 인맥을 쌓고 있었다. 독일 제국은행Reichsbank을 국제 대표단이 관리할 때, 그는 그 은행에서 미국을 대표했다. 맥거러는 슈로방코의 이사로 있다가 1927년에 뉴욕 연준 의장으로 갔다. 그는 1930년에 BIS의 초대 총재로 임명될 때까지 뉴욕 연준에서 일했다. 독일에서 이뤄진 슈로방코의 복잡한 투자는 보호를 잘 받고 있었다. 이 은행의 변호사가 앨런 덜레스였기 때문이다. 슈로방코와 덜레스의 관계는 굉장히 밀접했다. 그 근거는 1929년에 슈로방코가 월가 48번지에 있는 넓은 사무실로 이사했다는 점이다. 같은 건물에 덜레스가 소속한 설리번&크롬웰도 입주해 있었다.

앨런 덜레스는 1930년 가을에 레온 프레이저에게 간단한 부탁을 했다. 그의 여동생 엘리너 랜싱 덜레스는 BIS에 대한 책을 쓰는 조건으로 하버드 대학에서 장학금을 받았다. 엘리너 덜레스는 인정받는 연구자이자 통화 전문가였는데, 앞서 프랑스 프랑에 대한 책을 쓴 바 있다. 앨런 덜레스는 "여동생을 위해 뭐든 해 준다면 고맙겠다. 그리고 여동생이 굉장히 신중하다는 것을 확실하게 말할 수 있다"고 썼다.[3] 엘리너 덜레스도 오빠들처럼 세계에서 가장 힘 있는 은행가들과 금융가들에게 쉽게 연락할 수 있었다.

프레이저는 앨런 덜레스의 편지 말고도 엘리너를 도와달라는 여러 통의 편지를 받았다. 오웬 영도 그해 5월에 프레이저에게 편지를 썼다. 게이츠 맥거러 BIS 총재도 엘리너 덜레스에 대한 편지를 받았다. 저명한 은행가인 폴 워버그는 월 스트리트에 있는 워버그 본사에서 맥거러에게 편지를 보냈다. 워버그는 다음과 같이 설명했다. 엘리너는 "내 친구 존 포스터 덜레스의 여동생인데, 당신도 국제 문제 전문가인 엘리너의 이름을 들어보았을 것이고, 또 틀림없이 개인적으로도 잘 알고 있을 것이다."[4]

바덴바덴에서 BIS조직위원회의 의장을 맡았던 뉴욕의 퍼스트내셔널은행 행장 잭슨 레이놀즈도 월 스트리트에서 맥거러에게 편지를 썼다. 그는 맥거러에게 덜레스를 도와달라고 부탁했다. 레이놀즈는 특히 엘리너가 자기 친구인 존 포스터 덜레스의 여동생이라는 사실을 강조했다.

당시 미국에서 존 포스터 덜레스만큼 힘세고 영향력 있는 친구들을 둔 사람은 거의 없었다. 그는 파리평화회의에서 미국 대표단의 법률 고문을 맡았는데, 거기에서 독일 전쟁 배상금을 전문적으로 다뤘다. 그가 파리에 체류했던 시간은 국제금융과 외교 그리고 인맥 형성에 대한 식견을 넓히는 데 도움을 주었다. 1920년대 덜레스의 고객 명단은 미국 금융계의 거물 인명록을 읽는 것 같았다. 그 명단에는 J.P. 모건, 쿤로브, 해리스&포브스, 브라운브라더스, W.A. 해리먼, 골드만삭스 등이 들어 있었다. 덜러스는 수천만 달러의 대출을 주선했다. 대출 대상 고객으로는 뮌헨시, 프랑크푸르트시, 뉘른베르크시, 베를린시, 하노버시, 독일 모기지은행연합, 베를린전기공사, 함부르크도시철도, 프로이센 주정부가 있었다. 덜레스는 또한 1924년에 도즈 플랜에 따른 독일의 차관과 1930년에 영 위원회가 부채질한 독일 정부의 국제차관 도입에도 공을 들였다.[5]

1920년대의 월 스트리트는 독일에 돈을 빌려주기 위해 광분하고 있었다. 1923년에 미국의 은행과 금융회사들은 4억 5,800만 달러의 장기 자본을 외국으로 보냈다. 1928년에 이르러 그 금액은 16억 달러로 늘어났다. 독일의 신용 거품은 터무니없는 극단으로 치달았다. 바이에른에 있는 한 작은 마을은 약 12만 5,000달러가 필요했는데, 설득을 당해서 300만 달러를 빌렸다.[6] 정말 중요한 사실은 이러한 자본 흐름이 오로지 금융 요인에 의한 것만은 아니었다는 점이다. 미국의 은행가들, 사업가들, 산업 자본가들과 그들의 독일 파트너들 사이의 유대 관계는 운이 다한 바이마르공화국이나 심지어 제3제국Third Reich보다 훨씬 더 오래 이어졌다. 이러한 연계들은 그 중심인 BIS와 함께 제2차 세계대전을 견뎌내고 1945년 이후에는 유럽을 재편성하게 된다.

앨런 덜레스는 풍부한 경험과 힘, 그리고 영향력을 가진 첩보단장으로 제2차 세계대전 중에 베른으로 갔다. 그는 BIS에 있는 그의 인맥을 통해 많은 정보를 수집했다. 존 포스터 덜레스는 냉전이 최고조에 이른 1950

년대에 아이젠하워 행정부의 국무부장관으로 들어갔다. 덜레스 형제는 나치를 지지한 은행가, 사업가, 산업자본가들이 새로운 독일연방공화국에서 강력한 지위를 순조롭게 되찾을 수 있게끔 도움을 주었다. 이 가운데 많은 사람들은 전쟁범죄로 재판을 받아 마땅했다.

샤흐트와 노먼에게 1930년 1월 20일은 잊을 수 없는 날이었다. 그들은 국내법이든 국제법이든 법의 적용범위 밖에 있는 은행을 만들었다. 그날, 영국, 프랑스, 독일, 벨기에, 이탈리아, 일본, 스위스는 특별한 문서에 서명했다. 헤이그협약에 따라 설립된 BIS는 세계에서 특권이 가장 많고 법적으로 잘 보호받는 은행이다. 오늘날까지 유효한 그 법규들은 BIS가 본질적으로 어떠한 통제도 받지 않는 근거이다. BIS 헌장 제10조는 다음과 같다.

국제결제은행 자체, 그리고 그 소유물과 자산, 모든 예금계좌, 기타 수탁자금은 평화 때든 전쟁 때든 수용, 징발, 압류, 몰수, 금과 화폐 수출입의 금지 또는 제한, 기타 이와 유사한 조치의 대상이 되지 않는다.

BIS는 국제기구로서 법적 특권을 누리고 있지만, 그것이 말 그대로 일반적인 의미의 국제기구인지는 논쟁거리이다. BIS는 수익성이 높은 은행이지만, 그의 회원들인 중앙은행들에게 설명책임을 지고 그들의 통제를 받는다. 노먼, 샤흐트, 그리고 중앙은행가들은 독일 배상금을 관리할 공평한 금융기관이 필요하다는 논리를 내세워 영 플랜을 가림막 삼아, 교묘한 수완을 발휘하여 전례 없는 권한과 특권을 가진 은행을 만들었다. BIS의 공식 역사학자 지아니 토니올로는 다음과 같이 말한다.

배상금 문제의 해결이 BIS 설립의 직접적인 근거였지만, 은행 법규는 실제 목적을 훨씬 더 폭넓게 규정했다. 중앙은행들의 협력을 촉진하고 국제 금융 업무에 추가적인 편의를 제공하는 것, 관련 당사자들과 합의하여 국제금융 분야에서 문제해결의 수탁자 또는 대리인으로 활동하는 것은 그러한 사례들이다.[7]

1930년 2월, 영국, 프랑스, 이탈리아, 독일, 벨기에에서 온 중앙은행 총재들은, 일본 대표단, 미국의 세 은행과 함께 모여 BIS의 설립 문서에 서명했다. 뉴욕 연준은 정치적인 이유로 주식을 소유할 수 없었으므로 J.P.모건, 뉴욕퍼스트내셔널은행, 시카고퍼스트내셔널은행이 컨소시엄을 구성하여 미국을 대표했다. BIS는 1930년 2월 27일에 공식적으로 설립되었다. BIS의 초기 자본금은 5억 스위스 프랑이었는데, 한 주의 액면은 2,500 프랑이고 총 주식 수는 20만 주였다. 창립에 참여한 중앙은행의 총재들은 이사회의 당연직 이사였다. 이사들은 자국의 부이사를 임명할 수 있었다. 부이사는 중앙은행 출신일 필요는 없었으며, 금융, 산업, 또는 상업계에서 선출될 수 있었다. 이 조항은 나중에 나치가 BIS에 영향을 줄 수 있는 결정적인 근거가 된다.

BIS는 스위스 법에 따라 설립되었다. 승인된 활동은 다음과 같다.

- 자기 계정으로 또는 중앙은행들을 대리하여 금의 매매와 보유
- 주식 이외의 유가증권 매매
- 각 중앙은행의 예금 수령
- 각 중앙은행의 예금계좌 개설과 관리
- 각 중앙은행의 대리인 또는 중앙은행을 위한 대행 활동
- 국제 결제와 관련하여 수탁자 또는 대리인 역할을 한다는 계약 체결

BIS가 상업은행의 경쟁자가 되는 것을 막기 위한 몇 가지 규제가 있었다. BIS는 은행권을 발행할 수 없었고, 개인이나 영리단체를 위한 계좌를 개설할 수 없었다. 또한 BIS는 본부나 지역사무소 이외의 재산을 소유할 수 없었고, 사업에 영향을 줄 정도의 지분 투자도 할 수 없었다. 배상금 청산을 위한 국제조약에 따라 BIS에게 부여된 면책조항은 BIS의 은행업무 일부에 대해서는 적용되지 않았다. 이는 국제시장의 신뢰를 유지하기 위해서였다.

BIS는 국제조약에 따라 보호받고 있지만 국제연맹과 달리 예산을 회원 분담금에 의존하지 않았다. 이는 BIS로서는 더 없이 좋은 점이었다. BIS는 영 플랜에 따라 배상금 지급을 관리함으로써 안정적인 수익을 얻었다. 또한 BIS는 고객, 곧 중앙은행들을 위해 수행하는 서비스를 통해 높은 수익을 얻었다. 토니올로는 다음과 같이 분석한다. BIS는 "각국 정부가 승인한 국제조약에 따라 설립되었지만, 중앙은행의 견해와 요구사항에 정확히 맞춰져 있었다."[8] BIS 규정 가운데 핵심 조항은 **보호관리** 상태이기 때문에 헤이그 협약 서명국 전체의 동의가 있어야만 변경할 수 있었다.

바젤은 한적한 곳이었지만 BIS에는 곧바로 취업 지원서가 몰려들었다. 비교적 아늑한 BIS의 본부는 바젤역에 이웃한 그랑호텔사부아에 자리를 잡았는데, 철도로 파리, 비엔나, 밀라노, 제네바와 직통으로 연결되어 있어서 교통이 편리했다. 『뉴욕 타임즈 매거진』의 한 기사(1930. 7. 27)는 '수백 만 달러를 거래하는 현금 없는 은행'이라는 제목으로 다음과 같이 썼다.

바젤에서 백만 달러 이하의 돈을 가지고 있을 것처럼 보이는 은행은 하나밖에 없다. 그럼에도 그 은행은 거대 은행이다. 사실 BIS보다 더 은행 같아 보이지 않는 은행이 또 어디에 있는지 의심스럽다…. 건물 앞쪽에 크고 굵은 글씨로 쓴 BIS 간판이 있는 것도 아니다. 대문에 눈에 띄는 작은 청동 명패마저 걸려 있지 않다. 지나가는 사람들에게 그 정체를 드러낼 수 있는 것은 전혀 없다.[9]

빌딩에서 나는 소리도 은행 같지 않기는 마찬가지였다. 카운터에서 나는 지폐가 바스락거리는 소리, 계수기 소리, 심지어 장부를 긁적이는 펜 소리도 없었다. 돈은 BIS를 통해 물리적으로 이동하는 것이 아니었다. 배상금을 지급할 때 독일은 제국은행 본점의 BIS 계좌에 입금한 다음 그 사실을 BIS에 알렸다. 그러면 BIS는 배상금을 받는 나라들, 예를 들어 영국의 중앙은행에게 그 돈을 원한다면 인출할 수 있다고 통보했다. 만약 큰 규모의 자금 이동이 환율에 영향을 미칠 것을 걱정하여 자금 인출을 원하지 않는 중앙은행은 그 자금을 BIS 계좌에 남겨두었다. 동시에 BIS는 중앙은행(예를 들어 영국 중앙은행)이 남겨놓은 자금으로 그 중앙은행 몫의 증권을 샀다. 중앙은행이 자금을 인출하기를 원한다면 BIS는 그 증권을 팔 것이다.

이것은 이론이었다. 현실에서는, 적어도 처음에는, 일이 그다지 순탄하지 않았다. 1931년 2월, BIS 미국 출신 총재였던 맥거러는 아테네의 핀레이슨에게 편지를 써서 그리스의 금에 대해 물었다. 베를린 주재 영국 금융연락관을 지낸 핀레이슨은 당시 그리스은행의 고문이었다. 그리스은행의 금 일부가 사라진 듯했다. 오늘날과 마찬가지로, 그리스은행의 회계는 허술한 대목이 있었다. "그리스은행의 금에 이제껏 무슨 일이 있었는가? 그리스 금 일부가 파리에 있는 우리의 금고나 기타 장소에 보관되어 있는 것은 아닌가?" BIS 총재로서, BIS가 금을 어디에 얼마만큼 보관하고 있는지를 알법한 맥거러가 물었다.[10] 맥거러는 지금이 그리스 금을 찾아서 BIS에 보관시킬 좋은 기회라고 핀레이슨에게 제안했다.

맥거러는 이어서, BIS는 그리스 은행에게 "다른 중앙은행이 제공할 수 있는 것보다 훨씬 유리한 기능을 제공할 수 있을 것이다"고 썼다.[11] 예를 들어, 그리스은행이 프랑스은행에 금을 보유하고 있는데도 다른 통화를 구입하려면 먼저 프랑스은행에서 프랑을 사야 했다. 그런 다음 그리스은행은 프랑을 다른 통화로 바꾸었고, 그때 발생하는 통상적인 환차손과 수수료를 모두 떠안았다. 그러나 만약 그리스은행이 프랑스은행에 BIS 명의로 금을 보유한다면, BIS는 "그리스은행이 원하는 통화를 언제든 내줄 수 있고, 실제의 환전 과정을 거칠 필요 없이 환율을 약정한 수준으로 고정할 수 있다."[12] 더구나 BIS는 어떤 수수료도 부과하지 않았다.

BIS에는 13,000명의 구직자들이 몰려들었고, 1930년 말 기준으로 95명이 그곳에서 일했다. 그러나 은행가는 거의 없었고, 대부분은 국제연맹이나 도즈 플랜 사무소와 같은 국제기구에서 일했던 적이 있는 변호사나 경제학자였다. 급여는 비교적 높았다. 총재는 급여 3만 6,000달러와 접대비 1만 4천 달러를 받았다. 부서장들의 연봉은 1만 5,000달러에서 2만 달러 사이였는데 모두 비과세였다. 1930년에 미국인의 평균 연봉은 2,000달러였다. 경영진은 국적의 균형을 반영했다. 사무국장 피에르 케네는 영 위원회 위원으로 활동했던 프랑스인이었다. 사무차장 에른스트 휠제는 제국은행에서 일한 적이 있는 독일인이었다.

그러나 모든 사람이 만족하지는 않았다. BIS를 **내 은행**이라고 부르기를 좋아했던 샤흐트는 영 플랜에 따른 배상 규모에 대해 계속 분노했다. 1929년 12월, 그는 J.P. 모건에게 편지를 써서 자기는 BIS 이사직을 맡지 않을 것이라는 의사를 전했다. 이듬해 3월, 샤흐트는 제국은행에서 사임했다. 후임은 재무부장관과 총리를 역임한 한스 루터였다. 샤흐트는 자기의 옛 전문 분야였던 광고업으로 되돌아갔다. 그해 가을 그는 유럽과 미국을 가로질러 강연 여행을 떠났다. 그는 대서양을 건너는 시간에 아돌프 히틀러의 『나의 투쟁』을 읽었다. 샤흐트가 보기에 그 책의 문체는 조잡하고 위협조였지만, 저자가 **예리한 두뇌**의 소유자임이 분명했다.[13] 샤흐트는 어디를 가든 영 플랜, 베르사유 조약, 배상금을 맹렬히 비난하는 똑같은 연설을 했다. 그는 뉴욕 애스터 호텔에서 열린 외교정책협회 주최 만찬에 존 포스터 덜레스와 함께 나타나기도 했다. 1930년 9월 독일 총선에서 나치당이 107석을 차지해 제2당이 되었는데, 덜레스는 그런 결과를 깎아내렸다. 덜레스는 다음과 같이 주장했다. "어려움은 선거결과의 특징이 대체로 독일인들이 심리적으로 현 상황을 뒤엎을 준비가 되어 있다는 데 있다."[14]

덜레스의 분석은 그의 동료 금융가들, 특히 독일의 금융가들도 널리 공유했다. 한스 루터 신임 제국은행 총재는 나치에 대한 지지 급등이 국제금융의 원활한 흐름을 방해하지 않을 것이라고 그의 미국 동료들을 매우 열심히 설득했다. 독일 총선 8일 뒤인 9월 22일, 맥거러 BIS 총재는 친구이자 전에 뉴욕 연준에서 함께 일했던 조지 해리슨에게 편지를 썼다. 해리슨은 당시 뉴욕 연준의 총재였다.

루터 박사는 선거결과에 실망할 필요가 없다는 강한 확신을 우리에게 심어주었다…. 독일 사람들은 혁명적이지 않으며 우리의 생각으로는, 가끔 일어나는 가두투쟁 이상의 어떤 사태가 발생하더라도 간단히 처리될 것이다.[15]

모든 사람이 맥거러처럼 생각한 것은 아니었다. 투자자들은 앞다퉈 라이히마르크를 내다 팔았다. 역설적으로 정치와 금융의 불확실성은 BIS

에게 나쁘지만은 않았는데, 그 이유는 BIS가 금융시장에 개입할 수 있는 구실을 조기에 확보했기 때문이다. BIS는 독일 통화에 대한 구제 프로그램을 출범시켰다. 다음날인 9월 23일, 맥거러는 해리슨에게 전보를 쳤다. "비밀인데, 우리는 오늘 몇몇 시장에서 무려 30만 파운드의 시장 개입을 했다. 이는 마르크 매도의 중단을 포함하여 심리적인 효과에 큰 도움을 주었다."[16] 루터와 맥거러는 독일에서 배상금 이슈가 BIS 영향력으로 해결될 것이라고 생각했지만 이는 틀린 것이었다. 영 플랜은 독일 민주주의와 마찬가지로 끝자락에 내몰려 있었다.

1931년 5월 19일, 맥거러는 BIS의 제1차 연차보고서를 첫 총회에 제출했다. 그는 BIS가 국제금융 운영과 자본이동을 도왔다는 점을 상기시키면서 "건설적인 서비스를 위한 기회는 거의 무궁무진하다"고 말했다.[17] 그런 다음 그는 회계 숫자로 눈을 돌렸다. 맥거러는 이익을 내는 것이 BIS의 **일차적인 목표**는 결코 아니라고 점잔 빼면서 말했다. 이는 확실히 그를 역사상 독특한 은행가로 만들었다. 그러나 그는 견실한 투자를 통해 은행 설립 10개월 반 만에 11,186,521.97 스위스 프랑의 순이익을 냈다는 사실을 기쁘게 보고했다. 그는 그리스, 루마니아, 헝가리, 라트비아, 리투아니아, 에스토니아, 스웨덴, 체코슬로바키아의 중앙은행을 포함하여 주주가 처음 일곱에서 스물셋으로 늘었다고 자랑했다. 체코슬로바키아와 같은 유럽의 작은 신생국가들 -해체된 오스트리아·헝가리 제국의 잔해 속에서 태어난 취약한 국가들- 은 BIS 지분 보유가 틀림없이 안정, 신뢰, 국제사회 속의 지위 향상, 심지어는 약탈적인 이웃 국가들에 대한 방어 수단을 가져다줄 것으로 기대했다. 뒷날, 이러한 실낱같은 희망조차도 실현 가능성이 없었던 것으로 드러났다.

그러나 당장은 서로 축하하고 있었다. 노먼과 샤흐트는 현금을 영구적으로 만들어내는 요술 방망이를 고안했다.

3장

가장 쓸모 있는 은행

BIS의 부서장 자리는 확실히 독일의 외교정책에서 외국 정부의 신임장을 받은 대사 자리만큼이나 중요하다.

- 칼 블레싱, 독일 제국은행 고위직원, 1930.[1]

베를린에 있는 샤흐트의 동료들은 BIS의 역할에 대해 매우 특별한 견해를 가지고 있었다. 그것은 연합국이 헤이그조약에 서명했을 때 전망했던 것과 전혀 달랐다. 배상금을 관리하기 위해 설립한 은행이 배상금을 엉망진창으로 만드는 데 사용되었다. 1930년 4월, 샤흐트의 직장 후배인 칼 블레싱은 BIS에 대한 정책 수립을 다루는 긴 비망록을 썼다. '제국은행이 BIS에서 어떻게 행동해야 하는지에 대한 의견서'는 독일이 BIS에서 가능한 한 많은 영향력을 확보할 것을 요구했다. 블레싱은 BIS의 독일 직원들에게, "BIS의 중요한 사업에 대해 독일 대표자가 그 내용을 파악하지 못한 상태에서는, 또는 그에 대한 의견표명 기회를 갖지 못한 상태에서는 어떠한 의사결정도 내려져서는 안 된다는 점을 명심해야 한다"고 썼다.[2] 블레싱은 BIS가 독일의 국가이익에 대해 갖는 중요성을 인식했다. 그는 독일에 할당된 BIS의 자리를 가장 유능하고 통찰력 있는 사람들로 채워야 한다고 주장했다.

BIS 회원국들은 모두 BIS라는 새로운 국제 포럼에서 자국의 국익을 보호하기를 원했다. 그러나 블레싱은 많은 은행가들이 간과하고 있던 것을 이해하고 있었다. 그것은 첫째, BIS가 자기를 중립적이고 객관적이며 기술관료가 지배하는 조직으로 묘사하고 있지만 본질적으로 정치적 기관이라는 점과 둘째, 정치에서 의견충돌이 가장 심하고 떨떠름한 이슈 가운데 하나인 독일의 전쟁 죄의식과 배상 문제를 다루고 있다는 점이었다. 블레싱은 다음과 같이 썼다. "배상 문제가 BIS에 위임되었다는 사실은 자연스럽게 BIS를 정치적인 기관으로 변질시킬 것이다. 비록 공식적으로는 이러한 사실이 부인되겠지만 말이다."[3]

프랑스와 영국은 BIS의 설립으로 배상 이슈를 해결했다고 생각할지 모르지만, 블레싱은 BIS의 존재가 이 이슈를 또다시 공론의 장으로 이끌 수 있다고 보았다. 블레싱의 식견과 냉철함은 노먼의 은밀한 클럽 개념과 뚜렷한 대조를 이루었다. 블레싱은 제국은행이 중앙은행들의 은행으로 새로운 역할을 하게 될 BIS와 확실하게 협력해야 한다고 주장했다. 수출에 의존하는 무역국가로서 독일은 오로지 국제경제의 개선에서 이익을 얻을 수 있었다. 그러나 배상금은 전혀 다른 문제였다.

블레싱은 BIS의 독일인 직원들에게 은행 분위기를 흐트러트리고 신뢰를 떨어트리는 무리한 요구를 함으로써 새로운 은행을 흔들 것을 지시했다. 그는 BIS에 대한 고도의 심리전을 요구했다. 그곳의 독일인 직원들은 "BIS의 목표가 너무 유토피아적이라고 몇 번이고 되풀이해서 얘기해야 한다." 독일 은행가들은 BIS에게 고위험 벤처기업에 대한 수출 신용 보증을 거듭 요청해야 한다. 신용이 제공될 가능성이 전혀 없을 때조차 그렇게 해야 한다. 그 목적은 "은행 내부에 배상금을 반대하는 목소리가 호응을 얻을 수 있는 분위기를 점진적으로 만들어내는 것이다."[4] BIS가 정당성을 잃기 시작한다면, BIS에게 배상금 관리를 위임한 영 플랜도 반드시 그렇게 된다. 1931년, 블레싱은 제국은행을 떠나 BIS의 고위직에 올랐다.

그러나 블레싱이 이사회에 들어갔음에도 BIS는 독일 금융위기를 해결할 수 없었다. 1931년 총선에서 나치와 코뮤니스트가 제국의회 의석의 3분의 1을 차지했다는 사실은 나라를 거의 통치할 수 없게 만들었다. 이러한 불안정한 정치상황은 자본도피의 방아쇠를 당겨서 실업률의 증가, 정부와 은행시스템에 대한 신뢰의 하락을 불러일으켰다. 이는 다시 더 심한 자본도피, 더 높은 실업률, 나치와 코뮤니즘에 대한 더 높은 지지로 이어졌다. 바이마르 공화국은 죽음의 소용돌이에 빠져들었다.

1931년 6월 하인리히 브뤼닝 독일 총리는 영 플랜에 따른 다음 배상금 지급을 이행할 수 있을지 의문이라고 선언했다. 상황이 너무 심각해서 미국의 허버트 후버 대통령은 모든 전쟁채무와 배상금에 대한 지급유예를 요청했다. 이렇게 해서 1년 동안의 지급유예가 합의되었다. 잉글랜드은행, 프랑스은행, 뉴욕 연준, BIS는 독일에 1억 달러의 긴급 대출을 해주기로 합의했다.

토니올로가 말한 바와 같이, "신생 BIS는 국제 금융위기를 관리하기 위해 여러 나라가 협력해서 대응한 첫 시도의 중심에 있었다."[5] 그러나 당시에는 BIS가 그렇게 할 준비가 아직 되어 있지 않았던 탓에 이러한 시도는 성공하지 못했다. 비록 BIS가 분명히 배상을 촉진하기 위한 목적으로 만들어졌더라도, 독일의 채무 위기를 해결하는 것은 BIS의 능력 범위를 훨씬 뛰어넘는 과제였다.

1931년 12월, 독일 재무부장관은 BIS에 편지를 썼다. 그 내용은 독일이 '지금까지 겪어보지 못한 위기'로 고통을 당하고 있기 때문에 BIS는 배상 문제에 대해 전면적인 재검토를 해야 한다는 것이었다. BIS는 이탈리아인 이사 알베르토 베네두체를 위원장으로 하는 위원회를 구성하여 이 문제를 검토했다. 독일의 저명한 유대인계 은행가이자 BIS 부의장인 칼 멜키오르가 독일을 대표했다. 멜키오르는 제1차 세계대전에서 독일군 대위로 복무했는데, 그때 중상을 당한 바 있다. 숙련된 외교관이자 금융가였던 멜키오르는 1919년 파리평화회의 독일 대표단의 일원이었다. 그는 영 위원회에서 독일을 대표했고 국제연맹 금융 위원회의 의장을 맡았다. 그의 기지와 수완은 독일이 국제사회에 다시 진출하는 데 도움을 주었다. 1931년 크리스마스 직전에 발표된 베네두체위원회의 결론은 베를린의 승리였다. 그 내용은 평화와 경제의 안정을 보장하기 위해 모든 정부 배상금과 전쟁 부채를 **조정**해야 한다는 것이었다. 그러나 **조정**은 폐지에 대한 완곡어법이었다. 그때부터 6개월 뒤인 1932년, 유럽의 정부들은 베네두체 위원회의 권고를 검토하기 위해 로잔에서 만났다. 그들은 다음번 지급을 마지막으로 독일의 배상금을 취소하는 데 동의했다.

중앙은행의 은행인 BIS는 자기를 새롭고 현대적인 기관으로 표현했지만, 역사를 통해 볼 때 중앙은행과 전쟁은 얽혀 있었다. 잉글랜드은행은 무엇보다 윌리엄 3세가 프랑스와 싸우기 위한 자금을 마련하기 위한 목적으로 1694년에 설립되었다. 은행은 예금을 받았고, 그에 대해 금으로 상환할 수 있는 예탁 증서를 발행했다. 점원들은 오늘날 은행권의 선구자격인 그 증서에 고객의 개인 정보를 적어놓았다. 한 세기가 조금 더 지난 1800년, 나폴레옹 보나파르트는 프랑스은행을 설립했다. 황제는 18세기 말의 전쟁과 혁명 이후 안정과 경제성장을 목표로 삼았다. 제국은행은, 1870년 프랑스-프로이센 전쟁으로 유동성 위기가 생긴 뒤인 1876년에 그에 대처하기 위해서, 부분적으로는 미래 독일 팽창을 위한 자금을 대기 위해서 설립되었다. 독일 은행가들은 유동성 위기에 대처하기 위해 미리 계획을 세워두고 있었다. 전쟁 때는 라이히스마르크와 금의 교환을 일시 중단할 수 있는 법률안이 1904년에 마련되었다.[6] 1914년 여름, 전쟁이 다가오자 제국은행의 준비금이 줄어들기 시작했다. 7월에 제국은행은 1주일 만에 1억 300만 마르크를 잃었다. 제국은행은 금 교환을 일시 중단했는데, 이것은 위법행위였다. 의회는 4일 뒤에 그 결정을 소급하여 승인하는 법을 통과시켰다.[7]

그러나 정치적 고려에 얽매이지 말고 세계경제를 운영할 수 있도록 금융 기술관료들에게 권한을 주자는 주장도 있었다. 세계를 전쟁으로 이끌고 수백만 명의 사람을 죽음으로 내몬 것은 중앙은행가들이 아니라 정치인들과 정부들이었다. 심지어 정치인들의 일부는 민주적으로 선출되었다. 은행가들은 그들의 상관인 정치인들이 일으킨 전쟁에 자금을 댈 것이다. 중앙은행가들은 정치인들의 요구를 따를 수밖에 없겠지만, 벨기에 진흙 범벅의 땅 1인치를 얻기 위해 사람들에게 총탄이 우박처럼 쏟아지는 전장으로 가라고 명령할 생각은 없었다. 오히려 중앙은행 총재들은, 누구에게나 도움이 되는 안정, 경제성장, 그리고 지속적인 번영이라는 온건한 목표를 공유한다는 점에서 서로 비슷했다. 중앙은행가들은 편협한 국가이익을 초월하여 공통의 유대로 단결한 글로벌 형제를 형성했다. 국가주의가 유럽의 낡은 질서를 무너뜨린 시대에, 중앙은행가들의 초국가주의는 아마도 평화를 가져올 수 있을 것이다. 결국, BIS는 평화를 실현할 목적으로 제1차 세계대전 뒤에 구체적으로 고안되었다. 독일이 국제적 의무를 다하게 하도록 독일의 배상금 지급을 관리하고 도즈 플랜과 영 플랜에 따른 대출의 수탁자 역할을 함으로써 BIS는 폭발성을 갖는 독일 문제의 뇌관을 제거할 것이다. 이론적으로 그렇다는 얘기다.

중앙은행가들의 개인 우정은 깊고 오래 간다. 예를 들어, 노먼과 샤흐트의 유대는 1950년에 노먼이 죽을 때까지 거의 30년 동안 이어졌다. 그것은 1920년대 초반의 초인플레이션, 1929년의 주식시장 붕괴, 바이마르 공화국의 파국, 제3제국의 부상과 몰락, 뉘른베르크에서 열린 샤흐트의 전쟁범죄에 대한 재판, 대영제국의 해체, 냉전의 시작, 그리고 독일의 분열을 거치면서도 유지되었다. 권세가들 사이의 그러한 깊은 유대 관계는 드물었고 그렇기 때문에 가치가 있었다.

중앙은행의 협력이라는 BIS의 임무는 모호했음에도 그에 대한 옹호자들이 있었다. 세계경제가 더 복잡해지고, 중앙은행들이 더 강력해짐에 따라 경제학자들과 은행가들은 예전부터 금융안정을 보장하기 위한 일종의 조정기구가 필요하다고 주장해왔다. 브레슬라우대학의 율리어스 볼프 교수는 이미 1892년에 새로운 금융기관을 중립국에 설립하여 국제 통화를 발행할 것을 제안했다. 새 화폐는 각국 중앙은행의 금 보유고에 의해 가치가 유지될 것이며 위기에 빠진 국가들에 대한 긴급 대출에 사용될 것이다. 이탈리아 정치가인 루이기 루차티는 1907년에 빈에서 발행되는 『새 자유 신문』에 중앙은행들이 금리 인상이나 다른 수단을 써서 금을 확보하기 위한 **화폐 전쟁**을 벌이고 있다고 썼다. 그는 이어서 은행들로서는 금을 필요로 하는 은행에 금을 공급하는 **우호적인 협력** 정책을 받아들이는 것이 훨씬 나을 것이라는 주장을 폈다. 그는 **국제 통화관계의 평화**를 조정하기 위한 새로운 위원회를 만들 것을 요구했는데, 이는 중앙은행들이 서로 대출을 해줄 때도 국익이 거기에 반영되기 때문이었다. 그러므로 금융분야에도 우편조합이나 전신조합과 같은, 금융 거래를 처리할 기술적, 비정치적 기관의 필요성이 있었다. BIS는 여기에 딱 들어맞는 것처럼 보였다.

BIS는 시대의 산물이었다. 시대는 비정치적인 기술관료들이 운영하는 다국적 기관의 창설을 요청했다. 국제연합의 전신인 국제연맹은 세계의 정치 위기를 진정시킬 것이고, BIS는 금융안정을 보장할 것이다. 프랑스의 사회주의 정치가 피에르 망데-프랑스는 1930년 7월에 다음과 같이 썼다. BIS는 영 플랜 관리를 맡은 이후 "점진적으로 그 적용 범위를 늘려갈 것이며 경험을 쌓아가면서 안전하게 일할 수 있는 영역을 조금씩 찾게 될 것이다."[8] 1950년대에 총리를 역임했던 망데 프랑스는 BIS와 국제연맹을 잠재적인 평화의 전령으로 치켜세웠다. 그는, "안개로 가득 찬 미래에 현명하고 신중하게 관리되는 금융 질서를 만들겠다는 숭고한 의도를 가진 BIS는 세계 평화를 보존하는 데 강력한 도움을 줄 수 있다"고 썼다.[9]

미국 정부는 전혀 다른 견해를 보였다. BIS는 찰스 도즈와 오웬 영이라는 미국인 두 명이 의장을 맡은 배상금 협상에서 태어났다. 초대 총재 게이츠 맥거러와 제2대 총재 레온 프레이저는 미국인이었다. 그러나 헨리 스팀슨 당시 국무부장관은, 미국은 "은행이나 다른 기관을 통해 독일의 배상금을 회수하는 데에 직접적으로든 간접적으로든 참여하기를 원하지 않는다"고 선언했다.[10] 미국은 독일의 배상금 지급을 결코 요구하지 않았으므로 BIS에 참여할 이유도 없었다. 미국은 우드로 윌슨 대통령이 실질적으로 국제연맹을 구상했음에도 거기에 가입하지 않았다. 조지 해리슨 뉴욕 연준 총재가 유럽을 여행할 때 바젤을 피해 갈 정도로 BIS에 대한 국무부의 반대는 거셌다. 워싱턴은 연준에 제시된 BIS 이사직 제안을 반대했다. 대신 BIS 창설 때 주식을 산 미국 은행들의 컨소시엄인 J.P. 모건, 뉴욕퍼스트내셔널은행, 시카고퍼스트내셔널은행이 이사직을 넘겨받았다.

그러나 워싱턴과 달리 엘리너 랜싱 덜레스는 국제주의 진영에 확고히 속해 있었다. 엘리너는 미국의 스파이라는 소문이 돌아 BIS에 있는 사무실과 내부 문서 접근권을 잃는 어려움을 겪었지만 1932년에 BIS에 대한 책을 출판했다. 국제결제은행 총재였던 맥거러는 존 포스터 덜레스에게 편지를 써서 BIS가 엘리너에게 더 개방적일 수 없었던 점에 대해 사과했다. "우리가 엘리너에게 더 많은 도움을 주지 못해서 미안하다. 엘리너에게 사무실을 제공하고 모든 자료도 기꺼이 개방할 수 있었다. 그러나 BIS의 일은 거의 전부가 꽤 비밀리에 해야 하는 것들이다."[11]

엘리너 덜레스는 형제자매 가운데 단연코 가장 매력적이었다. 엘리너는 여성의 사회진출이 눈총을 받던 시대에 자기만의 날카로운 정신을 가진 거침없는 커리어 우먼이었다. 엘리너의 인생사는 비극으로 얼룩졌다. 반나치를 표명했던 엘리너는 유대인 지식인인 데이비드 블론드하임과 사랑에 빠졌고, 가족의 실망을 뒤로한 채, 그와 결혼했다. 블론드하임은 뒤에 자살했다. 엘리너 덜레스는 미국 외교부에서 훌륭한 독일 전문가로서 경력을 차곡차곡 쌓아 나갔다. 저서 『BIS는 어떻게 돌아가는가?』에서, 엘리너는 매끄럽게 운영되고 있는 이 기관을 여러 국적의 사람들이 조화롭게 협력하면서 일하는 금융 분야의 국제연맹으로 묘사했다. BIS는 세계를 위한 미래 모델이었고, 각각의 국가들이 저마다 내세우는 국익을 억제하기 위해 더 강력한 힘을 갖는 것이 마땅했다. "만약 BIS가 이러한 문제에 대처할 힘과 수단을 갖지 않는다면 그 결과는 금융 경쟁의 출현이 될 것"이라고 엘리너는 경고했다.

중앙은행은 차례로 지배적인 영향력을 얻게 될 것이지만 이 중앙은행이 때때로 경쟁적인 다른 중앙은행의 금융 영향력에 의해 위협을 받을 때, 경제시스템의 안정성은 1931년처럼 다시 한계점까지 압박받게 될 것이다. BIS를 강화하여 그 앞에 놓인 긴급한 요청을 해결하도록 하는 것만이 그러한 재앙을 피하는 길이다.[12]

엘리너 덜레스와 동료 이상주의자들에게는 불행하게도, 블레싱과 샤흐트의 BIS 계획은 막 결실을 맺으려는 참이었다. 독일에 새로 탄생한 나치 정권은 국가를 뛰어넘는 활동 범위를 갖는 BIS를 자국의 국익을 증진시키는 데 이용하려 할 것이다. 1933년 4월, 나치의 테러가 본격적으로 시작되었다. 나치 독일의 입법자들은 여전히 합법적으로 민주주의를 쫓아내는 투표를 했다. 지난달 제국의회를 통과한 전권위임법은 시민들의 언론, 집회, 여행, 항의의 자유를 박탈했다. 이 법은 임의 체포, 고문, 구금도 허용했다. 독일은 이제 인종차별에 기반을 둔 독재국가였다. 4월 1일, 나치 돌격대는 유대인 상점 입구에 바리케이드를 치고 거기에 유대인을 상징하는 **다윗의 별**이라는 문양과 쇼핑객들에게 유대인 물건을 사지 말 것을 요구하는 구호를 붙이며 전국적으로 폭동을 일으켰다. 나치친위대SS가 만든 초기 형태의 수용소인 다하우에 첫 수감자들이 도착하기 시작했다.

4월의 집단학살은 나치가 독일을 어떻게 이끌어 갈 것인가에 대한 의도를 명확하게 보여주는 신호였다. 이 사건 직후 히틀러는 샤흐트에게 옛 직장인 제국은행의 총재로 돌아갈 수 있는지를 물었다. 샤흐트는 이를 받아들였고 그리하여 BIS 이사회의 자리도 되찾았다. 샤흐트는 아리안 인종 우월주의의 신봉자라기보다는 보수적인 독일 국가주의자였다. 그는 유대인들이 너무 설쳐대기는 하지만, 그래도 여전히 경제를 위해서는 쓸모가 있을 것이라고 믿었다. 샤흐트는 히틀러의 반유대주의를 옹호하기보다는 눈감아주었다. 샤흐트는 자기의 특권적 지위를 이용하여 때때로 반유대주의 캠페인을 나무라는 목소리를 내기도 했지만, 그렇다고 나치에 반대하는 것도 아니었다. 그는 강력하면서도 경제적으로 독립한 독일을 바랐다. 히틀러가 그의 바람에 최선의 기회를 제공했을 때, 그는 그 기회를 받아들이는 쪽으로 기울 가능성이 높았다. 앞선 1930년에 샤흐트는 유대 사회의 칼럼니스트 벨라 프롬에게 "국가사회주의자들에게 정권을 맡겨보는 것은 어떤가? 그들은 꽤 똑똑해 보이던데!" 하고 말한 적이 있다.[13] 이제 샤흐트도 나치 정권에서 일할 기회를 얻었다.

BIS의 미국인 관리자들도 나치를 **꽤 똑똑하다**고 보았다. 1933년에 맥거러는 프레이저에게 "현재 독일의 질서와 규율은 모범적이다"고 썼다. "대부분의 사람들은 독일의 운명이 사심 없이 일하는 강한 지도자들의 손에 달려 있다고 느끼고 있다. 그러므로 미래의 독일 발전에 대한 낙관적인 견해는 정당하다."[14] 맥거러가 그렇게도 칭찬했던 독일의 질서, 규율, 사심 없는 태도는 비싼 대가를 치렀다. 그렇지만 그가 그 대가를 지급하지는 않았다. 대가는 칼 멜키오르가 지급했다.

맥거러가 새로운 독일을 찬양하고 있을 때 BIS 부총재인 멜키오르는 나치의 사임 압력을 받았다. 뛰어난 유대인 은행가의 운명은 안타까웠다. 멜키오르가 바젤에서 3년 동안 헌신적으로 일했던 터라 BIS 직원들은 불만의 목소리를 냈지만 할 수 있는 일은 아무것도 없었다. BIS도 회원들의 국내 문제에 중립을 지켜야 한다는 원칙 때문에 마찬가지로 할 수 있는 일이 없었다. 네덜란드 중앙은행 총재인 레오나르도 트립이 재빨리 멜키오르의 자리를 꿰찼다. 1933년 BIS 연차보고서에도 나타나 있듯이, 네덜란드 은행가의 승진으로 이사회에 빈자리가 하나 생겼다. 그 자리는 쾰른에 있는 J.H. 슈타인 은행가문의 폰 슈뢰더가 차지했다.

짧은 묘사로 이 독일 귀족을 제대로 평가할 수는 없을 것이다. 폰 슈뢰더는 나치 독일에서 가장 강력하고 영향력 있는 은행가의 한 명이다. 그는 런던의 J. 헨리슈뢰더은행과 뉴욕의 슈로방코를 거느린 금융가문의 후손이었다. 1937년에 앨런 덜레스는 슈로방코 이사회에 합류한 바 있다. 사교적이고, 국제적이며, 여행을 많이 한 폰 슈뢰더는 신뢰할 수 있는 국제 금융가로 알려져 있었다. 그는 독일 국내뿐만 아니라 런던의 명사 클럽이나 월 스트리트의 고급 레스토랑가에서도 새로운 글로벌 엘리트의 일원이었다. 이 독일계 은행가는 런던의 J. 헨리슈뢰더은행의 파트너이자 잉글랜드은행의 이사였던 티어크스와 특히 가까웠다. 티어크스는 뉴욕에 슈로방코를 설립하여 게이츠 맥거러를 이사회에 영입했다. 1923년부터 1939년 사이에 폰 슈뢰더는 정기적으로 런던으로 가서 티어크스를 만났다. 폰 슈뢰더는 둘이서 "함께 많은 사업상의 대화를 나눴다"고 나중에 증언했다. 런던에 있는 동안 폰 슈뢰더는 플릭의 산업 기업에 대출을 주선했는데, 그 기업의 총수 프리드리히 플릭은 나치당에 돈을 쏟고 있었다. 자금은 폰 슈뢰더가 주선한 다른 대출과 마찬가지로 J.헨리슈뢰더은행의 런던지점 대표 브루노 폰 슈뢰더(쿠르트 폰 슈뢰더의 친척)를 거쳐 갔다. 폰 슈뢰더는 기네스마홍, 클라인보르트, 로이즈와 같은 영국의 몇몇 주요 은행과도 거래했다. 그는 자기가 파트너로 있던 쾰른의 영향력 있는 민간은행인 J.H. 슈타인의 대표로서 거래를 했다.[15]

샤흐트는 폰 슈뢰더를 BIS 이사로 직접 지명했다. 지명은 느닷없이 이뤄졌다. 폰 슈뢰더는 1945년에 연합국 심문관들에게 다음과 같이 진술했다. "샤흐트가 어느 날 베를린에 있는 나에게 전화를 걸어 BIS 이사회에 보낼 새로운 사람을 찾아야 한다고 말했다. 그는 내가 적임자라고 생각한다고 덧붙였다…. 나는 몹시 놀랐다."[16] 이러한 겸손은 설득력이 없었다. 폰 슈뢰더는 나치당의 최고위직과 사적인 친밀한 관계를 즐겼다. 그는 히틀러가 권좌에 오르는 데 도움을 주었다. 1933년 1월 폰 슈뢰더는 쾰른에 있는 자기의 별장에서 히틀러와 프란츠 폰 파펜의 만남을 주선했다. 총리를 역임한 파펜은 나중에 히틀러 정권의 부총리를 맡게 된다. 나치당의 히틀러 보좌역인 루돌프 헤스, 나치친위대 대장인 하인리히 힘러,

히틀러의 자금조달 책임자이자 기업인들 연락책이었던 빌헬름 케플러도 거기에 있었다. 케플러는 뒤에 힘러크라이스라는 기업가들의 사교모임을 운영했는데, 기업가들은 J.H. 슈타인은행에 있는 힘러의 비자금 계좌로 돈을 보냈다.

만남에서 히틀러는 자급자족 경제권에 대한 그의 구상을 발표했다.[17] 독일은 어떤 필요 물자든 더 이상 외국에 의존하지 않을 것이다. 독일은 자급자족해야 한다. 특히 원유와 고무 분야의 자급자족이 중요하다. 히틀러는 이러한 물자들이 없다면 독일은 전쟁을 벌일 수 없을 것이라고 설명했다. 합성 원유와 합성 고무의 생산은 나치의 거대 화학 재벌인 IG 파벤의 책임이었다. 이 때문에 IG 파벤의 최고경영자인 헤르만 슈미츠 Hermann Schmitz는 나중에 샤흐트와 폰 슈뢰더가 있는 BIS 이사회의 이사로 참여한다. 영국 정보기관 문서에 나타난 바에 따르면 슈미츠는 힘러에게 보낼 돈을 슈뢰더를 통해 J.H. 슈타인은행에 있는 특별계좌 S에 입금시켰다. 1941년 한해만 하더라도 슈미츠는 190,000 라이히마르크를 나치친위대 개인 계좌로 이체했다. 힘러는 슈미츠의 관대한 지원에 감사했고, 슈뢰더는 BIS 이사인 동료 슈미츠에게 편지를 써서 앞으로도 비슷한 금액을 이체해 줄 것을 요청했다.

나는 다시 한번 실례를 무릅쓰고 당신에게 편지를 쓴다. 올해도 친위대 중앙 지도자 힘러에게 보낼 비슷한 금액의 돈을 쾰른에 있는 J.H. 슈타인은행의 특별계좌 S로 송금해 줄 것을 부탁한다. 반드시 이 요청을 들어주기 바란다. 당신도 알다시피, 중앙 지도자는 항상 이 공로를 높이 평가하고 있다. 당신도 그가 감사하고 있다는 것을 확신할 것이다.[18]

그의 조국과 BIS를 위해 몹시 부지런하게 봉사했던 칼 멜키오르는 병으로 고생하다가 1933년 12월 사망했다.

월 스트리트는 히틀러의 부상을 흥분과 걱정으로 지켜보았다. 흥분한 이유는 독일에서 출현한 극단적인 국가주의와 일당제 국가가 마침내 볼셰비키의 망령을 쫓아낸 것처럼 보였기 때문이었다. 하지만 독일에 있는 월 스트리트의 투자금과 보유자산은 정말 안전했을까? 상당한 몫은 위기에 직면해 있었다. 여기에는 미국에서 영향력이 가장 큰 회사들도 포함되어 있었고, 그 가운데 몇몇은 IG 파벤과 깊이 엮여 있었다. 제너럴아닐린&필름GAF과 같은 독일 회사는 미국에서 영업하고 있었다. 제너럴아닐린&필름의 창립 이사진에는 스탠다드오일 회장인 월터 티글, 포드자동차 회장인 에드젤 포드, 내셔널시티은행 의장인 찰스 E. 미첼, 그리고 은행가문의 폴 워버그가 포함되어 있었다. 스탠다드오일은 제너럴아닐린&필름의 가장 중요한 파트너였다. 두 회사는 석유 생산에 대한 연구개발 협정을 맺고 있었다. 스탠다드오일은 또한 BIS와도 좋은 관계를 맺고 있었다. BIS의 고위직 관리자인 로버트 포터스는 BIS를 떠나 스탠다드오일의 고문이 되었다.

스탠다드오일은 부나Buna로 알려진 합성고무 특허권을 소유하고 있었지만, 그에 대한 통제권을 IG 파벤에게 넘겨주었다. 1929년, 월터 티글은 독일 파트너와 **영업 영역 분할** 카르텔협정에 동의했다. 스탠다드오일의 관계자는 다음과 같이 설명했다. "IG는 석유사업에서 손을 뗄 예정이고 우리(스탠다드오일)는 화학 사업에서 손을 뗄 예정이다."[19] 스탠다드오일-IG 파벤 협정은 그 이후 이어진 강력한 카르텔의 패턴을 만들었다. 존 포스터 덜레스는 이들을 위한 선구적인 법률 작업을 많이 수행했다. 설리번&크롬웰은 IG 파벤의 미국 자회사인 제너럴아닐린&필름의 법률대리인을 맡았다.

덜레스는 세계에서 가장 큰 금속 생산자인 국제니켈회사INKO 이사였다. 1934년, 국제니켈회사는 IG 파벤과 카르텔협정을 맺어 니켈 원료의 공급과 새로 특허를 받은 니켈-정제 공정의 면허권을 서로 교환했다.[20] 덜레스는 또한 화학 카르텔을 주선했다. 그는 IG 파벤의 파트너인 벨기에 회사의 미국 자회사 솔베이아메리칸투자회사의 법률대리인을 맡았다. 솔베이아메리칸은 미국 회사인 연합화학&염료주식회사의 주식 25%를 보유하고 있었다. 1936년에 연합화학&염료주식회사는 IG 파벤과 염료 생산에 대한 카르텔협정을 맺었다. 그리고 이러한 상황은 1930년대 내내 이어졌는데, 그 까닭은 다름 아닌 존 포스터 덜레스와 같은 미국의 금융가들과 변호사들이 미국의 돈, 상품, 전문지식이 나치 독일로 꾸준히 흘러 들어가는 것을 보장해 주었기 때문이다.

그러나 월 스트리트의 이사회나 클럽에는 여전히 약간의 불안감이 있었다. 그것은 유대인들에 대한 박해나 강제수용소 때문이 아니라 나치당이 아직도 위험한 성향을 가지고 있는 것처럼 보였기 때문이다. 예를 들어 나치당의 전체 이름은 독일국가사회주의노동자당이었다. 나치에는 강력한 **좌익** 분파인 브라운셔츠가 존재했다. 은행가들과 산업자본가들은 생생하게 직접 확인을 받을 필요가 있었다. 그들은 히틀러를 만나야 했다.

월 스트리트의 사절은 소스테네스 벤이었다. 1933년 8월 4일, 『뉴욕타임즈』는 히틀러가 '미국 금융대표자들'과 첫 회담을 가졌다고 보도했다. 이어서 신문은 "잘츠부르크 산장에서 쉬고 있는 히틀러 총리가 오늘 뉴욕의 내셔널시티은행 이사인 소스테네스 벤과 그 은행의 독일 주재 부대표인 헨리 만을 접견했다…. 만난 동기는 전혀 알려지지 않았다"고 썼다.

그러나 만난 동기가 알려질 필요는 없었다. 벤은 1920년에 국제전화전신 회사ITT를 설립했다. ITT는 세계에서 가장 강력한 회사의 하나로 성장했다. 국제전화전신회사는 독일에 상당한 지분을 가지고 있었다. ITT가 지분을 가진 회사 가운데 일부는 무기 생산에 종사했다. ITT는 독일에서 자기의 지분과 자회사를 잘 돌볼 유력한 은행가가 필요했다. ITT는 적임자를 찾아냈는데, 그는 폰 슈뢰더였다.

샤흐트는 그가 창설을 도왔던 BIS에 곧 대들었다. 1932년 로잔회의에서 독일이 연합국에 지급해야 하는 배상금의 면제가 결정되었다. 그러나 독일이 도즈 플랜과 영 플랜에 따라 의무를 이행하기 위해 받은 대출금은 여전히 해결되지 않은 채였다. 월 스트리트의 금융자본가들은, 독일이 돈을 빌려서 배상금을 지급하는 데 사용했는지 아니면 새로운 군비 증강에 사용했는지에는 별 관심을 두지 않았다. 그들은 자기 돈을 돌려받을 수 있을지에만 관심이 있었다. 샤흐트는 1933년 6월, 이사회 참석자들에게 자기는 도즈 대출금을 갚는 것은 지지하지만 영 대출금에 대해서는 그렇지 않다고 말했다. 단순히 얘기해서 독일은 두 쪽을 모두 갚을 넉넉한 돈을 가지고 있지 않았다. 샤흐트는 나치 지도자들의 강한 정치적 압력을 받고 있었다. 그들은 두 대출을 독일이 베르사이유에서 당한 굴욕의 마지막 자취로 보면서 무효로 하기를 바랐다.

채권자들은 당연히 동의하지 않았다. BIS 총재인 레온 프레이저가 주재하고 제국은행이 주관하는 또 다른 회의가 1934년 5월 베를린에서 소집되었다. 베를린 회의는 완전한 실패였다. 얼마 지나지 않아 독일은 도즈 대출과 영 대출을 포함하여 모든 중장기 채무에 대한 전면적인 지급유예를 발표했다. 채권 보유자들은 자기들의 자산이 날아가게 생긴 이 발표에 격분했다. J.P. 모건은 심지어 독일이 스위스에 보유하고 있는 자금에 대한 권리를 BIS가 주장해야 한다고 제안했다. 그것은 실현 가능성이 있지도 않았고 실제적이지도 않았다. 프레이저는 "독일 정부가 철저하게 자의적 방식으로 그들이 한 약속을 저버렸다"고 말했다. BIS는 독일의 행태에 대해 프레이저의 항의서를 발표하는 것 말고는 할 것이 없었다.[21]

이러한 항의서는 아무 효과가 없었다. 늙은 여우로 알려진 샤흐트는 이 판사판의 국제 포커 게임에서 모든 참가자들을 노련하게 압도했다. 제국은행 샤흐트 총재는 채무의 전면적인 지급정지가 독일의 국제 위상과 신용도에 심각한 타격을 줄 것이라는 사실을 알고 있었다. 그러나 독일을, 도즈 플랜과 영 플랜의 의무에서, 그리고 독일인들이 스스로 키운 정치적이고 감정적인 짐에서 벗어나도록 하는 것은 피할 수 없는 일이었다. 폰 슈뢰더의 집에서 열린 회의에서 윤곽이 드러난 경제 자급자족 정책과, 앞선 1930년에 칼 블레싱이 쓴 메모 내용의 실행이 그에 못지않게 요구되었다. 그래서 독일이 BIS에서 벗어나자마자 샤흐트는 영국, 프랑스, 이탈리아를 포함한 일곱 나라의 도즈, 영 대출 채권 보유자들과 양자협정을 신속히 체결했다. 이는 분할해서 지배하라는 오래된 원칙을 국제금융이라는 새로운 분야에 재치 있게 적용한 것이었다. 독일에서 법에 따른 지배가 파기된 것처럼 국제금융 의무도 마찬가지였다.

독일이 갚아야 할 채무에 대한 샤흐트의 자의적인 고쳐쓰기는 독일이 서면으로 작성한 약속조차 지키지 않는다는 것을 증명했다. 동시에, BIS에서 일하는 일부 사람들의 거래도 적잖이 의심스러워 보였다. 비밀주의, 내부 정보, 돈 뭉텅이가 뒤섞이면서 달갑지 않은 결과가 나타났다. 몇몇 BIS 직원은 내부자 거래를 하고 있는 것처럼 보였다. 바젤에서는 BIS 직원들이 BIS 활동에 대해 그들만이 알고 있는 비밀 정보를 이용하여 스위스 프랑에 투기를 하고 있다는 소문이 널리 나돌았다. 1935년 5월, 스위스 신문인 『베르너 타그블라트』에 실린 한 직설적인 기사는, 특히 그것이 BIS 내부 문서나 고위 소식통에 근거를 둔 것처럼 보였기 때문에, 큰 소동을 일으켰다. 스위스 은행가들은 대체로 BIS가 스위스 프랑을 신뢰하지 않는다고 생각했다. 심지어 스위스의 한 의원은 의회에서 BIS의 행태를 의제로 올렸다. 상황은 BIS 관리자들에게 점점 불편해지고 있었다.

기사가 나간 다음 달에 직원들은 한명 한명 조사를 받았다. 총재에서 물러났지만 이사로 남은 게이츠 맥거러는 네덜란드 출신 BIS 이사인 동료 요한 빌렘 바이엔Johan Willem Beyen에게 조사 결과 몇 가지 놀라운 정보가 나왔다고 썼다. 국제결제은행의 **최고위직**의 한 명은 런던과 스위스에 각각 은행계좌를 가지고 있었는데, 두 계좌에서 모두 초과인출을 해서 주식과 지분을 샀다. 또한 직원들은 스털링과 스위스 프랑을 공매도하고 있었다. 그들은 통화가 강세일 때 팔고 약세일 때 되사는 방법을 사용했다. 맥거러는 '말할 것도 없이 이것은 명백한 통화투기 사례'라고 인정했지만 특별한 조치를 취할 필요는 없다고 썼다. 만약 BIS 직원의 거래은행이 반대하지 않고 초과인출이 관행이라면 "아주 심하게 비난하기도 어렵고, 그가 최선이라고 판단한 방식으로 자기의 재산을 늘리려고 애쓰는 유능한 사람의 사적인 일에 사사건건 개입하기도 쉽지 않다."[22] 다른 말로 하자면, 비록 BIS의 간부직원이 투기를 했다고 하더라도 아무 조치도 취해서는 안 된다. 특히 그가 '유능한 사람'일 경우는 더욱 그렇다.

다른 사례는 유연한 맥거러조차 '해명을 요구'했던 것인데, 직원이 런던에서 돈을 빌려 금을 산 사건이었다. 질문을 받은 맥거러는, 놀랍게도 그 직원이 이 일을 하고 있을 때 '그의 상사도 똑같이' 하고 있었다고 설명했다. 맥거러는 그러한 관행이 "전혀 바람직하지 않다"면서, 특히 직원의 상사가 BIS의 경영진일 때는 더욱 그렇다고 언급했다(문서에는 그의 이름이 누구인지 나타나 있지 않다).[23] 그러나 BIS는 투기를 부인하는 공식적인 성명을 낼 위치에 있지 않다고 맥거러는 말을 이어갔다. BIS가 할 수 있는 최선의 선택은, 관리자와 직원들한테서 투기를 하지 않았다는(비록 했다고 하더라도) 확인서를 받았다는 사실과 앞으로 그런 일이 일어날 가능성에 대비하여 조치를 취하겠다는 사실을 스위스 중앙은행에 알리는 것이었다. 1930년대의 은행가들은 현재의 여러 동시대 은행가들과 마찬가지로 그들 개인의 정직성과 관련하여 있을 법한 추문은 가능한 한 조기에 진화하고자 했다. 맥거러는 다음과 같이 말했다. "최선의 길은 사건이 BIS 밖에서는 자연스럽게 묻히도록 노력하면서 안으로는 추가적인 조사를 계속 이어가는 것이다."[24]

4장

나치에
이용당하는 BIS

위에서 언급한 젊은 나치와 그의 친구들은 BIS가 바깥 세계와 연락할 수 있는 가장 좋은 창구를 제공할 것이라고 믿는다. 그들은 세계의 주요 국가들과 더 정상적인 사업·화폐 관계를 맺는 길을 트기 위해 BIS 안에 유능한 대표자들을 두기를 원한다.

- 멀 코크란Merle Cochran, BIS를 추적한 미국 외교관, 미국 국무부로 친 전보, 1931년 5월 9일.[1]

BIS 내부에서 벌어지고 있는 어두컴컴한 행위에 대한 『베르너 타그블라트』의 폭로는 BIS의 역할과 기능에 대한 의문을 점점 키웠다. 1930년대에 내부자 거래는 예외가 아니라 자주 일어나는 것이었지만 BIS는 해결해야 할 더 포괄적인 현안문제를 안고 있었다. BIS는 세 가지 주요 목적을 위해 설립되었다. 첫째, 표면적으로 가장 중요한 것은 1930년의 영 플랜에 따라 독일 배상금 지급을 관리하는 것이다. 둘째, 중앙은행들 사이의 협력을 촉진하는 것이다. 그리고 셋째, 중앙은행의 은행 역할을 하는 것이다. BIS는 겨우 5년도 지나지 않은 1935년에 이미 일차적인 존재 이유를 잃어버렸고 두 번째 존재 이유는 위협을 받고 있었다. 세 번째 존재 이유, 곧, **중앙은행의 은행** 역할에 사람들이 의문을 품게 되는 것은 시간 문제였다.

영 플랜은 합의가 이뤄지자마자 곧바로 깨졌다. 1년 뒤 후버 대통령의 지급유예 선언은 배상금 지급을 멈춰 세웠다. 1932년 로잔회의 참가자들은 독일의 전쟁 채무를 탕감한다는 사실을 확인했다. 그러므로 더 이상의 배상금 지급은 이뤄지지 않았다. BIS는 독일이 도즈·영 플랜에 따라 배상금을 지급하기 위해 빌리는 자금의 수탁자였다. 그러나 독일은 도즈·영 플랜 대출금을 상환할 때 BIS 창구를 이용하는 것을 중단했다. 대신 얄마르 샤흐트Halmar schacht는 독일의 채권자들에게 새로운 양자협정을 맺을 것을 협박했다. BIS의 공동창립자인 제국은행은 어떠한 벌도 받지 않은 채, 법적, 금융적, 도덕적 의무를 깨버렸고, 중립적인 대화자 역할에서 생기는 BIS의 신뢰성에 한 방을 제대로 날렸다.

그렇다면 BIS가 계속 기능할 수 있었던 근거는 무엇인가? BIS는 금본위제 또는 금환본위제를 채택하고 있는 나라들을 위해 중앙은행 협력의 촉진자 역할을 했다. 금본위제에서는 국민 통화의 가치를 정해진 금량으로 쟀다. 금환본위에서는 외환보유액에 미국 달러와 영국 파운드를 포함시켰다. BIS의 규정들은 국제금융이 금본위제나 금환본위제에 토대를 두고 있고, 그래서 BIS의 도움으로 굴곡없이 꾸준하게 성장할 것이라고 가정했다. 토니올로가 말하듯이 "금본위제는 BIS의 DNA에 배어 있었다."[2] BIS는 계좌를 스위스 프랑으로 나타냈는데, 1 스위스 프랑은 순금 0.29g과 교환할 수 있었다. 그러나 중앙은행들은 금에 대한 열정을 잃어가고 있었다. 영국조차도 금본위제에서 떨어져 나갔다. 1932년 말에 금본위제에 토대를 두었던 46개 나라 가운데 프랑스, 이탈리아, 미국 등 7개 나라만 남았다. 미국도 다음 해에는 금본위제를 포기했다.

독일의 배상금 지급이 중단되고 금본위제가 무너졌다면 BIS가 사업을 계속해야 하는 이유는 무엇인가? 부분적으로는 BIS를 국제조약에 따라 설립했고, 그 법령은 본질적으로 수정할 수 없었기 때문이다. BIS 해체를 원했던 사람들은 나중에야 이러한 사실을 알게 되었다. 샤흐트와 노먼은 그들의 은행을 멋들어지게 설계했던 셈이다. BIS의 문을 닫는 것은 불가능했다. 실제로 배상금 지급 종료와 금본위제 붕괴는 오히려 BIS에 호재임이 드러났다. 이를 계기로 BIS는 설립자의 의도에 초점을 맞출 수 있었다. 그 의도란 대규모 자본이동을 보장하고 정치인과 정부의 통제에서 자유로운 새로운 초국적인 금융시스템을 구축하는 것이었다. 이 은행의 초대 총재인 맥거러는 BIS가 설립된 다음부터 곧바로 이와 같이 설명했다. 『네이션즈 비즈니스』에 기고한 글에서 맥거러는 독일의 배상금 지급이 어떤 신탁회사라도 관리할 수 있는 '단순 업무'임을 인정했다.

대중들 마음속에는 다음과 같은 견해가 형성되어 있는 듯하다. 곧, 1930년 5월 20일 스위스 바젤에서 시작한 BIS는 오로지 독일의 배상금 지급과 연합국들 사이의 부채를 다루기 위해 창설되었고, 그것의 우선적인 업무는 독일의 채무 지급과 관련되어 있다는 것이다. 이는 이해할 수는 있지만 잘못된 관점이다.

비록 국제결제은행을 설립한 일차적인 이유가 독일이 매달 지급하는 금액을 관리하는 데 있지만, 이러한 의무는 벌써 BIS 활동 가운데 비중이 떨어지는 부분이 되었다. 독일 배상금 지급의 처리는 아무 신탁회사라도 할 수 있는 일상적인 업무이다. 사업을 시작한 지 여섯 달도 안 되서 BIS는 훨씬 크고 더욱 중요한 활동을 개발했고, 긴박한 세계 정세에서 구원자의 역할을 하기 위해 갖춰야 할 특징 가운데 하나인 중재기관이 되었다….

BIS는 정부나 정치의 모든 통제에서 완전히 벗어나 있다. 정부 관리는 이사가 될 수 없다. BIS는 절대적으로 비정치적이며 적절하게 관리되는 다른 은행들처럼 순수하게 상업적이고 금융적인 기반에서 조직되고 운영된다. 어떤 정부도 BIS와 관련을 맺고 있지 않으며 업무에 관여할 수도 없다.[3]

맥거러는 다른 국제금융가들과 마찬가지로 볼셰비키 혁명을 공포로 여졌다. 그러나 맥거러와 블라디미르 레닌은 두 사람이 알지 못하는 많은 공통점을 가지고 있었다. BIS 총재와 러시아 혁명가는 모두 20세기가 은행가들의 세기가 될 것이라는 사실을 이해했다. 초국가적 자본주의의 새로운 메커니즘은 은행가들이 전 세계에 거액의 돈을 빠르고 쉽게 보낼 수 있게 해주었고 그렇게 함으로써 막대한 이익을 거둘 수 있게 해주었다. 은행가들의 활동은 감시를 받지도 않았다.

은행가들은 무너진 나라를 구하고 경제를 되살릴 수 있었다. 그들은 1920년대 초·중반에 독일에 수억 달러를 보내고 도즈 대출을 인수함으로써 그렇게 했다. 은행가들은 현금 흐름을 멈춰 세우거나 자금을 빼냄으로써 나라를 나락으로 빠트릴 수 있었다. 그들은 1920년대 후반에 독일에서 그렇게 했다.

대규모의 자본이동은 이제 점점 더 흔해졌다. BIS는 중앙은행들의 은행으로서 새로운 권력을 제도화했다. 1931년 상반기 동안 BIS는 스페인 통화인 페세타를 안정시키기 위해 300만 파운드를 스페인은행에 대출했고, 크레디트안슈탈트은행이 파산했을 때 1억 오스트리아 실링의 신용을 오스트리아 중앙은행에 제공했으며, 5백만 달러를 헝가리 중앙은행에, 그리고 추가로 천만 달러를 헝가리 정부에 대출했다. 대부분 서로 잘 알고 지내는 소수의 금융가 파벌이 어떻게든 전례 없는 경제력과 정치력을 축적해 왔다. 그들은 정부에 대해 설명책임을 지지도 않았다. 레닌은 취리히에서 망명생활을 하며 제국주의에 대한 획기적인 연구를 하는 동안 금융자본의 힘이 떠오르고 있다는 사실을 이해했다. "낡은 자본주의는 전성기를 맞고 있다. 새로운 자본주의도 나타나고 있는데, 이것은 다른 어떤 것을 향해서 이행해 가고 있다"고 그는 썼다. "그러므로 20세기 초는 낡은 자본주의가 새로운 자본주의에 길을 비켜준, 다시 말해서 자본

일반의 지배가 금융자본의 지배를 위한 길을 터준 전환점을 의미한다."[4]

1939년 1월 5일, 크리스탈나흐트 Kristallnacht -독일 유대인에 대한 국가 주도의 집단 대학살- 이 발생한 거의 두 달 뒤, 노먼은 베를린 동물원역에서 기차를 내려 샤흐트와 만났다. 노먼은 샤흐트 손자 세례식의 귀빈이었다. 그는 차를 타고 신속하게 세례식이 열리는 제국은행 경내의 샤흐트 아파트로 갔다. 남자아이의 이름은 노먼 얄마르였다. 베를린 방문을 환영하는 다양한 독일 언론의 기사가 화기애애한 분위기를 고조시켰다. 그런 다음 두 사람은 BIS 월례 이사회에 참석하기 위해 함께 바젤로 향했다.

유럽이 전쟁으로 가차 없이 치닫자, 영국의 언론인들과 정치인들은 노먼과 샤흐트의 밀접한 관계에 대해 점점 더 날카로운 질문을 던지고 있었다. 제국은행 총재는 1939년 크리스마스 직전에 런던의 노먼 집을 방문했다. 무엇을 논의했는가? 예를 들어, 『뉴스 크로니클』 신문은 노먼이 잉글랜드은행의 대표일 뿐만 아니라 친독일 유화 정책을 이끄는 네빌 체임벌린 정권의 대표일 수도 있다고 의심했다. 노먼은 베를린에 왜 갔는가? 거기에서 그는 나치 지도자들에게 무슨 얘기를 했는가?[5] 『뉴스 크로니클』은 알려 달라고 요구했다. 또한 유력한 노동조합 지도자인 에른스트 베빈도 답변을 원했다. 그는 큰 소리로 다음과 같이 외쳤다. "누구든 국민의 자유와 권리에 미치는 영향을 직접 설명하지 않고는 강대국들의 경제생활을 포괄하는 이러한 중앙은행들 사이의 금융협정을 맺을 수 없다", [6] 그의 주장은 1939년에 그랬듯이 오늘날에도 진실이다.

베빈과 기자들이 노먼과 샤흐트의 관계를 의심한 것은 옳았다. 다른 누구도 아닌 제국은행 총재는 곧 영국과 전쟁을 하게 될 독일을 재건했다.

샤흐트는 기적을 일으켰다. 그는 정부가 주도하는 계획경제를 도입하여 인플레이션, 국민통화의 가치 하락, 그리고 실업증가 문제를 해결했다. 히틀러가 집권한 이후 6년 동안 실업률은 600만 명에서 대략 30만 명 선으로 줄어들었다. 실업자 부대는 고속도로망이나 거대한 공공건물의 건설, 나무 심기와 같은 대형 공공사업 프로그램으로 흡수되었다. 무기생산은 치솟고 있었다. 노동조합은 국가가 운영하는 독일노동전선DAF으로 대체되어 더는 존재하지 않았다. 일하기 싫어하는 사람은 유대인, 좌파, 그리고 위험인물과 함께 강제수용소로 끌려갔다.

독일은 그 기적의 창조자를 숭배했다. 1937년 1월, 자기의 60번째 생일을 맞아, 샤흐트는 네 시간 동안 선 채로 수백 명의 손님을 맞았다. 히틀러도 직접 그를 칭찬하는 개인 메시지를 보냈다. 샤흐트는 메시지를 가지고 온 히틀러의 부관에게 '나는 누구보다 충성스러운 히틀러의 동지'라고 말해줄 것을 부탁했다. 샤흐트의 숭배자들은 샤흐트가 없는 독일은 여전히 약하고 가난하며 무엇보다 굴욕을 당할 것이라고 옳게 믿었다. 『뉴욕 타임즈』가 보도한 바에 따르면, 생일날에 "독일의 금융, 상업, 산업, 사회, 그리고 군대의 각 분야 사람들이 모였다. 거기에는 크고 작은 규모의 은행가, 제조업자, 상인들이 있었다." 히틀러는 샤흐트에게 독일의 낭만주의 화가인 칼 스피츠베크의 그림을 선물했다. 노먼은 마호가니 시계를 보냈다.[7]

샤흐트의 진짜 일은 독일로 하여금 전쟁을 준비하도록 하는 것이었다. 샤흐트는 히틀러에게 보낸 편지에서 군비계획의 중요성을 반복해서 강조했다. 1935년 5월에 그는 다음과 같이 썼다.

속도와 규모 면에서 군비 계획의 달성은 독일 정책의 과제이며, 따라서 그 밖의 모든 것은 이 목적에 종속되어야 한다. 물론 다른 문제를 무시함으로써 주요 목표의 달성이 위험에 빠지는 일은 없도록 해야 한다.[8]

같은 달 히틀러는 샤흐트를 전쟁경제의 전권대사로 지명했다. 샤흐트는 고풍스런 몸가짐과 멋진 외모를 두루 갖추었지만 국가가 공인한 사기꾼이었다. 그는 히틀러의 면허를 받아 계약을 파기하고, 남의 것을 훔치고 갈취하며, 제국은행의 장부를 조작했다. 이것이 샤흐트가 그 직위를 얻게 된 이유였다. 샤흐트는 **메포**MEFO 어음이라고 알려진 일종의 금융 속임수를 고안하여 군사 재무장 자금을 댔다. 이 어음을 통해 국가는 제국은행에서 수십 조 라이히스마르크를 불법으로 빌릴 수 있었다. 샤흐트는 나중에 이를 **대담한** 정책으로 묘사했다. 그는 제국은행에 묶여 있는 외국인 예금자들의 자금을 탈취했다. 그는 독일 거주자들이 보유하고 있는 외화를 징발했고, 수출대금으로 받은 모든 외화는 제국은행에 팔아야 한다고 정했다. 그는 자본시장을 조작하여 외국기업들이 더 불리한 조건에서 독일의 경쟁자들과 경쟁하도록 했다. 샤흐트는 누구보다도, 심지어 교활한 유대인보다도 한 수 앞선다고 히틀러는 선언했다.

바젤에서 BIS 회의가 열릴 때에 세계는 샤흐트가 참석할지 말지를 알고 싶어서 안달이었다. 그가 반드시 참석하리라는 말을 들은 다음에야 전 세계의 유대인 은행가들은 짐을 싸서 참석 준비를 했다. 샤흐트는 은행가들을 가지고 노는데 성공했다. 그의 수완을 보면, 눈을 뜨고 있어도 코 베어 가는 금융 분야에서도 진정으로 똑똑한 아리아인은 유대인 금융가보다 한 수 위라는 것을 알 수 있다. 샤흐트는 능력가였지만 나는 결코 그를 신뢰할 수 없었다. 왜냐하면 샤흐트가 남을 속여서 100마르크 지폐를 받아내는 데 성공했을 때 그의 얼굴이

몹시 환해지는 것을 가끔 보았기 때문이다.[9]

샤흐트는 그 시대가 만든 인물이었다. 국제연맹처럼 BIS도 세계 평화와 화합을 낳을 것이라고 믿었던 국제주의자들의 꿈은 사라졌다. 침략, 합병, 대량 살상은 국제적인 제국을 건설하는 새로운 도구였다. 히틀러는 제3제국Third Reich이 떠오르고 있으며 수천 년 동안 유지될 것이라고 선언했다. 오스트리아는 1938년 3월에 제3제국에 강제 편입되었는데, 이는 안슐루스라 불린다. 이에 대한 오스트리아 국민들의 반대는 거의 없었다. 이탈리아는 아비시니아(현재의 에티오피아)를 침공하여 무저항 민간인들에게 독가스를 투하했다. 일본은 만주를 파괴했고, 1937년 난징 대학살 때는 수십만 명을 살해했다. 영국 총리 네빌 체임벌린은 체코슬로바키아의 주데텐란트를 독일에 양도하는 뮌헨협정에 서명했다. 스페인 내전에서는 도시들이 파괴되고 불탔는데, 그 야만적인 잔인성과 무자비함은 유럽 운명의 전조였다.

하지만 샤흐트는 독일경제를 재건할 때 그 대가를 정말 지급할 가치가 있는지 의문을 가졌어야 했다. 그는 인종적 우월주의에 대한 나치의 관념을 믿지 않았고 그 정당에 가입하기를 거부했다. 오히려 그는 권위주의적인 국가주의자였고 보수주의자였다. 베르사이유 조약의 굴욕과 도즈·영 플랜이 부과한 터무니없이 무거운 의무 -그의 생각에- 에서 벗어나 조국이 다시 일어서는 것을 보기 위해 그는 악마와 계약을 맺었다. 샤흐트는, 자기와 같은 계급에 속한 많은 독일인처럼 모순이 어쩔 수 없이 드러나는 그 순간까지 나치의 잔혹함과 반유대주의를 합리화하려고 노력했다. 1938년 여름, 베를린에 있는 고급 식당에서 아내를 향해서 물었다. "우리가 범죄자들의 손에 넘어갔다는 것을 내가 어떻게 알았겠는가?" 그는 그 질문을 자기에게 던지고 있었는지도 모른다. 왜냐하면 그 시점은 나치 지배가 5년 동안 이어진 뒤인지라 그 답은, 만약 샤흐트가 찾기를 원한다면 바로 그 앞에 있었기 때문이다.

1938년에 이르러 샤흐트는 위험한 게임을 시작했다. 그는 BIS를 영국으로 통하는 후방 비밀 창구로 사용하면서 히틀러를 끌어내리고 전쟁으로 향하는 행진을 멈춰 세우려고 했다. 그는 그렇게 했다고 회고록에서 주장한다. 샤흐트는 먼저 몇몇 군사지도자를 만나서 쿠데타를 일으키도록 부추겼다. 아무도 동의하지 않았다. 이제 남은 것은 BIS에서 열리는 월례회의 뿐이었다. "독일 상황이 정점으로 치달을수록 바젤에 쌓아놓은 내 인맥을 이용하여 평화를 지키고 싶은 욕망은 더 커졌다"고 그는 썼다.[10] 제국은행 총재는 BIS 회의에서 노먼을 따로 불러내서 체임벌린 총리에게 런던과 반나치 독일 사이의 대화창구 구축을 제안해 줄 것을 요청했다. 4주 뒤에 노먼과 샤흐트는 바젤에서 다시 만났다. 노먼은 샤흐트의 제안에 대해 체임벌린과 논의했다고 그에게 말했다. 샤흐트는 체임벌린이 뭐라고 대답했는지 물었다. 노먼이 전하는 바에 따르면, 체임벌린은 "샤흐트가 누군지 모르겠다. 나는 히틀러를 상대해야 한다"고 말했다.[11]

크리스탈나흐트Kristallnacht 이후 샤흐트조차도 자기기만과 합리화가 희미해지기 시작했다. 샤흐트는 제국은행 크리스마스 파티 연설에서 다음과 같이 선언했다. 유대인에 대한 공격은 "점잖은 독일인들이 모두 부끄러워 얼굴을 붉힐 정도로 방자하고 난폭한 행동이었다. 여러분 가운데 이런 일에 조금이라도 관여한 사람이 없기를 바란다. 관여한 사람이 있다면 가능한 한 빨리 제국은행을 그만둘 것을 충고한다."[12] 샤흐트의 분노는, 진심이었든 꾸며낸 것이었든, 헛수고였다. 그의 제국은행은 독일 유대인의 재산을 약탈하기 위한 나치의 가장 중요한 도구였다. 크리스탈나흐트 이후 나치는 독일 유대인들에게 10억 라이히마르크의 벌금을 부과하여 네 번에 걸쳐 나누어 낼 것을 강요했다.

그런 다음 샤흐트는 독일과 오스트리아 유대인의 이주를 돕는 별난 계획을 히틀러에게 제안했다. 그러한 계획은 은행가만이 생각해낼 수 있는 종류의 것이었다. 그 계획이란 다음과 같았다. 두 나라의 유대인 자산은 국제적인 신탁회사가 맡아서 관리한다. 신탁회사는 그 자산을 담보로 25년 만기 채권을 발행하여 세계의 유대인들에게 팔며, 배당(이자)은 달러로 지급한다. 신탁 수익금의 일부는 독일과 오스트리아 유대인의 이주자금으로 쓰고, 또 다른 일부는 독일의 수출을 증가시키는 데 쓴다. 히틀러는 그 계획에 동의했지만 실제로 실행하지는 않았다. 샤흐트는 상류사회의 유대인 여성 저널리스트인 벨라 프롬을 구하는 데 도움을 주었다. 프롬은 베를린의 사회, 정치, 외교에 대한 날카로운 관찰을 1938년 여름까지 계속했는데, 그즈음에는 도망가야 한다는 사실이 분명해졌다. 프롬이 짐을 꾸려 떠나려던 참에 은행들의 자금이체 업무가 중단되었다. 돈이 없이는 미국에 입국할 수 없을 것이므로 이것은 재앙이었다. 프롬은 샤흐트에 도움을 요청했고, 그는 서둘러 외환사무소를 통해 문제를 해결했다. 프롬은 뉴욕으로 이주했다.

유럽이 전쟁으로 치닫는 가운데서도 바젤의 중앙은행 총재들 사이의 분위기는 '완전히 우호적인' 상태였다고 멀 코크란Merle Cochran은 보고했다. 코크란은 파리에 있는 미국 대사관에 거점을 두고 매달 바젤로 가서 총재회의가 열리는 틈에 노먼과 샤흐트를 만났다. 그는 회의에 참석할 수 없었지만 노먼과 샤흐트에게서 논의 결과를 전해 들었다. 그런 다음 코크란은 그 정보를 재무부장관 헨리 모겐소Henry Morgenthau와 국무부에 보냈다. 코크란은 BIS에 뛰어난 정보원을 가지고 있었다. 그 가운데 한 명은 편지에 **하일 히틀러**라고 서명하는 독일인 사무차장 파울 헤실러Paul Hechler였다. 1939년 5월 9일, 코크란은 워싱턴에 다음과 같이 보고했다. 대부분의 중앙은행가들은 수년 동안 "서로 알고 지냈기 때문에 회의에서 이러한 재회는 그들에게 유익할 뿐만 아니라 즐거움을 준다." "그들 가운데 일부는 자기의 희망을 다음과 같이 표현했다. 주요 정치인들은 서로 욕설을 퍼붓는 것을 그만두고 루스벨트 대통령과 함께 낚시 여행을 가거나 세계 박람회에 모여서 그들의 자만심과 콤플렉스를 극복하고, 현재의 여러 정치적 문제들에 대한 비교적 간단한 해법을 찾는 분위기를 형성하는 것이 더 낫겠다."[13]

일이 그렇게 간단하다면야! 바젤은 적어도 세상사 우여곡절에서 안전한 피난처였다. 총재회의는 일요일 오후 4시에 열렸는데, 메모나 회의록은 작성되지 않았다. 회의가 끝난 다음에는 차(茶)가 나왔다. 나머지 이틀은 식사, 콘서트, 리셉션, 라인강변과 블랙 포레스트 산책 등으로 바빴다. BIS 직원 아내들도 사교 행사 분위기를 띄우기 위해 동원되었다. 오늘날과 마찬가지로 총재들은 모두 자기 사무실을 배정받았다. 사무실 문은 총재들이 스태프들과 토론하는 동안은 닫혀 있었다. 그 밖의 시간에는 문이 열려 있었는데, BIS 직원이나 여러 총재들은 사교성 방문을 하거나 잠깐 들러서 뉴스나 정보를 교환할 수 있었다.

중앙은행가들은 그들의 결정이 세계정세에 영향을 주는 연결고리를 좀 더 큰 그림 속에서 보기 시작했다. 뉴욕 연준의 W. 랜돌프 버지스는 다음과 같이 보고했다. "중앙은행 총재들이 이틀 동안 테이블에 둘러앉아 회의를 한다고 하자. 그들이 스스로 한 행동의 효과를 깨닫기 시작하면 그들의 관점도 변하게 된다는 사실을 여러분은 잘 알게 될 것이다."¹⁴ 노먼과 샤흐트는 여전히 사람들을 끄는 스타였다. 네덜란드 은행가이자 1930년대 후반에 BIS의 총재를 맡았던 요한 빌렘 바이엔은 다음과 같이 회상했다.

노먼의 권위는 굉장했다. 중앙은행 협력의 사도로서, 그는 중앙은행가를 일종의 화폐 종교의 대사제로 만들었다. BIS는 사실 그의 창조물이었다. 그는 수행원을 대동하고 토요일 밤에 왔다가 월요일 밤에 떠났다. 다른 총재들은 언제나 그의 방으로 몰려들었다. 그는 모든 면에서 자기와 반대인 샤흐트는 무한히 존경했지만 다른 한두 명은 몹시 싫어했다.¹⁵

그리고 노먼은 아름답게 세공한 모자도 썼다. 검정 실크로 만든 그의 홈버그 모자에는 빨간 안감이 받쳐져 있고 금으로 만든 벌 장식이 붙어 있었다. 바이엔이 모자의 디테일에 대해 평했을 때 노먼은, "오, 그래, 그 벌은 보닛 속에 있지"라고 하면서 우스갯소리를 했다.¹⁶

[보닛 모자 속에 벌이 있다는 표현은 한 가지 만을 골똘히 생각한다는 의미이다. 모자의 벌은 장식의 의미도 있지만 한 가지 만을 생각한다는 의미도 있으므로 중의적이다. 바이엔이 전자의 의미로 평가하자 노먼은 후자의 의미로 대꾸한 것이다. - 역자 주]

1939년, BIS 이사회는 세계에서 가장 영향력 있는 산업자본가인 헤르만 슈미츠Hermann Schmitz를 맞았다. 그는 독일의 거대 화학 재벌인 IG 파벤의 최고경영자였다. IG 파벤은 평범한 기업 그 이상이었다. 그 기업은 사실상 국가에 필적할 정도였는데, 금융자본과 대량 살인의 전례 없는 융합체로 진화해 갈 것이었다. 1920년대에 바이엘, 바스프, 획스트, 아그파, 그 밖의 다른 회사들을 합병하여 태어난 IG 파벤은 세계에서 네 번째로 큰 회사였다(US스틸, 제너럴모터스, 스탠다드오일 다음으로). IG 파벤은 의약 제품, 화학 제품, 고성능 폭약, 필름, 플라스틱, 연료, 레이온, 페인트, 살충제, 자동차 타이어, 독가스, 전구, 아스피린, 마가린, 세제, 비료, 그 밖의 다양한 제품을 생산했다. IG 파벤은 하인켈 제트기와 스투카 폭격기의 엔진에 들어갈 니켈, 동체에 들어갈 알루미늄, 날개에 들어갈 마그네슘, 그리고 앞 유리를 고정하는데 들어갈 인조고무를 공급했다.[17] IB 파벤은 독일 국방군이 전격전을 개시할 수 있도록 하기 위해 연료, 기름, 그리즈를 정제했다. 한때 나치는 이 회사를 유대인 스타일의 이름인 **이사도레 G. 파버**라고 공격했다. 이것은 과거, 막스 바부르크 같은 뛰어난 유대인 금융가가 금융감독위원회에 참여했던 것을 일컫는 섬뜩한 말이었다. 나치에게 공격받던 이 회사는 이제 나치 전쟁 기계의 중심축이 되었다.

IG 파벤은 독일 군방군 건물에 연락사무소를 두고 점령한 국가들에서 경쟁회사들을 인수할 계획을 세웠다. 그 회사는 **IG 사무국**이라 불리는 자체 첩보기관을 설치했는데, 베를린에 본사를 두었다. 전쟁을 하는 동안 IG 파벤의 관리자들은 아우슈비츠에 **IG 아우슈비츠**라고 알려진 독자적인 사설 강제수용소를 건설하여 운영했다. IG 파벤은 이곳에서 합성고무를 생산했다.

BIS 이사회에 헤르만 슈미츠가 존재한다는 사실은 이 은행이 히틀러의 제3제국과 얼마나 깊이 얽혀 있는지를 뚜렷이 보여주었다. 나치 독일은 BIS와 관계를 맺으면서 헤아릴 수 없이 많은 이익을 얻었다. 1939년까지 BIS는 2억 9,400만 스위스 프랑(9,600만 달러)이라는 거액을 독일에 투자했다. 그러나 BIS가 가져다준 것은 돈만이 아니었다. 이 장의 첫머리에 인용한 멀 코크란의 전보에서 **젊은 나치**가 설명했듯이, BIS는 제3제국에게 외국과 좀 더 **정상적인** 형태를 띤 비즈니스 관계를 맺을 수 있는 기회를 만들어 주었다. BIS는 이미 가지고 있는 연락망과 비즈니스 채널을 제국은행에 제공했다. 이를 통해서 독일 전쟁경제의 설계자인 샤흐트는 그의 동료들을 정기적으로 만나서 금융, 정치와 관련된 정보를 얻을 수 있었다. 제국은행은 국가가 후원하는 금융사기, 절도, 그리고 국가 테러를 통해 유대인 기업을 수탈한 행위에 가담했다. BIS는 그러한 중앙은행을 합법화했다. 다시 말해서 BIS는 쫓겨났어야 할 기관인 제국은행이 글로벌 금융시스템의 중심축으로 남아 있도록 보장했다. 샤흐트의 지위와 명성, 정기적인 BIS 회의 참석은 제국은행의 범죄행위가 용인될 수 있는 것처럼 보이게 했다. 중앙은행가들이 BIS에서 갖는 식사 자리, 환영회, 숲길 산책을 통해 쌓은 사적인 인연은 그들이 나치 방법론을 인정하는 데에서 결정적인 역할을 했다.

이러한 면에서 1930년대에 발표된 BIS 보고서와 당시 전쟁으로 나아가던 역사 상황은 중앙은행가들의 행태를 규명하는 데 도움을 준다. 보고서가 전달하지 않은 정보는 무엇이고 논의하지 않은 것은 무엇인가. 세계의 주요 중앙은행들이 제공하는 데이터를 이용할 수 있다는 점 때문에, BIS는 데이터를 통계적으로 비교, 분석하거나 글로벌 트렌드를 면밀히 조사할 수 있었고, 새로운 형태의 독창적인 정책권고를 할 수도 있었다. 영국의 영향력 있는 경제학자인 케인즈는 다음과 같이 썼다. BIS 연차보고서는 "쉽게 얻을 수 없는 특정한 통계에 대해서 이제는 주도적인 권위를 갖게 되었다." 직원들은 축하를 받아 마땅하다. 보고서를 감수하고 직접 집필에도 참여한 인물은 1931년에 경제고문으로 BIS에 결합한 팔 야콥센Per Jacobssen이었다.

　1894년 스웨덴에서 태어난 야콥센은 1920년부터 1928년까지 국제연맹의 경제·금융부에서 일하면서 이름을 알렸다. 그는 고문 그 이상이었다. 그는 자유방임주의 경제학, 그리고 국가 개입보다 개인 책임의 중요성을 강조하는 이념을 BIS의 정책권고에 반영시켰다. 그는 유럽 연방주의를 지지했고 국가주의를 반대했다. 그의 영향은 우리가 살아가는 오늘날의 세계에도 남아 있다. 야콥센은 또한 누구나 부러워하는 인맥을 가진 글로벌 경제의 일종의 해결사였다. BIS에서 일하는 동안 그는 어려움을 겪고 있는 나라들에 대한 수많은 조사를 주관했으며, 특히 미국에 좋은 인맥을 쌓고 있었다. 통찰력 있는 관찰자로서, 야콥센은 국제금융과 외교에 대한 지식을 융합한 두 편의 스릴러 소설을 공동 집필했다. 국제연맹을 배경으로 삼은 『한 외교관의 죽음』은 8개 언어로 출판되었고, 영화 판권은 독일 회사에 팔렸다. 『연금술 살인 사건』은 소름이 끼칠 정도로 앞날을 내다보고 있었다. 특히 IG 파벤의 최고경영자인 헤르만 슈미츠가 BIS의 이사회에 합류했을 때 그 소설의 선견지명은 놀랄 정도였다. 이 책의 줄거리는 독가스를 생산하는 화학회사들에 초점을 맞췄다.

　그러나 BIS의 야콥센 보고서는, 비록 경제·금융 분석을 세세하게 다루었다고 하더라도 중앙은행가들이 활동을 전개해 나가는 더 넓은 맥락에 대해서는 거의 관심을 기울이지 않았다. 중앙은행가들은 국가와 세계 경제의 틀을 형성해가는 복잡한 도덕적, 정치적 이슈보다는 금융에 집중하는 것이 그들의 일이라고 믿었다. 그들은 이에 꽤 성공했다. 1943년에 『뱅커스 매거진』에 실린 한 기사는 BIS 연차보고서에 대해 '감정 없는 중립성 때문에 화성에서 온 방문객조차 신뢰할만한' 문서라고 묘사했다. 연차보고서는 유대인에 대한 나치의 박해와 유대인 소유 기업에 대한 체계적이고 국가 주도적 절도 행위를 순전히 기술적인 문제로 보고했다. 1939년 연차보고서의 101쪽은 다음과 같이 언급하고 있다. 몇몇 독일 기업들은 유동성의 감소를 경험했다. 그들은 유동성을 개선시키기 위해 은행에 대출을 요청하고 있다. 그러나 이것이 대출 요청이 증가한 유일한 원인은 아니었다. "대출 수요에 대한 또 다른 이유는 민간회사의 아리안화(곧, 유대인 회사 강탈)에 따라 기업 소유권이 바뀌었다는 데에서 찾을 수 있다." 여기에 비난의 말은 한마디도 없고 그저 달라진 상황에 대한 건조한 언급이 있을 뿐이다.

1938년 연차보고서의 101~102쪽에는 안슐루스라 불리는 나치의 오스트리아 병합에 대해 다음과 같이 언급되어 있다. "1938년 3월과 4월에 걸쳐 오스트리아가 독일 제국에 편입된 것을 계기로 오스트리아 중앙은행이 청산 절차에 들어갔다. 또한 그 은행이 가진 대부분의 자산과 부채를 제국은행에 이전하는 일련의 조치들이 공포되었다." 이 자산에는 오스트리아 중앙은행의 금 준비금과 BIS 주식 4,000주가 포함되어 있었다. BIS는 이를 베를린으로 **이전**하는 것을 승인했는데, 이것은 BIS 지도부가 나치의 약탈을 합법화하는 여러 결정들 가운데 첫 번째였다.

BIS의 1939년 보고서는 제3제국의 방법들에 더 많은 지면을 할애하고 있지만, 주로 은행의 이익과 관련된 기술적 문제에 집중한다. 보고서는 전형적인 절제된 표현으로 "1938년에 발생한 유럽의 영토 변화는 관련 국가들의 은행과 신용 구조에 그 자취를 남겼다"고 언급했다. 보고서 내용 가운데는 안도감을 드러내는 표현도 있었다. "독일 제국의 오스트리아 흡수는 오스트리아 자체가 통일된 은행구조를 가지고 있었기 때문에 독일 은행시스템에 상대적으로 별 어려움을 주지 않았다." 보고서는 이어서 말하기를, "주데텐란트를 점령하는 데는 훨씬 복잡한 문제가 끼어 있다." 이 지역은 독일과 체코슬로바키아 국경지대에 있는데, 나치는 1938년 9월에 여기를 강제로 점령했다. 체코슬로바키아 민간은행은 주데텐란트에 143개의 지점을 가지고 있었다. 이 은행지점들은 그들의 통화를 크라운에서 라이히마르크로 바꿔야 했다. 보고서는 이 143개 지점이 '구 본점에서 떨어져 나와서 독일 체제에 적응'해야 한다고 적었다. 실제로 BIS는 그 적응이 매우 쉬울 것이라고 생각했다.

바젤에 모인 중앙은행가들은 이상주의와 거리가 멀었지만 한 가지 바람은 가지고 있었다. 그들은 국제자본의 자유로운 흐름을 촉진하기 위해 서로 협력하기를 바랐다. 중앙은행가들은 경제적 안정, 낮은 인플레이션, 글로벌 자유무역을 추구하면 세계인의 공통 목표인 정치적 안정과 실업률의 통제가 가능할 것이라고 생각했다. 중앙은행가들은 (샤흐트를 빼고는) 부도덕하지는 않았을지 모르지만, 확실히 도덕에 무관심했다. 그들은, 금융적인 이해관계는 골치 아픈 정치나 국가의 이해와는 동떨어져서 진공 속에 존재한다고 믿었다. 그들의 세계에는 옳고 그름에 대한 윤리적 판단은 존재하지 않았다. 중요한 것은 은행들 자체의 재무제표 수치와 이해관계였고, 특히 당장은 BIS 문제였다. 멀 코크란이 언급했듯이, "이사들은 BIS를 장기 과업을 수행하는 기관으로 보는 것을 좋아한다. 그리고 세계의 화폐·경제 상황이 어떻게 변하든 BIS의 유용성은 따지거나 수정할 필요가 없다고 주장한다."[18]

무책임한 금융가 집단에 그런 자신감을 심어준 것은 특이한 오만함이었다. 금융가 집단은 교묘한 술책으로 누구도 손댈 수 없고 어떤 정부도 간섭할 수 없는 자기들만의 은행(BIS)을 구축하고 나서, 자기의 존재가 나머지 인류에게 뭔가 미덕이 될 것이라고 주장했다. 은행가들에게 가장 중요한 일은 적절한 승인을 받고 정식 절차를 밟아서 거래를 수행하는 것뿐이다. 돈이 어디서 나와서 어디로 가는지를 묻는 것은 은행들의 일이 아니었다. 미국 재무부장관 모겐소의 표현을 빌리자면 BIS를 곧바로 **나치 도구의 상징**으로 이끌어 간 것은 **중립성**으로 포장된 이러한 강박적인 형식주의였다.[19]

초국적인 자본은 스페인의 운명을 결정지었다. 스페인 내전은 1936년 7월부터 1939년 4월까지 이어졌다. 프랑코 장군이 이끄는 파시스트파 군대는 마침내 좌파 공화주의자들에게서 수도 마드리드를 빼앗았다. 스페인 내전은 종종 제2차 세계대전의 전초전으로 묘사된다. 이 내전은 양측의 잔학 행위로 특징지을 수 있는 유난히 야만적인 분쟁이었다. 독일 콘도르 군단의 비행기들은, 곧바로 전격전에서 사용될 전략들을 완성시키면서, 스페인의 도시들을 폭격했고 민간인들을 학살했다. 또한 이 분쟁은 새롭게 갈고 닦은 경제전쟁의 기술에 대한 시험대이기도 했다.

군인 수나 화력의 우세 못지않게 돈이 프랑코의 승리를 도왔다. 나치 독일과 파시스트 이탈리아는 프랑코에게 수억 달러의 돈을 원조했다. 프랑코파는 금융이 총알만큼이나 효과적인 무기라는 사실을 이해했다. 그들은 페세타라고도 불리는 자체 통화를 발행하는 별도의 중앙은행을 완비한 그들만의 대항경제를 구축했다. 이것은 공화국에 대한 경제적인 공격일 뿐만 아니라 심리적인 공격이었다. 그것은 소름 끼칠 정도로 효과적이었다. 전쟁으로 들어간 1937년 7월에 공화주의파는 스페인의 합법 정부였고 국민경제, 통화, 금 보유고를 통제했지만 그들이 발행하는 페세타는 파시스트 쪽이 발행하는 페세타에 비해 그 가치가 3분의 1에 지나지 않았다.[20] 물가는 공화주의파 지역이 훨씬 더 많이 올랐다. 1936년 7월에서 1937년 3월 사이에 물가가 공화국 지역에서는 두 배 오른 반면 프랑코파 지역에서는 15%만 올랐다. 프랑코 파시스트파는 스페인 사람들의 공화국 통화에 대한 믿음, 나아가 정부에 대한 믿음을 서서히 부식시켰다.

그러나 틀림없는 사실은 공화국 정부의 페세타는 프랑코파 페세타보다 세 배의 가치는 가져야 한다는 점이다. 1935년 말 스페인은 미국, 프랑스, 영국, 소련에 이어 세계에서 다섯 번째로 많은 금을 보유하고 있었다. 1936년의 BIS 연차보고서에 따르면 스페인의 금 보유고는 22억 2,500만 스위스 프랑으로, 이탈리아의 거의 세배에 달했다. 이 가운데 많은 부분은 스페인이 중립을 지켰던 제1차 세계대전 동안 축적한 것이다. 그리고 최근 4년 동안 스페인은 경상수지 흑자를 누렸고, 그 대부분을 금에 투자했다.

공화국은 풍부한 금 보유고에 힘입어 경제와 전쟁자금을 마련하기 위한 국채를 발행하는 데에서 유리한 위치를 차지해야 했다. 하지만 파블로 마르틴-아세냐, 엘레나 마르티네스 루이스, 마리아 A. 퐁스는 함께 쓴 논문 '전쟁과 경제: 스페인 내전의 금융 재검토'에서 스페인 정부는 그렇게 하지 않았다고 설명했다. "왜 그랬는가는 논쟁적이다. 하나의 설명은 국제 은행들과 금융인들이 공화주의파에 대해 정치적으로 혐오했기 때문에 공화국이 그렇게 할 수 없었다는 것이다. 다른 설명은 공화국이 신중한 정책 결정을 통해 그렇게 하지 않았다는 것이다."[21] 아마도 진실은 둘의 혼합일 것이다. 공화국은 무기수입 금지상태였다. 그리고 채권은 어디에서 팔렸을까? 월 스트리트의 앨런 덜레스와 그의 친구들은 위험한 좌파로 구성된 -그들이 보기에- 정부를 지지할 생각이 전혀 없었다. 런던 금융가도 열의를 가지고 있지 않기는 마찬가지였다. 영국 정부도 또한 공화국보다 프랑코의 파시스트들을 선호했다.

그리하여 스페인은 단순히 보유 금을 파는 데 그쳤다. 프랑스는 175톤을 사들였고 나머지는 모스크바가 사들였다. 1937년의 BIS 연차보고서는 스페인의 금 보유가 약 16억 스위스 프랑이 줄었다는 사실을 기록한다.[22] 공화국은 그 돈을 무기, 항공기, 탱크, 식료품, 그리고 기타 물자를 사는 데 썼다. 스페인과 소련은 모두 BIS의 회원이 아니었기 때문에, 그들은 중앙은행 계좌들 사이의 차변, 대변 이체를 위한 특별 계정을 사용할 수 없었다. 대신 그들은 금을 현물로 이동했다. 스페인의 금 보유고는 마드리드은행의 지하금고에 보관되어 있었다. 프랑코의 군대가 수도로 진격하자 금은 지중해 연안의 카르타헤나에 있는 해군 창고로 옮겨졌다. 그곳에서 금은 네 척의 소련 배에 실려 오데사 항으로 옮겨진 다음, 특별열차로 모스크바까지 실려 갔다. 금이 사라지자, 스페인 중앙은행은 1,225톤의 은을 미국과 프랑스에 팔았다.

공화국의 혼란스러운 정치도 경제와 통화를 약하게 만들었다. 파시스트파들은 중앙집권적이고, 권위적이며, 잘 조직되어 있었다. 그들은 프랑코 장군이라는 한 명의 지도자, 그리고 파시즘이라는 단일 이데올로기를 중심으로 단결되어 있었다. 공화주의파는 사회주의, 코뮤니즘, 무정부주의라는 대립하는 신념의 만화경이었다. 여러 지방, 지역, 혁명 단체는 자체의 은행권을 발행했지만, 믿을 만한 뒷받침은 없었다. 공화국 정부는 1937년 가을까지는 은행권의 발행을 독점하지 않았다. 이와는 대조적으로, 파시스트파는 통화전쟁도 마치 군사 작전처럼 조직적으로 벌였다. 그들은 공화국이 1936년 이후에 발행한 모든 은행권은 불법이고, 파시스트파가 세운 스페인은행이 발행한 지폐가 유일한 합법적 법화라고 선언했다. 공화주의파는 전쟁 개시 이후 지배 지역 내에서 개설되거나 금액이 증가한 계좌(저축예금과 당좌예금)는 출금을 금지했다. 그래서 은행계좌 소유자들은 프랑코의 군대가 진격해 들어왔을 때 그들의 저축을 재빨리 현금으로 바꾸어서 쓸 수 있는 곳이면 어디에든 썼다. 방코사라고사노라는 한 은행은 은행장을 전선으로 보내기도 했다. 각 도시들이 함락하자마자 그 은행장은 파시스트 군 지도자들과 함께 새로 점령한 지역으로 들어가 지역 은행을 재조직했다.[23]

이것은 전격전과 마찬가지로 스페인 내전의 진정한 교훈이었다. 파시스트파는 금융과 군사력을 세련된 형태로 융합하는 데 성공했다. 나치는 이 모델을 가다듬어서 그들의 경제제국을 지탱하는 데에 BIS를 이용했다.

5장

합법적인 약탈

> BIS는 이 세대의 가장 악명 높은 잔학행위를 승인해 준 은행이다. 그 잔학행위란 체코 점령이다.
> - 조지 스트라우스 영국 노동부장관, 하원 연설, 1939. 5.[1]

나치 독일이 1938년 9월에 체코슬로바키아 국경 지대인 수데텐란트를 합병했을 때, 독일은 체코슬로바키아의 전략적인 방어지역 대부분을 손에 넣었을 뿐만 아니라 은행시스템의 많은 부분도 흡수했다. 그 전에 체코의 중앙은행은 만약을 위하여 외국에 보유하고 있는 대부분의 금을 잉글랜드은행에 있는 두 개의 계좌로 옮겼다. 하나는 BIS 명의였고, 다른 하나는 체코슬로바키아 중앙은행 명의였다(여러 나라는 금 매매를 수월하게 하려고 금 준비액의 일부를 런던에 있는 BIS 계좌의 하위 계좌에 예치했다). 체코슬로바키아 금 준비액 94,772kg 가운데 6,337kg만이 프라하에 남아 있었다. 중앙은행 금의 안전은 화폐 이슈를 뛰어넘는 국가의 안위와 관련된 문제였다. 체코슬로바키아 준비금은 스페인 공화국의 준비금과 마찬가지로 국가독립의 표현이었다. 1918년에 오스트리아-헝가리 제국의 잔재 속에서 태어난 신생 체코슬로바키아 공화국은 깨지기 쉬운 나라였다. 체코슬로바키아가 보유하고 있는 금의 상당 부분은 건국 초기에 국민들이 기부한 것이었다. 중앙은행 총재인 요제프 말리크와 그의 동료 체코인들은 나치가 그들 조국을 훼손하더라도 중앙은행 보유 금만 안전하다면 나라의 독립이 어떻게든 유지될 것이라고 믿었다.

그들은 틀렸다. BIS와 잉글랜드은행의 정직성에 대한 체코슬로바키아의 믿음은 비극적이게도 잘못 짚은 것이었다. 금은 단숨에 초국적 금융과 나치 제3제국의 필요를 채우기 위한 먹잇감이 되었다.

나치의 첫 번째 요구는 1939년 2월에 나왔다. 베를린은 당시 주데텐란트에서 유통하고 있는 독일 통화를 뒷받침하기 위해 금 14.5톤 이상을 이체할 것을 프라하에 명령했다. 이것은 확실히 참신한 아이디어였다. 먼저 이웃 나라를 침략하여 그 일부를 병합한다. 그런 다음 빼앗은 땅에서 유통시킬 화폐를 뒷받침할 금을, 땅을 빼앗긴 그 나라에 요구한다. 다음 달에, 이러한 요구는 학술적으로나 다뤄야 할 문제라는 것이 드러났다. 3월 15일에 독일군은 프라하로 진군해 들어갔다. 독일은 보헤미아와 모라비아를 보호국으로 선언했고, 체코슬로바키아는 사라졌다. 그러나 체코슬로바키아의 금 준비금은 남아 있었다. 사흘 뒤에 제국은행은 관리자를 체코슬로바키아 중앙은행에 파견하여 이사들에게, 말을 듣지 않으면 죽일 수도 있다고 협박하면서, 두 가지 요구사항을 발표하라고 명령했다. BIS 역사가인 피에트 클레망Piet Clements의 부지런한 탐사 덕분에 우리는 그 다음에 무슨 일이 일어났는지에 대한 명확한 그림을 가지고 있다. 첫 번째 요구사항은 잉글랜드은행의 BIS 체코슬로바키아 계좌에 보유하고 있는 금 23.1톤을 역시 잉글랜드은행의 BIS 제국은행 계좌로 이체하라는 지시를 BIS에 내리는 것이었다. 두 번째 요구사항은 체코슬로바키아 중앙은행이 자기 명의의 계좌로 잉글랜드은행에 보유하고 있는 대략 27톤의 금을 같은 은행에 있는 BIS 금보관 계좌로 이체하라는 지시를 잉글랜드은행에 내리는 것이었다.

체코슬로바키아 중앙은행 총재인 말리크와 그의 동료들은 그러한 지시가 강압적인 상황에서 내려진 것이 명백했기 때문에 잉글랜드은행이 이를 실행하지 않기를 바랐다. 나치가 체코를 침공해서 목표로 삼은 것은 중앙은행의 금 보유고임이 분명한 듯했다. 그러나 말리크는 몬태규 노먼 Montagu Norman의 됨됨이를 잘못 헤아렸다. 잉글랜드은행의 총재는 체코슬로바키아가 독립국인지 나치의 식민인지 관심이 없었다. **정치적인** 고려는 BIS 거래에 영향을 주어서는 안 되며 이체 지시는 실행되어야 한다고 노먼은 말했다.

  네델란드 출신의 BIS 총재인 요한 바이엔은 망설였다. 그는 BIS의 법률 자문인 펠릭스 바이저와 체코슬로바키아 문제를 논의했다. 그러나 바이저도 몬태규 노먼처럼 가능한 한 가장 형식적인 방식으로 문제에 대처하려고 했다. 서류만 완비된다면 돈은 넘어가야 한다. 바이저는 기이하게도 이체 지시가 강압 속에서 내려졌다는 주장은 법적인 근거가 없으며, 근거가 있다면 강압적인 상황 속에서 행동을 한 사람 스스로 스위스 법정에 소를 제기할 수 있을 것이라고 주장했다. 체코슬로바키아 중앙은행 이사들이 스위스에 가서 소를 제기할 것 같지는 않다는 사실은 분명해 보였다. 그러므로 금의 이체를 승인하지 않는 모든 결정은 BIS의 단순 관리업무라기보다 정책 가운데 하나였다. BIS 이사회는 정책을 결정한다. 따라서 바이엔이 금 지급을 중단시키기 위해서는 이사회에 자문을 구해야 했다. 바이저의 자문은 또 다른 이유에서 빈약했다. BIS 법규에 따르면 스위스 당국은 나라들 사이의 금 이전에 대해서 어떤 식으로든 관할권을 갖고 있지 않았다.

  바이엔은 승인 없이 결정을 내리고 싶지는 않았다. 그렇다면 그는 누구에게 승인을 요청할 것인가? BIS 이사회의 의장이었던 잉글랜드은행의 오토 니마이어는 이집트로 여행을 하고 있었으므로 연락두절이었다. 3월 20일 저녁 6시에, BIS의 사무국장인 로제 오보앵은 프랑스은행 총재가 이 문제를 가지고 런던과 논의했다는 사실을 바이엔에게 알려주었다. 잉글랜드은행과 프랑스은행은 이체를 중지시킬 어떠한 행동도 하지 않을 텐데, 그들의 판단으로는 행동할 근거가 없었기 때문이다. BIS 이체 지시는 그대로 처리되었다.

런던과 파리의 침묵 속에 나치 독일은 BIS 규정을 따르면서 총 한방 쏘지 않고 23.1톤의 금을 곧바로 약탈했다. 이 금의 3분의 2 이상은 네덜란드와 벨기에 중앙은행과 거래된 다음, 최종적으로 암스테르담과 브뤼셀에서 베를린에 있는 제국은행의 금고로 옮겨졌다. 체코슬로바키아가 자국의 금 보유고를 지키기 위해 세운 면밀한 계획, 곧, 금을 잉글랜드은행에 보관한다는 계획은 새로운 국제 금융시스템인 BIS의 진실성에 대한 잘못된 믿음과 함께 허사로 돌아갔다. 잉글랜드은행의 체코슬로바키아 중앙은행 자체 계좌에 있던 27톤의 금에 대한 두 번째 이체 지시는 실행되지 않았다. 재무부장관 존 사이먼은 모든 체코슬로바키아 자산을 동결하라고 은행들에게 지시했다. 그러나 잉글랜드은행의 BIS 계좌에 있는 체코슬로바키아 금은 추측건대, 국가 자산으로 정의되지 않았으며, 따라서 영국 법률의 적용범위 밖에 있었다.

노먼과 바이엔의 결정은 프라하에서는 절망과 불가사의를, 런던에서는 소동을 일으켰다. 『데일리 헤럴드』는 체코슬로바키아 금이 나치의 손에 들어간 것은 모두 '노먼의 실수' 탓이라고 외쳤다.[2] 『파이낸셜 뉴스』의 폴 아인치히 기자는 이 사건에 대한 재무부와 잉글랜드은행의 공모를 폭로하는 일련의 기사를 실었다. 아인치히는 금의 이체가 체코슬로바키아 지원법이라고 알려진 영국법을 명백하게 위반하는 것이었음에도 왜 재무부가 이를 중단시키지 않았는지 알려달라고 요구했다. 언론인이자 윈스턴 처칠의 동맹자인 브랜던 브라켄은 하원에서 다음과 같은 연설을 했다. "이 일이 일어난 다음 잉글랜드은행은 더 이상 세계에서 가장 안전한 곳으로 간주되지 않을 수 있으며 **잉글랜드은행만큼 안전하다**는 문구는 이제 어울리지 않을 수 있다."[3] 처칠도 몸소, '정부가 600만 파운드의 금을 나치 정부에 이체할 만큼 서툴다면' 어떻게 국민들에게 군에 지원하라고 독려할 수 있겠는지 알려달라고 요구했다.[4]

이 사건의 진짜 악당은 노먼이었다. 뒷날 네덜란드 외무부장관과 국제통화기금IMF 집행이사를 지내는 바이엔은, 의사결정의 책임을 자기가 뒤집어쓸지도 모른다는 생각 때문에 복지부동으로 일관한 무능한 관료였다. 노먼은 이체를 즉시 중단시킬 수 있었다. 그는 문제가 된 두 개의 BIS 계좌를 가지고 있는 잉글랜드은행의 총재였다. 그는 적어도 이체 문제를 BIS 이사회에 회부하여 결정해야 하는 것은 아닌지 문의할 수 있었다. 그렇게 했다면 그가 체면을 구기는 일은 없었다. 그는 그렇게 하지 않는 쪽을 선택했다. 영국이 참전하게 될 전쟁이 다가오고 있다는 것은 분명했다. 나치의 체코슬로바키아 침공은 평화에 대한 마지막 희망을 깨버렸다. 런던에 있는 체코슬로바키아의 금 보유고는 이제 영국의 국가안보 이슈였다.

그러나 노먼의 우선순위는 조국의 최대 이익이라기보다는 그가 사랑하는 BIS의 독립이었다. 노먼은 독일군 탱크에 포탄이 장착되는 동안에도 은행가들의 일은 여전히 평상시와 다름없이 흘러갈 것이라고 믿었다. 아무것도 은행가들의 신성한 중립성과 상대방에 대한 신사적인 신뢰를 방해할 수 없을 것이며, 이것은 심지어 이제는 악을 분명하게 드러내 보이고 있는 정권과 한판 승부가 다가오고 있을 때에도 마찬가지였다. 프랑스은행은, 자기는 이체 중단을 거부하면서도 노먼에게는 이체를 막아달라고 요청하는 이중적인 태도를 보였다. 노먼은 확고했다. 총구로 강요받을 때조차 BIS의 운영에 대한 정치적 간섭은 있을 수 없었다.

노먼은 체코의 금 이체에 대해 어떠한 유감도 표명하지 않았다. 사실, 그는 영국 정부가 은행의 행동에 어떤 입장을 발표할 수도 있는 것 아니냐는 바로 그 생각에 몹시 분개했다. 그는 이렇게 썼다. "나는, BIS의 현재 일에 정부를 끌어들이는 것은 몹시 어리석은 행동이라고 본다. 나는 그것이 파멸일 것이라고 추측한다. 나는 독일인들이 BIS에 더 이상의 관심을 기울이지 않을 것이라고 생각한다. 그 다음에 우리는 이사회에서 독일인, 이탈리아인, 그리고 일본인이 한편이 되어 있음을 보게 될 것이다."[5] 노먼은 그 때 재무부장관인 존 사이먼에게 거짓으로 가득찬 말을 꾸며댔다. 사이먼은, 독일이 BIS의 힘을 빌어 '추가적인 대규모 재정 여력'을 얻으려고 했을 때 정부에 알려줄 수는 없었는지 노먼에게 물었다. 노먼은 사이먼에게, 잉글랜드은행이 BIS를 위해 금을 보유하고 있기는 하지만, 이 금이 실제로 BIS가 소유하고 있는 것인지, 아니면 다른 중앙은행을 위해 BIS가 보유하고 있는 것인지는 알 수 없다고 말했다. 노먼이 나중에 인정했듯이, 이것은 사실이 아니었다. 나아가 노먼은 의미심장하고 심지어 충격적인 내용까지 자인했다. 그는 사이먼에게 "BIS 이사로서 영국 정부에 BIS 거래 내용에 대해 진술하는 것은 자기의 의무가 아니라고 생각한다"고 말했다.[6]

노먼은 바이엔에게 편지를 보내 이 문제를 설명하는 한편, 그의 궁극적인 충성심이 바젤에 있는 BIS 총재에게 있음을 확인했다. 노먼은 언론이나 영국 의회 저널인 『핸사드』에 보도된 기사, 곧, 잉글랜드은행이 BIS에 보관된 금이 누구 것인지 몰랐다는 것과 이에 대해 더 취재하겠다는 기사에 대해 공개적으로 반박하려고 하지 않았다. "어려움은, 만약 내가 이 기사가 사실이 아니라고 재무부에 설명하려 든다면 나는 BIS 거래의 세부사항에 대한 설명 자리를 갖지 않을 수 없게 된다는 점에 있다. 나는 재무부가 BIS 거래의 세부사항에 대해 알 권리를 갖고 있다고 생각하지 않는다."[7] 이것은 반역에 가까운 것이다. 누구나 영국과 독일의 전쟁이 임박했다고 알고 있는 상황에서 그의 동포들이 군 입대를 지원하고 있을 때, 그가 누리는 자유와 향락을 위해 국민들이 목숨을 걸 준비를 하고 있을 때, 그의 조국이 나치와 전쟁에 대비하고 있을 때, 노먼은 그의 일차적인 충성 대상이 영국이 아니라, 탄생한 지 10년도 되지 않는 초특권 국제은행이라고 태평스럽게 발표했다.

체코슬로바키아 중앙은행 총재인 말리크의 실수는 노먼, 바이엔, 또는 어떤 BIS 관리자이든 의사결정을 내릴 때 도덕적, 정치적 차원까지 고려할 것이라고 믿은 점이었다. 세계에서 가장 강력한 국제은행가들은 나치가 체코슬로바키아나 오스트리아 자산을 몰수하는 것을 막을 의사가 전혀 없었다. 그들은 왜 그렇게 해야 하는지 쉽게 이해할 수도 없었다. 형식적인 절차만을 본다면 필수 서류는 갖춰져 있었고 그에 따라 금이 이체되었다. 노먼이 소중하다고 생각한 잉글랜드은행과 BIS의 독립성은 큰 대가를 치렀다. 독일은 산처럼 많은 금덩이로 포탄을 만들 철강대금을 지급했는데, 그 포탄은 머지않아 런던에 우박처럼 쏟아질 것이었다.

미국 민간은행들이 연준에 체코슬로바키아 자산의 이전을 요청했을 때 연준도 똑같은 강박적인 법형식주의로 대응했다. 1939년 3월 16일, 독일 탱크가 프라하에 들어간 다음날 모겐소 미국 재무부장관은 뉴욕 연준 총재인 해리슨에게 전화를 걸어서 한 가지 부탁을 했다. 부탁의 내용은, 해리슨이 뉴욕의 주요 은행들에게 연락을 해서 상황이 좀 더 명확해질 것으로 보이는 3월 20일 월요일까지 체코슬로바키아 자산이 개입된 **중요하**

거나 특이한 거래를 자발적으로 하지 말 것을 요청해달라는 것이었다.

3월 21일 화요일, 상황은 수정처럼 분명해졌다. 체코슬로바키아는 더 이상 존재하지 않았다. 체코는 나치 제3제국에 흡수되었다. 해리슨은 미국의 입장이 무엇인지 알기 위해 모겐소에게 전화를 걸었다. 모겐소는 국무부와 상의하고 나서 해리슨에게 미국의 입장을 알려주었는데, 그 내용은 은행들이 알아서 스스로 결정하라는 것이었다. 목요일에 재무부 차관보 존 헤인즈는 해리슨에게 전화를 걸어 체코 중앙은행이 뉴욕의 은행들 계좌에 보유하고 있는 예금 현황을 알아봐 달라고 요청했다. 이 정보는 국무부를 거쳐서 체코 대사에게 전달될 예정이었다. 해리슨은 은행들이 자발적으로 정보를 수집하는 것에 난색을 표시했다. 그렇게 하면 독일 내의 미국 은행들이 보복을 당할 수도 있다는 것이 해리슨의 논리였다. 해리슨은, 은행들의 정보 제공이 자발적인 협력에 의해서가 아니라 정부의 강제에 의해서 이뤄지는 모습을 보이는 편이 낫다고 주장했다. 그러면서 그는 체코 대사가 원하는 정보는 이미 토마스 스키너의 『은행가 연감』에 실려 있다고 덧붙였다.[8]

며칠 뒤인 4월 1일, 뉴욕 연준은 체코슬로바키아 중앙은행 계좌에서 BIS로 35,000달러를 이체하라고 지시하는 전보를 받았다. 해리슨은 워싱턴에 있는 연준 의장 마리너 에클즈에게 편지를 보내서 사건의 전개 과정을 설명했다. 그는 이체 지시에 대해 "모든 면에서 적절하게 검증"했다고 썼다. 대부분의 관찰자들은, 검증을 거칠 필요도 없이, 체코가 더이상 존재하지 않기 때문에 그 지시를 거절해야 마땅하다고 생각했다. 그러나 해리슨과 애클스는 달랐다. 런던의 노먼과 바젤의 바이엔처럼 그들에게 가장 중요한 것은 돈을 돌게 하는 것이었다. 해리슨은 '이체에 대한 그럴 법한 동기가 무엇인지와 관계없이, 이체를 거절할 정당한 이유'를 발견할 수 없었다. 더 안 좋은 점은 이체 지시를 수행하기보다 거절 할 때 더 큰 책임을 질 가능성이 있다는 사실이다.⁹

체코슬로바키아 대사는 이체 요청이 강요에 의해 이루어졌을 수 있다는 것을 지적하면서, 그러한 요청을 받아들이지 말아달라는 편지를 썼다. 철저한 관료답게 해리슨은 뒷탈이 생기지 않도록 신경을 썼다. 바이엔이 바젤에서 그랬던 것처럼 해리슨도 앞으로 일을 어떻게 진행할 것인지에 대해 변호사에게 자문을 구했다. 핵심 이슈는 나치의 체코슬로바키아 점령이 아니라 뉴욕 연준에 닥친 잠재적 위험이었다. 체코 중앙은행의 계좌 앞으로 발행된 어음은 발행 절차에 문제가 없고 검증을 거쳤다면 지급될 것이다. "우리의 의견으로는, 체코슬로바키아 대사가 말한 것처럼 어음이 단지 **강압에 의해** 발행되었을 수도 있다는 그 이유 때문에 지급을 거절하는 쪽보다 그렇지 않았을 수도 있기 때문에 정해진 절차를 따르는 쪽이 은행에게 덜 위험하다."¹⁰

자기의 의사결정에 대한 대중의 감시에 익숙하지 않았던 탓에, BIS 은행가들은 체코슬로바키아 금 사건으로 사람들이 그들에게 크게 분노하자 당황했다. 그해 6월, BIS 이사회에서는 비난과 책임 전가가 뒤따랐다. 프랑스은행의 총재인 푸르니에는 이사회와 상의 없이 결정이 내려졌다고 항의했다. 그러나 그가 바이엔에게 프랑스은행이나 잉글랜드은행은 이체에 결코 반대하지 않는다고 말한 적이 있다는 점을 고려하면, 그의 항의는 어색했다. BIS 이사회 의장인 오토 니마이어는 상투적인 변명에 기대어 자기를 방어했다. "BIS는 지시를 거절할 법적 근거를 가지고 있지 않았으므로 통상의 방법으로 거래를 이행했다는 점에 스스로 만족했다. 사실, 받은 지시를 이행하는 것 말고는 대안이 없었다."¹¹ 익명의 한 이사

5장 합법적인 약탈

는 이사회가 정책에 책임을 지고 있기 때문에 앞으로 **중요한 문제**에 대해서는 이사회에 자문을 구하도록 해야 한다고 제안했다. 니마이어는 곧바로 그 제안을 거절했다. 놀랄 것도 없이, 니마이어는 진심으로 노먼의 견해를 받아들였다. BIS는 국제기구인 만큼 **정치적 문제**를 고려할 수는 없었다. 그러나 이것은 터무니없었다. 왜냐하면 금 이체를 승인하는 결정은 기본적으로 정치적인 것이고, 그것도 정치에 대한 관심이 전례 없이 높아진 상태에 놓여 있는, 전쟁이 일어나기 직전의 유럽에서 실행된 것이기 때문이었다.

1939년 8월, 체코 중앙은행 총재 말리크는 프라하를 떠나 바젤로 가서 체코슬로바키아 금 이체의 사실관계를 BIS의 경영진에 설명한 다음 결국 런던으로 망명했다. 체코슬로바키아 중앙은행의 BIS 주식 4000주에 대한 문제가 남아 있었다. 1939년 BIS의 연차보고서에 따르면, 그것을 어떻게 처리할지는 그해 말까지 여전히 "아직 결정되지 않은 채로 있었다." 전쟁이 끝난 뒤 말리크는 독일 BIS 은행부문 책임자이자 나치 충성파인 헤실러를 설득하여 체코슬로바키아 BIS 주식을 제국은행, 헝가리 중앙은행, 신생 슬로바키아 나치 괴뢰국의 중앙은행(이 세 개의 은행이 구 체코슬로바키아 지역을 관리했다)에 분배하는 것을 막았어야 했다고 후회했다. "주식 분배 계획은 당시에 헤실러가 직접 심혈을 기울여서 만들었다"고 말리크는 썼다.[12] 결국 BIS는 체코슬로바키아 중앙은행 보유의 BIS 주식에 대해서는 금 보유고를 다룰 때보다 더 신중하게 접근했다. BIS는 법률자문을 거쳐서 주식 배분을 중지시켰다.

그러나 그 사건은 잉글랜드은행, 영국 정부, 그리고 BIS 사이의 매우 미심쩍은 관계를 부각시켰다. 『뉴욕 타임즈』는 다음과 같이 보도했다. 영국에서는 당파를 떠나서 "BIS가 독일에게 더 이상 전쟁의 힘줄, 곧 군자금을 제공하기 전에 이 기관을 청산해야 하며, 영국 정부와 잉글랜드은행 사이의 기묘한 관계를 지체 없이 재검토해야 한다"는 공감대가 형성되어 있다.[13] 『뉴욕 타임즈』는 당시 독자들이 어떤 고전적 표현을 이해할 것이라고 가정할 수 있었다. **힘줄**이라는 말은 로마 철학자 키케로의 비유에서 따온 것이다. 그는 **전쟁의 힘줄은 결국 돈줄이다**고 말했던 것이다. 키케로의 선견지명은 1930년대에 증명되었다. 그러나 BIS가 청산되기를 바랐던 사람들은 한발 늦었다. BIS 덕분에 전쟁의 힘줄과 무진장한 돈의 흐름은 헤아릴 수 없을 정도로 늘어나게 된다.

체코슬로바키아 금 사건은 또한 점점 더 복잡해지는 금 운영 부문에서 BIS 역할의 범위와 중요성이 얼마나 커지고 있는가를 부각시켰다. BIS의 금 거래 방법은, 컴퓨터 키보드의 움직임만으로 엄청난 양의 금이 순식간에 왔다 갔다 하는 오늘날의 세계화 경제의 원조 선구자였다. 1930년대의 기술은 훨씬 더 원시적이었지만, 눈으로 직접 보지도 않고 실물을 주고받지도 않으면서 자산을 사고파는 원리는 똑같았다. BIS를 매개로 한 중앙은행들 사이의 금 자유시장 발전은 중요한 의미를 가졌다. 모든 체코슬로바키아 금을 잉글랜드은행에 BIS 명의의 계좌가 아니라 체코슬로바키아 중앙은행 명의의 계좌로 보관하고 있었다면, 제국은행이 그 금에 손을 뻗쳤을지는 의문이다.

BIS는 중앙은행들에게 독창적인 서비스를 제공했는데, 그곳에 계좌를 보유할 수 없었던 사기업들이나 개인들은 이용할 수 없는 것이었다. BIS에는 두 종류의 금 예치 계좌가 있었다. 하나는 보통 금 예치이고 다른 하나는 특정 금 예치였다. 첫 번째 것은 중앙은행에 의한 금 예치였다. 1936년을 기준으로 보통 금 예치는 전체의 14%가량을 차지했다(실제의 금덩어리는 스위스 국립은행에 보관되어 있었다). 두 번째 범주는 **특정** 금으로 알려져 있는데, 현물은 다른 은행에 보관되어 있었지만 BIS 계좌에 자산으로 잡혀 있었다(런던에 있는 체코슬로바키아 금이 그러했다).

BIS는 잉글랜드은행과 뉴욕 연준에 금을 예치하는 집합계좌를 보유하고 있었다. BIS 명의로 개설된 이 집합계좌에는 금을 소유한 중앙은행별 하위 계좌가 있었다. 다시 말해서 BIS는 여러 중앙은행의 하위 계좌를 묶어서 자기 명의로 하나의 집합계좌를 만든 것이었다. 현물 금은 런던과 뉴욕에 보관되어 있었다. 사람들은 어떤 중앙은행이 BIS의 명의로 하위 계좌를 가지고 있는지에 대해 잉글랜드은행이나 뉴욕 연준은 모를 것이라고 생각했다. 실제로는 체코슬로바키아 금 사건에 대한 노먼의 편지가 보여주듯이, 그들은 알고 있었다. 그래서 만약 프랑스은행(하위 계좌 X)이 헝가리은행(하위 계좌 Y)으로 자금을 이체하고 싶다면, BIS는 하위 계좌 X에서 하위 계좌 Y로 이체를 하라고 잉글랜드은행에게 지시할 뿐이었다. 토니올로가 지적한 바와 같이, 중앙은행들은 특정 금을 이용하여 "수수료가 싸고 비밀스러운 거래를 할 수 있었는데, 자산의 이체가 BIS의 장부 기록 변경으로 끝났기 때문이다."[14] 이것은 BIS의 성장 산업이었는데, 1935년에서 1936년 사이에 특정 금 이동은 총 11억 2,100만 스위스 프랑에 달했다. 1938년부터 1939년까지 총 이동규모는 15억 1,200만 스위스 프랑으로 증가했다.

BIS의 경영진은 금과 외화 거래를 위한 은행의 혁신적이고 새로운 메커니즘에 대해 굉장히 자랑스러워했다. 그러나 **특정계좌** 원리는 그들이 믿었던 것만큼 그렇게 새로운 것은 아니었다. BIS 이사들 가운데 미크로네시아의 야프 섬에 대해 들어본 사람은 거의 없었다. 그러나 여러 세기 전에 그곳의 주민들은 원반 모양의 큰 석회암을 바탕으로 특정 금 계좌와 비슷한 시스템을 발명했다. 섬 사람들은 **페이**fei라 불리는 이 돌 원반을 인근 섬에서 채석하여 배에 실어 야프로 가져왔다. 섬 주민들은 이 돌 원반이 상당한 부를 표현하기에 충분하다고, 예를 들어 딸 지참금을 지급하는데 충분하다고 결정했다. 그러나 **화폐**는 엄청나게 무거웠고 옮기기가 어려웠다. 그래서 그것은 제자리에 머물러 있었고, 구매자와 판매자의 동의로 소유권만이 바뀌었다. 사실 그 돌은 섬에 있을 필요도 없었다. 그 지역에 전해 내려오는 얘기에 따르면 배에서 바다로 굴러 떨어진 원반 하나가 있다. 런던이나 뉴욕에 있는 BIS의 금 예치나, 또는 사실 오늘날 어떤 은행의 거래와 마찬가지로 바다에 가라앉은 페이의 실물 존재는 믿음의 문제로 받아들여졌다. 섬 주민들은 단순하게 물에 잠긴 돌 원반 소유권을 서로 주고받았다.

1899년에 독일인들이 야프섬에 도착하여 그곳을 식민지로 삼았다. 그 섬의 새로운 통치자들은 거주자들에게 마을들을 연결하는 길을 보수할 것을 명령했다. 현지인들은 지배자들의 명령을 무시했고, 결국 독일인들은 그들에게 벌금을 물리기로 했다. 벌금을 물리는 방법은 가장 값비싼 페이에 커다란 검은 십자가를 그려 넣고 그것을 정부의 재산이라고 그들에게 선언하는 것이었다. 그렇게 하자 효력이 있었다. 섬 주민들은 부지런히 길을 고쳤고, 독일 관리들은 십자가를 지워주었다. 섬 주민들은 다시 그들의 자본자산 소유권을 되찾았다.

20세기의 세련된 금융가들은 그러한 에피소드가 재미있기는 하지만 현실과 관련이 있다고는 보지 않았을 것이다. 그러나 나중에 밀턴 프리드먼이 얘기했듯이 그것은 사실 현실과 밀접하게 관련이 있었다. 금이든 돌 원반이든 그것이 어떤 고유의 가치를 가지고 있는 것은 아니다. 그것의 가치는 우리가 부여하는 것으로, 완전히 자의적이다. 야프 섬 사람들

5장 합법적인 약탈   119

의 돌 원반에 그림을 그려 넣는 것은 1932년 프랑스은행이 달러를 팔기로 결정한 것과 정확히 일치한다. 프랑스은행은 금 1온스에 대해 20.67달러로 묶여 있는 전통적인 금본위제를 미국이 포기할까 걱정했다. 프랑스은행은 뉴욕 연준에 대해 거기에 예금하고 있는 달러로 금을 사달라고 요구했다. 금을 대서양을 건너 배로 옮기는 것은 돈이 많이 들고 위험했기 때문에 프랑스은행은 새로 산 금을 뉴욕 연준에 있는 프랑스은행 명의 계좌에 보관만 해 줄 것을 의뢰했다. 프리드먼은 이어서 일어난 일을 다음과 같이 묘사했다.

프랑스은행의 요구에 대해 연준 관리들은 금 보관창고에 가서 프랑스가 산 만큼의 금괴를 다른 서랍에 넣고, 그 서랍에 라벨이나 표식을 붙여서 그것이 프랑스의 소유물임을 나타냈다. 중요한 것은 독일인들이 야프 섬에서 돌 원반에 했던 것과 마찬가지로 연준 직원들도 서랍에 "검은 십자가를 그려 넣은 것"과 같은 표식을 함으로써 일을 처리할 수 있었다는 것이다.[15]

일상적인 일이어서 사건이라고 주장하기도 어려운 이 사건은 심각한 결과를 가져왔다. 프랑스의 달러 매도는, 실제로는 아무 일도 일어나지 않았음에도 달러환율을 급격하게 떨어뜨렸고 프랑화를 강세로 이끌었다. 프리드먼은 물었다. "3,000마일 이상 떨어진 지하실의 서랍에 어떤 표식을 했다고 해서 프랑스의 화폐 지위가 강해질 것이라는 프랑스은행의 믿음과, 어떤 사람이 수백 마일 떨어진 바다 속에 있는 돌을 가지고 있기 때문에 부자라는 야프 섬 주민의 확신" 사이에 무슨 차이가 있는가.[16] 분명히 차이가 별로 없다.

노먼과 샤흐트는 1939년 1월, 베를린에서 바젤로 같이 여행하면서 이것이 그들이 함께 참석하는 마지막 BIS 회의일 것이라는 예감을 가진듯하다. 그때에야 샤흐트는 자기가 괴물을 창조했다는 사실을 깨달았다. 독일의 전쟁경제와 국가지출은 통제를 벗어났다. 샤흐트와 제국은행의 동료 이사들은 일이 지금처럼 그대로 이어진다면 나라가 파산할 것이라고 믿었다. 1월 7일, 히틀러는 샤흐트를 포함한 8명의 제국은행 이사 전원이 서명한 메모를 받았다. 그 메모에는 다음과 같이 적혀 있었다. 통제되지 않는 지출은 곧바로 "나라 재정구조를 무너트릴 것이며, 이로 인한 통화가치의 훼손을 경고하는 것이 우리의 의무다."17

히틀러가 제국은행 이사들의 메모를 받은 지 2주 뒤, 샤흐트는 베를린에 있는 총리실로 소환되었다. 히틀러는 그를 총재직에서 해임한다는 공식 통보를 전했다. 샤흐트의 동료 이사 대부분은 사임했다. 발터 풍크 Walther Funk가 샤흐트를 대체했는데, 그는 BIS 이사회의 샤흐트 자리도 물려받았다. 전직 언론인인 풍크는 열정적인 나치였고 1931년에 나치당에 가입했다. 그는 IG 파벤을 포함한 대기업과 산업자본가들의 척후병으로서 그들의 돈을 나치에게 전달하는 창구역할을 했다. 그는 또한 히틀러의 핵심 경제고문의 한 명이었다. 풍크는 1937년에 샤흐트의 후임으로 경제부장관, 1938년에 전쟁경제 전권대사로 임명되었기 때문에 그가 제국은행 총재로 지명되었을 때 아무도 놀라지 않았다. 사람들이 놀란 것은 풍크의 방탕한 사생활이 그가 나치 독일의 최고지위까지 꾸준히 오르는 동안 걸림돌이 되지 않은 이유는 무엇인가 하는 점이다. 풍크는 꾀죄죄한 술주정뱅이였고 게이들이 집단수용소로 끌려가고 있을 때 활동적인 동성애자였다.

샤흐트는 한동안 베를린 교외의 샬로텐부르크에 있는 자기 집에 머물다가 3월에 인도로 여행을 떠났다. 1939년 7월 그는 바젤로 돌아와 노먼을 비밀리에 만났다. 샤흐트는 영국 정부에 묘한 제안을 했다. 샤흐트는 목숨의 위협을 느꼈다. 히틀러는 나치친위대에 속해 있는 샤흐트의 적들을 막아주지 않았다. 그들은 경제에 대한 샤흐트의 영향력을 항상 부러워했던 자들이었다. 샤흐트는 그가 동아시아로 가서 영국을 위해 그곳의 경제동향 보고서를 작성하는 것을 노먼에게 제안했다. 노먼은 네빌 체임벌린 총리를 만나 자기 친구의 요청을 총리에게 전했다. 총리는 샤흐트의 제안에 다소 당황스러워 했지만, 외무부 관리 애쉬턴-그왓킨을 이탈리아로 파견했다. 그와 샤흐트는 안코나에 있는 고급 호텔에서 은밀하게 사흘을 보냈다. 애쉬턴-그왓킨은 다음과 같이 회고했다. "나는 샤흐트가 가능한 한 히틀러에게서 멀리 떨어져 있고 싶어 한다는 사실을 고려하면서 그의 기이한 계획에 귀를 기울였다. 나는 샤흐트의 더 큰 야심적인 계획에 대해 들었다는 사실을 고백하지 않을 수 없다." 그럼에도 그는 샤흐트의 계획에 대한 보고서를 작성하여 런던에 제출할 것이라고 샤흐트에게 말했다.

그러자 샤흐트는 애쉬턴-그왓킨이 쓴 내용을 보여달라고 요구했다. 외무부 관리는 그가 쓴 원고를 샤흐트에게 건네주었다. 샤흐트는 항상 그렇듯이 거만한 태도로 그에게 "이것으로는 도저히 안 될 걸세"라고 훈수를 했다. 샤흐트는 보고서를 직접 다시 썼고 원본은 파기할 것을 요구했다. 애슈턴-그왓킨은 원고를 건네주었고, 샤흐트는 연기를 하듯 그것을 한 장 한 장 불에 태워 그 재를 변기에 흘려보냈다. 결국 체임벌린은 샤흐트에게 동아시아로 가는 임무를 주지 않았다.[18]

딱 한 달 뒤인 9월 1일 독일은 폴란드를 침공했다.

6장
히틀러를 돕는
미국인 은행가

BIS의 비즈니스는 대폭 축소된 규모로 운영되며 사실상 은행 총재인 맥키트릭 씨의 손에 달려 있다.
- 존 길버트 위넌트, 영국 주재 미국 대사, 1941. 7.[1]

모겐소의 말을 빌리자면, 미국 외교관인 멀 코크란은 BIS 주재 **비공식 대사**였는데, 미국 재무부에 BIS 내부 정보를 제공했다. 1939년 5월, 은행 총재들이 '항상 여는 일요일 비공식 비밀회의'의 주요 의제는 BIS 3대 총재의 임명이었다. 나치에게 체코슬로바키아 금을 넘겨주어 비난을 산 바이엔 현 총재는 1940년에 은퇴할 예정이었다. 그의 뒤를 이을 세 명의 주요 경쟁자들은 네덜란드인, 스웨덴인, 그리고 미국인이었다. 코크란은 "지금까지는 미국인이 가장 유리하다"고 보고했다.[2]

그 미국인은 토마스 맥키트릭Thomas McKittrick이었다. 표면적으로는 맥키트릭의 선출이 이상하게 보였다. 그는 숙련된 변호사였지만 중앙은행 업무에 대한 직접적인 경험은 없었기 때문이다. 하지만 그것은 그다지 문제가 되지 않았다. 왜냐하면 전쟁이 다가오고 있었기 때문이다. 모든 당사자들은 전쟁 동안에도 금융 채널은 열려 있어야 한다는 데 이미 동의했다. 그런 의미에서 맥키트릭은 완벽한 후보였다. 그는 중립국가인 미국의 시민이었을 뿐만 아니라 세계에서 가장 새로운 가상 내륙국가, 곧 초국적 금융의 시민이기도 했다. 맥키트릭은 유명한 보스턴 투자 그룹인 리·히긴슨&컴퍼니의 영국 자회사 히긴슨&컴퍼니에서 일했다. 그 은행은, 부분적으로는 맥키트릭 탓에 현재는 더 이상 존재하지 않지만, 전성기 때에는 골드만삭스나 리먼브라더스보다 더 부유했고 명성도 높았다. 세인트루이스에서 태어난 맥키트릭은 1911년에 하버드를 졸업했다. 그는 뉴욕내셔널시티은행의 대외 지사에서 일하기 위해 이탈리아로 갔다가 1918년에 미군에 입대했다. 그는 리버풀에 있는 영국 정보부대에서 파견 근무를 했는데, 부두를 이용해 영국을 드나드는 스파이가 없는지 조사했다. 11월 휴전 이후 맥키트릭은 연합국 점령군과 함께 일하라는 임무를 띠고 프랑스로 건너갔다.

그는 1919년에 뉴욕으로 돌아와 리·히긴슨에서 일하기 시작했다. 이탈리아와 프랑스에서 쌓은 맥키트릭의 외국 경험은 매우 편협한 미국 은행계에서 그를 돋보이게 만들었다. 1921년에 그는 런던으로 파견 나가서 회사의 영국지사에서 일했고, 런던과 뉴욕 양쪽에서 대외 사업을 담당하는 파트너가 되었다. 비록 맥키트릭은 숙련된 은행가라기보다는 변호사였지만, 곧 런던 금융가에서 자기 길을 개척했고, 국제적인 인맥을 잇는 인상적인 연결망을 구축했다. 그는 시간의 대부분을 독일에 대한 대출과 투자 업무에 썼는데, 거기에는 존 포스터 덜레스와 설리번&크롬웰이 주선하여 만든 1924년 도즈 플랜의 독일 대출이 포함되어 있었다. 맥키트릭은 영국 신사처럼 행동하는 일종의 명예 영국인이 되었는데, 일반적인 영국 신사가 그러하듯, 그도 자기가 읽을 『더 타임즈』 신문을 다림질해주는 집사까지 데리고 있었다. 유럽에서는 그를 런던의 금융가에서 보낸 사절로 간주했다. 그는 나중에 다음과 같이 회상했다. "나는 영국인의 삶을 살았다. 내 동료들은 모두 영국인이었고, 나중에는 나를 영국인이라고 생각하는 사람들이 자주 내게 말을 걸었다."[3]

맥키트릭은 1931년에 BIS의 **독일대출중재위원회** 위원으로 들어갔다. 이

위원회는 독일 민간은행에 대한 대출에서 발생한 모든 분쟁을 판결했다. 두 명의 다른 위원도 있었는데, 한 명은 스웨덴 엔스킬다 은행의 마르쿠스 발렌베리였고 다른 한 명은 도이체방크 감사위원회 의장인 프란츠 우어비히였다. 발렌베리와 그의 형 야콥은 유럽에서 가장 힘이 센 은행가들 축에 끼었다. 발렌베리 가족은 런던, 베를린, 월 스트리트의 은행가들과 실익이 있는 인맥을 쌓고 있었다. 제2차 세계대전 동안, 발렌베리 형제는 엔스킬다 은행을 이용하여 연합국 쪽과 동맹국 쪽을 모두 상대했고, 그 과정에서 예외 없이 막대한 이익을 챙겼다.

맥키트릭은 앨런 덜레스와 오랫동안 좋은 친구였다. 둘은 덜레스가 베른에 있는 미국 공사관에서 일할 때 처음 만났는데, 그때 그는 비자 문제를 겪고 있던 맥키트릭을 도와주었다. 맥키트릭은 설리번&크롬웰이 주는 출입증이 있어야 정치·외교와 초국가적인 금융이 만나는 비밀 세계로 들어갈 수 있다는 사실을 잘 알고 있었다. 1930년 9월 맥키트릭은 동료에게 "우리는 여러 방면에서 덜레스 서비스의 혜택을 얻기 위해 설리번&크롬웰에게 법률 업무를 맡기는 것을 심각하게 고려하고 있다"고 썼다.[4] BIS와 설리번&크롬웰은 맥키트릭의 독일 대출을 높이 평가했다. 1930년 10월, 맥거러 BIS 초대 총재는 존 포스터 덜레스에게 편지를 써서 "리·히긴슨의 독일 대출이 성사되었다"는 사실에 기쁨을 감추지 못한다고 알렸다.[5]

맥키트릭과 그의 파트너인 리·히긴슨도 기쁘기는 마찬가지였다. 적어도 뭔가 잘 돌아가고 있었다. 그러나 그 회사는 역사상 가장 큰손 사기꾼의 한 명인 스웨덴의 사업가 이바르 크뤼거의 일에 휘말렸다. 크뤼거는 간편한 안전 성냥을 개발하여 이제는 수십억 달러의 가치에 이르는 재산을 모았다. 월 스트리트는 수표책을 들고 두 팔을 벌린 채 크뤼거를 환영했다. 맥키트릭과 그의 동료들 덕분에 크뤼거의 명성은 훨씬 부풀려졌다. 런던의 히긴슨 파트너들은 미국 출신 동료들에게 크뤼거가 이미 그들에게 큰돈을 벌어주었다고 말했다. 하지만 크뤼거의 부는 사기 위에 세워진 것이었다. 크뤼거는 대형 폰지 사기를 꾸몄는데, 이것은 앞선 투자자의 돈을 지급하기 위해 새로운 투자자를 끊임없이 찾아야 하는 것이었다. 1931년에 리·히긴슨에서 일하는 한 중개인은 크뤼거에게 편지를 써서 크뤼거 회사에 돈을 대출해 준 몇몇 은행들이 그 회사가 무슨 일을 하는지, 어떻게 돌아가는지에 대해 더 알고 싶어 한다고 전했다. 그 중개인은 크뤼거에게 그가 말하는 **부동산 담보 대출**이 무엇인지 설명을 요구했다. 그것은 2007년 서브프라임 붕괴를 불러일으킨 담보대출 꾸러미의 으스스한 전조였다.

크뤼거는 대출을 더 이상 갚을 수 없을 것 같다는 사실을 에둘러 나타냈다. 그는 ITT의 자회사인 소스테네스 벤에게서 구제금융을 받기 위해 미친 듯이 뛰어다녔다. 벤은 회계법인 프라이스워터하우스가 크뤼거의 재정을 조사하는 조건으로 1,100만 달러짜리 수표를 끊어 주었다. 회계법인은 조사를 시작하자마자 6백만 달러의 구멍을 찾아냈다. 크뤼거 제국은 무너지기 시작했다. ITT는 돈을 돌려받기를 원했다. 1932년 3월에 크뤼거는 은행가들을 만나기 위해 유럽으로 돌아갔지만 그가 할 수 있는 것은 고작 파리의 빅토르 에마누엘 3번가에 있는 그의 아파트에서 대기하는 것뿐이었다. 여러 설에 따르면 거기에서 그는 침대에 누워 자기의 심장에 총을 쏘았다. 리·히긴슨은 보스턴의 존경받는 은행가였지만 수십 년 동안 크뤼거를 뒷받침했던 탓에 파산했다. 파트너들은 망가졌다. 한 익명의 직원은 "나는 갑자기 우리가 모두 멍청이였다는 것을 알았다"고 수사관에게 털어놓았다. 그러나 맥키트릭은 BIS의 **독일대출중재위**

원회 부의장직뿐만 아니라 리·히긴슨 런던지점의 자리도 유지했다. 바젤에서는 맥키트릭의 판단(또는 판단력의 부족)에 대한 비난이나 의문은 없었던 것으로 보인다. 맥키트릭은 나중에 스스로, 자기가 지식이나 경험이 없는 상태에서 BIS 총재로 선출되었다고 주장했다. 그는 다음과 같이 회상했다. "1939년 3월, 내가 BIS 총재로 간다는 얘기를 들었다는 소곤거림이 주로 대륙 출신의 사람들 사이에서 돌기 시작했다. 그리고 그것은 그치지 않았는데, 소문을 먼저 내서 일을 성사시킨다는 전형적인 작전이었다." 다음 달, 히긴슨&컴퍼니의 맥키트릭 동료 파트너인 찰스 달질은 그에게 다음과 말했다. "나는 당신이 BIS 총재직을 제안받을 것이라는 이야기를 믿을만한 소식통을 통해 들었다. 그 제안을 받아들이지 않는다면 당신이 큰 실수를 저지르는 꼴이 된다는 것을 알았으면 한다."[6] 오토 니마이어 BIS 이사회 의장은 5월에 공식적으로 제안을 했다. 맥키트릭은 흔쾌히 받아들였다. 처음에 국무부는 맥키트릭이 유럽으로 가는 것을 허락하지 않았다. 그러나 맥키트릭이 나중에 쓴 표현을 따르자면 '유럽의 주요 국가들' -거기에는 틀림없이 영국이 포함되어 있을 텐데- 이 적당한 압력을 행사한 뒤에 그는 BIS 총재에 취임할 수 있었다. 맥키트릭은 1940년 1월, 바젤로 이주하여 175,000 스위스 프랑(40,000 US 달러)의 연봉으로 일을 시작했다. 그는 곧바로 베를린, 로마, 런던, 파리로 가서 그 나라 BIS 이사들과 중앙은행가들을 만났다.

그러나 맥키트릭은 런던에서 바젤로 옮겨가기 전에 해야 할 일이 하나 더 있었다. 그것은 히틀러의 옛 선전 책임자가 영국 감옥에서 풀려날 수 있도록 돕는 일이었다. 1939년 10월, 에른스트 한프슈탱엘 변호인단은 맥키트릭에게 자기의 의뢰인을 위한 신원보증서를 써 줄 것을 부탁했다. 하버드 졸업생인 한프슈탱엘은 뉴욕에 살았는데 미국 상류사회와 좋은 인맥을 쌓고 있었다. 그는 독일로 돌아가서 히틀러의 초기 후원자 가운데 한 명이 되었다. 한프슈탱엘은 초기에 나치당에 1,000달러를 기여했는데, 바이마르공화국 초인플레이션 시기에 이는 큰 돈이었다. 이 돈은 당 기관지인 『민족의 감시자』를 발행하는 데 쓰였다. 1931년에 외신 책임자로 임명된 한프슈탱엘의 일은 온건하고 세련된 나치의 모습을 언론에 보여주는 것이었다. 그러나 괴팍한 버릇, 메마른 유머 감각, 히틀러와 밀접한 연계 탓에 그는 많은 적을 만들었고 그리하여 1937년에 독일을 빠져나왔다. 한프슈탱엘은 영국에서 적성 외국인으로서 구금되었다. 그의 변호사들은 구금 시기가 최악이라고 맥키트릭에게 설명했다. 왜냐하면 한프슈탱엘은 히틀러와 그의 관계에 대한 기사를 시리즈로 쓰기로 미국의 한 잡지사와 이제 막 계약을 맺었기 때문이다. 원고료는 한 단어당 1달러였다. 맥키트릭은 그가 할 수 있는 일이라면 모두 하겠다고 대답했다. 맥키트릭은 전 나치 공보 담당자가 석방되더라도 영국의 이익에 반하지 않을 것이라는 진술서를 썼다. 비록 맥키트릭이 그것을 어떻게 알 수 있었는지는 불분명하지만 말이다.[7] 한프슈탱엘은 절차대로 석방되어 미국으로 돌아갔다. 거기에서 그는 미국 정보부를 위해 나치 지도자들의 심리학적 프로필을 작성했다.

　맥키트릭은 나치는 아니었지만, 확실히 새로운 독일의 친구였다. 그 시대에 그가 속해 있던 사회 계층이나 비즈니스 집단의 많은 사람들처럼 그도 유대인에 대해 양면적인 태도를 가지고 있었다. 유대인 대학살 2주 뒤인 1938년 11월, 그는 런던에 있는 자유 유대인 회당의 랍비 매턱을 돕기 위해 자기의 인맥을 이용했다. 맥키트릭은 랍비 매턱을 런던 주재 미국 총영사에게 소개시켜 독일계 유대인의 탈출을 돕도록 했다. 매턱은 맥키드릭에게 편지를 써서 '마음에서 우러나오는' 감사의 뜻을 전했다.

매턱과 총영사의 만남은 매우 유익했다. "만남의 결과, 나는 우리가 가진 돈으로 어쨌든 한 사람이라도 더 많은 독일 유대인들이 탈출구를 찾는 데 도움을 줄 수 있겠다는 희망을 품게 되었다."[8] 그 뒤, 전쟁 중이던 1942년 8월, 바젤 은행가인 폴 드레퓌스는 맥키트릭에게 스위스 주재 미국대사 리랜드 해리슨에게 보낼 소개장을 써달라고 요청했다. 맥키트릭은 소개장을 써 주었지만 해리슨에게 보낸 별도의 편지에서 드레퓌스에 대한 그의 감정을 분명히 했다. "당신이 추측하듯, 그는 유대인이지만, 그의 불행한 동포들을 돕기 위해 할 수 있는 모든 것을 하는 좋은 부류이다."[9]

전쟁이 터지자 BIS 관리자들은 실존적 선택과 마주쳤다. 세 가지 길이 있었는데, 첫째, 은행을 청산하는 길, 둘째, 적대행위가 끝날 때까지 규모를 축소하고 활동을 최소화하는 길, 셋째, '중립' 정책이 허용하는 범위 내에서 가능한 한 적극적으로 활동하는 길이 그것이다. 이사들은 만장일치였다. 그들은 초국적 자본의 필요에 따라야 한다는 것과, 무엇보다 BIS가 전후 금융재건을 돕기 위해 계속 유지되어야 한다는 생각을 이미 하고 있었다. 맥키트릭은 BIS의 모든 직원들이 "특정한 정부나 국가 조직을 위하여 어떠한 종류의 정치 활동도 하지 않을 것"이라고 스위스 당국에 약속했다. 그는 직원들에게 보낸 메모에서, 어떤 이유에서든 BIS를 사직하는 것은 "은행과 소속 직원을 위하여 좋은 처우의 유지를 추구하고 있는 현 시점에서 매우 유감스럽다"고 언급했다.[10] 그러나 누구든 떠나기를 원하는 사람에게는 고향으로 가는 교통편을 마련해줄 것이라고 그는 덧붙였다.

BIS의 중립 선언은 다음과 같은 것을 의미했다. 1) BIS는 교전국의 중앙은행에게는 신용을 제공하지 않는다. 2) BIS는, 중립시장에서 시장 개입을 할 때, 교전국이 그러한 개입에서 이익을 얻지 못하도록 보장한다. 3) BIS는 교전국 사이에서 직접적이든 간접적이든 어떠한 거래도 하지 않는다. 4) BIS는, 만약 두 나라가 교전 상태라면 한 나라에 대해 지급하기 위해 다른 나라에서 자산을 팔지 않는다. 5) BIS는 교전국 한쪽의 자산을 보유하여 보호해줌으로써 다른 쪽의 이해에 반하는 행위를 하지 않는다. 체코슬로바키아 금 사건으로 심한 타격을 받은 터라 BIS는 섬세한 표현으로 '국제사회가 인정하지 않는 영토 변경'을 함의하는 어떠한 의사 결정도 내리지 않을 것이라고 밝혔다. 독일 보헤령인 보헤미아·모라비아(체코슬로바키아를 지배하는 불법적인 나치정권)의 중앙은행이 BIS에 남아 있던 금을 제국은행으로 이체할 것을 요청했을 때, BIS는 이를 거절했다. 벨기에 망명 정부가 중앙은행의 공식 본부가 런던에 있다고 선언하자, 나치 점령정권은 중앙은행의 본부가 브뤼셀에 있다고 대응했다. BIS는 중립을 선언했기 때문에 어느 편도 인정하지 않을 것이라고 말했다. 이사회의 벨기에 투표권은 행사되지 않은 채로 남았다. BIS는 유고슬라비아에 대해서도 같은 입장을 취했다. 유고슬라비아의 경우도 런던의 망명 정부와 베오그라드 정부가 엇갈린 주장을 하고 있었다.

BIS의 중립 선언은 금세 쓸모가 없는 것으로 드러났다. 맥키트릭과 은행 경영진은 BIS를 제국은행의 사실상의 하위조직으로 만들었다. 이는 타성, 수동성 또는 관료적 게으름의 결과가 아니었다. 그것은 일련의 의도적인 정책 결정에서 비롯했다. BIS는 제국은행과 외환거래를 수행했다. BIS는 전쟁 막판까지 약탈한 나치 금을 받아들였는데, 그때는 스웨덴과 같은 중립국들조차 그것을 거절하기 시작했다. BIS는 프랑스, 벨기에, 그리스, 네덜란드를 포함한 피점령국들이 나치의 제3제국에 강제로 편입되는 것을 인정했다. 그렇게 함으로써, BIS는 나치 점령지역에서 나치가 통제하는 중앙은행들이 유대인 소유의 자산을 수탈하는 역할을 합법화했다. BIS는 나치 점령정권이 피점령국가의 BIS 주식을 몰수할 수 있도록 허용했는데, 그리하여 추축국은 의결권 있는 은행 주식의 67.4%를 보유했다. 이사회는 중단되었지만 연차총회는 계속 열렸다. 폴란드 사례에서 보듯, 주주인 중앙은행들은 대리 투표를 했다. 1940년 4월에 BIS의 폴란드 대표인 레온 바란스키는 런던 망명정부에 폴란드 지분의 통제를 요청했다. 맥키트릭은 거절했다. 그는 바란스키에게, 그가 폴란드 지분에 대한 판결을 내리고 싶지 않지만, 어쩔 수 없이 결단을 하게 된다면, '그 결과는 틀림없이' 폴란드에 '불리한 결정'이 될 것이라고 말했다. 맥키트릭은 확고하게 '이런 종류의 문제' 제기를 피하려고 했다. "일단 정치적인 논의가 진행되면, 비록 비공개이더라도, 그것이 어디에서 끝날지 아무도 모른다"는 것이 그 이유였다.[11]

나치의 영토 병합은 받아들여졌지만, 소련의 영토 병합은 받아들여지지 않았다. 1940년 6월, 소련의 붉은 군대는 라트비아, 리투아니아, 에스토니아를 침공했다. 소련은 세 명의 중앙은행 총재들에 대해, BIS에 이체 지시를 해서 그들의 금 보유고를 소련의 중앙은행으로 옮길 것을 명령했다. 이것은 누가 보아도 체코슬로바키아 금 사건과 비슷했지만 그 결과는 전혀 달랐다. 경영진은, 여느 때와 마찬가지로 형식주의적인 태도로, BIS가 지시를 이행해야 한다고 주장했다. 그러나 이번에는 총재가 거절했다. 맥키트릭은 다음과 같이 회상했다. "나는 모든 경영진, 특히 법률 고문과 싸워야 했는데, 그들은 이러한 지시를 받아들여 금을 러시아인들에게 넘겨줘야 한다고 말했다. 그렇지만 나는 절대로 그렇게 할 수 없었다."[12]

대신 맥키트릭은 취리히 대학교의 디터 쉰들러 교수에게 외부 법률 의견을 의뢰했다. 쉰들러는 발트 3국의 중앙은행이나 총재는 모두 자유의

지를 가진 기관이 아니어서 아마 소비에트의 지시에 따라 행동했을 것이라고 주장했다. 그는 예치자에 대한 강압적 조치를 금지한 BIS 헌장 10조를 인용했다. 쉰들러는, 그러므로 BIS의 자산에 끼어들려는 모든 정부의 시도에 대해 "힘이 닿는 한 저항하는 것"이 BIS 경영진의 의무라고 주장했다. 맥키트릭이 옳다는 것이 입증되었다. 은행 경영진은 쉰들러의 의견이 담긴 메모를 받아들였다. 멕키트릭은 그 사본을 멀 코크란에게 보냈다. BIS 총재는 그에게 쉰들러의 법률적 의견을 비밀에 부쳐달라고 부탁했다. "내가 크게 걱정하는 바는 그 메모가 언론인들 손에 들어가지 않을까 하는 것이다. 체코 금에 대한 언론의 관심과 비난으로 손상을 당한 뒤라 현재로서는 BIS가 뒷전에 물러나 있는 것이 가장 중요하다."[13]

전쟁이 일어나기 전까지 BIS는 일하기 좋은 곳이었다. 급여는 높았고 직원들은 지적이었으며 그들의 견해는 세계주의를 지향했다. 국제연맹과 마찬가지로 BIS는 국제사회의 오아시스였다. 관리자들은 영업 대상, 곧 다른 나라 중앙은행을 방문하기 위해 런던, 파리, 베를린, 그 밖의 다른 수도로 정기적으로 여행했다. 중앙은행 총재회의는 그 정점이었다. 세계에서 가장 영향력 있는 사람들의 일부가 바젤로 갔을 때, 고루한 BIS는 별빛이 반짝이는 듯했다. 직원들은 화려함, 남보다 유리한 위치에 있다는 생각, 그리고 만찬·리셉션·다과회와 같은 사교 활동을 즐겼다.

그러나 목가적인 일상은 1940년 5월 프랑스의 함락과 함께 끝났다. 추축국이 통제하는 영토는 이제 바젤의 두 면과 맞닿았는데, 그 경계는 거의 도시 외곽에 이르렀다. 은행의 관리자들은 총성을 들으면서 일했다. 스위스 당국은 독일군의 침공을 두려워하여 바젤을 탈출할 계획을 세웠다. 한편, 런던에 있는 맥키트릭의 후원자들은 그를 예의주시하고 있었다. BIS 총재는 후원자 가운데 한 명이자 베른 주재 영국 영사인 프랭크 넬슨과 정기적으로 만나고 있었다. 경험 많은 국제 사업가였던 넬슨은 나중에 영국의 전시 파괴조직인 **특수작전집행부**SOE의 책임자가 되었다. 5월 20일 무렵 어느 날, 긴장이 치솟자 넬슨은 오전 7시에 맥키트릭 집으로 전화를 걸었다. 영국 외교관 넬슨은 그에게 "일이 아주 안 좋게 돌아간다. 상황이 더 좋아질 일이 없다"고 말했다. 넬슨은 자기가 언제든 맥키트릭과 연락할 수 있어야 한다고 설명했다. 그는 맥키트릭에게 다음과 같이 덧붙였다. "행선지를 아무에게도 알리지 않은 채 외출하지 말고, 다음 장소로 이동할 때는 행선지를 나에게 알려달라."

그날 저녁 7시, 맥키트릭이 집으로 돌아왔을 때, 넬슨이 다시 전화를 했다. 그는 BIS 총재에게 바젤에서 모든 프랑스와 영국 국적의 직원을 곧바로 대피시키라고 알렸다. 나치의 침공은 임박했고, 언제든 개시될 수 있는 상황이었다. 맥키트릭은 은행 본부로 돌아와 로제 오보앵, 라파엘레 필로티, 파울 헤실러를 포함한 고위 직원들을 소집했다. 그들은 일손을 나누어 가능한 한 많은 프랑스와 영국 직원들과 접촉했다. 그런 다음 독일 출신인 헤실러는 맥키트릭에게 다음과 같이 말했다. "당신만이 BIS의 자산을 처분할 수 있는 유일한 사람이다. 바젤을 빠져나가는 데에서 우리들에게 가장 중요한 사람은 당신이라고 생각한다." 맥키트릭은 동의했고 서둘러 바젤을 떠났다. 그는 운전기사를 불러 차를 타고 집으로 가서 옷가지를 챙겼다. 맥키트릭은 운전기사가 "옷가지를 꾸리지 않은 채 차 안에 쑤셔 넣었다"고 회상했다. 차는 베른으로 향했다. 도중에 스위스군과 경찰에 의해 열네 번이나 검문을 받았다.[14]

독일의 스위스 침공은 실제로는 일어나지 않았다. 스위스 프랑, 스위스 은행, BIS는 나치 제3제국에게는 다른 넓은 산악지대 영토 -완고하고 강인한 국민이 나치에 대항하여 게릴라전을 벌이기 십상인 지역- 보다 훨씬 쓸모가 있었다. BIS는 스위스 남서부의 샤토 데Château d'Oex에 다시 자리잡았다. 맥키트릭과 야콥센은 샤토 드 루주몽 성으로 옮겨갔는데 그 성은 친절하게도 미국인 주인이 빌려준 것이었다. 나머지 직원들은 마을에서 지내야 했다. 그 작은 마을에는 변변한 집도 없었고, 학교 교육도 마땅치 않았다. 가을이 저물어 갈 때까지, 전쟁이 지루하게 이어지면서 국적이 다른 사람들 사이의 관계는 아주 불편해졌다. 맥키트릭은 사기가 무너지고 있었다고 회상했다. "마을에 영화관이 하나밖에 없었는데, 만약 프랑스인 부부와 독일인 부부가 영화를 보러 가서 서로 마주친다면, 그것은 당사자뿐만 아니라 모든 주변 사람들에게도 당황스러운 일이었다."[15]

1940년 10월에 BIS가 바젤로 돌아왔을 때 모든 직원들은 마음을 놓았다. BIS는 전시임에도 금융 측면만이 아니라 법적으로도 엄청난 특혜를 변함없이 누렸다. BIS는 스위스 프랑을 무제한으로 사고팔 수 있었다. 스위스 프랑은 전시 유럽에서 가장 중요한 통화로 어디에서나 쓸 수 있었다. BIS는 자기의 헌장 덕분에 외환거래를 보고할 필요가 없었다. BIS는 스위스 프랑을 거래할 때의 환율에 대해, 스위스 상업은행에 비해 규제 면에서 특혜를 받았다. 1942년까지 BIS는 스위스 국립은행보다 더 좋은 조건으로 금을 사고팔 수 있었다. 런던과 워싱턴은, 연합국과 추축국의 은행가들이 함께 일하면서 높은 수익을 올리고 있는 이상한 상황에 대해 점점 더 적대적으로 바라보았다.

국무부는 런던주재 미국 대사관에 영국 정부와 BIS의 관계가 어떤 상태인지를 조사해 줄 것을 요청하면서, **많은 문제**가 나타나고 있다고 알렸다. 존 길버트 위넌트 대사는 BIS 이사회 옛 의장인 오토 니마이어를 만났다. 니마이어는 BIS의 면책특권에 대해 여느 때처럼 철석같았다. 그는 BIS

헌장 10조를 인용하면서, 전쟁이 일어나더라도 은행의 소유물과 자산은 압류되어서는 안 된다는 보장이 있다고 지적했다. 니마이어는 심지어 영국 정부와 협정을 맺어 BIS와 런던의 통신은 검열관을 직접 통할 수 있도록 해두었다. 위넌트는 국무부에 다음과 같이 보고했다. "니마이어는, 전후 지급결제에서 BIS가 유익한 역할을 수행하면서 영향력을 발휘할 가능성이 있다는 것만으로도 영국은 BIS를 암묵적으로 승인해야 할 뿐만 아니라 BIS와 연계를 계속 맺어야 한다고 믿고 있다."[16] BIS가 아주 절제된 방식으로 행동하고 있는 한, "독일군에 점령된 여러 나라와 BIS의 관계에 대해 어려운 법적 문제를 제기하는 것은 현재로서는 별로 도움이 되지 않는다고 느끼고 있다." 니마이어는, 맥키트릭이 "앞으로 일어날지도 모르는 모든 위험에서 BIS를 지켜줄 수호자"이므로 그가 스위스에 머물러야 한다고 주장했다.[17]

맥키트릭은 BIS의 수호자 이상의 존재였다. 그는 반복적으로 경제와 금융 정보를 제국은행의 지도부에 넘겼다. 맥키트릭은 특히 제국은행의 부총재이자 BIS 이사인 에밀 풀Emil Puhl과 친했다. 그는 풀을 **친구**라고 표현했다. 금과 통화 전문가인 풀은 바젤의 BIS와 베른의 스위스 국립은행을 정기적으로 방문했다. 그는 나치친위대의 금융 부문과 밀접한 관계를 맺고 있었는데, 거기에서 그들의 광범위한 사업들을 관리했다. 풀은 명목상의 상관인 발터 풍크를 제치고 제국은행을 실질적으로 움직였다. 1941년 가을에 맥키트릭은 풀에게 무기 대여 프로그램의 해설서를 주었다. 이 프로그램에 따라 미국은 연합국에 무기, 탄약, 기타 전쟁 물자를 공급했다. 그해 3월에 통과된 이 법으로 미국의 중립 정책은 사실상 종말을 고했다. 맥키트릭은 나중에 이때의 대화를 떠올렸다. 풀은 BIS 총재에게 물었다.

"무기 대여는 무엇을 의미하는가? 우리는 그것을 이해하지 못한다. 그것에 대해 내게 기꺼이 말해 줄 것이 있는가?" 나(맥키트릭)는 말했다. "얘기해 줄 것이 있다. 내 개인 의견이기는 하지만, 당신에게 말을 못 해줄 까닭이 없다. 만약 미국이 전쟁에 참여하게 된다면, 우리는 거기에 이끌려 들어가게 될 것이다. 미국은 제1차 세계대전 때 그 길을 걸은 바 있다. 그리고 지금 벌어지고 있는 일은 우리가 산업 조직을 참전에 알맞은 형태로 개편하고 있다는 것이다." 풀은 몹시 낙담한 모습을 보였다. 나는 그가 기절이나 하지 않을까 걱정했다. 그는 말했다. "맙소사. 당신 말이 옳다면, 우리는 전쟁에서 졌다."[18]

맥키트릭의 예측은 정확했다. 그러나 1941년 12월에 미국이 참전하면서 그는 더 큰 문제에 부딪혔다. BIS 총재는 이제는 중립국 시민이 아니라 교전국의 시민이었다. 그는 매일 독일, 프랑스, 이탈리아 출신의 직장 동료들과 마주쳐야 했다. 그러나 미국과 나치 독일 사이에 적대행위가 생겼더라도 그는 독일 제국은행과 여전히 우호적이고 생산적인 관계를 유지했다. 1942년 9월에 풀은 맥키트릭에 대해 "그의 성격이나 사업수행 방식 모두 완벽하다"고 썼다.[19] 풀은 나아가 BIS를 제국은행의 '유일하고 진정한 대외 지점'으로 묘사했다.[20] BIS가 나치 점령국가에 있는 그의 주주들에게 지급한 배당금 가운데 일부는 제국은행을 통해서 나갔다. 이에 따라 베를린은 외환거래에 접근할 수 있었고, 거래 서비스에 대한 수수료도 물릴 수 있었다. 전쟁 기간에도 제국은행은 BIS의 독일 투자금에 대한 이자를 계속 지급했다. 독일이 지급하는 이자는 BIS가 주주들에게 주는 배당금의 원천을 형성했다. 주주 가운데는 잉글랜드은행도 포함되어 있었다. 그러므로 나치 독일은 BIS를 통해 영국의 전시경제를 떠받치고 있었던 셈이다.

풀은 이자를 지급할 가치가 있다고 믿었다. 히틀러의 허풍과 샤흐트의 계획에도, 나치 독일은 경제적 자급자족을 달성하지 못했다. 나치 독일은 무기를 제조하기 위한 방대한 양의 원자재를 사야 했고, 인구를 먹이고, 따뜻하게 하고, 옷을 입혀야 했다. 스웨덴의 철강, 루마니아의 원유, 포르투갈의 텅스텐, 심지어 라틴아메리카의 쇠고기까지 모든 것을 사야 했고 또 현금으로 지급해야 했다. 나치 독일은 중립국가와 거래하기 위해 자기가 바젤을 통해 운영하는 금융 통로가 필요했다. 그것이 나치 독일이 스위스나 스웨덴을 침략하지 않은 주된 이유였다. 이러한 중립국들은 다국적 금융 네트워크의 통화 허브로서 기능할 수 있다는 면에서 독일 지배의 영토를 추가로 넓히는 것보다 나치 독일에게 훨씬 유용성이 컸다.[21]

독일 외무부가 왜 제국은행이 미국 출신 총재와 함께 BIS의 구성원으로 남아 있어야 하는지에 대해 문제제기를 했을 때, 풀은 BIS의 가장 영향력 있는 옹호자였다. 그는, BIS가 독일 대외거래의 가장 중요한 파트너의 하나라고 주장했다. BIS는 금과 외환 거래를 수행함으로써, 필수적인 전쟁 물자를 살 수 있는 수단을 제국은행에게 제공했다. BIS는 적의 금융거래에 대한 유용한 정보를 얻을 수 있는 알맞은 곳이었다. 사무차장 헤실러처럼 그곳에서 일하고 있는 독일인들은 충직했고 능률적이었다. 만약 독일이 철수하여 BIS가 문을 닫는다면, 그것은 나치의 전쟁 수행에 엄청난 손실이 될 것이다. 그리고 BIS도 마찬가지로 제국은행과 풀이 필요했다. 1942년 12월 7일에, BIS의 경제고문인 야콥센은 제국은행의 풀 사무실에서 풀과 점심을 먹었다. 두 사람은 언제나 둘이서만 어울리는 것을 즐겼다. 그들은 대륙에서 약탈하고 몰살당한 유대인들에게서 탈취한 재산을 보관하고 있는 은행 금고에서 몇 걸음밖에 떨어지지 않은 곳에서 유쾌하게 식사를 했다. 야콥센은 풀이 나치 독일에서 BIS의 가장 중요한 협력자라고 믿었다. 그의 지원이 없으면 BIS는 무너질 것이다. 야콥센은 나중에 그의 일기에 "BIS의 미래가 풀이 베를린에서 그의 영향력을 얼마나 잘 지켜낼 수 있을지에 크게 의존하고 있다"고 썼다.[22]

전쟁은 BIS의 대차대조표에 불리했다. 1943년까지는 BIS의 사업 규모가 전쟁 전 평균에 비해 해마다 5% 가까이 떨어졌다. 그러나 BIS는 2억 9,400만 스위스 프랑(9,600만 달러)을 제국은행 예금, 어음, 채권 형태로 독일에 투자했다. 국제결제은행은 제국은행에서 받는 이자 수입으로 운영을 유지하고 있는 상황이었는데, 마침내 그 금액이 전체 수입의 82%를 차지했다. 처음에 독일은 이자를 통화로 지급했지만, 1940년 3월 이후로는 금으로 지급하는 방식으로 바꾸었다. 이 금의 대부분은 약탈한 것이었다. 전쟁 동안 독일은 6억 350만 달러의 금을 보유고에 추가했는데, 그것의 80% 이상은 점령한 나라들의 중앙은행에서 강탈한 것이다. 8천 8백만 달러의 금은 독일 국내와 나치가 점령한 지역의 시민들에게서 압류한 것이다. 약 3백만 달러의 금은 강제수용소 희생자들에게서 빼앗은 것인데, 여기에는 **치과용 금**이라는 섬뜩한 카테고리도 포함되어 있다. 이 금은 제국은행에 있는 계좌를 통해 관리했다. 맥키트릭의 친한 친구이고 야콥센의 점심 짝인 에밀 풀은 금의 관리 상태를 감독했다.[23]

피에트 클레망Piet Clements의 연구 덕분에, 전쟁 기간에 BIS에 있는 제국은행 명의의 금 계좌에서 총 21.5톤의 금이 유출입된 사실이 드러났다. 그 가운데 13.5톤의 금은 전쟁 동안 얻었다. 새로운 금 -대부분 약탈한 것- 의 상당량은 BIS가 독일에 대출하거나 투자한 돈에 대한 이자를 지급하는 데 사용되었다. 6톤의 금은 제국은행의 부채를 갚는데 사용되었는데, BIS가 운영하는 국제 철도·우편·수송 지급시스템을 통해 지급이 이뤄졌다.

벨기에 금 보유고의 운명은 가장 특별하다. 1939년 말, 벨기에 중앙은행은 200톤 이상의 금 보유고를 안전을 위해 프랑스로 보냈다. 나치가 진격함에 따라 프랑스는 벨기에 금과 자기 금의 일부를 서아프리카의 다카르 항구로 운송했다. 그런 다음 프랑스 당국은 공습을 걱정하여 금을 내륙으로 옮겼다. 그러나 파리가 함락당한 뒤, 독일은 점령 협력자들인 프랑스 비시 정부에게, 피난 보낸 금을 마르세유로 보내서 제국은행의 **보호**를 받도록 명령했다. 그리하여 금은 배, 트럭, 기차, 낙타 행렬에 의해 사막을 거쳐 알제리로 옮겨졌다. 거기에서 금은 마르세유까지 공수되어 최종적으로 제국은행의 금고로 들어가 보관되었다.

1943년 여름에, 당시 **비시**Vichy가 지배하고 있는 프랑스은행의 총재 이브 브라르 드 부아장저는 바젤로 가서 벨기에 금의 운명과 관련하여 그 일부가 틀림없이 BIS에 대한 지급에 사용되어 바젤에 있는 것이 아닌지 맥키트릭에게 따졌다. 맥키트릭은 드 부아장저의 걱정을 일축했다. 그는, BIS에서 받는 모든 금에는 각인이 들어가 있는데, BIS는 벨기에 것이 아니라 독일 것을 받았다고 말했다. 그가 이것을 믿든 안 믿든, BIS가 사업을 계속하려면 제국은행에서 수송된 금을 받아들이는 것 외에는 별다른 선택이 없다는 사실을 맥키트릭은 잘 알고 있었다. 그러나 프랑스인 사무국장 오보앵은 그의 동포 편이었다. 그는 BIS가 앞으로는 독일의 지급금을 금으로 받지 말고 대신 스위스 프랑을 요구해야 한다고 주장했다.

오보앵이 옳았다. 독일은 벨기에의 금을 프러시아 조폐국에서 녹인 다음 가짜 식별 번호와 1934년에서 1939년 사이의 날짜를 각인했다. 제국은행은 이 가운데 1.6톤과 약탈한 네델란드 금 2톤을 BIS에 대한 이자 지급에 사용했다.

그러나, 프러시아 조폐국에서 녹인 모든 금이 점령지 중앙은행들의 금고에서 가져온 것은 아니다. 나치는 점령지에서 개인들이 보유하는 금을 찾아내기 위해 정보 담당자와 고문 담당자로 구성된 네트워크를 구축했다. 이 때 만든 기구가 통화보호특수부대DSK였다. 나치친위대가 엄선하여 만든 이 특수부대의 표면상의 목적은 제3제국 전역에 걸쳐 통화 불법거래를 통제하는 것이었다. 영국 정보부의 기록에 따르면, 이 부대의 실제 목적은 "사기와 폭력을 포함한 모든 수단을 동원하여 금을 획득"하는 것이었다. 특수부대는 파리에서만 80명의 정보 담당자를 고용했는데, "사회의 최하위 계급에서 상류 계층에 걸쳐" 있었다.[24] 이들은 위조 신분증, 미국·영국의 위조 화폐를 받았고 약탈한 금에 대한 10%의 수수료를 보장받았다. 이들은 부동산이나 토지를 팔 것처럼 해서 피해자들을 유인했다. 그런 다음 그들은 유인에 넘어간 피해자들을 체포하고, 구타하고, 고문을 해서 그러한 구매 자금을 어떻게 마련하려고 했는지를 밝히라고 협박했다. 영국령 채널 제도에서 특수부대를 운영했던 휴고 두즈가 가장 즐겨 사용한 협박 방법은 피해자의 머리 위에서 맥주잔을 깨뜨리는 것이었다. 오스트리아인으로 파리에 살고 있는 루드비히 자레츠키는 "불붙인 성냥으로 벌거벗은 희생자를 지지는 방법을 사용했다."[25] BIS 금의 일부는 훨씬 더 소름 끼치는 유래를 갖는데, 그것은 강제수용소 희생자들의 시계, 안경, 보석, 금니에서 나온 것이었다. 전쟁이 끝난 뒤 제국은행의 부총재이자 BIS의 이사인 에밀 풀이 전쟁범죄로 유죄 판결을 받은 이유는 이 때문이었다.

맥키트릭의 지도를 받으면서, BIS는 다른 추축국들을 위해서도 상당한 횟수의 금 거래를 수행했다. BIS는 비시 정부의 프랑스은행을 대신해서 금을 포르투갈 화폐인 에스쿠도와 교환했다. 프랑스는 포루투갈 수입 대금을 지급하기 위해 에스쿠도화(포루투갈 화폐)가 필요했다. BIS는 세 번에 걸쳐서 베른에서 불가리아로 금을 수송했다. BIS는 거의 9톤의 금을 스위스 국립은행보다 낮은 가격으로 루마니아에 팔았다. 이 모든 것은 중립 정책의 직접적인 위반이었다. BIS는 또한 터키와 13번의 금 스와프 거래(총 8.6톤)를 수행했다. 이것은 터키가 스위스 국립은행에 보유하고 있는 금을 BIS가 뉴욕, 파리, 런던에 보관하고 있는 금과 장부상으로 교환하는 것이었다. 터키는 엄밀히 따지면 중립국이었지만 독일과 활발한 교역 관계를 맺고 있었고, 제3제국의 주요한 크롬 공급처였다. 직원들이 금의 출처를 확인하지 않는 실수를 하고 나치가 약탈한 금을 받아들인 기관은 BIS만이 아니었다. 스위스 상업은행들과 스위스 국립은행도 나치가 약탈한 금을 기꺼이 받아들였다. 나치와 **평소대로 거래**한다는 은행 정책을 주도한 것은 최고 경영진이었다. 1942년부터 1947년까지 BIS 이사회 의장이었던 에른스트 베버는 스위스 국립은행의 총재이기도 했다. 베버는 맥키트릭, 야콥센처럼 풀과 친밀한 사이였다. 연합군이 나치가 점령한 유럽을 되찾으며 스위스 국경까지 진격할 때조차 베버와 풀은 여전히 금 수송을 준비하고 있었다. 두 은행가는 1944년 12월 10일에 함께 저녁식사를 하면서 최근 그들이 준비한 사항에 대해 논의했다. 스위스는 독일의 금을 사들이고, 그 대신 독일은 스위스에 석탄을 판다는 것이 그 내용이었다. 협상은 베른 주재 독일 공사인 오토 쾨허가 얘기한 바와 같이 '통상의 신뢰 분위기' 속에서 이루어졌다.[26]

BIS, 스위스 국립은행, 제3제국 사이의 친밀한 관계는 1990년대 말까지는 묻혀 있다가 스위스 상업은행들이 홀로코스트 희생자들의 재산을 이제껏 보유하고 있다는 스캔들이 터지면서 세상에 드러났다. BIS와 스위스 중앙은행은 곧바로 스캔들에 말려들었다. 스위스 정부의 위임을 받은 보고서가 1998년에 발표되었다. 보고서가 밝힌 내용은 스위스 국립은행 직원들이 스위스로 들어오는 금의 출처를 확인하기 위한 **최소 노력의 윤리**, 다시 말해서 사실은 최소한의 노력도 하지 않는다는 윤리를 따랐다는 것과 금의 일부는 홀로코스트 희생자들에게서 약탈했다는 것이었다. 전쟁 동안에 스위스 국립은행은 나치에게서 2억 8천만 달러의 금을 사들였다. 1943년에 이르러, 스위스 국립은행은 유럽 유대인의 학살 사실을 알았지만, 은행 직원들은 약탈된 금과 제국은행 소유의 다른 금을 구별하기 위한 조치를 하지 않았다.[27]

맥키트릭은 안전하고 특권적인 지위를 누렸지만 그도 종종 외로웠다. 그의 아내와 네 딸은 멀리 미국에 있었다. 여행은 아직도 어려웠고 느렸다. 베른에는 에밀 풀 외에 방문객이 거의 없었고, 우편 서비스는 불규칙했다. 맥키트릭은 런던의 채링크로스 로드에 있는 한 서점의 회원 서비스를 통해 은행 서적 외의 책들을 파고들었다. 거기에는 유럽 문명의 다가오는 대재앙을 연구한 『유럽은 아틀란티스를 닮을 것인가?』, 이슬람 신비주의 예배를 다룬 책인 『제자에게 가까이』, 그리고 심지어 『현 전쟁의 초자연적인 원인』까지 포함되어 있었다. 맥키트릭은 은행 경제고문의 딸인 에린 야콥센과 함께 숲과 산으로 산책을 했다. 예리한 식물학자인 맥키트릭은 에린 야콥센에게 그 지역의 풍부한 식물군에 대해 가르쳐주었다. 친구들의 연락은 틀림없이 BIS 총재의 기를 북돋았다. 예를 들어 IG 파벤의 최고 경영자이자 BIS 이사인 헤르만 슈미츠는 1941년 1월 3일에 그의 진심을 담은 신년 연하장을 보냈다. 그는 연하장에서 다음과 같이 썼다. "크리스마스와 새해를 축하해 주고 내 60번째 생일을 축하해 준 데 대해 마음에서 우러나오는 감사를 전한다. 그리고 BIS가 번창하는 한

해가 되기를 진심으로 기원한다."²⁸ 1941년은, IG 파벤에게는 분명히 또 다른 번창의 한 해가 될 것이다. 회사의 수익은 치솟는 추세이고, 회사 자체의 강제수용소 건설 계획은 순조롭게 진도를 나아가고 있었다.

BIS 직원 대부분은 바젤에 남았지만 나중에 유명한 경제사학자가 되는 미국 출신 찰스 킨들버거는 젊은 아내와 함께 귀국했다. 그의 귀국으로 빈자리가 생겼다. 당시 뉴욕퍼스트내셔널 은행의 총재인 프레이저는 그의 오랜 친구인 맥키트릭에게 후임을 추천했다. 1940년 11월에 프레이저는 워싱턴에서 헨리 타스카라는 젊은이를 만났다. 타스카는 국방위원회에서 일했고, 무역과 라틴아메리카가 전문이었다. "그는 쾌활한 성격에, 예리한 머리를 가졌으며, 야심 넘치고 열심히 일한다."²⁹ 타스카는 채용 통보를 한다면 30일 안에 스위스로 떠날 수 있을 것이다. "그는 외모나 진지한 목표의식 면에서 킨들버거보다 훨씬 좋은 인상을 줄 것이다."³⁰ 그리고 운 좋게도 타스카는 가장 민감한 문제에 정답을 가지고 있다고 프레이저는 설명했다. 멀 코크란이 그 의미를 묻자 대답은 "타스카가 유대인이 아니"라는 것이었다.³¹

전쟁이 길어지면서 체코슬로바키아 금 사건은 BIS를 집요하게 괴롭혔다. 다시 한번, 영국 하원에서는 영국의 BIS 회원 유지 여부, BIS의 역할, BIS와 나치 독일의 연계에 대한 분노 섞인 질의가 있었다. 영국 정부는 BIS를 확고하게 지지한다는 태도였다. 1942년 10월에 재무부장관 킹슬리 우드는 맥키트릭이 키를 잡고 있는 한 걱정할 것이 없다고 선언했다. "BIS의 업무나 그 통제는 예나 지금이나 은행 총재이자 미국 시민인 한 사람의 손에 달려 있다. 우리는 이 신사를 완전히 신뢰한다."³²

워싱턴의 재무부는 BIS에 대해 점점 더 적대적으로 변했다. 특히 1941년 12월에 미국이 참전한 이후에는 그 정도가 심해졌다. 맥키트릭의 첫 임기는 1942년 12월에 끝났다. 많은 이들은 맥키트릭이 임기를 이어가서는 안 된다고 주장했다. 몬태규 노먼은 확실히 사태를 걱정했다. 1942년 6월, 노먼은 맥키트릭에게 편지를 써서 그를 계속 지지한다는 입장을 전했다. "우리는 당신이 은행 총재직을 이어갈 방법을 찾기를 바란다. 사실 우리는 그것을 **핵심 사항**이라고 간주한다."[33] 아마도 맥키트릭은 "공식적인 절차를 전혀 밟지 않더라도 임무를 이어갈 수 있을 것이다." 맥키트릭은 노먼이 지지한다면 미국을 방문해도 나쁘지 않을 것으로 보았다. 노먼은 썼다. "어쨌든 우리는 그것이 가능하도록 최선을 다할 것이다."[34]

노먼과 그의 친구들은 계획을 짰다. 계획이란 스위스 국립은행의 총재이자 BIS 이사인 에른스트 베버를, 그가 맥키트릭을 총재로 재선임하는 데 찬성하는 조건으로, 이사회 의장으로 임명하는 것이었다. 그들은 베버가 중립적인 얼굴마담으로서 BIS의 활동들을 가려주는 역할을 할 것으로 생각했다. 스웨덴 릭스방크(중앙은행)의 총재인 이바르 루스는 노먼에게 쓴 편지에서 "가능한 한 중립국의 인물이 권한 있는 자리에 들어감으로써" BIS를 보호하는 것이 "중요하다"고 말했다.[35] 베버의 신중함은 정평이 나 있었다. 1940년에 맥키트릭은 베버에게 체코슬로바키아 금에 대해 말을 꺼낸 적이 있다. 맥키트릭은 대화가 다음과 같이 흘렀다고 설명했다. "나는 그에게 금이 어디로 가는지 묻지 말아 달라고 부탁했고, 그는 그렇게 했다."[36] 맥키트릭은 베버와 긴밀하게 협력했는데, 그들은 한 달에 두세 번씩 취리히나 베른에서 만났다.

베를린의 전 외무부장관 요아힘 폰 리벤트로프는 나치 제3제국에 대한 맥키트릭의 가치를 이해하지 못했다. 그는, 맥키트릭이 사임하고 중립적인 인물이 총재로 들어서야 하며, 그렇지 않으면 독일은 BIS와 관계를 끊어야 한다고 생각했다. 에밀 풀과 파울 헤실러Paul Hechler는 잽싸게 행동에 들어갔다. 두 사람은 맥키트릭의 숭배자로서, 그를 **프로답고 직무에 충실한** 인물로 묘사했다.[37] 둘은 폰 리벤트로프에게 맥키트릭이 떠나면 일단 이사회 의장으로 임명된 에른스트 베버가 실권을 장악할 것이라고 말했다. 맥키트릭이 총재직에서 물러나더라도, 미국은 여전히 은행 경영진에 대표자를 둘 것이다. 그 대표자는 틀림없이 지금까지 원활했던 BIS의 기능에 지장을 줄 것이며, 우리가 금과 외환 거래를 수행하기 위해 그 기능을 활용하는 것도 방해할 것이다.[38]

맥키트릭은 스위스 외무부장관 마르셀 피에트-골라즈에게 로비를 했다. 두 사람은 1942년 10월에 만나서 몇 가지 안건을 논의했다. 영국 언론에 실린 BIS에 대한 불쾌한 기사는 맥키트릭을 불안하게 했다. 맥키트릭은 언론의 여러 비판 기사뿐만 아니라 영국 정부가 BIS에 대한 지지를 거둬들일지 모른다는 조그마한 움직임에도 지나치게 민감했다. BIS가 전쟁 동안 중립성에 의존해서 생존을 이어왔기 때문에 영국의 탈퇴는 BIS의 끝장을 의미했다. 기사 내용은 런던 주재 스위스 공사관이 영국 외무부, 재무부와 함께 BIS의 중립성 문제를 상의했다는 것이었다. 피에트-골라즈는 "기사들이 영국 정부의 공식입장을 반영한 것은 아니"라면서 맥키트릭을 안심시켰다. 또한 피에트-골라즈는 BIS에 대한 스위스 정부의 지지도 분명히 했다. 스위스에 본부를 둔 수많은 국제기구에 대한 스위스의 태도는 "매우 다양하다."[39] 그는 국제연맹이 최악이라고 불평했다. 국제연맹 직원들의 행동은 많은 아쉬움을 남겼고, 국제연맹 자체도 '수많은 정치적 어려움'을 만들었다.[40] 국제노동기구ILO는 훨씬 나은 편이었다. BIS는 "심각한 비판의 빌미를 결코 제공한 적이 없다."[41] BIS가 스위스를 떠난다는 것은 분명히 '애석한 일'이다.[42]

그런 다음 맥키트릭은, 베버 계획에서 생길 수 있는 미묘한 문제점을 얘기했다. 그것은 중립국 인사가 BIS 이사회 의장을 맡아 교전국 인사를 BIS 총재에 임명하는 것과 관련이 있었다. BIS 이사회 의장이 된다는 것과 총재가 된다는 것은 매우 다르다고 그는 설명했다. 이사회는 주로 은행의 내부 지배구조를 다루었다. 초국적 자본 흐름, 대출, 통화 지원과 같은 큰 문제는 총재회의에서 다루었는데, 어쨌든 당시에는 전쟁 때문에 총재회의가 중단된 상태였다. 피에트-골라즈는 그러한 문제점을 용인하는 태도였다고 맥키트릭은 나중에 언급했다. 피에트-골라즈는 다음과 같이 말했다. "스위스가 국제기구의 유지에 도움을 주는 것은 바람직하다고 생각한다. 또한 비밀이 유지될 수 있다면, 그리고 일반적인 중립 정책이 방해받지 않는다면 스위스는 교전국 사이의 중재자로서 역할을 하는 것도 가능하다고 생각한다."[43]

맥키트릭과 피에트-골라즈의 만남은 효력이 있었다. 베버는 BIS 이사회 의장으로 임명되었다. 그리고 1943년 1월 1일 스위스 은행가 베버는 맥키트릭을 3년 임기의 BIS 총재로 재임명했다. 그때 맥키트릭은 노먼이 제안한 대로 미국에 가 있었다.

7장

전쟁에서 돈 버는 월 스트리트

맥키트릭은, 독일인들(적어도 제국은행과 관련된 독일인들)이 그가 바젤로 돌아오기를 바라고 있고, 그렇게 할 수 있는 길이 있을 것이라고 믿고 있다.
- 토마스 맥키트릭과 BIS에 대한 미국 정보부 보고서, 1942.12.14.[1]

BIS는 국제자본의 신속한 이동을 실현한 선구자였다. 그런 BIS도 자기의 총재가 주머니에 충분한 현금을 가지고 대서양을 신속히 건너게 할 수는 없었다. 1942년 말에 토마스 맥키트릭은 프랑스, 포르투갈, 스페인, 영국을 거쳐 미국으로 가는 여행을 계획했다. 그러나 특권적 지위를 가진 그조차도 스위스의 통화관리법을 따라야 했고, 따라서 프랑스로 최대 1,000 스위스 프랑만 가져갈 수 있었다. "프랑스 프랑 지폐를 스위스에서 스페인으로 등기우편으로 보낼 수 있는가?" 그는 내심 궁금해하며 메모했다. 이처럼 우편을 이용하여 불법으로 지폐를 보내는 방법은, 그가 암시장에서 프랑스 프랑으로 페세타를 살 수 있었기에 유리한 선택일 수 있었다. "스페인에서 공식 환율로 달러나 스위스 프랑을 페세타로 환전하는 것보다 암시장을 이용하여 스페인 통화를 구하는 것이 더 유리하다"고 맥키트릭은 속으로 생각했다. 음식도 문제였다. 특히 BIS 식당에 익숙해진 그에게는 더 그럴 수 있었다. "프랑스에서 먹을거리로 샌드위치를 가져가자. 프랑스에 도착하면 빵 쿠폰을 부탁해서 구해보자. 프랑스를 떠나기 직전에 이 쿠폰으로 빵을 사자. 스페인에서는 빵도 부족하고

그 질도 안 좋다고 한다."²

맥키트릭은 11월 초에 바젤을 떠나 며칠 뒤에 리스본에 도착했다. 그곳에서, 호텔 체크인을 하는 동안, 그에게 뜻밖의 즐거운 일이 생겼다. 그는 나중에 다음과 같이 회상했다. "어느 틈엔가 뒤에서 누가 나를 붙잡으며 말했다. 당신 맥키트릭 아닌가? 나는 누군지 보지도 않고 네라고 대답했다. 그는 말했다. 이런 우연이라니, 당신을 만나게 되는군. 그렇지 않아도 스위스에 있을 때부터 만나보고 싶었다."³ 앨런 덜레스였다. 그는 미국의 초기 대외 정보기관이자 중앙정보부CIA의 전신인 전략정보국의 스위스 지국을 세우기 위해 베른으로 가는 길이었다. 둘은 맥키트릭이 런던으로 떠나기 전까지 매우 즐거운 시간을 함께 보냈다. 런던에서 그는 몬태규 노먼, 오토 니마이어와 함께 2주를 편안하게 보냈다. 그 뒤, 맥키트릭은 아일랜드로 갔다가 비행정을 타고 리스본으로 돌아왔고, 포르투갈령 기니, 라이베리아, 브라질, 트리니다드, 푸에르토리코를 거쳐 마지막으로 뉴욕에 도착했다.

길고 힘든 여행을 할 때도 생각할 것이 많았다. BIS는 이제 스위스 국립은행 총재인 에른스트 베버라는 인물로 중립적인 의장이라는 모습을 갖추었다. 그리고 맥키트릭은 총재로서 더 일할 수 있는 3년을 확보했다. 맥키트릭은 두 번째 임기를 위해 광범위한 외교 인맥 네트워크를 활용하여 열심히 로비를 했다. 그는 연합국과 추축국의 승인을 모두 확실히 받아두려고 했다. 세계는 전쟁을 하고 있었지만 두 편이 모두 동의할 수 있는 한 가지는 BIS가 사업을 계속해야 한다는 것이었다. 물론 토마스 맥키트릭이 총재를 맡은 상태에서 말이다. 맥키트릭은 베른 주재 여러 외국 공사관에서 조심스럽게 친구들을 사귀었다. 나중에 맥키트릭은 그의 노력이 꽤 성공적이었으며, 다른 나라 외교관들이 자국의 대사관 외교 행낭으로 편지를 보내기조차 했다고 회상했다. "나는 베른 주재 외국 대사나 공사들과 좋은 관계를 유지하는 것을 목표로 삼았다. 그들은 친절하게도 중요하고 비밀스러운 내용의 편지를 외교 행낭으로 보내주기까지 했다."[4]

한편, 스위스 주재 미국 대사 리랜드 해리슨은 맥키트릭이 대사관 전보를 이용할 수 있도록 해 준듯하다.[5] 맥키트릭이 미국에 있는 동안 베른 주재 미국 공사관도 BIS가 그에게 보낼 편지를 암호화해서 보냈다. 1943년 2월, BIS의 사무국장 로제 오보엥은 미국 공사관에 부탁해서 암호로 된 전보를 맥키트릭에게 보냈다. 전보 내용은 리스본을 거쳐서 바젤로 돌아오는 맥키트릭의 일정을 묻는 것이었다.

리스본 도착 예정일을 가능한 한 빨리 알려주기 바란다. 그래야 우리가 당신 여행의 중요한 세부 사항을 해결할 수 있다. 그 세부사항이 무엇인지에 대해서는 리스본 미국 공사관의 적절한 보호를 받아 당신에게 전보로 알려주겠다.[6]

국무부는 맥키트릭과 BIS에 대해 열정적이었지만 재무부는 그렇지 않았다. 재무부장관 모겐소와 차관보인 화이트는 BIS를 싫어했다. 그들은 미국 내에서 BIS가 수행하는 역할이 나치의 경제적 이익을 영구화하기 위한 것이라고 정확하게 보았다. 그들은 BIS가 미국 내에서 사업을 쉽게 하도록 내버려 두지는 않겠다는 의지를 밝혔다. BIS를 포함한 스위스 은행들이 미국에서 영업을 하려면 전시특별법에 따른 특별 면허를 받아야 했다. 처음에는, 뉴욕 연준에 있는 맥키트릭의 친구들이 BIS를 위해 일반 면허를 내주었기 때문에 대부분의 일상적인 거래를 하는 데에는 별 문제가 없었다. 그러나 그 면허는 1941년 6월에 철회되었고, 이에 따라 BIS는 상당한 어려움을 겪었다. BIS는 미국 주주들에게 배당금을 지급할 수 없었고 기타 예정된 거래를 실행할 수 없었다. 재무부는 이탈리아와 독일 기업의 소유권을 스위스나 미국의 유령 회사로 이전하는 데 스위스 은행들이 이용되고 있다고 믿었다. 재무부 조사관들은 뉴욕, 베를린, 베른 사이의 연결고리를 밝혀내고 있었다. 예를 들어, 스위스 은행가인 펠릭스 이젤린은 IG 파벤의 스위스 자회사 IG 케미의 대표였다. 산업재벌인 IG 파벤은 나치의 전쟁 기계를 몰았고 회장인 헤르만 슈미츠는 BIS 이사회에 앉아 있었다. 이젤린 또한 스위스은행코퍼레이션과 크레디스위스은행의 이사였다.[7] IG 케미는 IG 파벤의 미국 자회사인 제너럴아닐린&필름의 지주회사였다.

  모겐소는 맥키트릭의 완고한 적이었다. 그는 월 스트리트의 미국사회 주류(백인, 앵글로 색슨계, 개신교도)와는 거리가 멀었다. 뉴욕의 저명한 유대인 가문에서 태어난 모겐소는 지식인이자 크리스마스 트리를 키우는 농장주였다. 그의 아버지 헨리 모겐소 시니어는 아르메니아인 대학살이 자행될 때에 오스만제국 주재 미국대사를 지냈고, 그 학살을 큰 목소리로 비난했다. 프랭클린 루스벨트와 엘리너 루스벨트의 절친한 친구였던 모겐소는 사회정의 의식이 강했고 루스벨트 뉴딜 정책의 핵심 설계자였다. 화이트 역시 모겐소와 마찬가지로 유대인이었지만, 그의 부모는 가난한 리투아니아 이민자였다. 보스턴에서 태어난 화이트는 아버지의 철물회사에서 잠시 일했고 제1차 세계대전 때에는 미국 육군에 복무했다. 화이트는 똑똑한 하버드대 경제학자였으며, BIS를 방패 삼아 생겨나고 있던 새로운 글로벌 금융구조를 꿰뚫고 있었다. 그는 학계를 떠나 재무부에서 일했고, 모겐소는 그에게 국제 업무를 맡겼다. 모겐소와 화이트는 미국에서 맥키트릭의 가장 강력한 적임이 드러났다. 맥키트릭은 뒤에 다음과 같이 회고했다. 화이트는 "나를 싫어했다. 그 이유는 그가 할 수 없는 일들을 나는 하고 있고, 또 나는 유럽 모든 곳을 갈 수 있지만 그는 유대인으로서 그렇게 할 수 없기 때문이다."[8] 그렇지만 화이트가 맥키트릭을 싫어한 이유는 맥키트릭이 한 많은 일, 예컨대 진주만 공격 이후 독일 제국은행과 BIS의 금·외환 거래가 반역행위이기 때문이었다.

일단 맨해튼에 안전하게 도착한 맥키트릭은 오랜 친구 레온 프레이저(전 BIS 총재였고 당시는 뉴욕퍼스트내셔널은행의 총재)의 도움으로 연준에 사무실을 차렸다. 맥키트릭은 BIS 자금의 동결을 풀어주도록 재무부를 설득할 변호사가 필요했다. 그의 선택은 의심의 여지없이 존 포스터 덜레스였다. 한편 맥키트릭은 정부 부처를 돌아다니면서 BIS가 금융 서비스를 제공함으로써, 그리고 전후 유럽의 재건에 기여함으로써 미국의 전쟁 노력에 도움을 줄 수 있다는 것을 보여주려고 노력했다. BIS 총재는 전시 유럽에 대한 신선한 직접 정보원으로서 많은 초청을 받았다. "워싱턴에서 있는 동안 나는 많은 질문 공세를 받았다. 왜냐하면 모든 사람들이 유럽의 전쟁에 대한 갖가지 것, 유럽의 정치 문제에 대한 갖가지 것을 알고 싶어 했기 때문이다."[9] 맥키트릭은 모겐소도 만났다. 만남의 분위기가 썩 좋은 것은 아니었다. 맥키트릭은 BIS의 미국 주주들에 대한 배당금 지급과 기타 논쟁적인 문제들에 대한 BIS의 입장을 설명했다. 모겐소는 재무부 실무전문가들과 상의해보라면서 20분 만에 자리를 떴다.

그러나 최악의 상황은 그 다음에 벌어졌다. 1943년 4월, 맥키트릭이 아직도 미국에 있을 때, 하원의원 호레이스 제레미어 부어히스는 BIS에 대한 조사를 요구했다. 부어히스는 BIS 총재가 왜 미국 출신인지, BIS가 추축국을 돕는 데 이용되고 있지는 않은지를 알고 싶어 했다. 맥키트릭은 BIS에 적의를 불태우는 언론인 폴 아인치히가 부어히스에게 정보를 제공한다고 믿었다. 아인치히는 체코슬로바키아 금 사건 이후 영국 금융언론을 통해서 BIS를 맹렬히 공격하고 있었다. 아인치히는 끈덕지게 취재했고, BIS에 대한 비판 기사는 신경을 많이 건드릴 정도로 날카로웠다. 언론 보도에 항상 민감했던 맥키트릭은 프레이저에게 보낸 한 편지에서 아인치히를 **이 새끼**라고 불렀다.¹⁰

그때 맥키트릭은 바젤로 돌아가기 위한 미국 당국의 허가를 받기 어렵다는 것을 알았다. 그는 발이 묶였고, 그의 도움 요청에 아무도 손을 내밀지 않았다. "나는 국무부에 얘기했는데, 그들은 내가 무슨 말을 하고 있는지 모르겠다는 식이었다."¹¹ 맥키트릭은 덜레스의 상관이자 전략정보국의 책임자인 콜 빌 도노번에게 도움을 요청했다. 도노번도 BIS 총재에게 벽창호였는데, 여권을 해결해 주겠다는 약속만 반복할 뿐이었다. 그러나 여권은 나오지 않았다. 전략정보국은 맥키트릭이, 나치 독일의 경제, 나치와 스위스의 관계, BIS의 역할, 전쟁의 국면, 나치 지도부 사이의 권력다툼, 독일 내부의 상황, 그리고 기타 관심사에 대해 그가 알고 있는 모든 것을 말해주기 전까지는 그를 아무 데도 보내줄 수 없다는 식이었다. 맥키트릭은 언론의 몇몇 인터뷰에 응했다. 그는 자기 역할의 중요성을 약간 과장하기는 했지만 귀중한 정보 원천이 분명했다. 우리는 현재 BIS가 전시에 기록한 많은 문서들을 알고 있다. 맥키트릭이 전략정보국에 진술한 내용을 기록한 문서 가운데에서 나치가 실질적으로 지배하고 있는 BIS에 미국이 왜 관여해야 하는가를 설명하는 부분은 여전히 깜짝 놀랄 만하다.

스위스 국립은행 총재를 BIS 의장으로 임명하는 베버 계획은 제국은행과 독일 외무부가 모든 내용을 알고 있는 가운데 실행되었다고 맥키트릭은 설명했다. 두 기관은 또한 스위스 은행가 베버가 맥키트릭을 차기

BIS 총재로 지명할 것이라는 사실도 알고 있었고 그러한 계획에 만족했다. 비록 히틀러가 직접 관여하지는 않았지만, '그 문제를 듣고' 화를 낼 경우를 대비하여 맥키트릭의 총재 임기를 연장하려는 계획에서는 미국 은행가에 대한 자세한 언급을 피했다. 전략정보국 메모는 맥키트릭이 고급 경제정보를 얼마나 많이 가지고 있는지를 보여준다. 맥키트릭은 헝가리 중앙은행 총재가 헝가리와 독일의 새로운 무역협정을 시간 끌기로 어떻게 방해했는지 설명했다. 비시 프랑스는 점령당한 프랑스를 우회해서 금을 스위스로 보냈다. 스위스에는 루마니아산 원유가 넘쳤는데, 그 이유는 루마니아가 동맹국인 독일보다 스위스에 원유를 파는 것을 선호했기 때문이다. 풍크 제국은행 총재는 발칸반도 동맹국들에게 독일에 진 빚을 갚아야 하지 않겠느냐고 설득했지만 실패했다. BIS 직원들의 사기를 엿볼 수 있는 흥미로운 사례도 있다. BIS는 14명의 영국 직원과 8명의 이탈리아인을 고용했다. 이탈리아인들은 "시무룩하고 활기가 없었다." 그들은 이탈리아가 이미 패배했고 "세상에 친구가 없을 것"이라고 느꼈다.

맥키트릭은 제국은행과 관련을 맺고 있었다. 이러한 사실 때문에 그는 제3제국 내부에서 벌어졌던 일들에 대해 매우 많이 알고 있었다. 맥키트릭이 밝힌 히틀러는 결단력이 약해졌다. 전략정보국 문서에는 "히틀러가 확실한 계획을 세우고 그것을 끈질기게 추구하기 보다는, 한 계획을 실행하다 아니다 싶으면 다른 계획으로 바꾼다"는 사실이 나타나 있다.[12] 심지어 그가 술을 마시기 시작했다는 소문도 있었다. 동부 전선에서 사상자가 급증하고 스탈린그라드에서 독일이 항복했지만, 대부분의 독일인들은 여전히 국가 선전을 믿었다고 맥키트릭은 설명했다. 맥키트릭은 제국은행에 근무하는 그의 한 친구가 했던 얘기를 들려주었다. 그 친구는 때때로 독일 밖으로 나갔는데, 그 이유가, 그렇지 않으면 그도 그 선전을 스스로 믿어버릴 것 같기 때문이라고 말했다. 맥키트릭은 또한 샤흐트와 연락하고 있었다. BIS 총재는 샤흐트의 팬이 아니었고 그를 '정치적 사기꾼이자 전혀 못 믿을 사람'으로 여겼다. 샤흐트는 여전히 두 달에 한 번꼴로 히틀러를 만났고, 히틀러가 여러 기술적 질문을 할 때 샤흐트는 조언을 해주었다. 히틀러는 조언을 받아들이기도 했고 그렇지 않기도 했다. 바젤에는 2만 명의 독일인이 살고 있는데, "나치의 리더쉽으로 잘 조직되어"있다고 맥키트릭은 믿었다. 그는 자기가 비밀경찰의 감시를 받고 있다고는 생각하지 않았다.

전략정보국이 맥키트릭에게서 얻은 자료 가운데 가장 흥미로운 것은 맥키트릭이 반나치 독일인과 미국 사이에서 비밀통로 역할을 했다고 말한 부분이다. 이 부분이야말로 의심할 여지 없이 국무부가 결국 왜 그를 바젤로 돌아가도록 했고 BIS의 문을 계속 열어두도록 했는지를 설명한다. 맥키트릭은 한 달에 두 번씩, 비 나치, 또는 반 나치 독일인들의 **평화협상 사절단** 방문을 받는다고 전략정보국에 진술했다. 그러나 그들은 한결같이 협상이 성립하더라도 독일이 유럽에서 지배적인 강국으로 남아야 한다는 것, "동유럽에서 자유롭게 영향력을 행사할 수 있고 서유럽에서는 경제를 통제하기 위한 다양한 수단을 가져야 한다는 것"을 주장했다. 이 사절단에는 **베를린 변호사**이자 **은퇴한 외교관**인 아담 폰 트로트가 포함되어 있었다. 폰 트로트는 독일의 귀족 외교관이었는데, 로즈 장학생으로 옥스퍼드대학에서 공부했다. 미국에 산 적이 있는 그는 히틀러에 대한 저항운동에 적극적이었다. 맥키트릭의 개인 문서에는 1941년 6월에 폰 트로트를 만났다는 기록이 들어있다. 폰 트로트는 맥키트릭에게 태평양문제연구회IPR -뉴욕에 거점을 둔 자유주의 싱크탱크- 를 통해 500달러를 스위스로 송금하는 방안을 주선해 줄 것을 부탁했다. 이를 계기로 폰 트로트는 태평양관계연구소의 유럽 지부들과 연락을 유지할 수 있었다. 맥키트릭은 폰 트로트에게 쓴 편지를 바젤 주재 독일 영사인 베르너 칼 폰 헤프텐을 통해 전달해야 했다고 말했다.[13] 폰 트로트는 1944년 7월에 있었던 히틀러 제거 음모의 중심인물이었다. 만약 이를 성공했다면, 그는 외무부장관이 되어 연합국에 대한 협상을 이끌었을 것이다. 음모가 실패하면서 폰 트로트는 교수형에 처해졌다.

맥키트릭은 런던과 베를린의 동료들과 마찬가지로 전쟁 뒤의 질서를 짜는 데에 BIS가 앞으로 쓸모가 있을 것이라는 사실을 강조했다. "BIS는 정치 문제에 관여하지 않겠지만, 전후 금융·경제 문제에 대한 논의 기구를 제공할 것이다"고 전략정보국의 메모 기록자는 썼다. "맥키트릭은, 유럽이 BIS의 지원으로 비공식적인 국제 대화를 가진다면 제자리를 찾는 데 1~2년을 절약할 수 있다고 생각한다."[14]

맥키트릭이 뉴욕에 온 사실은 월 스트리트의 화제였다. 1942년 12월 17일, 레온 프레이저는 대학 클럽에서 그를 위한 식사 자리를 마련했다. 미국에서 가장 영향력 있는 금융인, 산업자본가, 사업가 37명이 모여서 그를 환영했다. 재무부는 그를 도와주지 않았고 그의 여권은 한 관료의 책상 위에서 잠자고 있었으며, 전략정보국은 그를 구워삶고 있었다. 그렇지만 적어도 여기에서는 친구들과 숭배자들이 그를 둘러싸고 있었다. 그 자리에는 뉴욕 연준, 내셔널시티은행, 뱅커스트러스트, 뉴욕생명보험, 뉴욕 결제조합, 제너럴일렉트릭의 최고 책임자와 전 재무부 차관, 전 독일 주재 미국대사 등이 참석했다. 또한 스탠다드오일, 제너럴모터스, J.P. 모건, 브라운브라더스해리먼, 여러 대형 보험회사들, 그리고 쿤로브는 고위 임원을 그 자리에 보냈다. 그 자리는 전쟁에서 이익을 뽑아내는 미국 큰 손들의 모임으로서는 틀림없이 규모가 가장 큰 것이었다.[15] 이들 회사와 은행의 다수는 맥키트릭과 마찬가지로 독일과 연계를 맺어 큰 부를 쌓았다. 또한 이들은 1933년에 히틀러가 권력을 잡은 이후에도, 그리고 1939년에 전쟁이 일어난 이후에는 더욱 확실하게, 독일 연계를 통해 지속적으로 거대한 이익을 얻었다. 일부는 1941년 12월 이후에도 독일 내 자회사를 통해 나치와 관계를 이어갔다는 혐의를 지금까지 받고 있다. 물론 그들은 그런 혐의를 부정하지만 말이다. 나치 연계를 통해 이익을 얻은 가장 강력한 세 부문은 석유, 자동차, 그리고 은행이었다.

스탠다드오일 재무 담당 제이 크레인

크레인의 상관인 월터 티글은 IG 파벤의 미국 자회사인 제너럴아닐린&필름의 창립 이사였다. 1929년 스탠다드오일은 IG 파벤과 **영업영역 분할**을 내용으로 하는 카르텔협정을 맺었다. 이 카르텔로 IG 파벤은 미국을 포함한 세계의 화학 분야에서 우위를 차지할 수 있었다. 대신 IG 파벤은 독일을 제외한 모든 곳에서 사용할 수 있는 석유 특허를 스탠다드오일에 제공했다. 이러한 사실은 미국 상원 조사위원회를 통해 밝혀졌다.[16] 1930년대에 두 회사는 기술정보와 특허를 공유할 정도로 관계를 발전시켰다. 1938년에 스탠다드오일은 부나라는 인조고무를 합성하는 공정의 명세서 전체를 IG 파벤에 보냈다. 그 대가로 이 독일 화학 재벌은 일단 정부의 허가를 받은 다음 최신 연구 성과를 스탠다드오일에 건네기로 약속했다. 놀랄 것도 없이 그런 일은 일어나지 않았다. 그러므로 IG 파벤의 대형 화학공장과 부나(Buna) 공장을 거느린 IG 아우슈비츠는 부분적으로는 미국의 과학지식에 기반을 두었다는 얘기가 된다. IG 아우슈비츠는 강제노동과 강제수용소 수감자들의 노동으로 돌아가는 회사였다.

1939년에 전쟁이 일어나자 IG 파벤은 부나 특허를 스탠다드오일에 양도했다. 이의 목적은 특허권이 적국 자산으로 미국에 압류되는 것을 막기 위해서였다. 이것은 불법이 아니었다. 그러나 스탠다드오일은 자국 내에서 부나 산업의 발전을 방해하려는 정책을 마련했다. 그것은 부나 생산을 확대하지 않는 것이었다. 1941년 12월에 미국이 참전했을 때, 이 나라는 인조고무의 극단적인 부족에 직면해 있었다. 스탠다드는 미국 내 인조고무 산업 발전을 고의로 지연시키는 결정을 내렸다. 스탠다드오일은 다른 미국 기업들에 대해, 그럴 의도가 전혀 없음에도 기술을 공유하겠다는 뜻을 거듭 밝혀 타사가 대안을 개발하는 것을 막았다. 이는 나중에 스탠다드오일에 소송을 제기한 법무부를 통해 드러난 사실이다.[17] 1942년 3월에 연방판사는 6개의 스탠다드오일 자회사와 3명의 회사 임원에 대해 반독점법을 위반한 죄로 각각 5천 달러의 벌금을 부과했다. IG 파벤은 공모자로 규정되었다. 반독점 담당의 법무부 차관보인 더먼 아놀드는 스탠다드오일이 인조고무 개발과 공급을 막기 위해 **반역죄**를 저질렀고, **불법 음모**에 가담했다고 비난했다. 이러한 비난에 대해 반박하면서, 스탠다드는 IG 파벤과 합의하여 합성고무, 연료, 폭발물에 대한 새로운 정보를 공개했다고 주장했다.

미국에서 활동하는 영국 정보기관인 안보협력국은 스탠다드오일, 제너럴아닐린&필름, IG 파벤 사이의 연관성을 면밀히 감시하고 있었다. 세 회사의 최고경영자는 BIS 이사이기도 한 헤르만 슈미츠였다. 제너럴아닐린&필름과 IG 파벤의 또 다른 미국 자회사인 켐니코는 미국에서 활동하는 나치 산업스파이의 본거지였다. 영국 정보부가 믿는 바로는, 전쟁이 일어나기 전부터 IG 파벤의 첩보기관 **IG 사무국**은 위장 요원을 미국에 정착시켜서, 사업 접촉을 하고, 미국의 과학적 지식을 수집했다. 몇몇은 미국 여성과 결혼하여 미국 시민권자가 되었다. 스파이 기능을 했다는 이유로 켐니코는 미국 법무부의 조사를 받았다. 법무부 보고서에 따르면, "켐니코는 독일의 경제정보와 데이터 수집방법의 단순성, 효율성, 총체성을 대표하는 기구인데, 미국 내에서 경제정보를 수집하는 IG 파벤의 행동조직이다. 켐니코는 전쟁경제를 채택한 국가가 정보 수집을 위해 일반 상업기업을 활용한 훌륭한 사례이다."[18]

뉴욕에 본부를 둔 영국 안보협력국 요원인 도널드 매크래런Donald Maclaren은 제너럴아닐린&필름에 대항하는 공작을 몇 달째 수행해 왔다. 매크래런의 계획은 제너럴아닐린&필름과 나치 독일의 연관성에 대한 공개적인 폭로와 나란히 비열한 계략을 쓰는 것이었다. 정열 넘치는 스코틀랜드인이자 낙천주의자였던 매크래런은 숙련된 법정 회계사였고 경제 전쟁의 전문가였다. 그는 스탠다드오일과 미국 제약회사인 스털링프로덕츠가 제너럴아닐린&필름과 IG 파벤과 맺고 있는 복잡한 연결망을 풀었다. 제너럴아닐린&필름은 IG 파벤의 라틴아메리카 자회사들을 위한 **물류 거점**이었으며, 모회사가 **독일 소유의 회사라는 것을 은폐**하기 위해 노력했다고 그는 썼다.[19] 매크래런은 제너럴아닐린&필름 이사회에 두 개의 파벌이 있다는 것을 알고 있었다. 그는 두 파벌에 가명으로 잠입하여 그들의 신임을 얻었다. 그런 다음 그는 자기가 접촉했던 사람들에게 다른 파벌의 허를 찌를 계획이 있는지를 알려달라고 설득했다. 그 정보는 곧바로 다른 편으로 건네졌는데, 이로 인하여 '두 파벌 사이에 노골적인 싸움'이 벌어졌다. 매크래런은 다음과 같이 썼다. 결과는 매우 만족스러웠다. "두 파벌은 앞다퉈 워싱턴으로 달려가서 상대편 파벌의 사악한 활동을 법무부에 보고했다. 이렇게 해서 제너럴아닐린&필름에 대한 독일의 지시사항이 미국 정부에 노출되었다."[20]

또한 매크래런과 그의 영국 안보협력국 동료들은 북탭이라는 회사를 설립했다. 이 회사는 70쪽 분량의 팜플렛, 『묵시록 속편: 검열 받지 않은 이야기-왜 당신 돈으로 히틀러의 전쟁 비용을 대는가?』를 발간했다. 유명한 추리 소설가인 렉스 스타우트의 날카로운 서문이 붙은 이 팜플렛은 "미국 기업조직과 독일 독점체 사이의 숨겨진 관계"를 법적으로 자세하게 묘사했다. 1942년 초에 출판된 이 팜플렛은 슈미츠와 샤흐트를 포함한 독일 산업자본가들과 은행가들에 대한 **엄한 처벌**을 요구했다. 이 팜플렛은 20만 부가 인쇄되었다. 팜플렛에 등장하는 회사들은 가능한 많은 부수를 매점하여 책이 세상에 나오지 않게 않게 하려고 했다. 그럼에도 팜플렛은 십만 부가 팔렸다. 미국 기업이 나치와 연계되어 있다는 사실은 이제 명백해졌다.

『묵시록 속편』은 전국적인 분노를 일으켰다. 이것은 확실히 스탠다드오일에게는 기업 이미지 측면의 재앙이었다. 재무부는 1942년 2월에 제너럴아닐린&필름의 소유·경영권을 몰수했고 얼마 지나지 않아 새로 설립된 **외국인 재산 관리국**에 주식을 넘겼다. 독일인들에게 우호적인 것으로 알려진 100명의 직원은 이사부터 엔지니어까지 해고되었다. 제너럴아닐린&필름의 연구 부문은 전쟁 생산으로 기능이 바뀌었다. 또한 1944년까지 **외국인 재산 관리국**은 스탠다드오일과 그 계열사에서 총 2,500건의 특허를 몰수했다. 스탠다드오일은 결국 모든 인조고무 특허를 무료로 공개했다.[21]

한편, 나치가 점령한 폴란드에서, IG 아우슈비츠의 노예 노동자들은 등골이 휘는 노동, 극도의 잔인함, 그리고 기아 수준의 배급이라는 생지옥을 견디고 있었다. 그들 가운데에 루디 케네디라는 10대 소년이 있었다. 루디와 그의 가족은 그가 14살 때인 1943년에 폴란드 브레슬라우(현재는 브로츨라프)의 게토에서 아우슈비츠로 쫓겨났다. 기차가 분기점에 도착했을 때, 루디는 아버지의 충고를 받아들여 18세라고 주장하면서 자기의 나이를 속였다.

아버지와 나는 오른쪽으로, 여동생과 어머니는 왼쪽으로 갔다. 감시원들이 우리를 발로 차고 때렸다. 우리는 한쪽 끝에 샤워기와 세면대가 있는 방으로 들어갔다. 아버지는 수백 명의 나이든 남자들과 함께 벌거벗고 있었다. 누구랄 것 없이 불안에 떨었다. 감시원들은 우리의 머리를 깎은 다음 샤워실로 들어가라고 말했다. 나는 신발 때문에 매우 불안했다. 모든 신발이 산더미처럼 쌓여서 한 데 뒤섞였다. 우리가 신발을 다시 신지 않는다면 감시원들이 그것들을 어떻게 분류할지 궁금했다. 우리는 샤워실로 들어갔다. 물이 나왔다. 어머니와 누나는 이미 죽었을 것이다. 기온은 대략 영하 10도였는데, 감시원들은 벌거벗은 데다 맨발인 우리를 강당으로 통하는 얼어붙은 길로 쫓고 있었다. 우리는 빨간 담요와 빵과 소시지 한 조각을 받았다. 아침에 우리는 옷가지를 받았는데, 모든 것을 무작위로 지급했기 때문에 맞는 것이 없었다. 그들은 우리의 이름을 불렀고 팔에다 문신으로 번호를 새겼다. 문신 바늘은 뜨개질바늘처럼 매우 두꺼웠다. 먼저 문신을 새긴 수감자의 팔에서 피가 여전히 흘러내리고 있었다.[22]

루디와 그의 아버지는 IG 파벤 공장으로 끌려가서 전기 모터를 장착하는 일을 했다. 극도로 가혹한 노동 조건들은 몇 달 안에 노동자들이 죽어 나가도록 설계된 것이었다. 루디는 전기시스템에 대한 전문적인 지식 덕분에 음식을 배급받았고 결국 살아남았다. 그는 일종의 마스코트가 되었다. 어느 날 한 감시원이 그의 샌드위치를 바닥에 떨어트린 다음 루디에게 그것을 주워 먹으라고 말했다. 그러면서 감시원은 그 굶주린 소년이 더러운 샌드위치를 먹지 못할 것이라고 놀렸다. 하지만 루디는 먹어야 했다. 감시원의 행동은 그에게 오히려 친절한 것으로 비쳤다. IG 파벤의 관리자들은 그들의 공장에서 무슨 일이 일어나고 있는지 완전히 알고 있었다고 루디는 나중에 회상했다.[23]

IG 파벤의 관리자들은 노예 노동자들을 다 써먹었다고 판단하면 그들을 아우슈비츠 I이나 II로 보냈다. 독일 해충 방제회사인 치클론 B. 데게슈는 이들을 해치웠는데, 이 회사는 독가스 캡슐도 생산하는 IB 파벤의 자회사였다. 루디 케네디는 살아남았다. 루디의 아버지 에발트는 두 달가량 버텼지만 청산 주사로 살해되었다. 이는 IG 파벤의 설계자들이 노예 노동자가 자기의 체지방 비축으로 얼마나 오래 살 수 있는지를 계산한 것과 일치했다.[24]

1942년 11월에 월터 티글은 스탠다드오일 이사회에서 사임했다. 언론에서 받은 심한 비난에 멍들고 실망한 그는 1944년에 '전 세계에 걸쳐 인류의 복지와 미덕을 증진'시킨다는 사명을 내건 티글 재단을 설립했다. 재단의 범위가 나치 점령 폴란드까지 확대하지는 않았지만, IG 파벤에서 강제노동을 당한 사람들에게는 안타깝게도 이 재단은 오늘날에도 여전히 존재한다.[25]

제너럴모터스 부회장 도널드슨 브라운

전쟁은 미국 자동차 산업에 거대한 이익을 가져다주었다. 제너럴모터스 GM의 독일 사업부인 오펠은 독일 국방군이 폴란드를 침공할 때 사용했던 **블리츠** 트럭을 생산했다. 포드의 독일 자회사는 나치 독일에 있는 2톤과 3

톤 트럭 전체의 거의 절반을 생산했다. GM의 독일 사업부와 포드의 독일 자회사가 없었다면 나치는 전쟁을 할 수 없었을 것이라는 주장이 있을 정도이다.[26] 히틀러는 확실히 미국 자동차 산업의 대량생산 방식에 대한 열광적인 지지자였다. 그는 심지어 책상 옆에 헨리 포드의 초상화를 걸어 두기조차 했다.

1938년 7월에 헨리 포드는 독일에서 독수리 대십자 훈장을 받았다. 이것은 나치가 외국인에게 줄 수 있는 최고의 영예였다. 그다음 달에는 제너럴 모터스의 외국 사업부를 운영하는 제임스 무니도 훈장을 받았다. 무니는 베를린을 정기적으로 방문하여, 그곳에서 샤흐트를 포함한 수많은 나치 관리들을 만나 군용 자동차 생산과 관련한 협상을 벌였다. 1939년에 무니는 공군 총사령관인 헤르만 괴링을 만나서 루셀하임에 있는 제너럴 모터스 설비를 융커 폭격기 생산으로 전환하는 문제에 대해 논의하기조차 했다.[27]

뒷날 오스트리아 대사를 지내는 조지 메서스미스 베를린 주재 미국 총영사는 나치에 대한 무니의 열정을 경각심을 갖고 지켜보고 있었다. 메서스미스는 독일 출신이었지만 열렬한 반파시스트였다. 그가 10년 동안 쓴 보고서는 무니가 제너럴 모터스와 나치의 관계를 구축하기 위해 굳게 결심한 사실을 상세히 기술하고 있다. 1934년 11월에 메서스미스는 다음과 같이 썼다. 무니는 소스테네스 벤(ITT의 총재, 그 독일 파트너는 쿠르트 폰 슈뢰더 BIS 이사)처럼 나치 정권이 독일에서 권력을 유지할 것이며 "잘 통치하고 있다"고 믿고 있다.[28] 샤흐트의 정책과 군비 증강 덕분에 독일 경제는 호황을 누렸다. 메서스미스는 계속 썼다. "무니와 벤, 그리고 독일의 다른 공장들이 이런 의견을 내놓는 것은 이상하다. 독일에서 ITT가 소유한 공장들이 2교대로 완전가동하고 있고 설비도 늘리고 있는 이유는 그

공장들이 거의 전적으로 정부의 발주와 군사장비 생산에 힘입어 돌아가기 때문이다."[29]

미국의 수많은 기업 지도자들이 나치의 환심을 사기 위해 베를린으로 갔다. IBM의 회장인 토마스 왓슨은 1937년에 독일 독수리 공로 십자 훈장을 받기 위해 베를린에 도착했다. 그 훈장은 헨리 포드가 받았던 것보다 한 등급 낮았다. 그러나 왓슨은 샤흐트가 직접 행사를 주관하고 왓슨을 추켜세우는 연설을 했다는 사실에 만족했다.[30] 다음 해, 나치 독일이 오스트리아를 병합한 뒤, 나치친위대는, 홀러리스 작업기로 알려진, IBM의 초기 형태 컴퓨터의 하나를 사용하여 유대인 재산과 그것의 후속 아리안화를 기록하기 시작했다. 빈에서 발행되는 나치당 기관지는 홀러리스 작업기 덕분에 "6주 안에 우리는 5,000 마르크가 넘는 모든 유대인 재산의 기록작업을 마치게 될 것이다. 3년 안에 모든 유대인의 개별 사업체들은 아리안화할 것이다"고 자랑했다.[31] 역사가 에드윈 블랙은 유럽 유대인을 분류하고 식별하는 IBM의 기술이 홀로코스트 계획에 결정적이었다고 주장한다.[32]

무니의 메달은 확실히 히틀러의 좋은 투자였다. 1938년 말에, 무니는 여전히 나치 독일과 맺을 거래 협정에 힘을 쏟고 있었다. 매서스미스는 다음과 같이 언급했다. "무니는 그 협정이 독일의 보수적 요소를 키울 것이고 따라서 독일에 더 합리적인 체제가 나타날 가능성을 높일 것이라고 주장했다." 쉽게 얘기해서, 독일이 좀 더 부유해지면 더욱 온건해진다는 것이다. 메서스미스는 무니의 주장을 일축했다. 그의 진짜 목표는 "독일에서 제너럴 모터스의 중요한 이익을 어떤 식으로든 키워나가는 것이다."[33]

메서스미스는 국무부의 브레킨리지 롱에게 편지를 써서, 1941년 4월에 이르러서도 무니는 회사의 외국 자회사에서 추축국을 지지하는 직원을 철수시키는 것을 거부했다고 알렸다. "미국 기업의 외국 지사에서 반미 인사를 추방하려는 우리의 프로그램에 아무런 협력도 해주지 않는 제너럴 모터스와 같은 사례들이 있다. 이는 제너럴 모터스에 짐 무니와 같은 사람, 그리고 그가 수년에 걸쳐 조직에 끌어들인 몇몇 사람들이 있기 때문이다. 그들은 실제로 독일의 승리를 점치고 있고, 나치가 승리했을 때 미국에서 거물이 되는 것을 꿈꾸고 있다."[34]

지그프리드 스턴, 체이스내셔널은행 부총재

체이스은행은 자산과 예금 면에서 세계에서 가장 큰 민간은행이었다. 은행의 뉴욕 본점은 나치 독일의 국제금융 네트워크에서 핵심 거점 역할을 했다. 이 은행은 제국은행과 독일 금할인은행에 계좌를 개설해 주었다. 체이스은행은 제국은행과 매우 가까웠다. 전쟁이 끝난 뒤에 뉘른베르크 재판의 검사인 토마스 도드는 체이스은행이 한때 제국은행의 부회장이자 BIS 이사인 에밀 풀Emil Puhl을 영입하려 했다고 주장했다.[35] 재무부는 나치 고객을 위한 체이스은행의 거래를 면밀하게 들여다보았다. 1940년 10월 3일에 멀 코크란은 체이스은행의 독일 계좌에서 자금이 이체된 상세한 내역을 모겐소에게 보냈다. 앞선 이틀 동안에만 85만 달러가 제국은행 계좌에서 인출되어 그 가운데 25만 달러가 스톡홀름에 있는 발렌베리 가문의 엔스킬다은행으로 흘러갔다. 또, 113만 달러가 금할인은행 계좌에서 토프켄&팔리(뉴욕에 있는 법률사무소)로 이체되었다.[36]

나치는 체이스은행에 특별한 관심을 가졌다. 그 이유는 체이스은행이 런던, 파리, 멕시코시티, 상하이에 외국지점을 가지고 있었기 때문이다. 미국 재무부 조사관으로 전시의 체이스은행과 나치의 연계를 조사했던 폴 게워츠는 다음과 같이 말했다. "체이스은행은 프랑스에 지점을 둔 다른 미국 은행들과 마찬가지로 비교적 소규모의 활동을 했다. 그러나, 프랑스로 침공해 들어온 독일인들은 그 태도에서 그들이 프랑스를 넘어서는 활동을 마음속에 품고 있다는 사실을 보여준다. 그들은 체이스은행과 같은 국제적인 성격의 조직에 큰 관심을 가졌다. 체이스은행은 세계 전역에 지점망을 갖추고 있었고 무엇보다 국제 은행업에서 독일과 우호적으로 거래한 역사를 가지고 있었다."[37] 다시 말하면, 나치 독일은 체이스은행을 그들의 초국가적인 팔다리로 그 가치를 높게 평가했다. 그들은 BIS에 대해서도 그렇게 한 바 있다.

독일이 프랑스를 침공한 뒤인 1940년 5월, 체이스은행의 파리 지점은 뉴욕의 은행 본점과 소통하면서 프랑스의 새로운 지배자들에게 열성적으로 협력했다고 게워츠는 보고했다.

체이스은행의 파리지점과 뉴욕본점에 대한 조사를 통해 다음과 같은 사실이 밝혀졌다. 체이스은행이 독일 점령 기간 내내 파리에서 영업을 하고 다양한 활동에 종사했다는 사실은 업무를 계속 하고자 하는 은행의 강한 욕심을 보여준다. 그러나 이를 실현하기 위해서는 독일 당국과 밀접한 협력을 해야 한다. 뉴욕 본점은, 적어도 1942년 말까지는 이러한 활동에 대해 보고를 받고 있었지만 이를 중단시킬 조치는 취하지 않았다. 동시에 체이스은행 본점은 미국 정부 당국이 건네주는 관련 정보를 파리에 전달하지 않고 붙들고 있었다. 이에 대한 증거가 있다.[38]

체이스은행 파리지점의 책임자인 카를로스 니더만은 열성적인 나치 동조자였다. 그는 유대인 소유 계좌를 폐쇄한 다음 그 자산을 나치 소유 계좌로 옮겼다. 1942년 5월, 제국은행의 이사였던 한스 채사르는 프랑스에 있는 미국 은행의 감독자로 임명되었다. 니더만은 채사르를 만났다. 채사르는 뉴욕본점의 우호적인 태도 때문에 파리 지점을 **각별히 존중**하고 있었다. 니더만은 "체이스은행은 본점의 국제 활동 덕분에 은행 업계에서 특별한 명성을 누리고 있다"고 기록했다.[39]

토마스 러몬트, J.P. 모건

토마스 러몬트는 BIS의 창립 은행 가운데 하나인 J.P. 모건의 선임 파트너였고, 독일 배상금 지급 협상의 베테랑이었으며, 당연히 존 포스터 덜레스의 친구이기도 했다. 러몬트는 1919년 파리평화회의에서 미국 재무부를 대표했고, 나중에 영 위원회의 위원으로 활동했다. 비밀 해제된 미국 정보 보고서에 따르면, 체이스은행처럼, J.P. 모건도 모간&씨로 불리는 프랑스 자회사가 나치와 거래를 계속하도록 부추겼다. 독일군이 파리로 진격하자, 프랑스 당국은 모건&씨에 대해서 은행 계좌를 모두 청산하고 지폐 잔고를 폐기하라고 명령했다. 모건&씨는 그 명령을 무시했다. 그러기는커녕 체이스은행과 마찬가지로 모건&씨도 비시Vichy정권 치하의 프랑스 샤틀 귀용에 새로운 사무소를 열어 나치 고객들에게 서비스를 제공했다.

재무부 조사 보고서에 따르면, "모건 파트너들의 일차적인 충성 대상은 미국도 프랑스도 아닌 회사였다. 그들은 국가의 상황을 고려하지 않았으며, 변함없이 모건&씨의 최대 이익을 위해 행동했다."[40] 모건&씨는 심지어 독일 계좌에서 미국 회사의 유럽 자회사 계좌로 자금을 지급하는 허가를 받기조차 했다. 이들 미국 기업은, 예컨대 제너럴 모터스는 나치 제

3제국을 위해 군사 시설을 건설하고 있었다. 일이 잘 진행되었기 때문에 모건&씨의 미국인 변호사들은 지점의 프랑스인 관리자들에게 감사의 전보를 쳤다. "샤틀 귀용의 사무소는 커다란 실제적인 유용성을 갖는 것으로 나타났다. 그것이 없었다면 우리는 외부 세계와 아무런 거래도 할 수 없었을 것이다."[41]

스웨덴은 나치의 중요한 교역 상대였다. 스웨덴의 대표도 맥키트릭 환영 만찬에 참석했는데, 그는 라스 루스(릭스방크의 이사인 이바르 루스의 아들)였다. 이바르 루스는 세계에서 가장 오래 근무한 중앙은행가의 한 명이자 새로운 초국적 금융 엘리트의 초기 멤버였다. 그는 1931년에 BIS 이사회에 만장일치로 선출될 정도로 중요한 인물이었다. 스웨인이 BIS의 단순한 주주일 뿐이며 창립 멤버가 아니라는 사실을 감안하면 이는 놀라운 일이다. 루스는 BIS 이사 자리에 1933년까지 머물다가 은퇴한 뒤 1937년에 다시 돌아왔다. 1937년 BIS 연차보고서에서 그는, '건설적인 협력 관계를 쌓은 일'로 잘 알려져 있는 은행가라는 찬사를 받았다. 엔스킬다 은행에서 발렌베리 형제와 일하면서, 루스는 스웨덴이 중립을 유지하면서 이익을 얻는 쪽으로 가도록 도왔다. 이런 종류의 이익 면에서 스웨덴과 견줄만한 경쟁 상대는 스위스뿐이었다. 스웨덴 기업들은 탱크, 총, 탄약을 만드는 데 쓰일 수백 만 톤의 철광석을 나치에 공급했다. 그들은 무기를 만드는데 필수적인 볼베어링, 식량, 목재도 공급했다. 루스는 정말이지 매우 숙련된 협력 관계 구축자인 듯했다. 이렇게 보는 것이 꼭 BIS 보고서에 언급되어 있어서만은 아니다.

토마스 맥키트릭은 게이츠 맥거러와 레온 프레이저에 이은 BIS의 세 번째 미국 출신 총재였다. BIS는 1930년에 설립된 이래 미국의 영향을 받아왔다. 국제결제은행은 표면적으로는 독일의 배상금 지급을 위한 영 플랜(이 플랜을 중재한 미국 외교관 이름을 따서 영 플랜이라 했다)을 운영하기 위해 설립되었다. 독일은 배상 의무를 이행하기 위해 월 스트리트에서 대출을 받았는데, 이의 수탁자가 BIS였다. BIS의 미국 출신 총재는 월 스트리트, 미국 산업, 그리고 나치 독일 사이에 형성된 연결망의 중심에 서 있었다. 스탠다드오일은 IG 파벤과 카르텔을 형성했는데, IG 파벤의 CEO 헤르만 슈미츠는 BIS의 이사였다. BIS의 창립 멤버인 J.P. 모건의 프랑스 자회사는 프랑스 침공 이후 나치와 수지맞는 거래를 했다. ITT는 BIS의 이사이기도 했던 유력한 나치 은행가인 쿠르트 폰 슈뢰더와 협력 관계를 맺었다. 초국적 금융가라는 새로운 계급에게 전쟁은 한낱 상업의 방해물이었지만 매우 수익성 있는 것이기도 했다. 맥키트릭과 환영식에 참석한 손님들은 이미 전후 시기에 그들의 이익을 극대화하는 계획을 짜고 있었다. 한편, 자금 창구는 계속 열려 있어야 했고, 그 창구는 바젤로 향했다. 맥키트릭은 미국-나치 금융 네트워크가 몸에 밴 인물이었다. 이것이 미국에서 가장 부유하고 유력한 사업가와 산업자본가 수십 명이 12월의 추운 저녁에 뉴욕에 모여 히틀러를 돕는 미국 은행가, 곧 맥키트릭을 환영한 이유였다.

뉴욕에 남겨진 맥키트릭은 몬태규 노먼이 구출하러 올 때까지 바젤로 돌아갈 수 없었다. 그러고 있을 때도 여기저기에서 그를 부르는 요청이 있었다. IBM의 회장으로서 히틀러에게 훈장을 받았던 토마스 왓슨은 대학 클럽에서 열린 맥키트릭 환영 만찬에 참석할 수 없었다. 대신, 국제상공회의소 회장이기도 한 왓슨은 맥키트릭을 환영하기 위해 점심 자리를 따로 마련했다. 맥키트릭은, 모든 미국 국민들이 금융인들만큼 BIS에 대해 열정을 보이는 것은 아니라는 사실을 알고 있었다. 그리하여 그는 뉴욕에 있는 동안 세 개의 비공개 공식 모임에 참석하는 데 그쳤다. 1943년 1월 12일, 그는 스위스 국립은행 총재이자 BIS 이사회 의장인 에른스트 베버에게 다음과 같이 썼다. "BIS를 위해서는 공공 성격의 또는 반 공공 성격의 모임에 내가 참여하지 않는 것이 최선일 듯하다."[42]

어느 날, 맥키트릭은 워싱턴 주재 영국 대사관의 한 외교관을 방문했다. 그는 BIS 총재의 걱정을 덜어주는 소식을 가지고 있었다. 영국 외교관은 잉글랜드은행과 미국 재무부가 "BIS에 큰 흥미를 가지고 있다"고 말했다. "나는 이 문제를 런던에 확인해야 한다. 결과는 꼭 알려주겠다."[43] 외교관은 전화를 걸었고 전보를 쳤다. 금융인맥의 톱니바퀴가 돌아가기 시작했다. BIS의 이탈리아인 비서실장 라파엘레 필로티는 맥키트릭에게 리스본으로 가서 이탈리아 공사관에 연락하면 그가 로마로 가는 것을 도와줄 것이라고 말했다. 거기에서 바젤로 갈 수 있을 것이라고 그는 덧붙였다. 맥키트릭은 결국 미국 출국 허가를 받아 리스본에 안전하게 도착했다. 마드리드에 들른 다음, 그는 로마로 날아갔다.

미국은 이탈리아와 전쟁을 하고 있었고, 맥키트릭은 적국의 시민이었지만, 그것은 문제가 되지 않았다. 그는, BIS 총재로서 여전히 지위에 걸맞은 환영을 받았다고 회상했다. "공항에 내렸을 때, 나는 마치 무슨 왕이나 된 듯한 환영을 받았다. 아무도 내 여권을 확인하지 않았다. 내가 여권을 내밀면 세관원들은 그저 손을 저었다"고 그는 회상했다. 그런 다음 맥키트릭은 고급 호텔로 옮겨가서 필로티를 만났다. 이해할 수 있는 일이지만, 이탈리아 당국은 미국 출신 은행가가 로마를 자유롭게 돌아다니는 것을 원하지 않았다. 필로티는 로마에 도착해서 맥키트릭의 경호원 역할을 했다. 두 사람은 진수성찬 저녁을 먹으러 나갔다. 맥키트릭은 "그것은 전쟁 중 최고의 식사였다. 이탈리아는 식량 부족 상태였지만 훌륭한 식사를 대접받았다"고 회상했다. 곧이어 오후 11시에 맥키트릭은 스위스로 가는 기차에 몸을 실었다.⁴⁴

  1943년 4월에 맥키트릭은 마침내 바젤로 돌아왔다. 그의 미국 여행은 엇갈린 결과를 낳았다. 그의 로비와 존 포스터 덜레스의 법률 조언으로도 BIS의 미국 내 특례활동 허가는 나오지 않았다. 미국에 있는 BIS의 자금은 동결된 채로 있었다. 전투에서 지자 더 큰 위기가 찾아왔다. 그것은 바로 은행의 생존 문제였다. 이때 모겐소는 맥키트릭에 대해 승기를 잡았다.

8장

적과 맺은 협정

> 토마스 맥키트릭 BIS 총재는 스위스에 머물고 있는 국무부의 고위 인사인 앨런 덜레스의 친한 친구이다.
>
> - 토마스 맥키트릭에게 발급된 전략정보국의 통행 허가증, 1945. 6. 15.[1]

워싱턴에는, 특히 재무부에는 국무부가 왜 맥키트릭의 여권을 갱신해줘서 바젤로 돌아가게 했는지 의문을 갖는 사람이 많았다. BIS가 나치의 전쟁 수행을 돕고 있지 않은가. 답은 베른의 헤렌가쎄 23번지에 있었다. 여기에서 맥키트릭의 오랜 친구이자 보호자인 앨런 덜레스는 미국의 대외 정보기관인 전략정보국의 스위스 지부를 운영했다. 그 지국은 은행가, 사업가, 스파이, 난민, 이민자로 구성된 복잡한 네트워크를 구축하고 있었다. 덜레스가 관리하는 정보 제공자들과 요원들의 다수는 신념에 따라서 정보를 제공했지만, 일부는 돈 때문에 정보를 제공했다. 전략정보국 코드명 644로도 불린 맥키트릭은 충성심에서 정보를 제공했다. 그렇지만 그 충성심은 연합국의 대의나 미국의 국가이익에 대한 것이 아니라 초국적 금융에 대한 것이었는데, 그러한 신조는 미국의 첩보단장 덜레스도 공유했다.

연합국과 추축국 사이의 이면 창구가 스톡홀름, 베른, 리스본과 같은 중립국 수도에 전쟁 내내 존재했다. BIS도 그런 이면 창구 가운데 하나였다. 여러 나라에서 온 직원들이 일하고, 중립적이며 특권적인 지위를 가진 BIS는 정보를 수집하거나 확산시키기 위한 이상적인 장소였다. 스위스는 BIS가 출생한 곳이었다. 사람들 사이에서, "스위스는 일주일에 6일은 나치 독일을 위해 일하고, 7일째에는 연합국의 승리를 위해 기도한다"는 냉소적인 전시 격언이 나돌았다. 1943년에 바젤로 돌아온 맥키트릭은 앨런 덜레스와 미국 대사인 리랜드 해리슨을 정기적으로 만났다. 우리 세 사람은 **모임에서 그 어떤 때보다** 더 자유롭게 대화를 나누었다고 맥키트릭은 회상했다. 덜레스와 해리슨은 맥키트릭이 알고 있는 것을 모두 알고 싶어 했다. 두 사람은 특히 나치의 돈 창구에 대해 많은 것을 알고 싶어 했다. 맥키트릭은 다음과 같이 회상했다.

예를 들어, 나는 독일이, 특히 라틴아메리카에서, 정치·군사 정보 목적과 아울러 파괴·전복 목적의 조직을 유지하기 위한 돈을 어떻게 마련하는지를 알고 있었다. 연합국은 이를 저지하기 위해 안간힘을 썼지만, 뾰족한 수를 찾지 못하고 있었다. 수를 내려면 중립국들과 친선 관계를 깨트리는 위험을 무릅써야 했다. 중립국을 건드리는 것은 큰코다칠 일이었다.[2]

맥키트릭은 덜레스와 해리슨에게 포르투갈 끈이 나치에게 핵심이라고 설명했다. 독일군은 텅스텐과 같은 필수적인 전쟁물자 대금을 지급하기 위해 포르투갈 화폐인 에스쿠도를 꾸준히 확보해야 했다. 포르투갈 에스쿠도는 당시 경화였기 때문에 연합국, 추축국, 그리고 라틴아메리카 국가들에서도 쓸 수 있었다. 몇몇 독일 기업들은 그들의 라틴아메리카 자회사를 통해 미국의 파트너나 모기업과 여전히 연결되어 있었다. 핵심 역할은 포르투갈 중앙은행, 제국은행, 스위스 국립은행, 그리고 BIS가 맡았다. 포르투갈 중앙은행은 제국은행의 금을 산 다음, 이를 옮겨서 스위스 국립은행의 포르투갈 중앙은행 계좌에 예치했다. 포르투갈 중앙은행은 리스본에 있는 독일 계좌에 금 대금만큼의 에스쿠도화를 입금했고, 독일은 그 돈으로 거기에서 이러저러한 것들을 구입할 수 있었다.

독일도 금을 배에 실어 BIS로 보냈다고 맥키트릭은 설명했다.

BIS는 독일에 많은 투자를 하고 있었다. 투자는 BIS 법규들에 따라 1931년에 이루어졌다. 독일은 처음 몇 년 동안 배상금 지급 목적의 대출이 필요했는데, BIS가 이를 도와야 했다. 독일은 매달 약 백만 스위스 프랑을 BIS에 지급해야 했고, 그 자금으로 BIS가 운영되었다. 독일은 대금을 지급하기 위해 금을 배에 실어 보내고는 했다. 당시에 BIS는 금 보관창고를 보유하고 있지 않았다. BIS에는 금을 취급할 곳이 없었다. BIS는 금의 순도를 분석하거나 무게를 재는데 필요한 도구를 전혀 가지고 있지 않았다. 스위스 국립은행은 초대형 저울을 가지고 있는데, 종이에 서명한 잉크 무게를 잴 수 있을 정도로 정밀하다. 그래서 BIS는 스위스로 들어온 모든 금 취급과 금 저장을 스위스 국립은행에 맡겼다.[3]

미국 정부는 이것을 알고 있었다. A라고 불리는 한 요원이 BIS 금의 움직임에 대한 정보를 베른의 미국 관리들에게 전달했다. 이 정보는 1943년 6월 23일자 전보로 국무부로 갔다.

배로 도착한 독일 금괴(최근 언급된)는 BIS 계정에 예치될 것 같다. 한 번 도착할 때의 가치는 75만 스위스 프랑으로 많지는 않다. 금은 베른의 스위스 국립은행에 도착하는 대로 BIS 계좌에 옮겨진다.[4]

또한 BIS는 제국은행의 금도 가끔 예치 받았다. BIS의 독일 투자금에 대한 이자지급일이 다가오면 BIS는 자기들이 보유하고 있는 나치 금으로 이자를 받았다고 맥키트릭은 설명했다. 독일이 스위스 은행들과 거래를 하기 위해 BIS에서 금을 빌릴 때도 있었다. BIS는 이러한 은밀한 거래를 걱정하지 않았다고 맥키트릭은 말했다. "독일은 빌린 금을 어김없이 채워 넣고는 했다." 덜레스와 전략정보국OSS은 맥키트릭과 제국은행 부총재인 에밀 풀의 친밀한 관계를 특히 높이 평가했다. 맥키트릭이 **친구**라고 말한 풀은 독일 국내의 사기(士氣), 경제와 정치 책략에 대한 중요한 정보를 전달했다. 1944년 5월 25일에 보낸 전략정보국 전보 3589-90에는 풀의 근심이 나타나 있다. 그 근심은 독일이 전쟁에서 진다는 생각보다 재건 과정에서 제국은행이 특권적 지위를 잃을지도 모른다는 데서 생겨났다. 전보를 친 시기는 여전히 매일 수천 명의 헝가리 유대인들이 아우슈비츠로 끌려가서, 그곳에서 곧바로 살해당하고 있을 때였다.

얼마 전 코드명 644(맥키트릭)는 제국은행 풀과 두 차례에 걸쳐 긴 대화를 나누었다. 두 번째 회의는 극도로 암울했다. 그것은 나치의 패배에 대한 생각보다는 독일이 나중에 악전고투해야 할 상황 때문이었다. 제국은행은 재건 계획의 수립에 관여한 경험이 있지만, 앞으로 어디에서 시작하는 것이 효과적인지는 그들도 확실히 알 수 없었다.[5]

BIS의 사무국장 로제 오보앵은 전략정보국 코드명 651로 알려져 있었다. 오보앵은 자연스럽게 프랑스에 훌륭한 연줄을 가지고 있었다. 1944년 5월 11일에 보낸 전략정보국 전보 3401은 남아 있는 프랑스 국유 재산을 나치가 약탈할 계획을 세웠다고 경고한다.

코드명 651이 알려준 내용이다. 그는 파리에서 비밀 정보를 받았는데, 그 내용은 나치가 프랑스 재무부와 프랑스은행이 보유한 금과 외환을 모두 탈취하려고 시도할 위험성이 있다는 것이다.⁶

맥키트릭은 중립국인 스웨덴에도 넓은 인맥을 갖고 있었다. 전략정보국의 스톡홀름 지국은 야콥 발렌베리와 엔스킬다은행의 그의 동생 마르쿠스를 주의 깊게 관찰했다. 스웨덴-독일 무역협정의 입안자인 야콥은 스웨덴에서 가장 유력한 은행가이자 사업가였다. 그는 나치 지도부와도, 독일 저항세력과도 강한 연계를 맺고 있었다. 그의 동생 마르쿠스는 BIS에서 맥키트릭의 멘토 역할을 했다. 두 사람은 1930년대에 독일대출위원회에서 함께 일한 적이 있다. 그때 발렌베리는 맥키트릭에게 국제금융의 복잡성에 대해 가르쳐주었다.

1943년 6월, 마르쿠스가 병으로 누워 있을 때 맥키트릭은 이 스웨덴 은행가를 추켜 세우는 편지를 써서 릭스방크의 총재인 이바르 루스 편으로 직접 마르쿠스에게 전달했다. 맥키트릭은 다음과 같이 썼다. "바젤에서 지내는 3년 동안 국제 문제에 접근하는 당신의 방법은 나에게 말로 표현할 수 없는 많은 도움을 주었다. 말하자면, 전쟁이 일으킨 변화로 BIS에도 복잡하고 미묘한 문제가 나타났는데, 그것을 처리하는데 당신의 방법이 도움이 된 것이다. 그 방법은 우리가 베를린에서 함께 일할 때 당신에게서 배운 것이다." 맥키트릭은 마르쿠스 발렌베리가 그의 가장 중요한 스승이라는 말로 편지를 마무리했다. "당신의 발자취를 따라간다는 생각으로 내 의지와 (목표를 이루겠다는) 야망은 더욱 세차게 불타오른다."⁷

발렌베리가 맥키트릭에게 줄 수 있는 가장 중요한 교훈은 어떻게 하면 동시에 양다리를 걸칠 수 있는가 하는 것이었다. 곧, 스웨덴은 나치 독일의 주요 교역 상대국의 하나로 남아 있으면서 동시에 연합국에 정보를 제공할 수 있어야 했다. 중요한 점은 전쟁에서 누가 이기든 발렌베리 가문에 속한 은행영업의 지속과 번창을 보장받는 것이다. 마르쿠스가 연합국과 맺고 있는 연계를 챙기고 있을 때 야콥 발렌베리는 베를린으로 연결된 자기 은행의 창구를 관리했다. 스톡홀름에서 활동하는 전략정보국 요원인 에이브럼 휴이트는 엔스킬다은행의 관리이사인 야콥 발렌베리에 대해 '스칸디나비아의 중요한 금융인'으로서 "활기차고, 민첩하며, 신중하다"고 보고했다.[8] 스웨덴 외무부 외에도, 야콥 발렌베리는 나치와 거래할 때 국가의 '대리인'이었다. "발렌베리는 독일에 자주 가며, 스톡홀름과 끈이 있는 독일의 주요 인사들은 대부분 그와 연락이 닿는다."[9]

1943년 언젠가, 발렌베리는 휴이트에게 히틀러를 전복시킬 계획을 꾸미고 있는 독일 내 그룹의 대표들을 만날 생각이 있는지 물은 적이 있다. 나중에 그 그룹의 해산으로 발렌베리의 권유는 유야무야로 끝났다. 1944년에 발렌베리는, 독일의 패배를 이유로 히틀러에 반대하고 있는 일부 장군들의 이름을 알고 있다고 주장했다. 발렌베리는 그들이 히틀러를 언제든 전복시킬 수 있다고 덧붙였다. 그러나 발렌베리는 "이름을 공개해도 될 정도로 상황이 좋아졌다는 판단이 들기 전까지는" 그들의 이름을 공개하지 않을 것이라고 휴이트는 전망했다. "발렌베리는 아마도 스웨덴에 있는 어떤 사람보다 독일과 대륙 전체에 더 나은 정보원을 가지고 있을 것"이라고 휴이트는 말을 이어갔다. 그러나 발렌베리는 접근하기가 '매우 까다로운' 사람이었으며, 그와 오랫동안 알고 지낸 사람을 통해서나 그를 만날 수 있었다. 54세인 발렌베리는 아직 독신이었는데, 그와 친해질 수 있는 한 가지 좋은 방법은 전통적인 책략, 곧 요트 선상의 미인계를 쓰는 것이었다. "야콥 발렌베리와 거래를 하고자 하는 사람은 그가 항해와 미인에 관심이 많다는 사실을 알아야 한다." 휴이트는 그의 동생인 마르쿠스 발렌베리를 '진실성과 무게감이 떨어지는 사람'으로 낮게 평가했다.

한편 워싱턴에서도 재무부가 발렌베리 형제와 엔스킬다은행을 면밀히 감시하고 있었다. 1944년 12월의 재무부 보고서에는 그들과 나치의 경제 협력을 수없이 지적하는 내용이 들어 있다. "야콥 발렌베리는 함부르크에 있는 스웨덴 공장을 독일에 금을 받고 팔 의향이 있다고 최근 밝혔다. 다만 가격수준이 미래에 연합국과 생길지도 모르는 분쟁을 충분히 보상할 정도는 되어야 한다는 조건이 있었다."¹⁰ 보고서는 다음의 사실도 언급했다. 엔스킬다은행은 보쉬사의 미국 지사와 함께 독일의 이익을 위해 행동했고 또한 스위스은행코포레이션과 협력하여 뉴저지에 있는 화학회사 셔링에 독일 자산을 숨겨주었다. 그 자산은 **외국인 재산 관리국**이 이미 압류 대상으로 확정한 것이었다.¹¹

전략정보국OSS은 외화거래 전문가이자 발렌베리의 오른팔인 J. 홀거 그라프만을 고급정보원으로 간주했다. 그라프만은 숙련된 엔지니어로 이바르 크뤼거의 라틴아메리카 대표로 일한 적이 있다. 크뤼거는 맥키트릭의 옛 고용주였던 리·히긴슨이 자금지원을 한 스웨덴의 사기꾼이었다. 발렌베리가 크뤼거 제국의 잔여 재산을 장악한 뒤, 그라프만은 스웨덴으로 돌아와 엔스킬다은행에 들어가 외화 이체, 외국 대출, 봉쇄 통화 부문에서 일했다. "내 의견으로는 그라프만은 스웨덴에서 우리가 접촉할 수 있는 사람 가운데 가장 쓸모가 있다. 그는 매우 친미적이다. 그는 네덜란드 여성과 결혼했는데, 독일인에 대한 그 여성의 감정은 우리가 예상한 그대로다"고 휴이트는 말했다.

그라프만은 펠릭스 커스텐과도 친구 사이였다. 에스토니아 태생의 안

마사인 커스텐은 당시 스톡홀름에 살고 있었다. 커스텐의 가장 중요한 고객은 하인리히 힘러였는데, 자주 베를린으로 가서 힘러를 치료했다. 그라프만은 휴이트와 커스텐을 자기 집으로 불러 다과를 대접하면서 서로 소개했다. 커스텐은 휴이트의 허리병을 치료하기 시작했다. 그러나 커스텐은 단순한 안마사가 아니었다. 머지않아 그는 스톡홀름에서 휴이트와 나치 정보 책임자인 발터 셸렌베르크 사이의 만남을 주선했다. 1943년 11월에 셸렌베르크와 휴이트는 커스텐의 사무실에서 만났다. 셸렌베르크는 소련이 동유럽을 점령하는 것을 막기 위해 서방 연합국과 별도의 평화협정을 맺기를 희망했다. 그 희망은 실현되지 않았다.[12]

발렌베리 비즈니스 제국은 스웨덴과 나치 독일 사이의 가장 중요한 초국적 금융 통로였다. 돈뿐만 아니라 방대한 양의 첩보가 스톡홀름과 베를린 사이를 오갔다. 국무부의 다수와 전략정보국, 특히 앨런 덜레스는 발렌베리와 마찬가지로 독일 산업과 연계를 끊지 않기를 바랐는데 그래야만 전쟁이 끝난 뒤 가능한 한 빨리 사업을 재개할 수 있다고 보았기 때문이다. **하버드 플랜**으로 알려진 전략정보국 심리전에는 특히 맥키트릭을 이 목적에 활용한다는 내용이 들어 있다. 전략정보국의 스톡홀름 사무소는 독일 사업가들을 위해 토막 정보와 뉴스를 실은 전시 뉴스레터『독일 비즈니스를 위한 정보』를 발간했다. 이 뉴스레터의 목적은 독일 기업들에 대해 지금 연합국에 협력하면 연합국 승리 이후 큰 이득을 얻게 될 것이라고 제안하는 것이었다. 전략정보국 지국 요원들은 뉴스레터가 독일 사업가들의 사기에 심대한 영향을 미치고 있다고 믿었는데, 그들 가운데 다수는 이제 나치 독일 이후의 미래를 계획하고 있었다.

1945년 2월 1일, 전략정보국 사기작전부의 고위 간부인 데이비드 윌리엄슨은 코드명 110인 앨런 덜레스에게 편지를 썼다. 윌리엄슨은 덜레스에게, 스위스에서 비슷한 심리전 계획을 세우거나 독일의 사기를 떨어뜨리기 위해 하버드 플랜의 자료를 다시 활용하는 방안을 찾아보는 것은 어떻겠느냐고 제안했다. 윌리엄슨은 덜레스가 숙독할 수 있도록 여러 초안 자료를 동봉했다. 중요한 사실은 전략정보국 스톡홀름 지국의 뉴스레터에 담긴 모든 정보가 국무부의 검토를 거쳐 배포되었다는 점이다. 뉴스레터에는 다음과 같은 문단이 들어있었다.

연합국과 추축국 쌍방의 비즈니스 이해관계가 맞아 추진된 직접 협상은 이미 여러 가지 세부 협정으로 이어지고 있다. 그 협상은 바젤에 살고 있는 미국 출신 맥키트릭의 중재에 힘입은 바 컸다. 우리는 독일의 탄산칼륨 산업 대표들이 새롭고 광범위한 외국의 탄산칼륨 산업체들과 접촉하여 구속력 있는 협정을 체결했다는 얘기를 들었다. 전후 수요는 전쟁 전의 소비보다 비교할 수 없을 만큼 클 것으로 예상된다. 새로운 협정은 전후에 독일 수출업자들을 보호할 것이며, 수출 금액이, 카르텔 통제가 사라지더라도, 적어도 전쟁 전의 수준만큼은 될 것이다.[13]

또다시, 독일의 화학 산업은 핵심이었다. 1925년에, 맥키트릭의 고용주였던 리·히긴슨은 엔스킬다은행을 포함한 신디케이트에 참여하여 독일 탄산칼륨 신디케이트를 위한 8백만 파운드의 채권을 발행했다. 19년이 지나서도 맥키트릭은 전쟁이 끝난 뒤에 농업에 필수적인 무기질의 공급이 계속될 수 있도록 조정하고 있었다. 다음에 인용할 문단도 발신지가 바젤이었다. 그 개요는 연합국 공군이 독일을 폭격하고 있을 때에 이미 맥키트릭은 '독일 산업의 핵심 역량은 보존'한다는 합의의 토대를 마련해 놓았다는 것이다. 이렇듯 현명한 비밀 합의에 의문을 제기하는 사람은 곧바로 **급진 좌파**로 매도되었다.

  BIS의 미국 출신 맥키트릭은, 특정 급진 좌파의 반대가 있지만 연합국과 독일 경제계 사이의 긴밀한 협력을 위한 노력을 이어가기로 했다고 발표했다. 그는 미국 국무부의 전폭적인 지원을 받으면서 이러한 노력을 한다. 맥키트릭은, "전쟁이 끝나면 협력에 바탕을 둔 그러한 협정들이 매우 귀중한 자산이 될 것이다"고 말했다. 우리가 듣는 바로는, 독일 산업계가 국가사회주의 체제에 대한 부정적인 태도를 보임으로써 그들의 이익은 어느 정도 보장받을 것이다. 전쟁 뒤에 연합국의 정치, 경제 지도자들은 그들의 태도를 충분히 고려할 것이다. 적대행위를 신속하게 종결하여 독일 산업의 핵심 역량을 보존하기 위한 협상이 진행 중이다.[14]

  미국과 연합군이 나치가 점령한 유럽을 가로질러 진격하는 동안, 미국 시민권자인 토마스 맥키트릭은 국무부의 묵인 속에서 BIS에서 그가 가진 지위를 이용했다. 그는 연합국 쪽과 나치 독일의 사업가들이 서로 만나서 독일의 산업을 최대한 보존하여 전후까지 남길 수 있는 계획을 짜도록 하려고 했다. 맥키트릭은 심지어 독일 기업들의 전후 이익을 보장하는 것과 전쟁 전 카르텔의 붕괴에 따라 생길 금융상의 곤란을 독일 기업가들이 피하는 것을 돕기 위한 합의를 중재하고 있었다.

  하버드 플랜에 대한 전략정보국의 메모는 키케로의 **전쟁의 힘줄**, 곧 전쟁 비용이 미국 석유 산업, 특히 스탠다드오일에 얼마나 많은 이익을 가져다주었는지를 언급했다. 이 메모는 『월 스트리트 저널』을 인용하여,

1944년의 원유 산업 배당금이 거의 3억 달러로 최고치를 갈아치웠다고 지적했다. 이는 지난해에 비해 20%가 증가한 수치이다. 스탠다드오일만 해도 6,830만 달러의 배당금을 지급할 수 있었다.

점점 진전하는 글로벌 경제를 중심으로 엄청난 규모의 자금이 움직이는 상황에서, 세계가 전후 재건과 무역을 안정시키기 위해 새로운 국제 금융시스템을 필요로 할 것이라는 점이 더욱 뚜렷해지고 있었다. 1944년 7월, 연합국 44개국에서 온 700명 이상의 대표단이 유엔의 통화·금융 회의를 위해 뉴햄프셔주 브레턴우즈의 마운트워싱턴호텔에 모였다. 모겐소와 화이트가 미국 대표단을 이끌었다. 이 회의 참가단은 국제통화기금 IMF과 세계은행의 일부가 된 국제부흥개발은행IBRD의 설립에 합의했다. 국제통화기금의 목적은 환율을 감시하고 과다 채무국에 준비통화를 빌려주는 것이다. 세계은행의 목적은 후진국에 차관을 제공해 주는 것이다. 브레턴우즈는 또한 새로운 국제통화·환율시스템의 이름으로 사용되었다. 이 시스템에서 여러 나라 통화는 미국 달러와 연결되었다. 그 대신에 미국은 금 가격을 1온스=35달러로 유지하는 데에 동의했다. 앞으로 통화 전쟁이나 통화 투기는 없을 것이다.

그러나 경제와 통화의 기본에 대한 합의가 있었지만 BIS의 미래에 대한 합의는 없었다. IMF가 새로운 국제 금융시스템의 중심에 섰는데 왜 BIS가 여전히 필요하다는 말인가? 모겐소와 화이트는 BIS를 폐지하기를 원했다. 1944년 7월 10일, 그들은 그 바람을 이루는 데에 거의 다다른 것처럼 보였다. 노르웨이 대표단의 빌헬름 카일하우는 BIS를 청산하자는 동의안을 제출했다.

국제연합 통화·금융 회의에서 바젤의 BIS 청산을 권고한 것을 그대로 결의해야 한다. 청산은 가능한 이른 시일 내에 시작할 것과, 현재 독일과 전쟁을 벌이고 있는 유엔 회원국이 조사위원회를 임명하여 전쟁 동안의 BIS 경영과 거래를 들여다볼 것을 제안한다.

어떤 대표단도 BIS를 변호하기 위해 공개적으로 발언하지 않았다. 그러나 무대 뒤에서는 BIS의 옹호자들, 곧, 미국 국무부의 일부, 월 스트리트, 잉글랜드은행, 영국 재무부와 외무부가 행동에 들어갔다. 요한 바이엔은 미국 재무부, 특히 화이트가 이 결의안에 책임이 있다고 비난했다. 그는 네델란드 출신의 전 BIS 총재로 체코슬로바키아의 금을 넘겨주었던 사람이다. 바이엔은, 화이트가 스스로 해야 할 **더러운 일**, 곧, BIS 청산 동의안 제출을 노르웨이인들에게 시켰다고 주장했다. 화이트는 동의안을 지지했음이 틀림없다. 그는 동의안이 제출되면 맥키트릭이 사임 압박을 받을 것이라고 믿었다. 화이트는 맥키트릭의 사임을 **세계를 위해 유익한 일**이라고 묘사했다.[15] 화이트의 나치에 대한 반대 -그리고 전쟁 동안 BIS가 나치를 위해 했던 역할에 대한 그의 분명한 이해- 는 잉글랜드은행에 경종을 울렸다. 1943년 12월, BIS의 고위직원인 플레이페어는 오토 니마이어 전 BIS 이사회 의장에게 편지를 보내 화이트와 BIS를 다룬 『뉴욕 타임즈』 기사에 주의를 환기시켰다. 화이트는 BIS를 '낮게 평가'했고 전후 유럽의 재건을 위한 계획과 관련하여 BIS가 "중요성을 갖지 않는다"고 말했다. 화이트는, 독일이 BIS를 대우해 준 이유는 BIS를 이용해서 "금융 권력을 되찾으려고" 했기 때문이라고 말했다.[16] 화이트는 맥키트릭에 대해서는 훨씬 더 신랄했는데, 그를 "미국 젊은이들이 독일인들과 싸우는 사이에, 그들과 사업을 한 미국 출신 총재"라고 묘사했다. 이것은 모두 사실이었지만 BIS 금융 관료들을 몹시 짜증나게 했다. 왜냐하면 그들은 독일과 맺은 BIS의 합의가 대중들의 눈에 띄는 것을 싫어했기 때문이다.

영국 외무부는 대표단에게 BIS를 다루거나 그 청산을 다루는 결의안은 모두 **부적절**하며, 바람직하지 않다고 조언했다. 미국 재무부 관리 오비스 슈미트는 "영국은 처음부터 BIS를 다루는 것 자체를 모두 반대 했다"고 말했다.[17] 월 스트리트도 마찬가지였다. 모겐소는 다음과 같이 말했다. 레온 프레이저는 "우리가 이곳에서 하는 일에 반대하는 선봉장 가운데 한 명"이다. 그는 우리가 하는 일에 반대하는 사람들로 둘러싸여 있다. "프레이저가 훌륭한 미국 시민이 아니라고는 말하지 않겠다. 그러나 그는 맥키트릭이나 바이엔과 마찬가지로 국제금융을 향한 모종의 충성심을 가지고 있다." 모겐소는, BIS는 중앙은행 총재들을 위한 일종의 클럽이며, 샤흐트나 풍크와 같은 사람들은 "전쟁이 끝난 뒤에도 변함없이 여전히 BIS가 존속하기를 희망한다"고 덧붙였다.[18] 모겐소는 BIS에 대해서뿐만 아니라 독일의 유럽 지배를 허용하는 모든 종류의 재건에도 끈질기게 반대했다. 모겐소는 독일 중공업을 해체하고 파괴하려고 했다. 구체적으로 그는 독일에서, 공업지역은 국제관리를 하거나 주변국에 넘기고, 무장은 완전히 해체하며, 경제기반은 농업경제로 축소시키는 생각을 가지고 있었다.

해리 화이트는 누구보다 BIS를 속속들이 알았다. BIS가 중립성을 그럴듯하게 강조하는 이유는 앞으로 유럽 재건에서 맡을 역할에 대한 알리바이를 만들자는 데에 있다고 그는 주장했다.

BIS는 평화회담 동안 독일의 처리 방향에 적절한 영향을 미치기를 바란다. 독일이 BIS를 몹시 조심스럽게 대우하는 이유는 이 때문이다. 독일은 BIS에 대한 배당금을 지급해왔다. 독일은 BIS에 있는 사람들이 독일 지역을 통과하여 오고 갈 수 있도록 해주었다. 독일은 BIS에 극도로 조심스럽고 호의적인 모습을 보여왔다. 왜냐하면 독일은 어린 BIS를, 이용 가치가 있는 대리인으로 활용할 것을 기대하면서, 키워왔기 때문이다. 독일은, BIS가 평화회담 테이블에서 다른 어떤 기관보다 독일의 이익을 더 잘 보호해줄 것으로 기대했다.[19]

7월 18일, 미국 대표단의 일원인 앤셀 럭스포드는 "BIS를 해산하기 위해 필요한 행동을 하지 않는 국가는 IMF에 가입할 수 없다"는 새로운 결의안을 제출했다. 영국 대표단의 일원이자 영향력 있는 경제학자인 케인즈는 분노했다. 케인즈도 존 포스터 덜레스와 친분이 있었다. 협심증을 앓았던 그는, 심근 경색이 도졌다는 소문이 돌아 마음이 심란한 상태였다. 그는 결의안의 철회를 요구했으며, 요구가 받아들여지지 않으면 회의에 참석하지 않겠다고 경고했다. 케인즈는 모겐소에게 편지를 썼다. 그 내용은 BIS 해체와 IMF 가입 사이에 어떠한 연계도 있어서는 안 되며, 둘을 연계시키려고 하면 영국은 IMF나 BIS 가입 **무기한** 연기하겠다는 것이었다. 모겐소는 한발 물러섰다.[20]

결국 **가능한 이른 시점**에 은행을 청산한다는 요구를 담은 노르웨이-네덜란드 결의안이 합의되었다. 그것은 완벽한 타협이었다. 비판자들은 BIS를 폐쇄해야 한다는 원칙을 확립했다고 만족스러워 하는 반면, BIS의 옹호자들은 결의안에 폐쇄 날짜나 조건이 달리지 않은 사실을 강조했다. BIS의 총재였던 바이엔은 BIS와 거리를 두면서 자기가 전후 민주질서의 기둥인 것처럼 행세하려 했다. BIS는 IMF와 양립할 수 없으며, 연합국이 승리하면 BIS의 법규와 은행 기능은 쓸모없게 될 것이라고 그는 주장했다. 오비스 슈미트가 바이엔을 '5분 전에 얘기했던 것도 잊어먹을 수 있

다는 것을 보여주는' '매우 약삭빠른 친구'라고 묘사한 것은 놀랄 일이 아니다.[21]

베를린은 브레턴우즈 회의를 깊은 관심을 가지고 지켜보았다. 풀과 나치에 협력한 은행가들은 괴팍한 대표단이 무엇을 결정하든, BIS(또는 그와 비슷한 기구)가 살아남을 수 있다는 사실을 이해했다. 분쟁의 양편에 기득권자들이 너무 많아서, 세계에서 가장 중요한 초국적 금융 창구를 폐쇄한다는 것은 가능한 일이 아니었다. 특히 BIS는 세계대전이라는 가장 어려운 조건 속에서도 그의 존재가치를 지속적으로 증명해 왔다. 1944년 9월에 발행된 베를린 신문 『제국』의 한 기사는 세계경제가 이제 너무 복잡해서 전쟁이 끝나면 국제 청산소가 필요할 것이라고 주장했다. 새로 설립된 국제통화기금과 국제부흥개발은행은 이러한 기능을 수행할 수 없을 것이다. 연합국이 "BIS란 이름을 못마땅하게 여기고" 듣기조차 싫어한다고 하더라도 BIS와 유사한 조직은 필요할 것이다.[22] 『제국』의 주장이 옳았다.

바젤에서, 맥키트릭은 BIS에 대한 공격에 격분했다. 그는 잉글랜드은행에 편지를 써서 BIS의 전시 기록에 대한 완전한 조사를 요구했다. 그는 이러한 조사가 자기를 책임에서 벗어나게 해줄 것이라고 믿었다. 맥키트릭의 예상과 달리 조사가 이뤄질 전망이 보이자 영국 정부 구역인 화이트 홀에서 잉글랜드은행이 있는 스레드니들 거리까지 경고음이 울렸다. 당시 잉글랜드은행의 새로운 총재로 임명된 카토는 몬태규 노먼의 업무를 인계받은 상태였다. 영국 외무부 메모에는, 맥키트릭이 중립국 스위스로 가더니 거기 사람이 다 되었으며 "요즘 사람들의 사고방식과 완전히 동떨어져 있다"고 적혀 있다.[23]

전쟁의 종결이 맥키트릭의 현실감을 일깨우지는 못한 듯하다. 1945년 3월, 브레턴우즈 회의에 참석했던 미국 재무부 관리 오비스 슈미트는 스위스에서 맥키트릭을 만났다. 슈미트는 자기의 상관인 모겐소와 마찬가지로 맥키트릭이나 BIS의 후원자가 아니었고, 맥키트릭도 그것을 알고 있었다. 슈미트는 다음과 같이 썼다. "맥키트릭은 재무부가 자기와 BIS를 어떻게 생각하고 있는지에 대해 충분히 알고 있는 것이 분명하다."[24] 맥키트릭은 BIS가 재무부가 생각하는 것과는 다르다는 것을 설득하기 위해 열심히 노력했다. BIS 총재는 재무부가 '자기와 BIS가 수행한 실제 역할'을 모두 이해한다면 생각이 달라질 것이라고 믿어 의심치 않았다. 그 이후에 일어난 일들을 고려하면, 재무부의 생각이 달라진 것 같지는 않다.

슈미트는 이어서 다음과 같이 썼다 "맥키트릭은 BIS가 전쟁 동안 엄격하게 중립을 지켰다고 말했다. 그에 따르면 BIS는 세계 중앙은행가들의 **클럽과 같은 것이고, 서로 이해하고 신뢰함으로써 마음이 통하는 사람들의 작은 그룹**이다." 국민, 정치, 또는 정부의 이익과 같은 이슈들은 이 신뢰를 깨트리지 못했다. "세계의 상황이나, 또는 각각의 나라들 사이의 끊임없이 변하는 정치 관계를 떠나서" BIS는 중립성과 신뢰를 지켰다. 그러나 이것은 천상에서나 통할 법한 이야기였다. BIS에 대한 맥키트릭의 찬사가 슈미트에게 감명을 주지는 못했다. 슈미트는 맥키트릭에게 왜 독일이 그러한 방식으로 BIS를 운영하는 것을 용인했는지, 독일은 그를 통해 무슨 이득을 얻었는지를 물었다. 이에 대해서 맥키트릭은 "BIS를 향한 독일인들의 행동을 파악하기 위해서는 먼저 중앙은행 총재들이 상대방에 대해 가지고 있는 신용과 신뢰가 얼마나 강한지, 그리고 게임을 공정하게 하려는 그들의 결단이 얼마나 강한지를 이해해야 한다"고 주장했다. 이어서 맥키트릭은 독일의 금융가들은 독일 정부의 행동에 적극적인 영향을 미칠 수 있다고 말했다. 맥키트릭은, 이 엘리트 구성원들은 나치가 아니며 기술적인 기능 때문에 나치가 그들을 필요로 한 것이라고 설명했다. 그는, "이 작은 그룹의 존재가 BIS에 대한 독일의 행동을 설명하는 핵심"이라고 덧붙였다.[25]

슈미트는 맥키트릭에게 이 그룹의 멤버들 가운데 아무라도 이름을 댈 수 있는지 물었다. 맥키트릭은 단 한 명의 이름, 곧 제국은행 부총재이자 BIS의 이사인 에밀 풀의 이름을 댔다. 풀은 약탈한 금의 관리자였는데, 그 때문에 곧 뉘른베르크 재판에 넘겨지게 된다. 맥키트릭은 BIS가 전쟁 중에 독일인한테서 금으로 지급 받았다는 사실을 인정했다. 그 금은 따로 분리해서 보관했기 때문에 어떤 것이 약탈한 것인지는 확인해보면 쉽게 알 수 있을 것이다. 맥키트릭은 다음과 같은 근거를 들어서 이를 정당화했다. "나는 금을 이런 식으로 받아들이고 보관하는 것이 이를 거절하여 독일인들로 하여금 금을 다른 용도로 사용하게 하는 것보다 낫다고 생각했다."[26] 그 다음 이야기는 현실과 동떨어진 곳으로 흘러갔다. 맥키트릭은 다음과 같이 말을 이어갔다. 풀은 약탈한 벨기에의 금이 어디에 있는지 알고 있었다. 풀은 그 금을 "전쟁이 끝나면 벨기에에 돌려주기 위해서" 제국은행 금고에 보관하고 있었다. 맥키트릭은 BIS가 나치 제3제국에 외환도 제공했다는 사실을 인정했다. 그러나 그는 그렇게 함으로써 BIS가 나치 경제를 실제로는 더 약화시켰다고 해명했는데, 그 이유로, 독일이 받은 것보다 더 많은 외환을 BIS에게 지급했다는 사실을 들었다. 슈미트는 믿을 수 없었다. 그는 모겐소에게 "BIS를 변호하기 위해 자의적으로 꾸민 장황한 이야기가 그 기관에 대한 고발장이 될 수 있다는 사실에 놀랐다"고 썼다.

1945년 12월에 작성된 전시 BIS의 활동에 대한 미국의 정보보고서는

BIS 유죄를 더 강력하게 시사했다. 보고서의 대부분은 에밀 풀의 심문 자료에 근거하고 있었다. 에밀 풀은 장기 징역형을 면하려는 노력의 일환으로 애처롭게 호소하고 있었다. 그는, 제국은행이 중립국에 예치된 자금을 동결 전에 인출하기 위해 BIS를 어떻게 이용했는지, 그리고 그렇게 인출한 자금으로 BIS와 어떻게 거래했는지를 밝혔다. 독일 관리들은 맥키트릭이 재선되기를 바랐는데, 독일에 대한 그의 견해가 '잘 알려져' 있기 때문이라고 풀은 말했다. 또한, BIS는 제국은행에게는 외부 세계의 금융 정보를 향해 열려 있는 창구로서 큰 가치를 가졌다고 풀은 덧붙였다. 이러한 정보의 대부분은 맥키트릭이 에밀 풀과 대화하면서 그에게 개인적으로 제공한 것으로 보인다. 밝혀진 내용 가운데 아마도 가장 충격적인 사실은 1943년 5월에 맥키트릭이 미국에서 돌아온 뒤에 '미국의 현재 일반적인 여론 지형과 금융 문제'에 대해 풀에게 직접 설명했다는 점이다. 정보 보고서에 따르면, 맥키트릭은 1945년 2월에 연합국의 스위스 3자 대표단에 대한 정보도 풀에게 사전에 흘렸는데, 그때 연합국은 스위스 관리들에게 나치 자산을 동결하고 독일과 거래하는 것을 중단하라는 압력을 넣고 있었다.[27]

맥키트릭 말고도 풀에게 정보를 제공하면서 양다리를 걸쳤던 BIS 관리자들이 있었다. 앨런 덜레스가 베른에 도착했을 때, 그가 처음 만난 사람의 한 명은 BIS의 경제고문인 팔 야콥센이었다. 첩보단장이자 경제학자인 그는 미국과 영국 대사의 부인들이 연 자선행사에 초청되었는데 거기서 덜레스를 만났다. 리스본, 마드리드, 스톡홀름과 같이 베른은 정보, 소문, 책략을 거래하는 스파이, 정보원, 비밀 요원들로 북적였다. 덜레스와 야콥센은 의논할 것이 많았다.

스웨덴 국적의 BIS 고위 관리 야콥센은 연합국과 추축국의 정보기관이 모두 큰 관심을 갖는 인물이었다. 야콥센은 연합국과 추축국의 영토를 자유롭게 오갈 수 있었다. 야콥센은 그의 동포 발렌베리 형제들처럼 양다리를 걸쳤다. 1942년 봄, 미국에서 돌아온 야콥센은 제국은행의 부총재 에밀 풀과 함께 독일에 대한 미국의 태도에 대해 논의했다.[28]

야콥센은 풀에게 영국 총참모부에 대한 귀중한 정보를 전달하기도 했다. 1942년 여름, 야콥센은 BIS의 은행 부문 책임자이자 나치당원인 헤실러에게, 풀이 다음에 바젤을 방문할 때 그에게 한 가지 소식을 전해줄 것을 부탁했다. 그 뉴스란 영국에 사는 야콥센의 처남 아치볼드 나이 Archibald Nye가 참모차장으로 임명된 사실을 말한다. 이것은 귀중한 정보였다. 연합국과 추축국은 서로 적의 군사지도부 참모들의 움직임을 주의 깊게 지켜보았다. 고위 장교들의 부임이나 이임은 새로운 전략 수립이나 참신한 전략 개념을 예고하거나 특정한 사령관의 부상, 또는 실각을 나타낼 수 있다. 야콥센은 자기가 비밀을 깨고 있다는 사실을 깨닫고 있었기 때문에 그의 일기에 나이의 승진 사실이 언론에 흘러가서는 안 된다고 적었다. 일기에는 다음과 같이 적혀 있었다. "풀은 얘기를 전해 듣고 기쁘다고 말했다. 우리 셋(헤실러와 풀, 그리고 나)은 앞으로 그 사실을 언급하지 않겠다는 다짐을 해두는 것이 좋겠다. 런던에서는, 내가 쓴 글이 독일에게 너무 우호적이라고 하는 것으로 보아 기자들은 나이Nye가 내 친척이라는 사실을 모르고 있음이 분명하다고 야콥센은 헤실러와 풀에게 강조했다."[29] 야콥센에게는 고마운 일이지만, '이 기자들'은 야콥센이 값진 군사정보를 제국은행에 넘겨주고 있다는 사실도 모르고 있었다.

1943년 5월 1일에 야콥센은 헤실러와 함께 취리히에서 풀을 만났다. 풀과 제국은행은 워싱턴에서 돌고 있는 전후 통화와 무역을 위한 추가 계획에 대해 알고 싶어 했다. 나치 관리들은 앞을 내다보면서 이미 전후 시대를 위한 계획을 미리 세우고 있었다. 그들은 연합국이 무슨 생각을 하고 있는지 알아야 했다. 언제나 그랬듯이, 야콥센은 도울 준비가 되어 있었다. 헤실러는 야콥센에게 "만남은 신중해야 한다"고 강조했다. 야콥센은 그의 일기장에 다음과 같이 기록했다. "풀이 이러한 계획을 논의하기 위해 스위스에 있었다는 것을 독일 사람들이 들으면 그들은 당연히 풀을 의심할 것이다. 그러나 풀은 언젠가는 적과 합의에 도달할 것이라는 희망을 여전히 품고 있었다."[30] '적과 합의'는 BIS가 존재하는 이유였다. 풀의 소원은 이루어졌다. 다음 달, 야콥센은 베를린에서 '영미 통화 계획'이라는 제목으로 독일 상업은행가들 앞에서 강연을 했다. 강연에서 그는 미국에서 얻은 지식을 바탕으로 연합국의 전후 경제 계획에 대한 자기 생각을 설명했다.

 BIS 경제고문 덕분에 연합국의 전후 경제 계획은 이제 나치 독일에서 공공연하게 알려졌다. 그래도 야콥센이 미국 당국의 허락 없이 이 강연을 한 것 같지는 않다. 하버드 플랜에 대한 전략정보국 문서가 보여주듯이, 미국 정부는 노르망디 해변에서 미국과 영국 군인들이 기관총 탄환의 빗발을 뚫고 진군할 때조차 나치 산업자본가들과 사업가들에 대한 창구를 개방해두고 있었다. 베른 주재 미국 공사관은 독일어로 진행한 야콥센의 강연을 번역하여 전보로 워싱턴에 보냈다.[31] 야콥센도 그의 처남인 아치볼드 나이에게 연합국에 유용한 정보를 전해주었다. 야콥센은 1940년에 베를린을 방문한 뒤, **아치볼드**에게 편지를 써서 영국과 프랑스는 소련과의 전쟁을 하고 있는 핀란드를 도와서는 안 된다는 조언을 했다. 그는 그 이유로, 핀란드가 전쟁에 지면 소련과 한 편이 되어 독일과 싸울 수 있다는 점을 들었다. 아치볼드 나이는 그 편지가 매우 값어치가 있다고 생각하여 그것을 외무부와 정보부에 전달했다.[32] 야콥센은 맥키트릭과 마찬가지로 자기의 충성심이 국가 수준을 초월한다고 생각했다. 그러나 적어도 그의 속마음은 연합국에 가까웠다. 그는 매일 밤 9시의 런던발 뉴스에 귀를 기울였다. 방송 프로그램 마지막에 국가가 연주될 때면 그는 일어나 차렷 자세를 했다.

한편, 독일의 반나치 이주자들은 IG 파벤의 이사였던 게오르크 폰 슈니츨러가 연합국과 소통하기 위해 BIS를 활용한다고 믿었다. 폰 슈니츨러는 확실히 런던과 워싱턴에 메시지를 보내기에 좋은 위치에 있었다. 화학 재벌의 판매와 상업 책임자로서, 그는 나치 제3제국의 가장 영향력 있는 사업가의 한 명이었다. 폰 슈니츨러의 상관인 헤르만 슈미츠는 BIS의 이사였다. 폰 슈니츨러는 IG 파벤에 입사하기 전에 쾰른에 있는 은행인 J.H. 슈타인에서 일했다. 이 은행은 폰 슈뢰더가 이사로 있던 곳인데, 힘러의 개인 비자금을 관리하는 특별 계좌 S를 운영했다. 1943년에 이르러서는 대부분의 독일 기업인들과 마찬가지로 폰 슈니츨러도 독일이 전쟁에서 지리라는 사실을 알았다. 독일은 곧 국제 관리에 놓일 텐데, 그래도 소련이 아니라 서방 연합국의 관리에 놓이기를 바랐다. IG 파벤의 급선무는 그들의 공장, 부지, 사무실을 보존하여 적대행위가 끝난 뒤 화학 재벌기업으로서 지배력을 빠르게 회복하는 것이었다.

하인츠 폴에 따르면 폰 슈니츨러는 독일 산업에 대한 폭격이 중단되어야 한다는 내용의 메시지를 연합국에 보내기 위해 BIS를 이용했다. 폴은 『포시쉐 차이퉁』 -1934년에 폐간될 때까지 독일의 대표적인 신문- 의 부편집장을 지낸 바 있다. 폴은 독일계 이민자들과 중립국에 믿을만한 정보 제공자를 가지고 있었다. 그는 다음과 같이 썼다.

리스본에서 흘러나온 정보에 따르면 슈니츨러는 스위스 바젤에 있는 BIS 이사회 앞으로 메모를 작성하여 보냈다고 한다. 이 메모가 6월 초에 열린 총회 (통상 미국 출신 맥키트릭이 주재)에 맞춰 바젤에 도착했는지는 알 수 없지만, 메모에 들어 있는 몇 가지 제기 사항은 알려져 있다. 리스본 소식통에 따르면, 슈니츨러는 **무조건 항복**이라는 용어에 주목하면서, 그것은 독일이 승전국에 넘겨주어야 할 무언가가 여전히 남아 있게 된다는 사실을 의미한다고 강조한다. 그러나 전쟁에 의한 파괴, 특히 독일의 산업 중심지에 대한 폭격이 계속된다면, 결국 폐허와 잿더미 외에는 남아 있는 것이 없을 것이다.[33]

폴은 슈니츨러의 조건이 명확했다고 썼다. "독일 산업이 살아남는 조건으로 협력"한다는 것이 그것이다. 만약 폭탄 투하를 멈춘다면, 독일 산업가들은 다가올 연합국의 독일 점령에 협력할 것이다. IG 파벤의 주요 공장 지역 가운데 지금까지 폭격으로 큰 피해를 본 곳은 없었기 때문에, 슈니츨러의 제안은 "국제연합 쪽의 다른 산업가들에게는 그다지 불합리하게 들리지 않을지도 모른다."[34]

일본도 평화조약의 협상을 시도하기 위한 통로로 BIS를 활용했다. 일본은 BIS의 창립 회원이었으며, 전쟁 동안 바젤과 관계를 유지했다. 1945년 7월에 두 명의 일본 은행가, 곧, BIS 이사인 기타무라 코지로와 BIS 외환부의 책임자인 요시무라 칸은 팔 야콥센에게 그가 평화협정 체결을 위한 중재자 역할을 할 수 있는지 물었다. 연합국은 무조건 항복을 요구했지만, 은행가들의 말로는, 토쿄가 중요하게 생각하는 사항은 일본 왕가를 유지하는 것, 그리고 이상적으로는 일본 헌법까지 유지하는 것이었다.[35] 야콥센은 자연스럽게, 친한 친구인 앨런 덜레스에게 그 정보를 전달했고, 덜레스는 일본의 제안을 전쟁부장관 헨리 스팀슨에게 가져갔다. 그들은

1945년 7월 20일 포츠담에서 그것에 대해 논의했지만, 사태의 전개는 곧바로 막후 외교의 느린 속도를 앞질러버렸다. 8월 6일, 히로시마는 원자폭탄으로 파괴되었다. 이어서 8월 9일에는 나가사키에 두 번째 원자 폭탄이 떨어졌다. 6일 뒤에 일본은 항복했다.

야콥센은, 나치 은행가들과 접촉했던 사실을 정당화하는 데에서, 적어도 그가 중립국 스웨덴 시민이라는 변명거리를 가지고 있었다. 맥키트릭은 그의 조국이 제3제국과 전쟁을 하고 있었다는 점에서 그렇지 못했다. 바젤에 갇혀 지낸 BIS 총재는 도덕성은 말할 것도 없고 현실감마저 잃어버린 듯했다. 맥키트릭은 전쟁의 나날들을 현실 세계와 평행하는 다른 세계에서 보냈다. 그 세계에서는 중립성이 다음과 같은 것을 의미했다. 곧, 전쟁, 약탈, 집단학살의 금융 동력인 독일 제국은행과 그에 의해 자산을 빼앗긴 다른 나라 중앙은행들을 똑같은 잣대로 판단하는 것이 중립성이라는 것이다. 그 세계에서는 제국은행의 부총재이자 훔친 물품의 수취인인 풀이 실제로 피해자들의 물품을 안전한 곳에 보관함으로써 피해자들을 돕고 있었다. 또한 그 세계에서는 풀과, 그리고 의심할 여지없이 샤흐트도 나치 경제의 건설자나 관리자가 아니었다. 그들은 그저 "게임을 공평하게 하기를" 원하는 기술관료적인 은행가일 뿐이었다.

맥키트릭이 정말로 자기가 믿고 있는 바를 주장했는지, 아니면 어려운 상황을 피하려는 전직 변호사다운 책략으로 그렇게 주장했는지 판단하기 어렵다. 그리고 어느 쪽이 더 나쁜지도 판단하기 어렵다. 맥키트릭은 나치 은행가들, 특히 헤실러와 연루되어 생길지도 모를 결과에 확실히 긴장했다. 은행부문 책임자인 헤실러는 전쟁 기간 내내 그의 편지에 계속 **하일 히틀러**라고 서명했다. 1945년에 헤실러가 사망하자 맥키트릭에게 구원의 운명이 찾아왔다. 맥키트릭은 오보앵에게 보낸 편지에서 그의 죽음으로 "은행의 경영에는 심각한 문제가 생기겠지만 정치적인 문제는 해결될 것 같다"고 썼다.[36] 그러나 맥키트릭은 걱정할 것이 없었는데, 그 이유는 앨런 덜레스가 그의 보호막 역할을 했기 때문이다. 맥키트릭은 1945년에 적어도 두 번은 독일에 갔고, 9월에는 베를린의 다렘에 있는 앨런 덜레스의 집에 머물렀다. 맥키트릭은 여전히 특권이 인정되는 BIS의 총재였지만, 필요할 때면 전략정보국은 그에게 자유 통행증을 준비해 주었고 수많은 미군 고위 장교들도 그에게 도움을 주었다.

BIS 총재에 대한 덜레스의 열광을 모두 공유한 것은 아니다. 맥키트릭이 바젤로 돌아오자 골치 아프고 놀라운 일이 그를 기다리고 있었다.『뉴욕 헤럴드 트리뷴』 10월 11일자에는 BIS에 대한 혹독한 비판 기사가 실렸고, 이것은 스위스 신문인『트리뷴 드 로잔』에 다시 실렸다. 기사에 따르면, 독일주재 미국 점령당국은 BIS가 독일의 금 운영을 지원했는지, 다른 나라들에서 나치 통치를 위한 자금 마련에 도움을 주었는지를 조사하고 있었다. 전쟁 중의 맥키트릭 활동도 비판을 받았다. 기사는, 점령 당국이 BIS를 소환하여 2차 세계대전 중 독일과 했던 금 거래를 소명하라고 할 것 같다고 덧붙였다. 맥키트릭은 예나 지금이나 언론 비판에 과민했고, 또 의심할 여지 없이 미국에서 새로운 직업을 찾아야 할 필요를 염두에 두고 있었기 때문에 그는 앨런 덜레스에게 움직여 달라고 부탁했다. 맥키트릭은 정보 유출자로 폭스라는 이름의 미국 관리를 의심했다. 그는 폭스를 프랑크푸르트에서 만난 적이 있었다. 폭스는 화이트의 동료였다. 맥키트릭은, "화이트와 그의 제휴자들은 BIS에 대해 극도로 비우호적인 태도를 지속해왔고, 브레턴우즈 회의에서 BIS에 대한 공격도 화이트에서 비롯했다"고 불평했다.[37]

바젤의 은행가들은, 맥키트릭에 대한 나쁜 평판과 공격을 마음에 두지 않고서, 그들이 가장 잘 아는 일, 곧 돈을 돌게 하는 일을 계속했다. BIS는 조용히, 조심스럽게, 외부 세계와 담을 쌓은 채, 평상시의 업무로 돌아갔다. 1946년 12월 국제결제은행은 전후 첫 이사회를 열었다. 벨기에 중앙은행 총재이자 BIS 이사인 모리스 프레어는 워싱턴으로 가서 미국 정책 입안자들에게 로비를 했다. 그 내용은 BIS 소유 자산의 동결을 해제해 달라는 것과 언론 공격이 누그러지도록 노력해 달라는 것이었다. 로비의 효과가 있었다. 1948년 5월에 BIS가 독일이 약탈한 금 3.74톤을 벨기에와 네덜란드에 반환하는 데 동의하면서 전환점이 찾아 왔다. 그 대가로, 나치의 약탈을 다루는 연합국 3자 위원회는 국제결제은행에 대한 향후 모든 청구권을 포기하기로 합의했다. 미국 재무부는 BIS 자산에 대한 동결을 모두 해제했다. 1946년 6월에 맥키트릭의 임기가 끝난 이후, 프레어는 새로운 BIS 총재로 선출되었다. BIS 청산을 요구하는 브레턴우즈 결의안은 소리 없이 사라졌다.

한편, 맥키트릭은 돈벌이가 좋은 새로운 직업을 잡았다. 1946년에 BIS 총재직에서 물러난 직후, 그는 뉴욕에 있는 체이스은행의 대외 대출 담당 부행장으로 임명되었다. 맥키트릭은 물건 약탈에 관여했음에도 물건 주인들의 칭찬을 받기조차 했다. 벨기에는 그를 브뤼셀로 초청하여 왕관 훈장을 주면서, 영예를 주는 이유로 벨기에에 대한 그의 우호적인 태도와 제2차 세계대전 동안 BIS 총재로서 봉사한 공로를 인정한 점을 들었다.

제 2 부

연방 제국

9장　유럽의 통합을 요구하는 미국

10장　처벌받지 않은 전쟁 범죄

11장　불사조처럼 살아나는 독일

12장　책상물림 살인자들의 귀환

13장　솟아오르는 바젤탑

9장

유럽의 통합을
요구하는 미국

유럽 통합에 대한 우리의 전체적인 개념은 먼저 경제 통합을 이루어야 한다는 것이다. 그런 다음, 우리는 경제-군사 통합과 마지막으로 정치 통합을 확보하기를 희망했다.[1]
- 애버렐 해리먼, 전후 유럽 재건을 위한 마셜 플랜의 미국 특사

맥키트릭이 호텔 문을 열고 들어가자 바닥에 15장의 메모 쪽지가 보였다. 그 때는 1947년 봄이었는데, 체이스은행의 부행장인 맥키트릭은 잠시 런던에 머물고 있었다. 교환대에서 온 메시지에는 워싱턴에 있는 누군가가 긴급히 찾는다는 내용이 적혀 있었다. 맥키트릭은 교환원에게 상대방 번호로 전화를 걸어 달라고 부탁했고, 곧 전화가 연결되었다. "톰인가? 애버렐 해리먼이다. 앞으로 6개월 동안 나와 함께 일하게 될 것이다. 오늘 아침에 윈드롭에게 얘기해서 허락을 받았다."[2]

'윈드롭'은 체이스내셔널은행의 이사회 의장인 윈드롭 올드리치였다. 1934년부터 은행을 경영해 온 올드리치는 미국에서 인맥이 가장 넓은 금융업자의 한 명이었다. 그의 아버지 넬슨 올드리치는 그의 이름을 딴 올드리치 계획의 설계자였는데, 그 계획은 결국 연방준비제도의 창설로 이어졌다. 윈드롭 올드리치는 서유럽에 대한 경제 원조의 노골적인 옹호자였다. 올드리치와 맥키트릭은 오랜 친구였다. 1945년 12월, 나치 금을 인수한 것 때문에 맥키트릭과 BIS에 대한 정치적 공격이 최고조에 이르렀을 때, 맥키트릭은 올드리치에게 편지를 써서 "워싱턴에 있는 사람들이

우리를 대단히 싫어하는 것 같다"고 불평했다. 맥키트릭은 "상황을 능숙하게 관리할 필요가 있을 것"이라고 설명했다. 그리고, 적어도 살아남은 BIS와 이제 올드리치를 위해 일하고 있는 BIS 옛 총재의 관점에서 보자면 실제로 상황은 그랬다.³ 전화 상대방 해리먼도 뛰어난 은행가이자 외교관이었다. 그는 런던과 모스크바 주재 미국 대사를 지냈다. 해리먼은 지금 마샬 플랜 -전후 유럽을 재건하기 위한 120억 달러 규모의 미국 원조 프로그램- 을 책임지고 있는 세계에서 가장 영향력이 큰 사람의 한 명이다. 해리먼은 맥키트릭에게 파리에 가서 6월 2일부터 일을 시작할 수 있는지 물었다. 맥키트릭은 기꺼이 그럴 수 있다고 대답했다.

로마 철학자 키케로는 2천 년 전에 '전쟁의 힘줄은 결국 돈줄'이라고 보았다. 그가 묘사한 내용의 최신판은 다음과 같이 표현할 수 있겠다. '전쟁의 힘줄은 거대한 돈줄의 초국적인 흐름'이며, 그것은 어떤 장애물도 피해갈 수 있다. 1945년 8월 연합국 지도자들이 포츠담에서 만났을 때, 그들은 독일 경제를 탈중앙집권화하고 카르텔의 권력은 깨트려야 한다는 데 동의했다. 그러나 나치 산업가들은 그러한 위협을 두려워하지 않았다. 맥키트릭은, 전략정보국OSS 하버드 플랜 문서에도 나타나 있듯이, 탈중앙집권화가 실현된다고 하더라도 동맹국들은 여전히 나치 산업가들의 이익을 보장할 것이라고 새삼 그들을 안심시켰다.

해리먼이 맥키트릭을 파리로 불러들였을 때는 이미 워싱턴이 독일 기업 엘리트들을 처벌하지 않을 것이라고 결정한 뒤였다. 모겐소 계획은 독일의 산업능력을 걷어내서 그 나라를 농업국가로 돌려놓을 것을 요구했다. 미군 점령군 사령관인 루키우스 클레이 장군은 과도한 물타기로 이 계획을 유명무실하게 만들었다(클레이는 프랑크푸르트에 있는 IG 파벤의 옛 본사 자리에 가게를 차렸는데, 기묘하게도 그 건물은 연합군의 폭격을 피했다). 1947년 여름에 통과된 워싱턴의 JSC 지령 1779호는 이러한 정책 변화를 공식화했다. 독일의 산업은 재건될 것이고, 그들의 제철소와 용광로는 다시 한번 유럽의 견인차가 될 것이다.

독일 재생에서 BIS는 무슨 역할을 맡을 것인가? 1945년 이후 BIS의 존재 이유는 사라졌다. BIS는 독일의 배상금 지급을 관리하기 위해 설립되었지만, 1930년대 초반부터 배상금 지급이 중단되었다. BIS는, 통화정책을 조율하기 위한 중앙은행 총재들의 모임 장소로서 자기의 존재가 필요하다고 주장했다. 그러나 상업 항공사들이 그들의 네트워크를 전 세계로 확장함에 따라 BIS의 푸짐한 손님맞이는 런던, 파리, 월 스트리트, 그 밖에 중앙은행가들이 모이고 싶어 하는 곳의 호텔이나 회의장에서 쉽게 따라 할 수 있었다. BIS는 전후 글로벌 경제를 조정하는 데에 자기의 도움이 필요하다고 말했다. 국제통화기금이나 세계은행과 같은 새로운 기관들은 정확히 이러한 이유로 설립되었다. BIS와 달리 국제통화기금과 세계은행은 나치 협력자가 아니었다.

또한 바젤 은행가들은 마이더스의 손을 잃었다. 1946년에 처음으로 BIS는 손실을 기록했다. 설립자들은 도와줄 힘을 잃었다. 노먼은 이제 70대 중반으로 잉글랜드은행에서 은퇴했다. 세인트 클레리의 남작 노먼으로 승격된 그의 영향력은 남아 있었지만, 더이상 한두 마디의 말로 시장을 움직일 수 없었다. 샤흐트도, 한때 자기의 것이라고 자랑했던 그 은행에 도움을 줄 수 없었다. 그는 1944년 7월, 히틀러에 대항하는 음모 혐의로 체포되어 다하우 강제수용소로 들어갔다. 그는 살아남았고 미군에 의해 자유의 몸이 되었지만 결국 다시 체포되어 뉘른베르크 재판에 회부되었다. 그의 혐의는 독일을 전쟁 방향으로 조직했다는 것이었는데, 그것은 정확히 샤흐트가 했던 일이 맞다. 샤흐트와 그의 변호사들은 재판의 무게에 굴하지 않고, 1930년대에 나치에 공개적으로 반대했던 몇몇 발언을 사례로 들면서 활기찬 변론을 폈다.

BIS의 평판에 얼마간 오점이 생겼더라도, 노먼과 샤흐트가 만든 작품은 궁극적으로는 그들이 기대했던 대로 오래 살아남을 것이다. 전쟁기간 내내, BIS 직원들이 반복했던 주장은 전후 유럽의 재건에서 중추 역할을 할 수 있도록 국제결제은행이 계속 일을 해야 한다는 것이었다. 이러한 솔깃한 주장에 동조하는 지도자들이 연합국과 추축국 양쪽에 모두 있었다. 관료주의적 타성도 BIS를 도왔다. 워싱턴과 런던 양쪽의 보편적인 정서는 BIS가 유용한 존재일 수 있고 해체하기에는 그 절차가 너무 복잡하다는 것이었다. 영국 재무부 관리들은 BIS가 '해체할 수 없도록 설계'되어 있다고 주장했다. 스위스에서는 자국의 기업들뿐만 아니라 국제기구도 자체 협약에 의해 보호받을 수 있었다. 영국은 전쟁에서 겨우 이긴 터라, 부족한 자원 때문에 다른 것에 신경 쓸 겨를이 없었다. 새로운 잉글랜드은행 총재인 카토도 BIS 변호에 나섰다. IMF는 완전히 새로운 기구인데 그것이 효과를 낼지 누가 알겠는가? 이와 대조적으로 BIS는 15년 동안 일한 경험이 있고 전문가들을 고용하고 있다. 전쟁 후의 유럽은 전쟁 전과 마찬가지로 유럽의 전체 중앙은행가들이 모여 회의를 할 장소가 여전히 필요했다. 바젤은 예나 지금이나 이상적인 장소였다.

그러나 마셜 지원금을 한 푼이라도 유럽에 송금하려면 그전에 미국 의회의 승인을 받아야 했다. 해리먼은 정치·노동·기업 지도자들이 참가하는 초당적 위원회를 만들었다. 위원회는 정부에 대해서는 마셜 플랜을 추진하도록 떠밀었고, 여론에 대해서는 전쟁으로 황폐해진 유럽 대륙에 달러를 보내는 것이 오히려 미국에 큰 득이 된다고 설득했다. 위원회의 구성원에는 오웬 영이 들어 있었다. 그는 독일 배상금에 대한 최종 프로그램의 설계자였는데, 그의 이름을 딴 계획에 따라 BIS가 설립되었다. 물론 앨런 덜레스도 위원회에 이름을 올렸다. 그는 마셜 플랜이 서유럽 코뮤니즘의 확산에 치명적인 한 방을 날릴 수 있는 수단이라고 보았다. 전쟁이 끝난 지 겨우 몇 달밖에 지나지 않았는데도, 덜레스는 이미 독일 산업을 재건하기 위한 식량과 원자재의 수입을 요구하고 있었다. 그는 10만 명의 나치를 체포하고 구금한 사실을 비난했다. 1946년 1월에 열린 외교정책협회 강연에서 그는 "우리는 대규모 강제수용소를 경영하고 있다"고 발언했다. 연합국이 먹이고, 입히고, 치료까지 해주는 구금자들에 대해, 그는 마치 그들을 가스실로 이송하려던 참인 것처럼 말했다.[4]

1947년 7월, 마셜 장군이 그의 계획을 발표한 직후에 유럽경제협력회의 CEEC는 파리에서 회의를 열어 그것을 어떻게 이행할 것인지를 논의했다. 국무부는 유럽 동맹국들에게 미국의 원조에는 조건이 붙는다는 사실을 분명히 했다. 그 조건이란, 수혜국들이 최종적으로는 유럽연합까지 시야에 두면서 금융과 경제 분야의 협력을 해야 한다는 것이었다. 첫 번째 단계는 양자 무역과 외환 통제를 다자 정책으로 전환하는 것이었다. 이듬해 유럽경제협력회의는 유럽경제협력기구OEEC로 제도화했는데, 이것은 오늘날에도 경제협력개발기구OECD로 여전히 존재한다.

유럽경제협력기구의 임무는 기본적으로 유럽, 특히 독일에 대한 국무부의 계획을 확실히 이행하는 것이었다. 구체적으로, 회원들 사이의 경제와 정치 협력을 촉진하는 것, 관세와 비관세 장벽을 제거함으로써 유럽 역내무역을 발전시키는 것, 관세동맹, 자유무역, 다자 지급의 실현 가능성을 연구하는 것이 유럽경제협력기구의 임무로 주어졌다.[5] 마셜 플랜은 또 다른 새로운 기구인 유럽협력국ECA이 관리했는데 거기는 맥키트릭이 일하는 곳이다. 맥키트릭은 1947년 6월 2일에 첫 번째 유럽협력국 회의에 맞춰 파리에 도착했다. 업무조건은 BIS 수준에 미치지 못했다고 그는 회상했다. "미국 대사관은 우리에게 사무실 한 칸과 비서를 배정해주었다. 그러나 그 사무실 바닥에는 카펫이 깔려 있지 않았다. 우리는 닳을 대로 닳은 가구를 사용했다."[6] 사무실에 열두 명이 모였고, 해리먼은 각자의 책임에 대해 알려주었다. 맥키트릭의 책임은 '무역과 지급결제'였다. 열두 명의 유럽협력국 직원들에게는 사무실도, 조직도, 지원 인력도 없었다. 그러나 그들은 은행에 50억 달러를 가지고 있었고, 그것을 빨리 분배해야 했다. 맥키트릭은 더 이상 모겐소와 화이트 때문에 불안해할 필요가 없었다.

모겐소는 1945년에 재무부장관직에서 물러났으며, 지금은 공직 생활에서 거의 은퇴했다. 그는 유대인의 대의명분과 새로운 국가 이스라엘을 돕는데 헌신했다. 화이트는 정부를 떠나 국제통화기금의 첫 번째 미국 몫 집행이사로 취임했다. 그는 현실주의자였지만 이상주의자이기도 했다. 화이트는 국제통화기금을 무역과 금융안정을 통해 경제성장을 촉진시키는 수단으로 보았다. 화이트는 BIS와 마찬가지로 글로벌 금융협력을 번영으로 가는 길이라고 믿었다. 그러나 화이트에게 중요한 것은 그러한 협력이 정부들 사이에서 조율되어야지 선출되지 않은 중앙은행가들이나 기술관료들을 통해서 이뤄져서는 안 된다는 점이다.

1945년 이후 화이트는 그의 애국심을 의심하는 지속적인 공격으로 시달렸다. 국제통화기금의 공식 역사가인 제임스 N. 보튼은 화이트에 대한 공격이 '의심스러운 것부터 황당무계한 것'까지 걸쳐 있었다고 묘사했다.[7] 화이트가 1944년에 소련을 국제통화기금에 가입시키려다 실패한 일

(그때는 미국이 소련의 동맹국이었다)과 소련 관리를 만난 일이 코뮤니즘에 대한 지지로 둔갑했다. 독일의 산업을 제거하려는 모겐소 계획에 대한 그의 지지도 그러했다. 화이트는 중국 국민당 정부에 대해서 수억 달러의 미국 지원금을 어떻게 썼는지 설명해 달라고 요청한 바 있는데, 그것은 마오쩌둥의 공산주의 세력에 대한 공감으로 왜곡되었다. 1948년 8월, 화이트는 하원의 비(非)미국활동위원회의 청문회에 소환되었다. 위원회는 화이트에게 소련과 어떤 관계인지를 물었다. 역사학자들은 위원회 활동에 대한 조사를 오늘날에도 하고 있다. 화이트가 민감한 정보를 모스크바에 전달했다는 증거가 있다. 1940년대 이후에 해독된 소련 외교 전보문들은 화이트가 소련 당국자와 미국의 외교 정책에 대해 토론한 내용을 상세히 보여준다. 그러나 브루스 크레이그가 쓴 권위 있는 화이트 전기의 주장에 따르면, 모스크바는 화이트를 활동적인 요원이 아니라 '믿을만한 개인'으로 간주했다.[8] 화이트가 정책 결정에 영향을 줄 수 있었고 고위 정부 의사결정에 관여할 수 있었기 때문에, 소련은 확실히 화이트에게 큰 관심을 가졌다. 화이트가 요원, 또는 정보 제공자가 맞든 맞지 않든, 그는 적대적인 외국 세력에게 민감한 정보를 전달하고 있었다. 크레이그의 주장에 따르면, 화이트는 루스벨트를 신봉하는 국제주의자로서 소비에트와 협력해야 할 필요성을 믿었지만 코뮤니스트는 아니었다.[9] 어느 쪽이든, 1940년대 후반에 이르면 그러한 관점은 워싱턴에서 더 이상 받아들여지지 않았다.

화이트는 심장병을 앓았다. 청문회 참석은 그에게 엄청난 스트레스를 주었다. 청문회 참석 사흘 뒤에 그는 죽었다.

한편, BIS는 새로운 글로벌 금융구조에 재빠르게 적응해가고 있었다.

1947년 9월, 의전과 손님맞이를 담당하는 BIS 직원들은 과로에 시달렸다. BIS는, 전쟁이 끝난 뒤에 받은 손님 가운데 가장 중요한 두 명, 곧, 새로운 세계은행의 총재 존 맥클로이와 집행이사 유진 블랙을 맞을 준비를 하고 있었다. 그들이 BIS와 불협화음을 낼 위험은 거의 없었다. 맥클로이는 독일의 정상국가화를 옹호하는 가장 영향력 있는 한 명이었다. 블랙은 체이스은행 -토마스 맥키트릭의 새로운 고용주- 의 부행장을 역임한 바 있었다.

맥클로이는 의도적으로 모겐소 계획을 방해했다. 그는 루스벨트 대통령이 독일을 처벌하기보다 독일 산업을 재건하는 방향으로 가도록 유도했다. 독일 주재 미국 대사관의 웹사이트에 나타나 있듯이, "그는 독일을 숲과 농장의 땅으로 돌려놓을 모겐소 계획 -모겐소가 독일에 대해 제안한- 의 토대를 허무는 데에서 중요한 역할을 했다."[10]

마셜 플랜은 확실히 전쟁 전의 월 스트리트-베를린 금융가들에게 승리를 안겨주었다. 맥키트릭과 마찬가지로 맥클로이, 블랙, 해리먼은 모두 전쟁 전부터 독일에 광범위한 금융 이해관계를 가지고 있었다. 맥클로이는 뉴욕의 유력한 법률회사인 크래버스의 파트너였다. 크래버스는 IG 파벤의 자회사인 제너럴아닐린&필름의 법률대리인이었다.[11] 맥클로이는 그의 친구 앨런 덜레스와 마찬가지로 전쟁 전의 몇 해 동안은 파리에 머물면서 법률 사무실을 운영했다. 맥클로이는 1940년에 크래버스를 떠나서 미국 육군 차관보로 근무했다. 맥클로이의 이직은 추악한 이해충돌의 가능성을 막았다. 그 이유는, 크래버스 고객 가운데에는 미국 알칼리수출협회Alkasso가 들어 있었는데, 이 협회가 전쟁 중에 고의로 미국 내에서 필수적인 화학 원료의 부족을 일으켰기 때문이다.[12]

미국에서 가장 중요한 열한 개의 알칼리 생산자로 구성된 알칼리수출협회는 회원들의 대외 무역을 관리했다. 1936년에 알칼리수출협회는, 존 포스터 덜레스가 법률대리를 하고 있는 벨기에 화학회사 솔베이&씨, 그리고 영국의 연합체인 임페리얼케미컬인더스트리즈와 카르텔협정을 맺었다. 카르텔은 전쟁 중에도 유지되었다. 1942년에 법무부는 스탠다드오일과 마찬가지로 알칼리수출협회에 대한 조사를 시작했다. 스탠다드오일은 미국의 인조고무 생산 능력을 제한한 바 있다. 알칼리수출협회는 유리, 섬유와 같은 필수 군수 물자나, 수많은 화학 물질을 만드는 기본 재료인 탄산소다의 자유무역을 막았다.

　1944년에 법무부는 셔먼 반독점법 위반으로 알칼리수출협회에 대해 민사소송을 제기했다. 또한 법무부는 솔베이&씨와 IG 파벤을 공동 공모자로 명기했다. 알칼리수출협회의 혐의는 수출 제한과 수입 금지, 경쟁 제거, 가격 담합 등이었다. 크래버스와 알칼리수출협회는 패소했다. 새뮤얼 카우프먼 연방판사가 낸 60쪽 분량의 판결문은 통렬했다. 판결문에 따르면, 알칼리수출협회는 알칼리 수입과 수출을 거의 완전히 통제했다. 이 협회는 심지어 항만들에 자체적인 조사관 네트워크를 운영하면서 미국에서 수출되는 원자재를 검사했다. 알칼리수출협회는 경쟁 관계에 있는 모든 수출업자들의 블랙리스트를 작성했고, 회원사에 지시해서 리스트에 오른 경쟁사에게는 제품을 팔지 말도록 했다. 일반고객에 대해서 이 협회는 회원사들의 제품을 미국 밖으로 팔지 않겠다는 서면 동의서를 제출하라고 강요했다. 1949년에 나온 판결문의 내용에 따르면, 카르텔은 전쟁 동안에도 그대로 유지되었다.[13]

　맥클로이는 냉혹한 자수성가형 인물로 인도주의와는 거리가 멀었다. 인도주의는커녕 이 세계은행 총재는 12만 명에 달하는 일본계 미국 시민과 거주자를 구금하는 데에서 중요한 역할을 했다. 이 구금은 어마어마한 인간적인 비극을 낳았고, 그 쓰라린 유산은 오늘날까지 그 그림자를 드리우고 있다. 논란이 없는 것은 아니지만, 그는 손에 피를 묻혔다. 맥클로이는 육군 차관보 지위와 영향력을 이용해서 헨리 스팀슨 육군장관을 움직였다. 유대인 조직은 전쟁 중에 미국 공군이 아우슈비츠를 폭격하게 하려고 여러 번 시도했지만 그때마다 스팀슨은 이를 저지했다. 1944년까지는 탈출자들과 목격자들의 여러 증언이 서유럽의 수도에 전해졌다.[14] 연합국 정부들이나 유대인 단체들도 강제수용소가 대규모 죽음 공장이라는 사실을 대체로 알고 있었다. 연합군 폭격기들은 주기적으로 수용소 상공을 비행했고, 가끔 아우슈비츠 III에 있는 IG 파벤의 고무 공장이나 기타 건물을 피해서 거기에서 멀리 떨어진 곳에 폭격을 하기도 했다. 핵심 철도 분기점과 가스실을 폭격해서 파괴하는 것은 비교적 간단했을 테지만 그런 폭격은 없었다. 1944년 8월, 43만 명의 헝가리 유대인들이 아우슈비츠로 끌려갔는데, 그 대부분은 거기에 도착하자마자 가스실에서 살해되었다. 이 사건 직후에 세계유대인회의의 레온 쿠보위츠키는 맥클로이에게 아우슈비츠에 대한 폭격을 요청하는 편지를 썼다. 맥클로이는 거절했다. 그는, 그러한 작전은 다른 곳에서 사용되고 있는 자원의 전용을 필요로 하지만, 작전이 "효과를 낼지는 의심스럽다"는 답장을 썼다. 이러한 주장에 영국 관리들도 동조했다. 맥클로이는 또한 아우슈비츠를 폭격하면 "독일인들의 더 심한 잔학행위를 유발할지도 모른다"는 섬뜩한 주장을 폈다. 날마다 수천 명의 사람들을 대규모로 몰살하는 것보다 더 심한 잔학행위를 상상하는 것이 가능할지는 모르겠지만 말이다.[15]

유진 블랙은, 세계은행에서 맥클로이의 동료였는데, 1933년에 체이스은행에 부행장으로 들어갔다. 그는 은행의 투자 포트폴리오를 담당하는 수석 부행장으로 승진했다. 이 사실이 중요했다. 당시 체이스은행은 자산

규모 면에서 세계에서 가장 큰 은행이었는데, 이점이야말로 나치 독일이 이 은행을 높이 평가한 이유이다.

애버렐 해리먼이 독일과 쌓은 금융 연계도 수십 년 전으로 거슬러 올라간다. 제1차 세계대전이 끝난 직후, 그는 독일에서 자기의 개인 은행인 W.A.해리먼을 설립하여 광범위한 사업을 수행했다. 맥키트릭의 전 고용주인 리·히긴슨과 함께 W.A.해리먼은 베를린 전기공사에 2,000만 달러를 대출했다. 이 대출의 법률 사무는 존 포스터 덜레스가 맡았다. 해리먼은 토마스 맥키트릭처럼 국제상공회의소ICC의 이사였다. 1937년 이후 국제상공회의소의 회장은 아이비엠IBM의 총수인 토마스 왓슨이 맡고 있었다. 그는 독일에 와서 샤흐트가 전달한 독일 독수리 훈장을 받았다. 나치는 홀로코스트 조직의 효율을 높이는 데에 IBM이 개발한 홀러리스 작업기를 사용했다.

해리먼은 초국적 금융이 나타나던 초기부터 이에 열광했다. 그는 1920년대 중반에 파리에서 열린 국제상공회의소 회의에 참가했는데, 이 회의에 참석한 중요 인물 가운데서는 유일한 미국인이었다. 그는 나중에 다음과 같이 회상했다.

어느 날 저녁 나는 세계 주요 국가의 지도적인 은행가들과 산업자본가들을 만났다. 참석자 가운데 영국인, 독일인, 프랑스인이 있었던 것은 기억하고 있는데, 나머지는 누구였는지 머리에 떠오르지 않는다. 만남은 소수만 참여하는 사적인 저녁식사 자리에서 이뤄졌다. 참석자들은 주로 유럽인이었고 그 가운데는 아주 중요한 인물들도 있었는데, 우리 미국인들보다 국제상공회의소에 대해 더 진지하게 생각하고 있었다. 그들은 1920년대 중반의 시점에서 미국은 앞으로 나아가고 있는데 유럽은 고착된 실업으로 정체되어 있다고 생각했다.

나는 그들에게 그렇게 생각하는 이유를 물었다. 그들은 미국이 자유무역 대륙이기 때문에 앞서가고 있다고 대답했다.[16]

비밀 해제된 미국 문서에 따르면 1920년대 초에 해리먼은 베를린으로 가서 독일의 유력한 산업자본가인 프리츠 티센을 만났다. 티센은 가장 든든한 히틀러의 후원자의 한 명이 되었고, 그의 동료 사업가들로 하여금 나치를 지지하도록 설득했다. 그러나 유대인 대학살 사건으로 히틀러와 사이가 틀어지면서 그는 독일을 떠났다. 티센은, 뉴욕에 은행을 설립하여 미국에 있는 그의 자산을 관리하고 싶다고 해리먼에게 말했다. 1924년에 해리먼은 절차를 거쳐 유비시UBC라는 새로운 은행을 설립했다. 유비시는 일곱 명의 이사를 두었는데, 애버렐 해리먼의 동생인 E. 롤랜드 해리먼과 조지 H. W. 부시 대통령의 할아버지이자 조지 W. 부시 대통령의 증조부인 프레스콧 부시도 거기에 포함되어 있었다. 그러나 UBC는 세상에서 흔히 말하는 일반적인 의미의 은행이 아니었다. 이 은행은 네덜란드 로테르담에 본사를 둔 무역·해운은행의 일선 업무를 수행했다. 미국의 수사당국은 티센 가족이 이 은행을 전적으로 소유하거나 통제한다고 믿었다.

1931년에 W.A.해리먼은행은 브라운브라더스&컴퍼니와 합병하여 브라운브라더스해리먼BBH으로 거듭났다. BBH는 본사를 월 스트리트에 두었는데, 몇 집 건너에는 설리번&크롬웰 법률사무소가 있었다. 유비시는 큰 성공을 거두었다. 미국 조사관들이 믿는 바에 따르면, 유비시는 1931년에서 1933년 사이에 8백만 달러의 금을 사서 그 가운데 5백만 달러는 외국(아마도 독일)에 보냈다.[17] 이 때문에 미국의 외국인 재산 관리국은 1942년 11월 6일에 귀속 명령 248호를 발표하여 유비시의 전체 주식 4,000주와 자산을 압류했다.[18] 해리먼은 루스벨트 대통령의 특사로서 세계를 돌아다녔고 처칠, 스탈린과 면담한 바 있다. 그의 외교관 경력을 유비시 사건이 방해하지는 않았다. 유비시가 압류된 다음 달, 해리먼과 오래전부터 가깝게 지낸 사업 동료인 조지프 리플리는 브라운브라더스해리먼을 대표해서 뉴욕대학 클럽에서 열린 맥키트릭 환영 만찬에 참석했다.

이와 같은 신임의 배경이 있었기 때문에 맥클로이와 블랙의 BIS 방문은 그 성공이 떼어 놓은 당상이었다. BIS는 그 직원들도 말하듯이 줄 것을 많이 가지고 있었다. BIS는 세계에서 가장 오래된 글로벌 금융기관이었다. BIS는 금과 통화스와프 분야의 독보적인 경험과 최고의 기술적 전문성을 가졌다. BIS의 연차보고서는 금융과 경제 정보를 제공하는 최고로 유용한 자료 원천으로 보편적인 인정을 받고 있다. BIS는 세계은행의 유럽 활동을 돕고 기술을 지원하는 데에 동의했다. 얼마 뒤, 세계은행이 달러가 아닌 통화로 표시한 채권을 최초로 발행하자 BIS는 스위스 은행들을 상대로 채권 판매를 협상했고 자기 계정으로 상당량의 채권을 샀다.

마셜 플랜의 지급 책임을 맡은 위원회인 유럽경제협력회의CEEC가 소위 원회를 구성하여 프랑스, 이탈리아, 룩셈부르크, 네덜란드, 벨기에 사이의 다자 지급을 관리할 때, BIS가 새로운 시스템의 중심에 서는 것은 너무 자연스러워 보였다. 프레드릭 코놀리는 전에 잉글랜드은행에서 노먼과 일한 적이 있는 BIS의 고참 직원이다. 그는 1947년 11월 파리에서 조인된 다자지급협정에 대한 초안을 작성했다. BIS는 자금이체의 실행을 책임지는 대행기관으로 지명되었다. 국제결제은행은 서명을 한 다섯 나라(프랑스, 이탈리아, 룩셈부르크, 네덜란드, 벨기에)와 옵저버(스위스, 영국, 미국 재무부와 국무부)가 참여하는 회의를 주관했다. 회의에서는, 중앙은행들이 지급결제를 할 때, 채무자와 채권자가 직접 거래하기보다 BIS를 활용할 것을 권장하는 결의안을 통과시켰다. 또한 결의안은, 중앙은행들이 직접 거래한 경우에는 이를 모두 BIS에 통보할 것을 요청했다.

언뜻 보기에는 다자 지급에 대한 파리협정은 전후 경제사에 대한 희미한 각주인 듯하다. 금전 거래만 보자면, 파리협정은 전혀 중요하지 않았다. 1947년 말까지, 서명을 한 다섯 나라 사이의 미지급 잔액 7억 6,210만 달러 가운데 겨우 170만 달러만이 결제되었다. 그렇지만 세상에 거의 알려지지 않은 이 합의는 사실 매우 중요했다. 중앙은행들 사이의 거래(각국 재부부 사이의 거래가 아니라)는 이제 바젤을 통해서 이뤄질 것이라는 중요한 선례가 만들어졌다. 오직 BIS만이 유럽 국가들 사이의 효과적인 지급시스템을 관리할 인력과 전문지식을 가졌는데, 이것들의 기원은 1930년대에 배상금 지급을 관리했던 경험으로 거슬러 올라간다. BIS는 유럽 중앙은행들을 위한 국제 청산소로서 자기 존재를 효과적으로 재천명했다.

새로운 지급시스템 덕에 대담해진 기술관료들과 유럽 연방주의자들은 이제 상승세를 탔다. 벨기에는 베네룩스 세 나라, 프랑스, 이탈리아 사이의 관세동맹을 요구했다. 이탈리아는 한 걸음 더 나아가서, 유럽연합을 향한 첫 단계로, 마셜 플랜에 따라 원조를 받는 모든 나라들 사이의 관세동맹을 제안했다.

전후 BIS의 재정 적신호는 짧고 일시적이었다. 1951년에 BIS는 주주들에 대한 배당금 지급을 재개했다. BIS는 옵저버로서 국제통화기금과 세계은행 회의에 참석했다. BIS는 뉴욕 연준과 우호적인 관계를 유지했다. 여기에는 BIS 옛 총재이자 뉴욕 연준 이사로도 근무했던 레온 프레이저의 존재 덕이 적지 않았다(프레이저는 성공적인 경력을 쌓았지만 심각한 우울증을 앓았다. 1945년 4월에 그는 리볼버 권총으로 자기의 머리를 쏘았고 병원으로 가는 도중에 사망했다).

BIS의 해체를 요구하는 브레턴우즈 동의안과 모겐소와 화이트가 이끄는 BIS 반대 캠페인은 BIS의 존립에 가장 심각한 위협이었다. BIS가 연합국과 추축국 사이의 통로로서 역할 한다는 세부적인 내용이 전후 곧바로 공개된 것은 아니다. 그러나 BIS가 나치 금을 받아들이고 제국은행과 우호적인 관계를 맺음으로써 철저하게 오염되었다는 것은 틀림없는 사실이었다. 그럼에도 BIS는 그 반대자들보다 더 민첩하고 명민한 것으로 드러났다. BIS 관리자들은 신속하고 솜씨 좋게 BIS를 새로운 글로벌 금융 아키텍처로 전환시켰다. BIS는 국제통화기금과 경쟁하려 하지 않았고 채무국에 차관을 제공하지도 않았다. 나중에는 BIS도 채무국에 국제 대출을 주선하기는 했지만 말이다. BIS는 세계은행과 경쟁하거나 앞서려 하지 않았고 개발프로젝트에 자금을 대지도 않았다. 오히려, BIS는 자기들이 가장 잘 아는 것을 고수했다. 그것은 신중한 서비스, 금융 조정, 중앙은행가들에 대한 비밀장소 제공이었는데, 이런 것들은 모두 전후 유럽에서 수요가 컸다.

BIS는 덜레스, 맥클로이와 같은 미국 정책 수립자들과 좋은 관계를 맺고 있었다. 이 때문에 BIS는, 워싱턴으로 하여금 새롭게 통합된 유럽을 만드는 것이 자기 책임이라는 사실을 일찍 이해하도록 할 수 있었다. 통합된 유럽을 향한 질주는 유럽 국가들의 폭넓은 정치적 지원에 힘입어 이제는 멈출 수 없었다. 이러한 프로젝트가 앞으로 몇십 년에 걸쳐 BIS에 새로운 기회를 많이 가져다줄 것이라는 사실을 경영진은 내다보았다. 새로운 유럽은 원활한 국제 지급제도, 더 협조적인 환율, 아마도 궁극적으로는 단일통화를 필요로 할 것이다. BIS의 기술관료들은 이러한 서비스를 제공하는 데에서 가장 유리한 위치에 있었다.

10장

처벌받지 않은 전쟁 범죄

쓰레기통에 구금되었을 때 슈미츠는, 기댈 수 있는 금융계의 거물들 가운데서 미국 출신인 BIS 총재 맥키트릭이 자기에 대해 우호적으로 말해줄 것이라고 언급했다.

- IG 파벤의 최고경영자 헤르만 슈미츠에 대한 영국 정보기관 보고서, 그가 크랜스버그 성(일명 **쓰레기통**)에 수감되어 있을 때인 1945년 12월에 작성[1]

헤르만 슈미츠는 BIS 총재가 어떻게든 자기를 감옥에서 빼내 줄 수 있을 것이라는 희망으로 맥키트릭의 이름을 꺼냈다. 그때 루돌프 브린크만은 전시에 얻은 이익을 어떻게 지켜야 할지 책략을 궁리하고 있었다. 조만간 BIS의 이사로 임명될 이 독일 은행가는 함부르크에 있는 브린크만·비르츠&컴퍼니의 소유권을 놓고 바르부르크와 격렬한 다툼을 벌였다. 이 은행은 바르부르크은행의 승계은행인데, 나치에 의해 강탈당한 바 있다.

브린크만은 1920년에 바르부르크에 입사하여 은행 관리직으로 일했다. 그는 여섯 개 언어를 구사했는데, 충실하고, 듬직하며, 믿을만한 사람처럼 보였다. 바르부르크 가문은 브린크만에게 **은행 내에서 가장 아리안다운 아리아인**이라는 농담을 했다. 그는 그리스-튀르키예 혈통을 가진 탓에 실제로는 지중해인의 모습을 가졌다. 당시 바르부르크는 세계에서 가장 영향력 있는 은행에 속했으며, 그의 이름이 안정과 신중의 대명사로 통하는 금융 왕조의 중심이었다. 바르부르크 가문은 브린크만을 절대적으로 신뢰했다. 이 때문에 1933년 나치가 정권을 잡았을 때, 브린크만은 전권을 위임 받아 다른 회사 이사회에서 바르부르크 가문이 차지하고 있던 이사 자리를 그가 대신했다. 5년이 흐른 다음 은행이 아리안화, 곧 강탈의 대상이 되었을 때 그는 파울 비르츠와 함께 바르부르크의 이익을 돌볼 것이라는 양해 속에서 바르부르크은행 이사가 되었다.

브린크만의 전시 행적은 모호하다. 그는 나치당의 충성파들을 고용했고 마지막 남은 유대인 직원들을 해고했다. 직원들은 나치당의 휘장을 달기 시작했다. 브린크만은 이전 고객들에게 편지를 써서 은행이 이제 아리안 기관으로 거듭났기 때문에 다시 돌아오지 않을 이유가 없다고 설명했다. 편지는 대개 **하일 히틀러**로 끝났다.[2] 그는 에센으로 가서 산업자본가 가문인 크루프의 계좌를 다시 개설했다. 크루프 가문은 히틀러의 가장 중요한 후원자에 속했다. 브린크만은 자기의 이름을 따서 은행 이름을 브린크만·비르츠&컴퍼니로 다시 지었다. 그는 또한 나치가 점령한 암스테르담에서 체포된 열네 명의 바르부르크 가족과 종업원의 석방을 정부와 협상했다. 풀려난 그들은 결국 미국으로 갔다.

전쟁이 끝난 다음 브린크만을 포함한 수많은 독일 은행가들은 가택연금 상태에 놓였다. 워버그(바르부르크) 가문은 그들의 은행이 살아남은 것을 고마워하면서 가명을 사용해가면서 뒤에서 할 수 있는 최선을 다해 브린크만을 도왔다. 그들은 브린크만에게 식량을 공급했다. 브린크만의 가택연금이 해제되자 워버그 가문은 그가 탈나치 재판소에서 일할 수 있도록 해주었는데, 그 자리는 엄청나게 영향력이 있는 곳이었다. 브린크만은 처음부터 은행을 워버그 가문에 돌려주겠다고 제안했지만, 지금까지 드러나지 않았던 홀로코스트에 대한 참상이 사람들에게 알려지면서 유대인 출신 워버그는 두려움에 젖어 이를 거절했다. 워버그는 독일로 돌아갈까 말까 망설이고 있었다.

브린크만은 자기의 제안이 거절된 것이 기뻤는데, 그 이유는 은행이 높은 수익을 내고 있었기 때문이다. 얼마 지나지 않아, 에릭을 포함한 워버그 가문의 일부는 독일에 정착하기로 결심하고 그들의 은행을 돌려달라고 브린크만에게 요청했다. 브린크만은 거절했다. 전에 유대인 재산이었던 것을 소유하게 된 다른 많은 독일인들처럼 그도 자기의 과거사를 다시 썼다. 그는 다음과 같이 주장했다. 1938년에 회사 명의가 그의 이름으로 변경된 것은 아리안화가 아니다. 오히려 파탄한 은행을 그가 승계하여 구한 것이다. 워버그는 그에게 고마워해야지 그 반대가 아니다. 그래도 브린크만은 워버그 가족에게 10%의 지분을 넘겨주겠다고 제안했다. 워버그 가족은 그 제안을 받아들일 수 없었다. M.M.워버그가 없었다면 브린크만·비르츠&컴퍼니는 존재하지 않았을 것이다. 이 은행은 바르부르크(워버그) 제국의 폐허 위에 지어졌고 심지어 같은 건물에서 운영되었다. 양쪽은 마침내, 워버그 가족이 25%의 지분을 보유하고 5년 뒤에는 50%까지 보유할 수 있는 선택권을 갖는다는 데 합의했다.

브린크만은 워버그 가족의 추천으로 1950년 BIS 이사가 되었다. 워버그 가족은 브린크만의 기분이 스위스 여행, 유명한 BIS의 손님맞이, 그리고 BIS의 식사 자리에서 얻은 값진 내부정보로 누그러질 것으로 기대했다. 그러나 그들은 금세 실망했다. 브린크만은 BIS에 가게 된 것이 워버그 가족 덕분이라는 사실을 기억하지 못하는 듯했고, 여전히 그 가족에 냉담한 채였다. 유대인 은행 가문의 뛰어난 구성원인 에릭 워버그는 새롭게 BIS의 이사가 된 브린크만을 존 포스터 덜레스와 묶어서 존 포스터 브린크만이라고 불렀다. 피도 눈물도 없는 변호사인 덜레스는 곧 국무부장관으로 임명되어 냉전의 전사가 된다. 1950년에 지그문트 바르부르크는 에릭에게 다음과 같이 썼다. "최근 몇 년 동안 나는 브린크만이 매우 건방지고 이기적이라는 것을 알았다. 함부르크에서 그와 마지막으로 대화하고 나서 나는 그의 건방머리와 이기심이 더이상 참을 수 없는 정도에 이르렀다는 것을 깨달았다."³ 브린크만과 워버그 가족의 싸움은 끝이 없을 듯이 보였다.

전후 독일은 쑥대밭이 되었고 마셜 플랜이 있었음에도 그 국민들은 겨우겨우 살아갔다. 주택의 5분의 1은 파괴되었고, 식량 생산은 전쟁 전의 절반 정도로 줄었으며, 1947년의 산업 생산은 1938년의 3분의 1 수준에 머물렀다.⁴ 생활필수품은 배급되었고 임금과 가격은 통제되었다. 암시장은 번창했지만, 제대로 기능하는 중앙은행은 없었다. 제국은행은 공식적으로 존재를 마감했다. 비록 주요한 통화 단위가 미국 담배였지만 라이히스마르크화는 비틀거리며 계속 유통되었다.

1948년에 모든 것이 바뀌었다. 독일은 제국은행을 완전히 폐지했고 독일 국가은행BdL으로 대체했다. 도이치마르크는 라이히스마르크를 대체했다. 국가은행은 서부 점령지역에 있는 독일 주정부들의 여러 은행을 위한 국립청산소 역할을 했는데, 대체로 미국 연준을 모델로 삼아 만든 조직이었다. 이제 BIS에서 독일을 대표하게 될 국가은행은 정부의 통제를 받던 제국은행과 달리 헌법으로 독립성을 보장받았다.

샤흐트는 도이치마르크를 달갑지 않게 생각했다. 도이치마르크는 금이나 외환준비금으로 뒷받침되지 않았다. 그것은 점령당국이 도입한 불환통화였다. 샤흐트는 새로운 독일 중앙은행의 총재인 빌헬름 포케에게 도이치마르크가 6주 안에 붕괴할 것이라고 말했다. 하지만 샤흐트는 틀렸다. 도이치마르크는 금이나 외환보다 더 강력한 자산으로 뒷받침되었다. 그 자산이란 대중의 신뢰와 나치 지도부가 전시에 수립해놓은 전후 계획이었다.

　동시에, 영국과 미국 점령지역의 경제 책임자인 루트비히 에르하르트는 가격 제한과 통제를 해제했다. 결과는 극적이었다. 고용은 치솟았고, 인플레이션은 사라졌으며, 경기는 호황이었다. 도이치마르크는 안정적이었고 대중의 전폭적인 신뢰를 얻었다. 서유럽의 점령국가와 점령된 지역의 독일인들은 새로운 시대의 새벽을 선포했다.

　그러나 새로운 중앙은행, 새로운 통화, 독일의 경제 회복은 모두 제3제국에 깊이 뿌리를 박고 있었다. 독일 회사들, 특히 무기 회사들이 막대한 이익을 재투자했기 때문에, 연합군의 폭격이 있었고 배상금을 지급했음에도, 독일의 축적 자본(생산 설비, 건물, 사회 인프라, 그리고 기타 자산)은 사실 1936년보다 1948년 쪽이 더 컸다.[5]

　제3제국과 전후 독일 사이 금융면의 연속성은 매우 높은 수준이었다. 독일 국가은행BdL의 초대 총재인 빌헬름 포케는 제국은행의 베테랑이자 샤흐트의 우군이었다. 포케는 1919년부터 1939년까지 제국은행의 이사직을 맡았고, 1930년부터 1938년까지 BIS 이사회의 독일 몫 부이사였다. 그는 이제 중앙은행 총재회의를 위해 비젤로 갈 것이다. 포케는 끝까지 전 상사에게 충성을 다했고 뉘른베르크 재판에서 샤흐트를 위해 증언했다. 그는 궁색한 논리를 폈다. 샤흐트는 독일의 무기증강 의도가 무장 중립정책을 지지하고 실업률을 감소시키는 데 있다고 믿었다는 것이다.[6] 그러나 포케는 독일 국가은행의 수많은 동료들과 달리 나치당의 당원이 아니었다. 전후 독일의 모든 국가기관(경찰, 사법부, 공무원, 교사, 의사, 정보기관)은 그 기능을 유지하기 위해 옛 나치당원에게 의존했다. 특히 은행가들 사이의 연속성은 깜짝 놀랄 정도였다. 1948년부터 1980년 사이에, 국가은행, 각 주의 중앙은행, 연방은행(국가은행의 승계 조직)의 집행·관리

이사회 임원의 39%는 과거 나치당원이었다.[7]

프리츠 패르슈를 시작으로 하는 몇몇 사람들은 히틀러의 경제제국에서 중요한 인물이었다. 패르슈는 폴란드에 대한 나치의 약탈과 파괴의 주도자였다. 독일 점령 폴란드의 중앙은행 총재로서, 그는 통화를 다시 조직했다. 그의 기여가 없었다면, 나치 점령은 경제적으로 기능할 수 없었을 것이다. 폴란드 총독 한스 프랑크는 패르슈의 열렬한 숭배자였다. 그는 수백만 명의 폴란드인과 폴란드 유대인의 살해, 노예화, 추방을 감독한 인물이었다. 프랑크는 뉘른베르크 재판에서 전쟁범죄로 유죄판결을 받고 처형되었다. 패르슈도 마찬가지로 재판에 회부되어야 했지만, 그는 자유롭게 살았고 독일 국가은행의 고위직에 지원했다. 그는 과거 전시의 행적 때문에 국가은행에서 일자리를 얻을 수는 없었지만 그 대신 헤센주 중앙은행의 부총재직 자리라도 얻어서 1957년까지 일했다. 그리고 나서 패르슈는 새로운 한직을 찾았다. 제국은행의 법률 사무는 그때까지 이어지고 있었는데, 거기의 공식 청산인 자리를 그가 맡았다.[8]

1930년대의 샤흐트처럼 서부 점령지역의 경제 책임자였던 루트비히 에르하르트는 기적을 만드는 사람으로 칭송받았다. 그러나 진실은 기적까지는 아니고 그저 그런 정도였다. 서독의 미래 총리인 에르하르트는 어정쩡한 인물이었다. 그는 모든 나치당 조직에 가입하는 것을 거부했고, 독일 내 저항조직과 연결되어 있었다. 그러나 에르하르트는 제국 산업 그룹에서 자금을 지원받았다. 이 그룹은 IG 파벤을 포함한 독일 산업자본가들의 조직인데, 히틀러를 지원했다. 그는 경제학 연구에 공헌했다는 명목으로 전쟁기여 십자훈장을 받았다. 1943년에 이르러서 독일의 패배를 이미 깨달은 독일 은행가들과 산업자본가들은 그때까지 에르하르트가 쌓아온 실적에 관심을 두기 시작했다. 그들은 미래를 준비하고 전후 세계에서 경제력을 지속적으로 보장받기 위해 두 개의 조직을 만들었다. 하나는 금융가와 산업자본가로 구성된 대외경제문제위원회이고 다른 하나는 IG 파벤의 최고경영자이자 BIS 이사인 헤르만 슈미츠와 같은 산업자본가로만 구성된 소규모 작업반이었다.[9] 에르하르트는 두 그룹 사이의 연결고리였다.

대외경제문제위원회 구성원에는 도이체방크의 헤르만 압스가 들어 있었다. 그는 제3제국에서 가장 힘 있는 상업은행가였다. 말쑥하고 우아한 압스는 BIS의 오랜 친구였다. 1930년대에 샤흐트는 그를 BIS에 파견했다. 압스의 임무는 1918년 이후 BIS가 독일에게 대출해 준 배상금 지급 자금의 상환 요구를 지연시키는 것이었다.[10] 바젤에서 압스는 찰스 건스턴이라 불리는 영국 은행가(몬태규 노먼의 후배 측근)를 자주 만났다. 건스턴은 잉글랜드은행의 독일 담당 책임자였는데, 이 때문에 그는 1930년대에 매우 중요한 인물이 되었다. 건스턴은 1934년 여름 휴가를 나치당 열성 당원들의 단합 캠프에서 보냈을 정도로 새로운 독일에 매우 열정적이었다.[11] 그는 압스를 존경했으며 나중에 그를 '세련미 넘치며, 항상 철권에 벨벳 장갑을 끼고 있는 듯한 인물'로 묘사했다. 압스는 나치당에 가입하지 않았지만 제3제국의 경제 운영에 필수적인 존재였기 때문에 그럴 필요조차 없었다. 전쟁 기간에 도이체방크의 대외 부문 책임자로서 압스는 대륙 전체에 걸친 약탈의 핵심 역할을 했으며, 제3제국 내의 아리안화한 은행과 회사들의 병합을 지휘했다. 제3제국 12년 동안 은행의 재산은 네 배 증가했다. 압스는 수많은 회사의 이사 자리를 차지했다. 그 회사들에는 자연스럽게 IG 파벤도 들어 있었다.[12]

1943년에 나치의 산업자본가들은 에르하르트에게 독일 산업이 어떻게 평시 생산으로 되돌아갈 수 있는지에 대한 보고서를 써달라고 요청했다.

에르하르트는 국가 통제를 점진적으로 줄여나가면서 자유 경쟁시장을 도입할 것을 주장했다. 독일의 산업은 가능한 한 빠르게 소비재를 생산하는 방향으로 나아가게 될 것이다.[13] 에르하르트는 그러한 생각을 실명으로 발표함으로써 상당한 위험을 무릅쓰고 있었다. 독일이 전쟁에서 질지도 모른다고 가정하고 작성한 전후 계획은 저자를 강제수용소로 보낼 만한 것이었다.

그러나 에르하르트는 나치정권 최고위층 인사의 보호를 받고 있었다. 나치친위대의 국내 치안담당 책임자인 오토 올렌도르프가 그를 보호했다. 나치친위대는 살인기계이기도 했지만 동시에 사업기계이기도 했다. 나치친위대는 약탈을 수행하는 국가의 부대로서 그 약탈 대상은 강제수용소 희생자의 이빨에서 빼낸 금부터 나치가 점령한 국가의 은행, 제철소, 공장, 화학 설비까지 걸쳐 있었다. 올렌도르프는 나치친위대의 방법을 직접 광범위하게 사용한 경험을 가지고 있었다. 1941년에서 1942년 사이에 올렌도르프는, 우크라이나 남부에서 작전을 전개한 특공대, 곧, 살육부대를 지휘하여 어린이를 포함한 9만 명을 살해했다. 지적이고 학식 있는 올렌도르프는 소속부대 총살대원들의 심리 안정 상태에 큰 관심을 보였다. 그는 총살대원들에게, 개인적인 책임감을 느끼지 않기 위해서는 희생자에게 일제사격을 해야 한다고 명령했다.

올렌도르프는 또한 경제부에서 고위직을 맡아 나치 독일의 대외무역을 중심으로 일을 했다. 1943년에 이르러, 스탈린그라드에서 러시아가 승리하자, 올렌도르프는 제3제국이 결국 전쟁에서 패배하리라는 사실을 깨달았다. 올렌도르프가 진짜로 하는 일은 나치친위대의 금융제국을 지킬 수 있는 방안을 짜는 것이었다. 이 방안은 독일로 하여금 불가피한 패배 이후 유럽에 대한 경제적 우위를 다시 확보할 수 있도록 하기 위한 것이었다. 전후의 최우선 과제는 신속하게 화폐를 안정시켜서 경제 질서를 유지하고, 바이마르 때와 같은 초인플레이션을 피하는 것이었다. 독일은 새로운 통화를 필요로 할 것이다. 통화는 필연적으로 점령군에 의해 도입될 것이며 국가와 민간 부문의 혼합경제 형태일 것이다. 여기에는 분명히 에르하르트의 생각과 겹치는 부분이 있었다. 올렌도르프는 에르하르트 보고서의 존재를 알게 되었는데, 에르하르트에게 그가 작성한 글의 사본을 보내 달라고 부탁해서 받았다.

연합군이 독일로 진격해오자 나치는 전후 계획의 작성 속도를 높였다. 1944년 8월 10일에 엘리트 산업자본가 그룹이 스트라스부르에 있는 메종 루즈 호텔에 모였다. 그 모임에는 크루프, 메서슈미트, 폴크스바겐의 대표자들과 여러 부처의 관리들이 들어 있었다. 또한 거기에는 프랑스 스파이도 끼어 있었는데, 그가 작성한 보고서는 연합군 사령부에 전달되었다. 사령부는 그 보고서를 다시 미국 국무부와 재무부에 발송했다. 그 회의에 대한 설명자료는 레드하우스 보고서로 알려져 있다.

나치 산업자본가들은 독일이 전쟁에서 졌다는 데 동의했지만, 새로운 방향의 투쟁이 계속될 것이라고 보았다. 제4제국은 군사제국이라기보다는 금융제국일 것이다. 나치 산업자본가들은 **전후 상업적인 전쟁** 계획을 세웠다. 그들은 외국기업과 **제휴하고 연합**해야 했지만, 이것은 **의심을 살 만한 어떤 것**도 없이 이뤄져야 했다. 외국에서 거액의 자금을 빌려야 할 수도 있다. 전쟁 전과 마찬가지로, 미국과 연계를 지속하고, 아메리칸케미컬파운데이션과 같은 화학회사와 우호관계를 유지하는 것은 독일의 이익을 확장하는 데 필수적이라고 그들은 믿었다. 차이스렌즈, 라이카카메라, 함부르크-아메리칸 해운과 같은 회사는 "외국에서 독일의 이익을 지키는 데 특히 효과적이었다." 그 회사들의 뉴욕 사무소 주소가 회의 석상에서 배포되었다.

두 번째 회의에는 엄선된 소수만이 참가했다. 그곳에서 산업자본가들은 "지하로 들어가게 될 수밖에 없는 나치당에 자금을 댈 준비를 하라"는 지시를 받았다. 자본수출 금지는 해제되었다. 독일 정부는 산업자본가들이 스위스 은행 두 곳을 통해 가능한 한 많은 돈을 중립국으로 보낼 수 있도록 도울 것이다. 나치당은 패전 이후 유명한 지도자들이 "전쟁범죄 선고를 받을 것"이라는 사실을 인식하고 있었다고 그 정보보고서는 결론 내렸다. 그러나 당과 산업자본가들은 독일 공장에서 가장 중요한 위치에 있는 인물들을 연구나 기술전문가 부서로 배치하는 데 서로 협력하고 있었다.[14]

미국 재무부 관리들은 독일 자본의 대량수출을 주의 깊게 지켜보고 있었다. 그 자본 가운데 많은 부분은 라틴아메리카로 흘러가고 있었다. 화이트는 1944년 7월 브레턴우즈 회의 기간에 열린 미국 재무부 관리들의 모임에서 독일과 나치 점령지역에서 자금이 대량으로 흘러나가고 있다고 말했다. 나치 지도자들은 나라를 빠져나갈 궁리를 하거나 재산 몰수에 대비한 대책을 마련하고 있었다. "그들은 외국의 부동산, 공장, 기업을 사들였다. 독일 기업들은 전쟁 후 라틴아메리카에서 재기할 수 있을 것이라 기대하면서 거기의 기업들을 사들였다는 증거가 있다"고 화이트는 덧붙였다.[15] "은폐술은 극도로 복잡하다"고 화이트는 말했다. "그들은 1선, 2선, 3선을 거치도록 은폐 작업을 하고 있기 때문에 이용 가능한 모든 데이터를 확보하지 않고서는 추적하기가 무척 어렵다." 재무부 관리들은 그 모임에서 BIS에 대해서도 논의했는데, 다음과 같은 언급이 있었다. 곧, BIS 이사와 고위직 21명 가운데 16명은 "우리의 적국, 또는 적국에 점령된 국가 소속"이다. 대표적인 인물이 발터 풍크와 헤르만 슈미츠이다.[16]

에밀 풀은 1945년 3월부터 전쟁이 끝날 때까지 몇 주 동안 BIS에서 맥키트릭과 전후 나치 지도부의 전략을 논의했다. 그가 맥키트릭에게 제공한 정보는 반향을 일으켜 레드하우스 보고서와 브레턴우즈에서 화이트가 편 주장에 반영되었다. 나치의 군사적 패배는 그저 일시적인 차질일 뿐이다. 나치는 광신도여서 그들의 이상을 절대 포기하지 않을 것이다. 대신 그들은 지하로 들어갈 것이다. 이것이 풀의 설명이었다. 맥키트릭은 그 대화 내용을 곧바로 덜레스에게 전했다. 덜레스는 이 정보를 1945년 3월 21일에 런던, 파리, 그리고 워싱턴으로 보냈다. 그의 전보에는 다음과 같은 내용이 들어 있었다.

풀은 바젤에 이제 막 도착했다. 그는 다음과 같이 말했다. 일은 글렀다. 그러나 나치는 지하로 들어갈 계획을 신중하게 세웠다. 중요 인물들은 모두 숨을 장소를 지정받았다. 나치즘은 군사적 패배만으로 끝나지 않을 것이다. 소크라테스나 모하메드가 그의 철학을 바꿀 가능성이 없었듯이 히틀러와 그의 광적인 추종자들도 마찬가지일 것이다. 그들은 어느 누구보다도 그들의 대의를 확신하면서 그들 주위로 엄청난 군중을 동원했다. 풀은 나치즘이 단순한 정치체제가 아니라 종교와 같다고 강조했다.[17]

영국의 정보요원으로서 IG 파벤의 미국 자회사인 제너럴아닐린&필름을 함정에 빠트린 매크래런은 연합국이 승리한 뒤 화학 재벌기업을 조사하는 임무를 띠고 베를린으로 갔다. 매크래런은 IG 파벤의 역사와 핵심 인력, 그리고 전쟁을 준비하고 실행하는 데에서 그 회사가 맡은 중심적인 역할에 대한 방대한 문서를 작성했다. 그는, 뉴욕과 런던에 있는 IG 파벤의 교역 파트너, 예컨대 스탠다드오일과 같은 회사가 독일의 화학 재벌과 기꺼이 카르텔협정을 맺어 회사 통제권을 독일에 양도하고 독일이 재무장할 수 있도록 도와준 이유가 무엇인지를 상세하게 서술했다.

그렇다면, 헤르만 슈미츠와 같은 나치 사업가들의 운명은 어떠해야 하는가? 매크래런에게 그 답은 분명했다. 슈미츠는 전쟁터가 아니라 책상머리에서 살해, 노예화, 약탈을 지휘했다. 그는 나치친위대 지도자들과 마찬가지로 전범자였고 따라서 같은 처벌을 받아야 한다. 그러나 모든 연합국 관리들이 이에 동의한 것은 아니었다. 매클래런이 그의 상사에게 산업자본가들도 나치 군사 지도부처럼 전쟁범죄인에 포함되는지를 물었을 때, 그 상사는 "산업자본가라는 용어를 명확하게 정의할 경계선이 없다는 점이 문제"라고 대답했다.[18] 매크래런이 말하는 바와 같이, 슈미츠는 자기가 BIS나 맥키트릭과 맺어 놓은 관계 때문에 보호를 받을 것이라고 확신했다.

처음 단계에서는 정의가 실현될 수 있을 것처럼 보였다. 1947년에, 슈미츠를 포함한 스물네 명의 IG 파벤 임원들이 뉘른베르크 재판에 넘겨져서 그 가운데 열두 명이 유죄판결을 받았다. 판결문은 소문난 잔치에 먹을 것 없다는 속담을 떠올리게 했다. 슈미츠는 4년 형을 선고받았다. 상업 부문의 책임자인 슈니츨러는 연합국과 접촉하기 위해 BIS를 이용한 것이 분명했지만 5년 형을 받았다. IG 아우슈비츠의 최고 관리자인 오토 암브로스는 8년 형을 받았다. 암브로스는 법정 증언에서, IG 아우슈비츠의 수감자들은 메인 집단수용소에서 '일어난 비참한 일을 겪지 않아서' 다행이라고 말했다. 암브로스는 증언을 이어갔다. IG 관리자들은 수감자들이 출퇴근을 하지 않아도 되도록 해주었다. 노예 노동자들은 작업 현장에서 생활했기 때문에 날마다 메인 집단수용소까지 14Km나 되는 길을 행군

해서 오고 갈 필요가 없었다. IG 아우슈비츠는 "수용소 건물을 건설할 때 인색하게 굴지 않았다. 건물은 난방 시설과 위생 환경을 갖추었다." 수감자들의 생활환경에 대한 암브로스의 설명이, 10대 소년 시절부터 IG 파벤에서 실제로 노예 노동자로 일했던 루디 케네디의 기억과 다르다는 것은 두말할 필요 없다. 암브로스는 다음과 같이 덧붙였다. 노동자들은 점심으로 '고칼로리 내용물'이 들어간 수프를 먹었는데, 이것은 전쟁 직후 몇 년 동안 대부분의 독일인들이 먹었던 것보다 칼로리가 더 높았다. 암브로스는 뒷날, "IG 파벤과 그 간부들은 비난이 아니라 정당한 인정을 받을 자격이 있다"고 썼다. 그리고 그들은 곧 인정을 받게 된다.[19]

IG 파벤은 네 개의 회사, 곧 바스프, 바이엘, 획스트, 카셀라로 분리되었다. IG 파벤의 해체는 처벌이 아니었다. 주주들은 점령 당국에 IG 파벤 재벌의 자산을 승계회사에 양도해 줄 것을 요청했다. 점령당국은 이를 받아들였다. 바스프, 바이엘, 획스트는 곧바로 회사를 재편했지만, 이는 같은 직원이 같은 사무실과 공장에서 그대로 근무하는 형식상의 변화일 뿐이었다. IG 파벤의 해체와 그에 따른 법률문제를 처리하기 위해서 새로운 지주회사가 설립되었다. 승계회사들은, 자기들은 전쟁 중에는 법적으로 존재하지 않았기 때문에 IG 파벤이 저지른 도덕적인 범죄에 대해 아무런 빚이 없다고 말했다. 이것은 뻔뻔스럽기 그지없는 주장이었지만 법적으로는 완전히 성공적인 묘책이었다.

1949년에 존 맥클로이는 세계은행을 떠나 독일의 미국 고등판무관으로 일하기 시작했다. 그는 크래버스 법률회사의 공동경영인을 역임한 바 있는데, 크래버스는 IG파벤의 미국 지사인 제너럴아닐린&필름의 법률대리인이었다. 맥클로이는 옛날의 사업 파트너들을 잊지 않았다. 헤르만 슈미츠는 1950년에 감옥에서 풀려났고 1951년 2월까지는 IG 파벤의 간부들이 모두 석방되었다. 맥클로이는 또한 알프리트 크루프도 풀어주었다. 크루프 산업제국은 나치친위대가 호위하는 57개의 노동수용소 네트워크에서 약 8만 명의 노예 노동자들이 강제노동으로 죽어 나가도록 했다. 크루프는 12년 형을 선고받았지만, 그의 복역 기간은 3년을 넘지 않았다.

아인자츠그루페 D의 전 사령관이자 루트비히 에르하르트의 보호자였던 오토 올렌도르프는 예외였다. 그는 교수형에 처해졌다. 그러나 맥클로이는 수감자들을 대상으로 인체실험을 한 나치 수용소의 의사들, 비밀경찰(게슈타포)법에 따라 나치 입맛에 맞게 판결을 내린 나치 판사들, 대량살인을 조직적으로 저지른 나치친위대 장교들을 석방하거나 이들의 형량을 대폭 줄이라고 명령했다.[20] 뉘른베르크 재판에서 유죄 판결을 받은 피고인 104명 가운데 74명은 형량이 크게 줄어들었고 사형선고를 받은 10명은 징역형으로 감형되었다.[21] 올렌도르프의 부관인 하인츠 헤르만 슈베르트는 심페로폴에서 700명에 대한 집단살인을 사적으로 지휘한 인물이었는데, 사형선고를 받았다가 10년 징역형으로 감형되었다.

IG 파벤의 관리자들은 환영을 받으면서 독일 산업계로 미끄러지듯 되돌아왔다. 슈미츠는 도이체방크의 감사로 들어갔다. 노예 노동자들에게 수프를 먹였던 암브로스는 여러 회사에서 이사 자리를 차지했고 경제 컨설턴트 일도 시작했다. 그의 고객 가운데에는 연방 초대 총리 아데나우어도 포함되어 있었다. 폰 슈뢰더는 은행가이자 BIS의 이사로서 히틀러가 권좌에 오를 때 중요한 역할을 한 인물이다. 그는 프랑스에 있는 전쟁포로 수용소에서 나치친위대로 있었다는 사실이 밝혀졌다. 슈뢰더는 반(反) 인도주의 죄목으로 독일 법원에 넘겨져 3개월의 징역형을 선고받았다. 방탕한 제국은행 총재이자 BIS 이사였던 풍크는 전쟁범죄가 인정되어 종신형을 선고받았다. 재판에서는, 풍크가 나치친위대 대장인 힘러와 어떻게 협력했는지가 드러났다. 그는 강제수용소 희생자들에게서 빼앗은 금과 귀중품을 제국은행에 있는 **막스 하일리거**라는 명의의 특별계정에 나치친위대 몫으로 예치해놓았다. 풍크는 1957년에 건강 문제로 스판다우 교도소에서 석방되어 3년 뒤에 사망했다. BIS 이사이자 맥키트릭의 친구인 풀 부총재도 전쟁범죄가 인정되어 5년 형을 선고받고 복역하다 1949년에 석방되었다.

역설적이지만, 워버그 가족도 맥클로이와 맺고 있던 우정 덕분에 독일 산업의 재건에 중요한 역할을 한 것으로 보인다는 점이다. 프레디 워버그는 맥클로이를 설득해서 세계은행 총재의 자리에 앉도록 했다. 두 사람은 1920년대부터 서로 알고 지냈다. 맥클로이가 워버그 금융제국의 한 분파인 쿤로브의 법률대리 일을 한 것이 그 계기였다. 1949년 8월에 에릭 워버그는 맥클로이와 함께 식사를 하는 자리에서 그에게 독일 산업설비의 해체와 파괴를 멈춰달라고 부탁했다. 그 얼마 뒤, 워버그는 맥클로이에게 철강, 가스, 합성고무 분야에서 살려 두어야 할 열 개의 기업 명단을 넘겨주었는데, 거기에는 티센 제철소와 크루프 가스공장이 포함되어 있었다. 열 개 기업 모두 살아남았다.[22] 맥클로이는 가끔 도덕적으로 올바른 관점에 서기도 했는데, 독일이 유대인의 재산을 돌려주어야 한다고 거듭해서 말했다. 탈나치 위원회에서 일한 독일인들이 배신자로 외면당하고 있다는 사실을 알았을 때, 그는 독일 주정부들에게 그러한 사람들을 공무원으로 채용하라고 명령했다.

샤흐트는, 독일을 전쟁으로 나아가도록 조직한 혐의로 기소되었는데, 여전히 런던과 워싱턴에 유력한 친구들이 있었다. 국무부의 법률 고문인 그린 해크워스는 예전 제국은행의 총재를 돕기 위해서 물밑에서 일하고 있었다. 전쟁 동안 해크워스는 나치 전쟁범죄를 공론화하거나 전쟁범죄에 가담한 포로를 재판에 넘기려는 시도를 거듭해서 반대했다. 그렇게 하면 미국인 포로들이 위험에 빠질 것이라고 그는 주장했다.[23] 한때 무솔리니를 찬양한 국무부 차관보 브레킨리지 롱은 해크워스를 지지했다. 롱과 그의 측근들은 유대인 난민들에게 비자를 내주는 것을 막았고, 홀로코스트에 대한 뉴스를 규제했으며, 나치의 전쟁범죄를 공식문서로 남기려는 시도에 훼방을 놓았다. 1944년에 모겐소의 참모들은 국무부의 전시 기록을 문서로 정리한 상세한 보고서를 썼다. 그 제목은 '정부의 유대인 살해 묵인에 대해 장관에게 보내는 보고서'였다.[24]

다시 한번 덜레스의 인맥이 전면에 나섰다. 1945년 말, 샤흐트는 그의 행위를 증언해 줄 피고 쪽 증인으로 한스 베른트 기세비우스가 재판에 출석할 수 있도록 해달라고 요청했다. 기세비우스는 전쟁 때에 취리히 주재 독일 영사였다. 그는 또한 독일 군사정보 담당 첩보단의 장교였으며, 히틀러에 반대하는 저항세력의 일원이었다. 무엇보다 그는 덜레스의 가장 중요한 요원의 한명으로 전략정보국 정보원 512로 알려져 있다. 기밀 해제된 미국 정보문서들에 따르면, 기세비우스는, 1938년에 샤흐트가 히틀러를 전복시키려 했다는 사실과, 나치당과 껄끄러운 관계였다는 점을 증언할 수 있을 것으로 기대했다. 그 증언으로 샤흐트는 자기를 저항 세력의 일원으로 내세울 수 있게 될 것이다.

이 문서들을 보면, 미국 국무부가 스위스 제네바 가까운 곳에 살고 있던 기세비우스를 뉘른베르크에 보내서 샤흐트를 도와주게 하려고 얼마나 많은 노력을 했는지가 나타난다. 1945년 12월 10일에 베를린 주재 미국 외교관들이 국무부에 보낸 전보는, "기세비우스를 뉘른베르크로 데려오는데 열흘가량의 준비가 필요하므로 그 전에 통보해줄 것과, 법원에 대한 연락은 이쪽 베를린 사무소를 통해서 해줄 것"을 요청하는 내용이다.²⁵ 사흘 뒤에, 스위스 주재 미국 대사인 해리슨은 워싱턴으로 전보를 쳐서, 기세비우스는 샤흐트를 위해 피고인 증인으로 나설 용의가 있으며, 1월 중에 언제든 날짜만 통보해주면 이틀 안에 뉘른베르크로 갈 수 있을 것이라고 알렸다. 해리슨은 기세비우스가 언제 뉘른베르크에 도착해야 하는지를 그에게 알려달라고 국무부에 요청했다.²⁶

뉘른베르크에서 미국 대표단은 샤흐트를 두고 분열되었다. 미국 주임 검사 로버트 잭슨은 그를 기소하기를 원했다. 그러나 예전에 전략정보국 책임자였던 그의 보좌직원 윌리엄 도노번은 기소에 반대했다. 도노번은 샤흐트가 전쟁 초기에 연합국에 동조했다고 주장했다. 그리고 미국 정책의 이해득실 계산에서 항상 결정적인 요소인 전후 독일의 경제 사정을 고려해야 했다. 샤흐트에 대한 가혹한 증인심문은 미국과 좋은 관계를 맺고 싶어 하는 중요한 독일 사업가들과 금융가들을 소외시킬 것이다.²⁷ 샤흐트의 변호사가 언론에 폭로한 내용은 워싱턴을 깜짝 놀라게 했다. 이에 따르면, 취리히 주재 미국 총영사인 샘 우즈는 1939년에 제국은행 총재에게 어떤 거래를 제안했다. 그 거래란 샤흐트가 히틀러 정부에서 사임한다면, 전후에 다시 그 자리에 돌아갈 수 있도록 해주겠다는 것이었다. 미국과 나치 사업가들 사이의 비밀 경로에 대해 지금 우리가 알고 있는 모든 것들을 종합해볼 때, 이 폭로는 사실일 가능성이 높다. 우즈는 미국 정부와 추축국 사이에서 정보를 전달하는 역할을 오랫동안 했다. 전시 헝가리의 지도자인 호르티 제독은 자국민 43만 명의 아우슈비츠 이송을 허가한 인물이었는데, 우즈는 1946년에 구금에서 풀려난 호르티를 자기 결혼식에 초대하기도 했다.²⁸

샤흐트를 도우려고 한 국무부의 노력은 효과가 있었다. 그는 처음에는 유죄가 인정되었지만 뒤에 무죄판결을 받았다. 이에 대해 소련 판사는 격노했다. 또한 몬태규 노먼이 영국 판사인 제프리 로렌스를 통해 어떤 식으로든 재판 진행에 영향을 미쳤다는 의혹도 있었다. 아마도 영국 사회의 끼리끼리 계급에 대한 집착이 이러한 행위에서 한몫 했을 것이다. 미국의 판사인 프랜시스 비들은, 로렌스가 샤흐트는 **인격자**로 추켜세운 반면 다른 피고인들은 **깡패**로 깎아내렸다고 그의 일기에 적었다.²⁹ 노먼의 의붓아들이자 작가인 페레그린 워손은, 노먼이 뉘른베르크 재판에서 샤흐트에게 교수형이 선고되지 않아 크게 안도했다고 회상했다. "그는 샤흐트가 전쟁범죄를 저질렀다고 생각하지 않았다. 그러나 전후에는 어떤 사람이 저명한 나치와 대화를 나눈 사이였다는 것만으로도 배신자로 몰릴 수 있었다. 그럼에도 그는 전쟁 전처럼 전쟁 직후 공포 시기에도 샤흐트를 옹호하기로 마음먹었다." 뒷날 프리실라 노먼은 남편이 샤흐트의 재판 결과에 영향을 미치려 했다는 사실을 분노하며 부인했다.³⁰

흥미롭게도, 워손은 노먼과 샤흐트가 전쟁 기간에 서로 소통하고 있었다고 믿는다. 그것이 사실이라면, 자연스럽게 BIS가 그 창구였을 것이다. "노먼은 샤흐트와 맺어온 그 이상한 관계를 심지어 전쟁 중에도 유지했다. 제1차 세계대전 기간에도, 그리고 제2차 세계대전 기간에도 자본가들의 세계에서 전쟁 같은 것은 없었다. 은행가들은 그 시스템을 전쟁 중에는 냉동실에 보관해두었다. 두 사람이 서로 소통하고 있었다는 기록은 전혀 남아 있지 않을 것이지만 노먼이 정부 모르게 그와 만났다는 것은 확실하다."³¹

독일 당국과 법적 다툼을 하면서 몇 년 더 고생을 한 뒤, 샤흐트는 마침내 모든 혐의를 벗었다. 그는 개발도상국들에 대한 투자 고문역을 맡고 개인 은행인 샤흐트&Co.를 설립함으로써 돈벌이가 되는 제2의 인생을 시작했다. 1951년에 샤흐트는 얼떨결에 이스라엘을 방문하기도 했다. 그가 탄 비행기가 이스라엘 로드 공항에 잠시 머무르게 된 것이다. 샤흐트와 그의 두 번째 부인 만시는 비행기에 남아 있으려 했지만 결국 아침을 먹기 위해 안내를 받아서 공항 구내식당으로 갔다. 샤흐트 부부는 이스라엘 경찰에 여권을 건넸고 취재진은 사진을 찍어댔다. 그의 아내는 너무 긴장해서 먹지를 못했고 그래서 샤흐트가 아내 몫까지 먹었다. 웨이터는 독일어로, 샤흐트가 제국은행에 있을 때의 **총재님**이라는 경어를 사용하면서 아침 식사가 괜찮았는지를 물었다. 웨이터는 샤흐트에게 그가 프랑크푸르트에서 왔으며 고향이 그립다고 말했다. 그는 샤흐트의 사인을 요청했고, 샤흐트는 사인을 해주었다. 샤흐트 부부는 아무 문제 없이 이스라엘을 떠났다. 그러나 히틀러의 은행가가 체포되지 않고 유대 국가를 통과했다는 뉴스가 나오자 이스라엘 의회에서는 분노가 터져 나왔다.[32]

11장

불사조처럼
살아나는 독일

나는, 효과적인 유럽 통합 없이는 독일 문제의 영구적인 해법은 없다고 본다.[1]
- 존 맥클로이 독일 주재 미국 고등판무관, 1950년 런던에서 연설

　미국이 마셜 플랜을 통해 자금을 공급하고 BIS가 금융과 기술 면의 전문지식을 제공하는 것에 힘입어 통합된 유럽을 향한 뜀박질이 거침없이 계속되었다. 1949년 10월에 폴 호프먼은, 마샬 플랜을 관리하는 유럽협력국의 실무 책임자로서, 파리에서 아주 중요한 연설을 했다. 그는 성장하고 있는 서유럽 국가를 경제적으로 통합하여 대륙 규모의 자유시장을 형성하고 이 국가들의 '성장, 재정, 통화정책'을 조율할 것을 요구했다.[2] 이것은 정부들이 지출과 세금, 그리고 이자율을 조화시켜야 한다는 것, 다시 말해서 유럽합중국으로 나아가야 한다는 것을 의미했다.

　BIS의 영향력 있는 경제고문인 야콥센도 이에 동조했다. 야콥센은 새로운 유럽경제가 자유시장에 바탕을 두어야 한다고 믿었다. 자급자족, 국가통제, 가격 제한의 시대는 끝났다. 민간 부문과 공공 부문의 이상적인 혼합경제는 전자가 약 80%를, 나머지를 후자가 차지하는 것이었다. 우선 과제로 삼아야 할 것은 금융 재건과 무역·지급시스템의 재구축이었다. 정치와 경제의 자유는 번영을 보장한다. 복지 수준은 시장경제와 양립할 수 있는 선에서 결정되어야 한다.[3]

　야콥센은 또한 전후 유럽의 문제를 연방주의 원칙에 따라 해결하는 방

향을 선호했다. 전쟁 동안 그는 덜레스와 영국 외교관들을 자주 만나서 초-국가주의의 장점을 설득했다. 비록 지금은 대부분의 권력을 국가 수준에서 행사하고 있지만 말이다. 야콥센은 1946년에 자기의 생각을 공표했다. 그는 펜실베니아에 있는 게티스버그대학에서 **유럽의 재교육**이라는 거창한 제목으로 강연을 했다. 독일 문제는 오로지 유럽 문제의 일부로서만 해결될 수 있다. 전후 유럽은 다양성을 통해 번영하겠지만, 국가에 대한 단순한 충실성을 넘어서는 새로운 충성심이 필요하다.[4] 1930년대와 마찬가지로 기술관료들은 자기들이 전문 분야를 가장 잘 알고 있다고 믿는다. 그러나 그들의 야망은 1930년대보다 훨씬 더 거창하다. 그 야망이란 유럽의 대중들이 원하든 원하지 않든, 새로운 초국적인 금융, 경제, 정치 구조를 도입하는 것이다.

마셜 원조는 공짜가 아니었다. 유럽은 소비자주권과 대량소비가 특징인 미국 모델을 바탕으로 사회를 개조해야 했다. 호프먼의 선전 부문은 팜플렛, 포스터, 전단지, 라디오 프로그램, 심지어 순회 인형극까지 제작하여 미국인들의 생활방식을 찬양했다. 그들은, 교외의 집, 자동차, 그리고 수많은 가전제품으로 대표되는 아메리칸 드림이 미국식 자유의 확장을 통해 실현할 수 있을 것이라는 전망을 제시했다.[5] 핵심은 미국식 생산방식에 바탕을 둔 생산성 향상을 국경을 넘어서는 자유시장에서 구현하는 것에 있었다.

이를 구현하려면, 그리고 돈이 자유롭게 흐르게 하려면, BIS를 중심에 둔 새로운 국제결제 메커니즘을 창설해야 했다. 이는 1947년에 프랑스, 이탈리아, 벨기에, 네덜란드, 룩셈부르크가, BIS가 관리하는 다자 지급협정(파리협정)에 서명하면서 시작되었다. 1년 뒤에 유럽 역내 지급·상계·결제협정이 체결되었다. 여기에는 유럽 열여섯 개 정부와 프랑스, 영국-미국 점령지역의 독일 대표, 그리고 잠깐 존재하다 이탈리아에 편입된 트리에스테 자유 지역이 서명했다. 미국은 절차가 빨라지기를 바랐다. 1985년부터 1993년까지 BIS의 사무국장을 역임한 알렉산드르 람파루시 회고에 따르면, 워싱턴은 유럽중앙은행들에 대해서 포괄적인 다자 지급 결제시스템을 창설하라고 밀어붙였다. 미국은 "제발 양자 거래를 멈추고 다자 거래를 시작하라"고 요구했다.[6] 미국의 요구를 현실적으로 따를 수밖에 없었던 유럽은, 마샬 플랜 기금에서 3억 5천만 달러의 기여를 받아 유럽지급동맹EPU을 창설했다. 1950년에 설립된 유럽지급동맹은 유럽 역내교역에 영향을 끼치던 규제 덤불을 단숨에 없앴다. 유럽지급동맹 회원국들은 자국의 수출 대금에 대해 상대국이 그 나라 통화로 결제를 하더라도 이를 받아들인다는 데에 모두 합의했다. 두 나라 사이의 지급 차액은 유럽지급동맹 기금과 상계되었기 때문에, 차액을 받거나 주는 주체는 상대국이 아니라 유럽지급동맹이었다. 유럽지급동맹에는 스칸디나비아 나라들을 제외한, 서유럽의 여러 나라와 그리스, 아이슬란드, 스위스, 영국, 터키 등 18개 나라가 가입했다. 유럽지급동맹은 사무취급 대리인으로 BIS를 지명했다. BIS는 유럽지급동맹의 은행업무를 지원하고 유럽지급동맹 명의의 계좌를 터주며, 유럽지급동맹의 기금을 관리했다.[7] 람파루시는 유럽지급동맹이 '지급결제 부문의 유럽연합'이라고 말했다(유럽지급동맹EPU은 비거주자에게만 적용되었다. 거주자에 대한 통화 통제는 유지되었다).

1950년대 초에 리처드 홀은 잉글랜드은행에서 일했다. 그는 잉글랜드은행 총재가 정기적으로 BIS 회의에 참석할 때 회의에 필요한 브리핑 문서를 작성하는 것을 도왔다. 1955년에 홀은 유럽지급동맹의 월말 결산과 보고서 작성을 위해 BIS로 출장을 갔다. 거기에서 BIS의 전시 행적에 대한 논의는 없었다고 그는 회상했다. "BIS가 가장 잘한 일의 하나는(잘한 일이라고 할 만한 것이 있다면), 전쟁을 견뎌낸 것이다. 이는 워싱턴에서 BIS를 위해 열심히 로비를 한 벨기에 은행가 모리스 프레어 덕이 컸다. 그는 언젠가는 쓸모가 있을지도 모르는 BIS를 청산해서는 안 된다고 주장했다. 바젤에 있는 사람은 누구랄 것도 없이 BIS가 전쟁 중에 한 일의 윤리성에 대해 깊이 고민하지 않았는데 당시로서는 그럴 수밖에 없었다. 그것은 일을 은폐하는 문제가 아니었다. 바젤에 있는 누구에게든 전시의 일은 긴급하게 다뤄야 할 실제적인 관심사가 아니었다. 그들에게 중요한 문제는 재건과 복구 사업을 잘 진행하여 무역과 지급 결제가 앞으로 잘 이뤄질 수 있도록 노력하는 것이었다."[8]

BIS는 내부적으로는 유럽지급동맹에 대해 분명한 태도를 결정하지 않았다. BIS는 다자간 지급 메커니즘을 힘들고 버거운 일로 간주했다.[9] BIS는 자유무역과 태환가능한 통화의 존재를 중요하게 생각했다. 그러나 정치적으로는 유럽지급동맹이 BIS에게 매우 값어치가 있었다. BIS의 미래가 보장된 것은 대부분 유럽지급동맹 덕분이었다. BIS와 유럽통합 프로젝트는 서로 얽혀 있었다. BIS는 경제 통합에 필요한 복잡한 기술적 절차를 처리할 수 있는 유일한 기관이었다. 통합된 유럽으로 가는 길목마다 BIS가 거기에 있을 것이다.

1951년에 프랑스, 서독, 이탈리아, 베네룩스 국가들은 파리조약에 서명하여 유럽석탄철강공동체ECSC를 설립했다. 이 공동체는 석탄과 철강의 공동시장을 창출했다. 무미건조하게 들리는 명칭을 가진 이 기구는 사실 중요한 발전의 산물이었다. 이제 유럽석탄철강공동체는 석탄과 철강 시장을 규제했는데, 이는 이 공동체가 회원국에 대한 규제 권한을 가진 초국적인 기관이 되었다는 것을 의미했다. 유럽석탄철강공동체의 설계자이자 총재인 장 모네는 새로운 이 기관을 국민국가라는 낡은 관념을 초월하는 조직으로 보았다. 유럽석탄철강공동체의 설립은 그 이후 수십 년 동안 이어질 어떤 패턴을 만들었는데, 이것은 오늘날에도 여전히 살아있다. 모네는 국가주권을 상위의 기관에 넘기는 일을 깊게 생각해야 하는 정치적 절차가 아니라 경제적 또는 기술적 조치로 간주했다. 실제로는 정치적 절차임이 분명함에도 말이다.

모네는 기술관료들에 의한 통치라는 개념을 일찍부터 받아들였다. 프랑스의 경제학자이자 외교관인 모네는 제1차 세계대전이 끝난 1918년 이후 BIS를 탄생시킨 시대의 베테랑이었다. 코냑 판매 상인의 집에서 1888년에 태어난 모네는 잠시 가족회사를 위해 일하면서 런던 금융가에서 지내기도 했다. 제1차 세계대전 동안 그는 영국과 프랑스의 선박 운송을 조정하여 효율을 극대화하는 일을 맡아서 했다. 1919년에 모네는 프랑스 상무부장관의 보좌관으로 파리평화회의에 참석했다. 제1차 세계대전의 대학살을 경험한 모네는, 같은 세대의 많은 사람들처럼 확신에 찬 국제주의자로 거듭났다. 모네는 국제연맹의 창립을 도왔고 나아가 사무차장을 맡았다. 그러나 국제연맹의 느리고 번거로운 의사결정에 실망한 데다, 가족 사업도 어려움에 빠져 도움의 손길을 바라고 있던 터여서 그는 다시 상업으로 돌아갔다.

오늘날, 모네는 존경의 뜻을 담은 **유럽연합의 아버지**로 불린다. 모네의 생각은 우리가 살아가는 세계의 틀을 만들었고 앞으로 수 세대에 걸쳐 그렇게 할 것으로 보인다. 현재 유럽의 많은 사람들은 그의 생각을 신성한 것으로 떠받든다. 모네에 대한 기억은 건물, 장학금, 상, 연구회와 뉴욕대학교 로스쿨에 있는 국제·지역 경제법과 정의를 위한 장 모네 센터 등에 남아 있다. 모네의 아이디어는 유럽 통합 연구라는 완전히 새로운 학문 분야를 만들어 냈다. 72개 나라 785개 이상의 대학에서 장 모네 프로그램을 개강하는데, 거기에서 해마다 1,650명의 교수들이 2만 5천 명의 학생들을 가르친다.[10] 그렇다면 누가 모네의 생각에 영향을 끼쳤는가? 그 답은 파리, 브뤼셀이나 또는 전쟁으로 황폐해진 유럽에 있지 않고 1920년대와 30년대에 모네가 일했던 월 스트리트에 있다.

모네의 숨겨진 역사를 보면 낯익고 유력한 몇몇 이름들이 나타난다. 20세기 초 글로벌 금융가의 좁은 세계를 고려할 때, 이것은 흥미롭기도 하고 당연하기도 하다. 모네는 존 포스터 덜레스, 설리번&크롬웰에 연결되어 있었다. 그는 크래버스 법률사무소의 공동경영자인 존 맥클로이와도 연결되어 있었는데, 그 법률사무소는 IG 파벤의 미국 자회사인 제너럴아닐린&필름의 법률대리를 맡고 있었다. 모네는 심지어 스웨덴의 성냥왕이자 사기꾼인 이바르 크뤼거와도 연결되어 있었다.

모네는 1919년 파리평화회의에서 덜레스를 만났고, 두 사람은 가까운 친구가 되었다. 그들은 비슷한 엘리트주의 세계관, 민주적 책임성에 대한 무시, 그리고 돈벌이에 대한 열정을 공유했다. 덜레스가 상류 계급과 맺고 있는 광범위한 네트워크는 향후 수십 년 동안 모네에게 엄청난 도움을 준다. 1920년대에 모네는 미국의 금융회사인 블레어&컴퍼니의 경영을 책임졌다. 블레어&컴퍼니의 법률대리인은 존 맥클로이가 공동경영자로 있는 크래버스였는데, 이를 계기로 모네와 맥클로이는 친한 사이로 발전했다. 그 당시 많은 투자회사들과 마찬가지로 블레어&컴퍼니는 철저하게 부패했고 내부자 거래를 일삼았다. 모네의 수완으로 이 회사는 높은 수익을 가져다주는 고객 58명을 확보했다.[11] 또한 모네는 덜레스, 그리고 체이스은행을 포함한 몇몇 미국 은행들과 협력하여 폴란드 경제의 안정을 위해 일했다. 모네는 이때의 경험을 통해서 한 나라의 경제를 살릴 수도, 죽일 수도 있는 초국적 금융의 힘을 일찌감치 이해했다. 블레어&컴퍼니가 뱅크오브아메리카에 흡수합병되어 자회사가 되었을 때 모네는 샌프란시스코로 옮겨 가서 그 새로운 자회사를 운영했다. 1929년 대공황 때 회사의 주식 가격이 곤두박질친 것을 계기로 모네는 유럽으로 돌아왔다.[12]

스웨덴의 성냥왕이자 사기꾼인 크뤼거가 파산하자 덜레스는 모네를 스톡홀름으로 보내 크뤼거에게 돈을 빌려준 미국 채권자들의 이익을 보호하게 했다. 1933년에 스웨덴에 싫증을 느낀 모네는 중국으로 건너가 중국개발공사를 설립하려는 중국 정부를 도왔다. 그 회사는 통신과 인프라를 개발하기 위한 것이었다. 그 뒤 모네는 미국으로 돌아와서 맨해튼에 자리잡은 큰 아파트로 이사했다.[13] 존 포스터 덜레스는 모네에게 자기의 가까운 친구인 은행가 조지 머네인과 함께 사업을 시작해보자는 제안을 했다. 덜레스는 그를 '그가 알고 있는 사람 가운데 가장 똑똑한 한 명'이자 '친한 친구'라고 소개했다.[14]

사실 모네와 머네인은 제1차 세계대전 이래로 서로 알고 지내왔다. 머네인이 프랑스의 미국 적십자사에서 일했던 것이 서로 아는 계기가 되었다. 머네인은 리·히긴슨의 공동경영인이었다. 이 보스턴 투자회사는 크뤼거에게 돈을 빌려주었다. 또한 이 회사의 런던지점에서는 토마스 맥키트릭이 일하고 있었다. 덜레스는 모네와 머네인에 대해서 "나는 오래전부터 이들이 이상적인 조합을 만들 것이라고 생각해 왔다"고 썼다. 두 사람은 덜레스의 법률 서비스를 받으면서 새로운 국제 금융회사를 설립하기로 합의했다. 당시 설리번&크롬웰 법률회사는(특히 독일 사업에서) 많은 돈을 벌고 있었다. 덜레스는 그 법률회사에게 새로운 회사인 모네,머네인&컴퍼니에 투자해볼 것을 제안했다. 설리번&크롬웰은 25,000달러를 투자했고, 덜레스는 자기 돈으로 25,000달러를 더 투자했다.[15] 모네는 프랑스와 중국 사업에 집중했고, 머네인은 벨기에의 화학회사이자 IG 파벤의 사업 파트너인 솔베이&씨를 끌어안았다. 덜레스는 솔베이&씨의 미국 자회사를 위한 변호사였다.

제2차 세계대전이 일어났을 때 모네는 그의 인맥과 국제 협조에 대한 신념을 잘 활용했다. 그는 런던으로 파견 나가서 영국과 프랑스의 무기 생산을 감독했다. 그 뒤 그는 미국으로 가서 프랑스가 구매하는 무기와 항공기의 수량을 조절하고 미국 제조업자들을 독려하여 생산량을 늘리도록 했다. 모네는 틈틈이 '친한 친구' 덜레스와 만났다. 두 사람은 전후 유럽에 대해 같은 비전을 가지고 있었는데, 그것이 이제 바젤, 베를린, 그리고 워싱턴의 정책결정자들에 의해 구체적인 모습으로 드러나고 있었다. 1941년에 덜레스는 전쟁 전의 국민국가 체제로 다시 돌아갈 수는 없을 것이라고 썼다.

우리는 유럽 대륙의 정치적 재편을 모색해야 한다. 그 방향은 나라들의 연합 형태여아 힌다. 우리는 국민이라는 경계선을 따라 형성되는 자치 정부의 여러 통치수단을 인정해야 한다. 우리는 이것을 연방 원칙을 통해 보장할 수 있는데, 그런 면에서 이 원칙은 몹시 유연하다. 그러나 25개의 유럽 나라들을 완전한 독립 주권국가로 재구축하는 것은 정치적으로 어리석은 일이다.[16]

1942년에 덜레스는 국민 단위의 주권이 불가피하게 전쟁으로 이어졌다고 주장했다. "문제는 유럽의 경제 통합을 일차적으로 여러 나라의 소수 이기적인 정치인 그룹이 저지하고 있다는 사실이다…. 많은 정치인들은 주권이라는 과시적인 요소에 매달리고 싶어 한다. 그 결과 우리는 전쟁의 반복을 피할 수 없게 되고, 또한 지금도 분명히 그런 전쟁에 어쩔 수 없이 말려들고 있다. 그러한 상황이 지속하는 것을 우리가 그대로 두어야 하는가?"[17] 연방유럽에 대한 덜레스의 주장은 평화롭고 안전하게 살아가는 유럽에 대한 흐릿한 이상주의에 뿌리를 둔 것이 아니었다. 오히려 그것은 냉철한 현실주의에서 나왔다. 그는, 미국의 군사적·지정학적 이해의 보호, 소련에 대한 방어벽의 건설, 그리고 전쟁 이전에 월 스트리트와 독일에 형성된 초국적 금융엘리트들의 연계를 보존하는 문제를 고려했다. 통합된 유럽은 이러한 목적을 달성하기 위한 최선의 수단이었다.

모네는 전쟁이 끝난 뒤 파리로 돌아와 존 포스터 덜레스와 함께 초국적인 프로젝트를 실현할 방안을 만들기 시작했다. 유럽석탄철강공동체ECSC는 오늘날의 유럽연합으로 가는 첫걸음이었다. 유럽연방 프로젝트는, 유럽연방의 금융 부문 대리인인 BIS와 마찬가지로, 은밀하게 운영되었다. 유럽석탄철강공동체를 설립하는 표면적인 이유는 전후 유럽에서 석탄과 철강의 생산·판매를 조절하고 독일과 이웃 국가들 사이의 경제 협력과 화합의 새로운 정신을 이끌어 내어 미래에 일어날지도 모르는 전쟁을 막자는 것이었다. 진짜 이유는 독일 철강의 지속적인 지배력, 카르텔의 이해, 알프리트 크루프와 같은 사람들의 권력을 보장하는 것이었다. 크루프의 산업 제국은 노예 노동을 강제하여 8만 명을 죽음으로 내몰았다. 이 때문에 감옥에 간 크루프는 모네의 절친한 친구 존 맥클로이 덕분에 겨우 풀려났다.

석탄왕과 철강왕은 독일 경제기적의 설계자인 루트비히 에르하르트조차 겁을 먹게 했다고 네델란드 정치인 엘러 자일스트라는 회고했다. 자일스트라는 1966년부터 1967년까지 잠시 총리를 지냈고 그런 다음에

BIS의 총재 겸 이사회 의장으로 임명되어 1981년까지 재임했다. 퇴임 뒤 8년이 지난 다음, 유럽이 단일통화 도입을 준비하고 있을 때, 자일스트라는 긴 시간의 인터뷰를 통해 유럽 통합 프로젝트의 비밀스런 역사에 대해 스스럼없이 얘기했다.[18] 유럽석탄철강공동체는 **정치적 실험**이었고 근본적으로 **불가능한 일**이었다고 그는 말했다. 독일은 **의심의 여지없이** 유럽석탄철강공동체를 독일의 강철과 석탄 카르텔을 보호하기 위한 우산 조직으로 간주했다.

자일스트라는 1950년대 대부분을 네덜란드 경제부장관으로 근무했다. 장관으로 취임한 다음 몇 달이 지나서 그는 네덜란드 최대의 석탄·철강 무역업자를 시찰했다. 그 무역업자는 자일스트라에게 독일의 석탄·철강 거물들이 매우 강력해서 사실상 국가 속의 국가라는 사실을 알려주었다. 그러면서 그 무역업자는 그들의 마음을 상하게 해서는 안 된다고 자일스트라에게 조언했다. 두 달 뒤, 자일스트라는 거물들의 초청을 받아 독일의 산업 중심지인 루르를 방문하여 그들을 직접 만났다. 와인과 식사 대접을 받은 그는 거물들의 마음을 상하게 하지 말라는 얘기를 거기에서도 들었다. 당시 30대 중반이던 자일스트라는 겁에 질리지 않았다. 그는 석탄과 강철 귀족들에게 시간을 내준 것에 감사를 표시하고 네덜란드로 돌아갔다.

자일스트라는 유럽석탄철강공동체의 실체가 무엇인지를 보았다. 그것은 독일의 철강, 석탄 생산자들의 카르텔이었다. 그들은 자기들에게 유리한 방향으로 가격을 설정했다. 유럽석탄철강공동체는 철강과 석탄이라는 중요한 전략산업의 운영을 위해서 독일뿐만 아니라 다른 회원국들의 규제 권력도 제거했다. 그리하여 자일스트라는 곧 에르하르트와 충돌했다. 이 독일 경제학자의 자유무역에 대한 헌신은 국가 자체의 이익과 석탄·철강 귀족들의 이익이 관련되어 있을 때는 열정이 떨어졌다. 자일스트라는 에르하르트를 책망하면서, "당신은 자기 신념에 충실하지 않다"고 따지듯 말했다. 에르하르트는 그러한 비난에 대해서 변명하지 않았다. 그는 오히려 어깨를 움찔하며 자일스트라에게 말했다. "동지여, 우리는 모두 죄인이다!" 자일스트라는 다음과 같이 회상했다. "이러한 논쟁에서 루르의 석탄, 철강 산업자본가들은 그들의 공동체에서 그 구조를 확장하여 유럽체제로 발전시킬 수 있는 가능성을 보았다. 그들은 자유무역주의자가 아니었고 한 번도 자유무역주의자였던 적이 없었다."

앞서 살펴본 바와 같이 하버드 플랜에 따르면, BIS 총재 맥키트릭은 1944년에 독일 산업자본가들을 만나서 전략정보국OSS과 국무부가 그들을 지원해주는 문제를 협상하고 있었다. 맥키트릭은, 전후 독일 산업자본가들이 미국에 협력한다면 그들의 산업은 보호를 받을 것이며 지금까지와 같이 이익도 보장받게 될 것이라고 약속했다. 유럽석탄철강공동체는 맥키트릭과 독일 산업자본가들이 약속한 내용의 틀에 완벽하게 들어맞는다.

자일스트라는 모네를 잘 알고 있었다. 그는, 이 프랑스 기술관료가 선출되지 않은 권력이었지만 그럼에도 정부들(서독 정부를 포함하여)에 영향력을 행사하여 방향성을 제시할 수 있었다고 말했다. 문제가 발생하면, "모네는 정부들을 찾아가서 그들이 무엇을 해야 하는지를 얘기해주었다. 모네는 국민 단위의 정부들을 넘어서는 막강한 권위를 가지고 있었다…. 그는 확실히 외교부장관이나 심지어 총리까지도 수시로 방문했다. 그의 힘은 매우 강력했다."[19] 모네의 힘은 여러 원천에서 나온다. 그는 대단한 카리스마를 가졌고 설득력이 있었으며 날카롭고 엄밀한 지성을 갖췄다. 무엇보다도 모네의 뒤에서 존 포스터 덜레스, 앨런 덜레스, 존 맥클로이,

그리고 미국 정부가 받쳐주고 있었다.

장 모네나 전시 영국 총리인 처칠과 마찬가지로 미국의 정계나 정보기관의 다수는, 유럽이 통합되면 다시는 전쟁으로 나아가지 않을 것이라고 믿었다. 이는 미국이 유럽 전쟁에 다시는 끼어들지 않아도 된다는 것을 의미한다. 독일은 유럽통합 프로젝트에 묶일 필요가 있었다. 독일은 유럽안정의 방파제로서, 그리고 철의 장막 반대편에서 떠오르고 있는 소련 세력에 대한 대항력으로서 기능해야 했다. 마셜 플랜에 따른 원조는 연방유럽으로 나아가는 진도에 발맞추어 이뤄졌다. 따라서 미국은 전후 유럽 대륙의 정치구조에 막대한 영향력을 행사할 수 있었고, 실제로 그렇게 했다.

1948년 5월에 800명의 대표단이 유로피안 무브먼트라는 운동 조직을 만들기 위해 헤이그에 모였다. 처칠이 의장을 맡은 이 조직의 궁극적은 목표는 유럽을 연방 형태로 통합하는 것이었다. 이 운동 조직의 사무총장은 전시 폴란드 망명 정부의 고문이었던 조제프 레팅어였다. 같은 시기에, 앨런 덜레스와 윌리엄 도노번은 그들의 전략정보국 인맥과 전문지식을 이용하여 통합 유럽을 위한 미국위원회ACUE를 설립하고 있었다. 미국위원회의 역할은 유럽 연방주의자들에게 자금을 지원하고, 하버드 플랜과 같은, 전쟁 중에 갈고닦은 새로운 심리전 기법을 사용하여 유럽의 통합을 추진하는 것이었다.

도노번은 미국위원회의 의장으로, 앨런 덜레스는 부의장으로 임명되었다. 전략정보국의 승계 조직인 중앙정보부CIA의 월터 베델 스미스 부장도 이사회에 이름을 올렸다. 1949년에서 1960년 사이에 미국위원회는 3백만 달러가 넘는 돈을 유로피안 무브먼트에 제공했다. 이 돈은 위원회 총 예산의 절반 이상의 규모였다. 정보기관의 역사를 전문으로 하는 리처드 올드리치 교수가 지적하듯이 유로피언 무브먼트의 임직원에는 적어도 네 명의 미국 중앙정보부 직원이 포함되어 있었다. 도노번은 유럽석탄철강공동체의 창설을 강력하게 추진했다. 그는 미국과 유럽 정치인들에게서 탄원서를 받아 언론에 공개하고 의회 의원들에게 연방주의를 선전하는 활동을 이끌었다.[20] 워싱턴에서 나오는 메시지는 일관성이 있었다. 그것은 유럽이 단결해야 한다는 것이다. 1950년 4월에, 존 맥클로이는 런던에서 널리 인용되는 연설을 했다. 그 내용은 독일 문제는 경제와 정치 요인들의 결합에 의해서만 해결할 수 있다는 것이다. 맥클로이의 주장은 1946년의 팔 야콥센 논의와 같은 맥락에서 나왔다. "사실, 우리는 독일 문제를 통합된 유럽이라는 큰 그림 속에서 보아야 해결의 실마리를 찾을 수 있다…. 이러한 경제 요인들은 곧바로 정치 요인으로 이어진다. 더 자유로운 교역 흐름과 유럽 시장의 발전을 보장하기 위해서는 효과적인 정치 기구가 필요할 것이다." 맥클로이는 논의를 끝맺으면서, "효과적인 유럽 통합 없이는 독일 문제의 영구적인 해결은 불가능하다"고 말했다.[21]

파리에서 워싱턴에 이르기까지, 전후 유럽 연방주의를 추구하는 여러 위원회와 운동 조직은 자기들을 새롭고 혁신적이며, 새 시대에 걸맞은 참신한 접근법을 제공하는 기구라고 자화자찬했다. 그러나 그들은 옛날 사업방식에 깊이 젖어 있었다. 그들이 적합하다고 생각하는 대로 세상을 바꾸겠다고 하면서도 유력한 인사 몇몇이 모여서 겨우 식사나 하는 그런 방식 말이다. 전쟁 중에 앨런 덜레스는 전후 유럽의 경제 질서에 대한 계획을 짜기 위해 맥키트릭과 야콥센을 만났다. 장 모네는 존 포스터 덜레스와 함께 유럽 통합에 대한 그의 사상을 가다듬었다. 야콥센은 베를린으로 가서 전후 유럽경제에 대한 미국의 계획을 에밀 풀에게 알려주었다. 풀은 BIS 이사이자 전쟁범죄자이며 제국은행의 부총재이기도 했다.

이러한 논의들은 모두 비밀에 부쳐졌다. 거기에서 나온 계획들이 오늘날의 세계를 다른 형태로 바꾸어 놓았더라도 말이다. 유럽 통합 프로젝트에 미국이 개입하면서 비밀주의와 은밀한 행동의 전통은 1960년대까지 이어졌다. 1965년 6월 11일에 미국 국무부는 유럽경제공동체EEC의 프랑스인 총재인 로베르 마졸랭에게 메모를 보낸다. 그 내용은 통화동맹을 공개 토론 없이 추진할 것을 권고하는 것이었다. 국무부는 메모에서 '통화동맹 제안을 어쩔 수 없이 수용'하게 될 때까지 토론을 자제할 것을 마졸랭에게 충고한다.[22]

새로운 초국적 유럽석탄철강공동체가 초국적 은행을 필요로 한다는 것은 자연스러웠다. 1954년에 유럽석탄철강공동체는 미국과 1억 달러의 차관을 협상하고 있었다. 그 돈은 석탄과 철강 프로젝트에 투자하기로 예정되어 있었다. 미국 정부는 이 공동체 설립을 세게 밀어붙였지만, 그렇게 많은 돈을 빌려주는 것은 꺼렸다. 유럽석탄철강공동체는 새로운 조직이었다. 그 조직이 몇 년 뒤에는 사라져버릴지 누가 알겠는가? BIS가 구원의 손길을 내밀었다. BIS는 유럽석탄철강공동체와 미국 사이에서 중개자 역할을 하면서 대출을 관리하고자 했다. 만약 1억 달러의 상환일에 이 공동체가 더는 존재하지 않는다면, BIS가 그 돈을 책임지고 회수하여 미국에 상환할 것이다. BIS의 개입으로 미국 재무부는 안심하고 대출을 승인했다. BIS의 도움 덕분에 유럽석탄철강공동체는 이제 국제 금융시장에서 신용을 얻을 수 있게 되었다.

이듬해에 BIS는 창립 25주년을 기념했다. BIS는 재빠르게 움직여서 전후 글로벌 금융시스템에 적응했다. 이는 높은 수익성으로 나타났다. 1950년에서 1959년 사이에 BIS의 자산과 부채는 4.7배 증가했고, 주로 중앙은행들이 맡기는 금 예치 규모는 14배, 그리고 통화 예금은 4배 이상 증가했다. BIS는 여느 때처럼 신중했다. 복잡한 전쟁 시기에 비해, 새로운 평화의 시대에는 은행을 경영하기가 훨씬 쉬웠다. 1955년에 독일 국가은행BdL은 프랑스 중앙은행에 1억 달러를 빌려주려고 하고 있었는데, 선거의 해라 국내에서 비난이 일 것을 두려워했다. BIS는 독일 국가은행에게 한 가지 제안을 했다. 그것은 서로 양해하는 가운데 독일 중앙은행이 BIS에 예금을 하면, 그 돈을 그대로 BIS가 프랑스은행에 대출해 주는 방식이다. 그러한 거래 내용은 계약서에 나타나지 않는다. 전쟁의 승자인 프랑스가 패전국인 독일에게서 그렇게 많은 돈을 빌려야 한다는 사실은 마샬 플랜이 효력을 발휘해서 독일 경제가 재건되었다는 것의 증거였다.

자기의 미래에 대해 새로운 자신감을 갖게 된 BIS는 세계의 여러 정부에게 엄격한 정책 처방을 내리기 시작했다. 야콥센은 여전히 물가 상승의 폐해에 대해 큰 소리로 떠들고 있었다. 1956년 연차보고서에는 "인플레이션 심리를 제거해야 한다"는 요구가 들어있었다.[23] 또한 BIS는 전후 유럽의 여러 정부가 시작한 중요 공공사업 프로그램의 비용을 비판했다. 이러한 프로그램은 생활 수준, 주택과 공공서비스의 양과 질을 높이기 위한 것이었다. 야콥센은 1956년 연차보고서에서 "이 모든 활동과 관련하여, 정부들은 먼저 인플레이션을 유발하는 방식의 자금조달을 삼가야 한다"고 경고했다. "그러나 보통은 이것만으로는 충분하지 않다. 만약 민간 경제에서 생산적인 목적의 투자를 높은 수준으로 이뤄내고 유지하고자 한다면(이는 확실히 국가들에게 유리할 것이다) 다른 부문의 자원 요구는 합리적인 한도 내로 제한되어야 한다. 그리고 이것은 많은 경우에 공공지출을 줄여야 한다는 것을 의미한다."[24] 선출된 권력도 아니고 설명책임도 없으며 비밀로 가득한 금융기관이 민주 정부에 대한 정책 처방을 내리고 있었다.

이것이 야콥센의 마지막 보고서였다. 그는 1956년에 BIS를 떠나서 국제통화기금의 경영진에 합류했다. 많은 동료들은 그의 결정에 놀랐다. 정치 동학이 재정적, 정치적 유럽 통합을 향해 나아가고 있다는 것은 분명했다. 이러한 통합이야말로 BIS를 필요로 한다. 그리고 그 프로젝트는 잘 돌아가고 있었다. 유럽은 안정되어 있었고 평화로웠다. 무역과 산업 생산은 기록을 깨고 있었다. BIS의 미래는 탄탄대로가 확실했다. BIS가 운영하는 유럽지급동맹은 매우 성공적이었다. 1959년에 이르러 서유럽 통화들은 서로 자유롭게 상대국 통화와, 그리고 미국 달러와 교환할 수 있게 되었다.

국제통화기금은 그때까지도 자기 역할이 무엇인지를 찾고 있었다. 영국의 베테랑 은행가이자 BIS 이사회의 옛 의장인 오토 니마이어는 야콥센에게 국제통화기금은 미래가 없으며 그곳에서 시간 낭비만 하게 될 것이라고 얘기했다. 그러나 야콥센은 BIS에서 25년을 보낸 뒤라 이제 다음 단계로 나아갈 때가 되었다고 느꼈다.

다음 단계로 나아가는 국제은행가는 야콥센만이 아니었다. 1956년에 에릭 워버그는 브린크만,비르츠&컴퍼니에 공동경영인으로 참여했다. 은행의 소유주이자 BIS의 이사인 루돌프 브린크만은 워버그에게 거만한 말투로 "나를 워버그 가문의 승계 은행으로 돌아올 수 있도록 허락해 준 데 대해 워버그 가문에 고맙게 생각한다"고 말했다. 워버그 가족과 그들의 옛 직원이었던 블린크만 사이의 불화는 해결되지 않고 있었다. 브린크만은 여전히 은행의 이름을 워버그로 되돌리는 것을 거부했다. 그는 은행 이름에 워버그라는 유대인계 이름을 넣으면 아랍 사업에서 손실을 볼 수 있다고 주장했다.

제국은행 부총재와 BIS 이사를 지낸 에밀 풀도 여행을 계획했다. 1954년에 풀은 미국 비자를 신청했다. 풀이 전쟁범죄로 유죄판결을 받았기 때문에 통상의 경우라면 그러한 신청은 곧바로 거절되었을 것이다. 그러나 중요한 국제은행가에 대해서는, 나치 금융가였다 할지라도, 예외의 규칙이 있는 듯했다. 풀은 오랜 친구인 맥키트릭이 일하고 있는 체이스은행을 자기의 신원보증 기관으로 제시했다. 미국 출신의 전쟁범죄 검사 토마스 도드는 풀의 옛 상사인 풍크의 재판 때 법정에서 체이스은행이 풀에게 뉴욕의 일자리를 제안한 적이 있다고 말했다.[25] 체이스은행이 그러한 제안을 다시 하기를 원했을 가능성이 크다. 베를린 주재 미국 총영사는 풀의 비자 신청에 대해 다음과 같이 썼다. "주목할 사실은 총영사관은 심사 과정에서 풀에게 비자를 발급해주어서는 안 된다는 특별한 근거를 발견하지 못했다는 점이다. 풀은 뛰어난 독일의 은행가의 한 명이며 몇몇 유명한 미국 은행가들의 초청으로 미국으로 건너가 중요한 논의를 하고 싶어 한다."[26] 풀이 미국으로 건너갔는지, 건너갔다면 누구와 만났는지는 공표되지 않았다.

영국 첩보요원 도널드 매크래런은 IG 파벤의 미국 업무를 무너뜨렸고 전후 IG 파벤 제국을 수사했다. 그는 베를린에서 귀국하여 민간인 생활로 돌아갔다. 매크래런의 IG 파벤에 대한 분석은 지금 보아도 날카롭다. "IG 파벤은 독일이라는 한 국가 속의 또 다른 국가라는 이름을 얻었다. 결국 IG 파벤은 거의 국가 자체가 되었다."[27] 히틀러의 패배는 그저 일시적인 좌절일 뿐이라고 매크래런은 경고했다. 그의 생각은 나치 산업자본가들의 전후 계획과 풀이 맥키트릭과 나눈 대화를 정리한 레드하우스 보고서에 반영되었다. "이렇게 세련된 구조를 설계하고 과거의 모든 불확실한 상황을 철저하게 탐구했던 사람들은 젊은 후계자들을 남겨놓지 않고는 무대를 떠나지 않는 법이다. 젊은 후계자들은 우리가 물러나고 우리의 정열이 시들해지는 날을 기다려 흩어진 돈과 사람이라는 자원을 모아서 다시 한번 세계를 경제적으로 지배하려고 든다."[28]

　매크래런이 옳았다. 그 핵심 인물은 실제로 젊었고, 슈미츠보다 열아홉 살이 어렸다. 1930년대 초에 바젤에서 일한 바 있는 베테랑인 그는 BIS 이사회의 일원으로 과분한 환영을 받게 될 것이다.

12장
책상물림
살인자들의 귀환

우리가 블레싱(Blessing K.)을 만나다니 얼마나 축복(Blessing)인가.
- 1958년에 독일 연방은행 초대 총재로 임명된 칼 블레싱에 대한 미국의 견해[1]

뉴욕 연준이사회에서 15년을 일한 뒤인지라 찰스 쿰스Charles Coombs는 웬만해서는 경외심을 갖지 않았다. 그러나 그런 그조차도 1960년 12월에 열린 BIS 총재회의에서 드러난 금융 분야의 권력에 대해서는 감명을 받았다. 잉글랜드은행과, 프랑스, 독일, 이탈리아, 스웨덴, 벨기에, 네덜란드의 중앙은행 총재들은 바젤역 가까이에 있는 어떤 호텔의 한 방에 모여서 커피를 마시고 있었다. 그들은 풍모가 점잖고 서로 친근하게 대하고 있었지만 얼굴에 걱정스러운 빛을 띠고 있었다. 쿰스도 마찬가지였다. 당시 이들 중앙은행이 가지고 있는 달러를 모두 합치면 60억 달러였다. 브레턴우즈 체제에서 달러와 금의 교환 비율은 1온스 = 35달러로 고정되어 있었다. 런던 금값이 그 수준에서 머무르는 한, 그들의 달러 보유액의 가치는 안정적이었다. 그러나 그해 초 금값이 1온스에 40달러로 뛰어올랐다. 달러는 기축통화로서 성공했지만 그 때문에 희생자가 되었다. 시중에 유통되고 있거나 중앙은행이 준비금으로 보유하고 있는 달러의 양이 너무 늘어나서 달러를 금으로 상환(1온스 = 35달러의 비율)해 줄 수 없는 상황에 이른 것이다. 따라서 금에 대한 달러의 가치는 떨어지고 있었다. 중앙은행 총재들은 달러로 보유하고 있는 준비금을 금으로 바꿀 수 있겠지만, 그러한 움직임은 틀림없이 달러를 붕괴시킬 것이며, 글로벌 불안정을 부채질할 것이다.

쿰스의 회고록에 따르면, 중앙은행가들은 1961년 1월에 취임할 새로운 케네디 행정부의 금융 계획에 대해 쿰스에게 묻고 싶어 했다.[2] 쿰스의 회고록에는 바젤의 중앙은행 총재회의에서 합의된 비밀 거래의 내막을 들여다볼 수 있는 희귀하고 흥미로운 내용이 들어있다. 중앙은행 총재들은 "그날 걱정투성이었다. 그들은, 자기 나라 외화보유액의 가치를 방어해야 할 직무상의 의무와 달러를 금으로 바꿈으로써 촉발될 달러 위기에 대한 공포 사이에서 당장 한쪽을 선택해야 했기 때문에 굉장한 스트레스를 받고 있었다."[3] 모든 것이 쿰스의 대답에 달려 있었다. 만약 쿰스가 중앙은행가들을 안심시킬 수 있다면, 달러는 신뢰를 유지할 것이다. 쿰스가 그렇게 할 수 없다면 세계적인 금융위기가 일어날지도 모른다.

중앙은행가들은 안심했다. 쿰스는 새로운 미국 정부가 1온스 = 35달러로 금 평가를 확고히 유지할 것이며 국제수지 적자를 줄이기 위해서도 노력할 것이라고 약속했다. 총재들은 그의 약속을 환영하면서, 앞으로 그나 연준의 대표가 바젤의 모든 회의에 옵저버 자격으로라도 참석해 줄 것을 요청했다. 설립된 지 30년이 지난 BIS에 대해 미국은 여전히 공식적으로는 거리를 두고 있었다. BIS 총재들 가운데 세 명은 미국 출신(게이츠 맥거러, 레온 프레이저, 토마스 맥키트릭)이었다. 그러나 연방준비제도는 BIS 설립 당시에 배정된 주식을 일절 인수하지 않았다. 쿰스는 영광스럽게도 일요일 저녁 총재 식사 자리에 초대되었다. "그 자리는 신성한 지성소였는데, 보통의 경우 하급 직원들은 아무도 참석할 수 없었다."

쿰스는 1960년부터 1975년 은퇴할 때까지 정기적으로 총재회의에 참석했다. 그는 국제결제은행에서 보내는 시간을 즐겼다. 쿰스는 보통 뉴욕 연준이사회가 끝난 뒤인 목요일 오후에 뉴욕을 떠나 취리히로 가는 비행기를 타기 위해 곧바로 아이들와일드 공항(현재의 존 F. 케네디 공항)으로 갔다. 그는 금요일에 취리히에 도착한 뒤, 바젤로 가서 BIS에서 가까운 슈바이저호프 호텔에서 묵었다. 호텔에는 그가 항상 이용하는 방이 있었다. 쿰스는 금요일 밤부터 뉴욕으로 돌아가는 비행기를 타는 월요일 아침까지 주말 내내 회의와 토론에 참석했다. 이것은 진을 빼는 일이기도 했지만 시차 피로가 곧 사라질 정도로 즐거움을 주는 일이기도 했다. "중앙은행 총재들이 유럽의 모든 수도와 오타와, 뉴욕, 도쿄에서 바젤로 모였다. 우리는 오랜 친구들과 인사를 나누었고 세계 금융시장에서 실제로 무슨 일이 일어나고 있는지에 대한 내막에 귀를 기울였다. 그때는 여행의 피로가 사라지는 것 같았다."

"긴장감이 도는 금융 문제를 조용하고 비밀스럽게 논의할 피난처를 찾는 중앙은행가들에게 바젤은 안성맞춤의 회의 장소였다." 공식회의 사이사이에, 중앙은행가들은 그들의 개인 사무실 사이로 난 복도를 왔다 갔다 하다가 "반대 방향으로 지나가는 동료를 만나면 항상 멈춰 서서 악수를 했다." BIS 회의는 장시간 여행을 보상해 줄 만큼 참석할만한 가치가 있다고 쿰스는 썼다. 그 회의는 "새로운 아이디어와 접근법에 대한 조용한 시험장을 제공할 뿐만 아니라 일이 잘못 돌아가기 시작할 때는 조기경보시스템 기능도 한다"고 쿰스는 덧붙였다. 특히 저녁 식사 자리는 '값으로 따질 수 없는 기회'를 만들어준다. "식사 자리에서 이야기를 하다 보면 제시된 아이디어나 접근법이 사람들의 관심을 받을지 그렇지 않을지를 어림짐작으로 알 수 있었다"고 쿰스는 회상했다.

중앙은행가들은 오랫동안 결혼 생활을 유지해온 부부처럼 서로 맞은편의 마음을 읽을 수 있었다. "어느 기술 분야에서든 전문가들은 지식과 경험을 공유하는 동료 전문가들과 어울릴 때 깊은 만족감을 느끼는 법이다. 중앙은행 총재들은 어떤 발표를 하지 않더라도 모두 당면한 문제에 명확하게 초점을 맞추었다. 문장들은 종종 미완성으로 끝났지만 그들은 모두 직감으로 뒤에 무슨 말이 올지를 알았다. 거의 불가사의한 방식으로, 그들은 적절한 기술적 해결책을 동시에 생각해냈다. 우리 가운데 낭만적인 국제주의자는 없었다. 그러나 우리는 국익이 대립하고 있다는 사실을 분명히 이해할 수 있었기 때문에 우리의 마음은 본능적으로 직업적인 협력에서 생기는 진정한 동지애로 서로 다가갔다."

쿰스는 특히 독일 연방은행(독일의 새로운 중앙은행)의 총재인 칼 블레싱에게서 깊은 인상을 받았다. 블레싱은 '돋보이는 역할'을 수행했다.

그는 젊었을 때 BIS의 직원으로 일했다. 한번은 그가 나에게, 1930년대 초에 바젤에서 국제 금융 협력의 붕괴를 지켜보았던 때의 괴로운 기억을 말한 적이 있다. 이제 그는 마르크의 신뢰 유지를 책임지고 있는 독일 연방은행의 총재로서, 세계 금융에 대해 그가 맡은 책임을 용기와 안목을 가지고서, 그의 거대한 권위를 행사하고 있다. 쾌활하고 의연한 인물인 블레싱은 바젤회의 내내 힘과 사기의 변함없는 원천이었다. 나는 그를 그 시대의 진정한 위인으로 생각했다.

블레싱은 정말 그 시대의 위인이었다. 비록 쿰스가 생각했던 방향은 아니었지만 말이다. 연방은행Bundesbank 총재는 서독의 새로운 지배계급을 상징했다. 그런데 그 계급의 다수는 나치 독일을 다스렸던 바로 그 사람들이었다. 옛 나치당원들이 은행과 금융 분야, 군사, 정보 기관, 행정부의 고위직을 새로 맡거나 옛 직위를 그대로 유지했다. 콘라트 아데나워 총리의 국가안보 고문을 지낸 한스 글롭케는 뉘른베르크 반유대법의 작성을 도왔다. 서독 정보기관의 책임자를 지낸 리하르트 겔렌은 전시 동부전선의 군사정보국장이었다. 동부전선에서 독일군과 나치 친위부대는 수십만 명의 민간인을 학살했다. 앞서 살펴본 바와 같이 IG 파벤의 이사들은 재빨리 돈벌이가 좋은 사업으로 되돌아왔다.

이 사람들의 유감스러운 과거는 거의 논의되지 않았다. 그리고 블레싱 역시 자기의 과거사를 능숙하게 다시 썼다. 그가 1930년대에 BIS에서 일했던 것은 맞다. 그렇지만 그가 국제 금융협력의 붕괴를 지켜볼 때의 **괴로운 기억**을 가지고 있다는 것은 웃기는 얘기이다. 그는 제국은행 상부의 지시로 국제 금융협력의 촉진이 아니라 파괴를 목표로 BIS에 입행했다. 블레싱은 1930년에 '제국은행이 BIS에서 어떻게 행동해야 하는지에 대한 의견'이라는 비망록을 작성했다. 비망록에는 독일인 BIS 직원들에게 첫째, 배상금 지급이 '완전히 유토피아적'이라는 논리를 펼 것, 둘째, BIS가 수용할 수 없는 요구 조건을 내걸 것, 셋째, 영 플랜을 좌초시키기 위해 BIS의 합법성을 토대부터 무너트릴 것을 요청하는 내용이 들어 있다.

블레싱은 1934년에 독일로 돌아와 경제부의 보좌역으로 일했다. 그 뒤, 그의 후원자인 샤흐트는 그를 제국은행으로 데려와 최연소 이사로 임명했다. 블레싱은 나치에 대한 충성심을 소리 높이 외치면서 다음과 같이 선언했다. "국가사회주의자의 경제와 금융 정책은 자유와 평등 정책과 마찬가지로 행동의 법칙을 우선으로 삼아야 한다. 앞으로 아무도 이 행동의 법칙을 우리 손에서 빼앗아 가지 못할 것이다."[4] 블레싱은 나치당에 가입했다. 그는 그 보상으로 1938년의 오스트리아 합병 이후 오스트리아 중앙은행을 흡수하는 일을 맡았다. 나치를 진정으로 믿는 자에게 그것은 즐거운 일이었다. "오스트리아 합병 기념일부터 세 달이 지났지만, 우리는 그날을 잊지 못할 것이다. 이 짧은 시간 동안 우리는 두 경제를 통합하여 깨지지 않는 하나로 주조하는 것을 목표로 모든 수단을 동원하여 실행에 옮겼다."[5]

블레싱은 남보다 생각도 앞서는 사람이었다. 1938년 11월, 독일 유대인들에게 크리스탈나흐트 대학살 비용으로 100만 라이히마르크의 벌금을 물렸을 때, 그는 유대인들이 현금 마련을 위해 정부 채권을 팔아버리지 않을까, 그리하여 금융시장이 고꾸라지지 않을까를 걱정했다. 해법은 제국은행이 유대인 소유의 유가증권 판매를 1,000 라이히마르크로 제한하는 것이었다.

이듬해(1939년) 블레싱은 샤흐트와 함께 제국은행을 떠났다. 블레싱도 히틀러의 재무장 지출을 비판하는 이사들의 각서에 서명한 바 있다. 하지만 옛 BIS 직원인 블레싱은 눈치 빠른 생존자였다. 그는 재빨리 샤흐트의 후임 총재인 풍크의 환심을 사려고 했다. 풍크의 승인을 얻어서 블레싱은 제국은행 자문위원회의 위원으로 돌아왔다. 블레싱은 어찌어찌해서 제3제국의 최고위층 모임에서 활동했다. 그는 나치 산업자본가들의 모임인 힘러크라이스의 38명 모임에 참석했다. 힘러크라이스는 폰 슈뢰더의 J.H. 슈타인은행에 있는 특별계좌 S를 통해 나치친위대 대장 힘러에게 자금을 보냈다. 블레싱은 힘러가 직접 안내하는 가운데 단체로 강제수용소를 두 번 방문했다. 블레싱은 나중에 힘러크라이스 모임에 대해 "나는 그것을 단지 맥주를 마시는 저녁 정도로 생각했다"고 말했다.[6]

블레싱의 중요성은 그가 나치친위대에 기부한 돈에만 있는 것이 아니었다. 그는 지적이고 세련된 전형적인 기술관료였는데, 나치 정권을 위해서도, 그리고 전쟁이 끝난 뒤 독일의 경제적 이익을 계속 유지하기 위해서도 꼭 필요한 존재였다. 독일계 유대인 작가이자 철학자인 한나 아렌트는 홀로코스트를 조직한 관료들을 **책상물림 살인자들**이라고 묘사했다.

그들은 죽음 구덩이 위에 서 있는 벌거벗은 희생자들에게 총을 겨누거나 가스를 방출하기 위해 손잡이를 당기지는 않았다. 그들은 그저 도장을 찍고, 종이 조각을 한 정부 부처에서 다른 부처로 옮기고, 돈을 계속 돌게 했을 뿐이다. 그러나 그들 없이는 제3제국은 기능할 수 없었다. 블레싱도 역시 책상물림 살인자였다.

1939년 4월, 블레싱은 유니레버 독일 자회사의 이사회에 결합했다. 유니레버는 유지(油脂)를 제조하는 영국-네덜란드계의 대기업이었다. 이듬해 독일은 네덜란드를 침공했는데, 블레싱은 독일 제국 전역에서 유니레버의 이익을 관리하는 세 명의 감독관 가운데 한 명으로 임명되었다. 한편, 독일 공군 사령관이자 4개년 계획 담당 장관인 헤르만 괴링은 중부 유럽과 발칸 반도에서 비축 원유를 수탈하기 위해 콘티넨탈오일이라는 회사를 설립했다. 이것은 블레싱의 마음에 꼭 드는 프로젝트였다. 그는 유럽 동부와 남부에 있는 독일 동맹국(크로아티아, 헝가리, 루마니아, 불가리아)의 중요성을 알고 있었다. 블레싱은 이들 국가들을 나치의 경제적 패권과 원자재 공급을 보장하는 수단으로 보았다. 다뉴브는 미래의 강이며, 석유와 곡물이 이 강을 통해 독일로 흘러 들어갈 것이라고 그는 말했다.[7]

제국은행 총재인 풍크, IG 파벤의 하인리히 뷔테피쉬와 함께 블레싱은 콘티넨탈오일의 이사로 임명되었다. 크리스토퍼 심슨이 지적했듯이, 제3제국의 원유회사 설립은 사업가들과 은행가들의 승리를 상징했다. 나치 친위대 주변의 강경한 나치 사상가들은 국가 통제, 정부 소유권, 특히 중요한 전략 산업들에 대한 중앙집권적인 계획경제를 원했다. 그러나 샤흐트와 블레싱 같은 비즈니스 엘리트들은 민간 경제를 좀 더 중시하는 접근 방법을 선호했다.[8] 그들은 독일이 세계시장을 지배해야 하지만 국가가 모든 측면을 통제할 필요는 없다고 믿었다. 콘티넨탈오일 회사에 그 답이 있었다. 이 회사는 정부가 뒷받침하는 독점체로서 동유럽의 오일산업을 인수했다. 이때, 도이체방크의 헤르만 압스는 금융서비스를 제공했다.

콘티넨탈오일도 IG 파벤과 마찬가지로, 약탈, 착취, 노예노동, 살인을 바탕으로 건설되었다. 나치의 원유 제국이 동쪽으로 확장할 때 콘티넨탈오일은 제3제국 강제수용소의 재소자, 게토 노동자, 감옥 죄수들의 노동력을 가장 많이 이용하는 회사의 하나였다. 이 회사는 폴란드에서만 최소 열 개의 강제수용소 공장을 운영했다. 나치친위대는 거기로 노동자들을 빌려주었다. 예를 들어, 우크라이나에서, 콘티넨탈은 하루 임대료로 남자 노동자는 5 즈워티(폴란드 화폐), 여자 노동자는 4 즈워티를 나치친위대와 독일 경찰당국에 지급했다. 노예 노동자의 평균 기대수명은 3개월에서 6개월 사이였다. 콘티넨탈 수용소가 폐쇄될 때, 많은 재소자들이 총살당했다. 1943년 3월에 보리소프 수용소가 폐쇄될 때 800여 명의 수감자들이 생존해 있었다. 적십자사의 기록에 따르면, 약 80명의 남성과 20명의 여성만이 스몰렌스크로 탈출했고, 나머지는 처형되었다.[9]

콘티넨탈오일의 재무담당 이사로서 블레싱은 인간의 죽음을 회사의 이익으로 연결하는 중심 역할을 했다. 그는 자기 회사가 동부에서 새로운 회사를 인수하는 것을 감독했다. 그는 회사의 **급여 지급**도 관리했다. 회사가 지급하는 급여의 많은 부분은 나치친위대가 강제수용소 공장에 노동자를 빌려준 데 대해 지급하는 임대료와 관련이 있었다. 이들 노동자 가운데 일부는 베를린에 있는 회사 본부 건물을 새로 짓는 데에 동원되기도 했다. 블레싱과 회사 관리자들에게는 안 된 일이지만, 반쯤 굶주리고 정신적 충격까지 받은 노동력의 생산성은 그다지 높지 않았다. 바로 1945년 3월 말에, 블레싱의 부하 직원 한 명은 독일과 폴란드 국경에 있는 상(上) 실레지아의 작업이 "생산성이 낮은 강제수용소의 재소자들을 사용"하는 바람에 지연되고 있다고 불평했다.

블레싱은 전쟁 말기에 체포되어 수감되었다. 연합국은 그를 전쟁범죄로 기소할지 말지를 아직 결정하지 못하고 있었다. 그는 마땅히 기소되어야 했다. 그러나 블레싱의 배후에는 덜레스와 맥키트릭이라는 강력한 우군이 있었다. 나치 은행가들과 산업자본가들은 서방이 독일 경제를 재건하기 위해서는 그들을 필요로 할 것이라고 믿었다. 이러한 그들의 믿음은 옳았다. 정의와 현실 정치가 부딪힐 때 덜레스는 후자가 승리하리라는 것을 확인해 줄 것이다.

1945년 7월, 미국 점령당국은 덜레스에게 "재건 독일의 정부에서 직책을 맡을만한 능력과 정치적 실적이 있는 사람"의 명단을 작성해 줄 것을 요청했다. 1차 명부가 신속하게 제출되었다. 그러나 가을에 이르러, 이제 전략정보국OSS의 베를린 지국을 운영하고 있는 덜레스는, 적절한 독일 은행가들에 대한 더 자세한 정보를 얻었다. 이의 대부분은 맥키트릭에서 나왔을 것이다.

1945년 9월, 덜레스는 새로운 화이트리스트(블랙리스트의 반대말로 위험이나 위협이 없는 인물)를 제출했다. 그것은 A와 B라는 두 가지 범주로 나뉘었다. A 명단에는 **부처의 고위직**에 적합하다고 판단한 세 명의 이름이 있었다. B 명단에는 **국장이나 실장 정도의 좀 더 낮은 직위**에 추천한 다섯 명의 이름이 들어 있었다. A 명단에는 BIS 은행 부문의 책임자였던 에른스트 휠제가 들어 있었다.[10] 덜레스는 휠제가 '외국의 은행 관계자들과 폭넓은 인맥'을 쌓고 있고, 유대인 아내를 두고 있으며, 무엇보다 분명한 반나치주의자라고 소개했다. 휠제는 영국 점령지역의 제국은행에 배치된 다음, 노르트라인-베스트팔렌 주정부의 중앙은행 총재로 임명되었다.

B 명단의 첫 번째 이름은 칼 블레싱이었는데, 덜레스는 그를 '국제무역

에서 풍부한 경험을 쌓은' '뛰어난 사업가이자 금융 전문가'라고 설명했다.[11] 덜레스는 콘티넨탈오일 회사에서 블레싱이 수행한 중심적인 역할에 대해 잘 알고 있었다. 미국인 첩보단장은 그 회사를 '유럽 전역의 독일 통제 원유회사들을 조정하기 위해 설립한 정부소유 지주회사'로 묘사했다. 덜레스는 그의 추천이 문제가 될 경우를 대비했다. 콘티넨탈오일 회사에서 일했다는 점 때문에 블레싱의 '정부 고위직' 자격에 문제가 있을 수 있다고 덜레스는 썼다. 그러나 블레싱이 그 일을 '강요에 의해' 했으며, 독일 저항세력과 만나고 있었다고 그는 언급했다. 또한, 덜레스는 블레싱이 나치당원이 아니었다고도 덧붙였다. 사실 블레싱은 1937년에 나치당에 가입했다. 미국 점령 당국은 블레싱의 나치당 활동 기록을 보관하고 있었다. 덜레스는 그 기록을 쉽게 볼 수 없도록 했다. 블레싱이 반나치 활동을 했다는 주된 근거는 1944년 7월에 발생한 히틀러 암살 계획의 참가자 명단에 그의 이름이 들어있다는 것이었다. 그때 블레싱은 차기 정부의 경제부장관 후보로 거론되었다. 음모 참가자들이 체포되었을 때, 발터 풍크는 블레싱을 보호했다. 그는 블레싱이 음모에 대해 아무것도 몰랐다고 게슈타포에게 말했다.

　블레싱은 과거의 악행을 숨긴 채 자기의 개인사를 다시 썼다. 나치 관련자들에게 이것은 예외가 아니라 법칙이었다. 기밀 해제된 전보들을 보면, 덜레스가 독일의 중요한 산업자본가와 과학자들을 구출하기 위해 오랫동안 계획을 세웠음을 알 수 있다. 1945년 1월에 덜레스는 독일 내에서 활동하고 있는 윌리엄 케이시에게 편지를 보냈다. 케이시는 1980년대에 CIA 국장을 맡게 되는 인물이다. 편지 내용은 다음과 같았다.

　독일의 중요한 산업자본가들과 과학자들은 피난처를 찾기를 원할 것이다. 그들이 바라는 곳은 스위스이다. 만약 스위스가 문을 열어주지 않는다면 그들은 유일한 대안으로 러시아를 향해 눈을 돌릴 수도 있을 것이다…. 조심스럽게 사전 대화를 해본 결과 스위스의 협력을 얻을 수 있을 듯하다.[12]

워싱턴의 모든 사람이 덜레스의 생각에 동의한 것은 아니다. 다음 달(1945년 2월), 엘리너 루스벨트 부인은 남편인 프랭클린 루스벨트에게 다음과 같이 썼다. "대통령 앞 메모. 파리에서 빌 도노번 팀을 지휘하고 있는 앨런 덜레스는 슈뢰더은행의 법률 고문이며, 그 은행과 밀접하게 맺어져 있다. 슈뢰더 은행은 전쟁이 끝난 뒤 지하로 들어간 나치의 이익을 지켜주는 대표자일 가능성이 높다. 파리에는 대기업과 꽤 가까운 사람들이 아주 많은 듯하다."[13] 대통령의 아내는 슈뢰더은행 네트워크의 중요성에 대해 확실히 잘 알고 있었다. 그 네트워크는 독일에서 시작해서, 폰 슈뢰더를 거쳐 런던과 뉴욕, 그리고 BIS에까지 뻗어 있었다. 그러나 1945년 여름에 프랭클린 루스벨트가 죽은 뒤, 루스벨트 여사의 의견은 워싱턴에서 거의 관심 밖으로 밀려났다.

블레싱은 전쟁범죄 기소를 면했다. 그는 앨런 덜레스의 도움으로 풀려나서 유니레버의 옛 직장으로 돌아왔다. 그는 유럽에서 급여를 가장 많이 받는 임원 축에 끼었다. 그의 연봉은 7만 5천 달러였다. 블레싱은 1958년에 중앙은행인 연방은행으로 옮겨갈 때 연봉이 5만 달러로 깎이는 것을 받아들였다. 그러나 권력과 명성은 줄어든 연봉을 충분히 보상하고도 남았다. 1960년대 초에 이르러 블레싱이 바젤 총재회의에 정기적으로 참석할 때, 그는 자기를 과거의 나치 저항세력의 일원으로 둔갑시켰다.

도이체방크의 헤르만 압스는 제3제국의 가장 유력한 민간은행가였다. 그의 이름은 덜레스의 A 명단에 없었다. 오히려, 그는 연합국이 작성한 블랙리스트의 앞자리에, 체포해야 할 중요한 나치 관리로 이름이 올라 있었다. 미국 점령지역에서는 금융 부문의 책임자인 버나드 번스타인 대령이 압스를 포함하여, 사실상 모든 나치 금융가들을 조준하고 있었다. 번스타인은 모든 은행가와 산업자본가들을 전쟁범죄 혐의자로 구금하라고 명령했다.

운 좋게도 압스는 영국 점령지역에 살고 있었다. 그곳에서 그는 오랜 친구인 잉글랜드은행의 찰스 건스턴을 만났다. 압스는 그를 1930년대에 바젤의 BIS 회의에서 만나곤 했었다. 건스턴은 영국 점령당국의 고위 관리였다. 그는 나치의 잔학 행위에는 전혀 관심이 없었다. 그의 온 신경은 은행들이 다시 돌아가도록 하는 데에 가 있었다. 건스턴은 압스에게 영국 점령지역의 은행시스템 재건을 도와달라고 부탁했다. 압스는 기꺼이 도와주었다. 번스타인은 격분하여 압스를 미국 점령지역으로 인도할 것을 요구했지만 건스턴은 거절했다. 그러나 그는 1946년 1월 초에 영국으로 돌아가고 말았다. 그러자 압스는 결국 전쟁범죄 혐의자로 체포되었다. 그는 세 달을 감옥에서 보낸 다음 풀려났고, 그 다음에 다시는 기소되지 않았다. 압스는 그의 오랜 친구인 건스턴과 맺은 약속을 이행하기 위해 은행시스템 재건에 힘을 쏟았다.

헤르만 압스처럼 칼 블레싱도 자기를 필요로 하게 될 시점을 확실히 알고 있었다. 1960년의 금 가격 상승으로 전후 금융시스템은 안정성의 토대가 흔들릴 위험이 있었다. 미국과 영국은 자기 나라 준비금의 가치를 보호하기 위해 런던 시장에서 공동으로 시장 개입을 하자고 제안했다. 블레싱은 서독의 준비금 가운데 일부를 잉글랜드은행에 제공하겠다고 재빨리 선수를 쳤다. 그러나 서로 조정을 했다고 하더라도 모든 국제 행동은 양자 합의를 필요로 할 것이고, 또 합의에 이르기까지 정부들의 지루한 협상이 이어질 것이다. 영국은 협조 개입을 조직하는 데 훨씬 더 간단한 방법이 있다고 미국을 설득했다. 그것은 BIS 중앙은행 총재회의를 통하는 것이었다. 총재들의 출신 나라와 미국이 보유하고 있는 준비금 합계액은 세계 전체의 80%를 차지한다. BIS 직원들은 그러한 아이디어에 적극적이지 않았다. 초국적 금융의 세계적인 선구자로서, BIS는 시장 힘의 우위에 대한 확고한 신봉자였다. BIS의 한 직원은 시장이 정치에서 물러나 있기 때문에 "특정한 금융정책이 끼칠 수 있는 폐해를 피할 수 있다"고 썼다.[14]

총재들은 시장개입에 대한 그러한 의문을 모두 무시했다. 1961년 11월에 런던골드풀LGP이 설치되었다. 미국, 서독, 프랑스, 이탈리아, 영국, 벨기에, 네덜란드, 스위스는 이 기금에 총 2억 7천만 달러를 출자했다. 이 기금은 브레턴우즈협정에 따라 달러의 평가를 금 1온스 = 35달러로 유지하는 데 사용될 예정이었다. 중앙은행들은 필요할 때 금을 사거나 팔아서 금 가격을 안정적으로 유지할 것이다. 그러나 기금에 참여한 중앙은행들은 공동기금이 존재하는 동안에는 런던 시장에서 직접 금을 사지는 않기로 합의했다. BIS 금 카르텔은 완전한 비밀을 조건으로 창설되었다. 그에 대해서는 심지어 공식적인 서면 합의서도 없었다. 거래를 마무리하는 데에 중앙은행 총재들의 말과 악수로 충분했다. 쿰스가 총재회의에 대해 언급한 바와 같이, "아무리 큰 돈의 거래를 하더라도 합의문에 서명을 하거나 양해각서를 작성하는 일은 없었다. 서로 구두 약속하는 것으로 충분했고, 결코 어떤 불미스러운 결과가 생기지도 않았다."[15]

잉글랜드은행은 런던골드풀의 통화 거래를 담당했다. 그러나 그 기능을 수행하기 위해서는 BIS가 필요했다. 잉글랜드은행은 매달 BIS에서 열리는 전문가그룹회의에 거래 내역을 보고했다. 전문가회의는 BIS 소속의 직원들을 포함하여 가맹 중앙은행에서 온 직원들로 구성되어 있었다.

그러나 결국 런던골드풀에 대한 정보가 새어 나갔다. 런던의 『타임즈』가 먼저 기사를 다루었고 『이코노미스트』가 그 뒤를 이었다. 런던골드풀은 잉글랜드은행의 분기보고서에 거래 계정을 상세하게 공개할 수밖에 없었다. 처음 5년 동안 런던골드풀은 잘 돌아갔다. 런던 금 가격은 1온스에 35.04달러와 35.20달러 사이에 머물렀다. 금 전문가그룹은 대응 영역을 외환시장으로까지 확장했다. 골드풀은 금·외환위원회로 바뀌었다. 이 위원회는 오늘날까지 존재하며 BIS 시장위원회로 알려져 있다. 위원회의 의제와 토의 내용은 공개되지 않는다.

바젤의 식사 자리를 통해 쌓은 상호 신뢰가 글로벌 금융시스템의 안정에 (특히 금융위기 동안에) 결정적인 역할을 하던 때가 있었다.

1963년 11월 23일은 바로 그런 날이었다. 존 F. 케네디 대통령의 암살 사건으로 주식시장에서는 투매가 일어났다. 그 뉴스가 날아왔을 때, 쿰스는 뉴욕 연준에서 일을 하고 있었다. 그는 충격과 공포를 느꼈지만, 당장 눈앞의 일, 곧, 즉각적인 달러 방어에 집중했다. 쿰스는 투매를 막기 위해 외환 거래의 중단을 생각했지만, 그러한 결정은 시행하는 데까지 시간이 많이 걸리고 정치적인 지원도 필요하다. 즉각적인 대책이 필요했지만, 외환시장을 폐쇄하는 것은 어쨌든 실현 가능하지 않다고 그는 판단했다. 외환시장 폐쇄는 오히려 공포와 절망의 신호로 받아들여질 수 있다. 그에 따라 달러와 금의 매도 광풍이 불 것이다.

쿰스는, 미국이 달러를 방어하기 위해 막대한 양의 다른 나라 통화를 파는 데에서 해법을 찾았다. 문제는 쿰스가 다른 나라 통화를 어디서 얻을 수 있느냐는 것이었다. 뉴욕 연준은 겨우 1,600만 달러 상당의 외국 통화를 가지고 있었는데, 거기에 주요 유럽 통화는 전혀 들어있지 않았다. 그는 외국 통화를 마련하기 위해 금을 팔 수 있었다. 그러나 대통령이 암살된 뒤에 미국이 보유 금을 판다는 소문이 일단 퍼지면 달러의 가치는 곧바로 곤두박질칠 것이 분명했다.

최선의 선택은 연준이사회FRB의 통화스와프 네트워크를 이용해서 외국 통화를 빌려다 파는 것이었다. 통화스와프란 A 중앙은행이 B 중앙은행의 통화(또는 제3의 통화)를 준비금으로 보유하는 것을 말한다. 통화스와프를 통해 A 중앙은행은 B 중앙은행의 통화를 사오지 않더라도 이를 인출할 수 있다. 이것은 훌륭한 해결책이었지만 시차라는 작은 문제도 있었다. 어떤 중앙은행이라도 상대 중앙은행의 승인 없이는 통화스와프를 이용할 수 없었다. 대통령은 오후 1시 30분에 총격을 당했다. 미국 동부의 표준시는 유럽보다 여섯 시간이 늦다. 쿰스가 긴급하게 연락을 해야 했던 유럽의 중앙은행 총재들은 사무실을 떠나 저녁 식사를 하러 가거나 집으로 가는 길이었다. 당시에는 휴대전화나 인터넷도 없었다. 중앙은행 총재들은 연락이 닿지 않았다.

쿰스는 이제 자기의 인생에서 가장 중요한 결정, 아니 도박에 직면했다. 그가 도박에서 진다면 그것은 그저 그의 경력이 끝나는 정도가 아니었다. 사람들은 그를 국가 위기 상황에서 달러를 파괴한 인물로 기억할 것이다. 자문을 받거나 상사의 도움을 받기에는 시간이 없었다. 달러 투매는 언제든 시작될 수 있었다. 달러 가치를 유지하기 위해 유럽 여러 나라 중앙은행 총재들의 사전 동의 없이, 또는 그들에게 알리지 않고 수억 달러 상당의 그들 나라 통화를 팔더라도 괜찮을까? 총재들이 그러한 매각을 인정하고 협력해 줄 것인가? 통화를 미리 매각해버렸는데, 총재들이 그에 항의하거나, 거래의 승인을 거절한다면 쿰스도, 달러도 모두 끝장날 것이다. 그는 총재들이 자기를 뒷받침해 줄 것이라고 판단했다.

오후 2시에 쿰스는 외환 데스크에 1,000만 도이치 마르크의 매도 주문을 내라고 지시했다. 또한 미국 연준의 대리인 역할을 하는 뉴욕 연방은행에 그러한 매도 주문이 더 뒤따를 것이라는 사실을 알리라고도 지시했다. 8분 뒤, 연준은 파운드화의 대량 매도 주문을 냈다. 보유 중인 네덜란드 길더와 스위스 프랑의 대량 매도 주문도 뒤따랐다. 한편, 캐나다 은행은 미국-캐나다 달러 환율을 안정시켰고, 연준은 이에 대응하는 조치를 했다.

오후 2시 30분, 쿰스는 시장에 다음과 같은 내용을 발표하라고 직원들에게 지시했다. 곧, 연준FRB은 달러를 방어하기 위해 외환을 무제한으로 매각할 것이며 필요하다면 외국 통화 스와프 제도를 활용하여 총 20억 달러 상당의 외국 통화를 마련한다는 것이다. 그제서야 쿰스는 뉴욕 연준 총재인 알프레드 헤이스에게 내용을 보고했다. 그사이 뉴욕 연준의 전화 교환원들은 다른 중앙은행 총재들을 찾고 있었다. 먼저 잉글랜드은행의 로이 브리지에게 전화가 연결되었다. 그는 쿰스를 돕는 데에 곧바로 동의했다. 브리지는 쿰스에게 원하는 모든 것을 요청해도 된다고 말했다. 독일 연방은행도 똑같이 협조적이었다. 다음 주 월요일에 연방은행은 프랑크푸르트 외환시장이 개장하자마자 달러 매수자 모습을 확실히 보여주었다. 베른의 스위스 은행가들은 연준이 이용할 수 있는 스위스 프랑 대출 한도를 1억 달러 상당액만큼 확대하는 데에 합의했다. 쿰스의 전략은 효과가 있었다. 주식시장은 회복세를 보였다. 월요일에 시장이 문을 열었을 때, 달러는 안정세를 유지했다.

BIS는 점점 강해지고 있었다. 1961년에 국제통화기금IMF 회원국 가운데 G10(대체로 BIS 회원국과 중복된다)으로 알려진 10개의 핵심 산업국가는 일반차입협정GAB을 창설했다. G10과 스위스(1992년까지 스위스는 국제통화기금에 가입하지 않았다)는 국제통화기금의 대기 차관으로 60억 달러를 따로 마련했다. 일반차입협정의 자금은 갑자기 단기자본 유출의 위협을 받는 국제통화기금 회원국이 사용하도록 예정되어 있었다. 2년 뒤에, 국제통화기금은 국제 통화시스템에 대한 상세한 연구를 시작했다. 국제통화기금은 BIS에게 금시장과 유로 통화시장에 대한 정보, 그리고 중앙은행들의 단기신용 처리 방식에 대한 정보를 제공해 줄 것을 요청했다.[16] 국제통화기금은 1964년에 보고서를 발표했다. 그 보고서에서 국제통화기금은 G10의 모든 중앙은행에게 그들의 화폐준비금에 대한 비공개 통계를 BIS에 보낼 것을 권고했다. 그러면 BIS는 이러한 데이터의 저장소 역할을 맡게 된다. 만약 한 나라가 준비금이 고갈되어 일반차입협정 제도를 이용해야 하는 상황으로 내몰린다면 BIS는 조기경보시스템 역할을 할 수 있다. 따라서 중앙은행 총재들이 BIS에서 갖는 일요일 저녁 식사 자리를 확대하여 캐나다와 일본을 포함시키는 것은 자연스러운 흐름처럼 보였다(캐나다와 일본은 GAB의 회원이었지만 1970년까지는 BIS에 가입하지 않았다). BIS는 국제통화기금의 핵심 회원국들이 참여하는 중요한 국제회의 하나를 워싱턴에서 바젤로 효과적으로 이전했다.

1964년에 유럽경제공동체EEC는 중앙은행가들의 통화정책을 조율하기 위해 총재위원회를 설립했다. 이 위원회는 유럽 통합 프로젝트의 본거지인 브뤼셀이나 연방은행의 소재지인 프랑크푸르트가 아니라 BIS 본부에 자리잡았다. BIS는 총재위원회에 긴요한 비서 업무나 관리 업무를 지원함으로써 도움을 주었다. 이듬해인 1965년에, BIS는 1930년대의 독일 투자, 곧 영 플랜에 따른 대출의 처리 방향에 대해서도 합의를 이끌어냈다. 제국은행은 1945년 4월에 전쟁이 끝날 때까지 원금과 이자를 꼬박꼬박 지급했다. 20년 만에 독일은 대출에 대한 이자를 다시 지급하기로 합의했지만 원금 상환은 1996년 이후로 미루었다.

이 거래는 도이체방크로 돌아온 헤르만 압스가 중재했다. 압스도 칼 블레싱처럼 그의 나치 과거를 노련하게 분칠했다. 압스는 나치가 점령한 나라들에서 은행들이 약탈을 조직할 때 일정한 역할을 수행했고 IG 파벤 이사회의 이사로 재직했다. 그러나 이러한 사실은 전혀 거론되지 않았다. 압스는 제3제국에서 가장 유력한 민간은행가였으며, 새로운 서독에서도 비슷한 지위와 명성을 누렸다. 그는 또한 세계의 재무부와 총리실의 환영을 받는 손님이었다. 압스는 다임러벤츠, 연방철도공사, 루프트한자항공을 포함한 매우 많은 회사의 이사였는데, 이 때문에 **압스법**이라고 불리는 법이 통과되기도 했다. 이 법은 한사람이 가질 수 있는 이사 직위의 수를 열 개로 제한하는 내용을 담고 있다.

1963년에 야콥센이 국제통화기금에서 꼬박 7년을 일하고 나서 죽은 다음 압스는 야콥센 재단의 창립 후원자가 되었다. 공동 후원자 명단은 초국적인 금융 엘리트의 출석부와 같았다. 거기에는 세계은행의 전 총재 유진 블랙, 토마스 맥키트릭의 가정교사이자 엔스킬다은행의 부행장 마르쿠스 발렌베리, BIS의 전 사무국장 로제 오보앵, BIS의 베테랑 이사 루돌프 브린크만, 유럽 통합의 설계자 장 모네, BIS 총재 모리스 홀드럽과 같은 익숙한 이름이 들어 있다. 압스는 1994년 92세의 나이로 명예와 갈채 속에서 세상을 떠났다. 항상 비관적인 논조의 영국 신문인 『인디펜던트』에 쏟아진 부고 기사들은 압스를 동시대의 '뛰어난 독일 은행가'로 칭송했다. 압스가 독일 은행업이 모습을 갖춰가던 한 세기를 구현한 인물이라는 점에서 이는 어느 정도 진실을 반영한다. 비록 그 부고 기사가 작성자들의 아첨, 그리고 다른 의미의 진실을 반영하고 있지만 말이다.[17]

변화하는 환경에 항상 빠르게 적응해온 BIS는 1960년대에 새로운 기회를 발견했다. 대영제국 유지에 따른 경제적 부의 지속적인 유출과 영국 경제가 가진 일반적인 고질병으로 파운드화는 점점 취약해졌다. 그러나 파운드화는 다른 나라들(특히, 현재와 과거의 영연방 국가들)의 준비금이기도 했다. 그러므로 파운드화는 금값과 마찬가지로 안정되어야 했다. BIS는 최후의 대출자는 아니었지만 어려움을 겪는 중앙은행에 대한 대출은 주선할 수 있었다. 1966년 6월에 유럽의 몇몇 중앙은행, 뉴욕 연방준비은행, 그리고 BIS는 파운드화를 방어하기 위해 잉글랜드은행에 약 10억 달러의 대출을 해주기로 합의했다. 이것은 중요했는데, 대출 규모가 커서가 아니라 BIS가 중추적인 역할을 했기 때문이다. 프랑스와 미국의 자금을 제외한 나머지 모든 대출금은 BIS에 개설한 단일 계좌를 통해서 지급될 예정이었다. 이제 BIS는 세계 준비통화의 하나를 구제하기 위한 장기 전략을 조율하는 기관이 되었다.

중앙은행 총재회의가 불투명하기는 하지만 그래도 1968년 11월에 본에서 열린 G10의 우스꽝스럽고 노골적인 장면에 비하면 차라리 더 나은 편이다. 프랑스의 프랑화와 영국 파운드화는 절하 압박을 받고 있었지만 독일의 준비금은 40억 달러나 증가했기 때문에, 회의는 여느 때와 마찬가지로 어려울 것으로 예상되었다.

이때에는 여러 나라 재무부장관들이 주도권을 잡고 있었다. 중앙은행 총재들은 휴게실과 복도에서 대기하고 있을 수밖에 없었다. 파리와 런던은 마르크화의 재평가를 압박했지만 독일은 거절했다. 영국 재무부장관

로이 젠킨스는, 바젤에서 열린 중앙은행 총재회의에서는 마르크화의 재평가에 찬성하는 분위기였다고 언급했다. 그러자 칼 쉴러 독일 경제부장관은 블레싱 독일 연방은행 총재에게 따져 물었다. 쉴러는 블레싱에게 "무슨 권리로 외국 관리들과 자국 통화가치에 대해 논의했는지 알려달라"고 요구했다. 그는 1930년에 BIS가 설립된 이후 바젤에서 그런 논의가 이뤄져 왔고, 사실 그것이 BIS가 존재하는 주요 이유라는 사실을 모르는 듯했다. 쉴러는 자일스트라 BIS 총재에게 바젤 중앙은행 총재회의의 모든 자료를 제공해 줄 것을 요구했다. 자일스트라는 그를 향해 "글쎄요"라면서 정중하게 거절했다.

토론에서 밀려난 중앙은행 총재들은 탁구를 즐기거나 샴페인을 마시거나 점점 줄어드는 카나페 요리를 뒤적거리며 시간을 때웠다. 어느 순간 쿰스와 프랑스은행 총재는 웨이터의 쟁반 위에 놓인 프랑크푸르트 소시지 한 개를 동시에 발견했다. 그들은 소시지를 반으로 나누기로 했다. 회의장 밖에는 수많은 텔레비전 제작진과 기자들이 건물을 에워싸고 있었고, 성난 독일의 시위자들은 안쪽을 향해서 **마르크를 살려 내라**고 외쳐댔다. 사실 살려내야 하는 것은 프랑스 프랑화였다. 프랑화는 약 11%의 절하가 필요하다는 것이 대체적인 의견이었다.

자일스트라는 행동에 들어갔다. 그는 프랑에 대해 어떤 지원이 가능한지를 검토하기 위한 긴급 총재회의를 금요일 점심을 겸해서 소집했다. 자일스트라는 30분만에 20억 달러의 지원 약속을 확보했다. 결국, 프랑스의 대통령 샤를 드골은 프랑을 평가절하하지 않기로 결정했다. 대신 드골은 엄격한 외환 통제와 그 밖의 통화 제한을 도입했다. 이러한 규제와 제한은 1969년 봄까지 유지되었는데, 그때에 이르러 프랑스의 준비금은 다시 한번 고갈되기 시작했다. 새로운 투기 공격이 뒤따랐다. 프랑은 마침내 1969년 8월에, 본에서 논의했던 그대로, 11.1%가 평가 절하되었다.

1969년 12월에 칼 블레싱은 은퇴했다. 그의 친구들과 숭배자들은 그를 기리기 위해 잔치를 열었다. 블레싱은 모인 사람들을 향해서 자기의 은행 경력에서 **화폐 규율**이 항상 중심을 차지했다고 말했다. 참석자들의 다수는 블레싱과 마찬가지로 자기들의 불편한 과거의 일을 분칠한 사람들이었다. 블레싱이 12년 동안 충성을 바쳤고, 열정적으로 봉사했던 나치 정권은 순조롭게 해체되었다. 그럼에도 그는, "우리는 1945년까지는, 아니 1948년까지는 여래 개의 머리를 가진, 누구에게도 사랑받지 못한 제국은행이라는 괴물과 함께, 계속 쇠퇴의 길을 걸으면서 살아왔다"고 말했다.[18] 블레싱은 은퇴 뒤에 프랑스 남부에서 살 계획이라고 말했다.

이듬해인 1970년에 맥키트릭은 뉴저지의 한 요양원에서 81세의 나이로 세상을 떠났다. 『뉴욕 타임즈』는 그를 **세계의 금융가**로 묘사하면서 극찬하는 기사를 실었다. 맥키트릭은 1954년 은퇴할 때까지 체이스은행에서 일했다. 그는 그 뒤에 세계은행 사절단을 이끌고 인도로 갔다. 옛 BIS 총재는 벨기에, 이탈리아, 루마니아에서 훈장을 받았다고 기사는 전했다. 기사는, 맥키트릭이 나치 산업자본가들과 맺은 비밀 거래, 에밀 풀과 쌓은 우정, 나치가 약탈한 금을 그가 총재로 있던 BIS가 받아들인 사실은 언급하지 않았다.

노먼은 1950년에 죽었지만, 샤흐트는 계속해서 세계를 훑고 다녔다. 아시아와 아랍 국가들은 그의 더러운 과거에는 관심이 없었고 전문지식만을 환영했다. 하지만 샤흐트의 과거를 기억하는 사람도 있었다. 1960년 즈음에 샤흐트는 유대인계인 지그문트 워버그를 만났다. 샤흐트는 워버그가 필리핀 은행사업에 투자해주기를 바랐다. 만남의 분위기는 무거웠고 말이 별로 오가지 않았다. 샤흐트는 평소와 달리 긴장했고, 그의 말 중간중간에는 '요약하면'이라는 표현이 반복해서 끼어들었다. 워버그는 정중하게 들었으며, 샤흐트의 아이디어에 대해 심사숙고해보겠다고 약속했지만, 결코 그 아이디어를 따르지는 않았다.[19] 샤흐트는 1963년에 마침내 은퇴했고, 그의 두 번째 부인인 만치와 함께 뮌헨에서 살았다. 그는 만찬 정장 바지를 입으려다 미끄러져 심하게 다친 후유증으로 1970년에 죽었다.

  블레싱의 은퇴 생활은 짧았다. 1971년 4월, 그의 나이 71세 때 프랑스 오랑쥬에서 휴가를 보내다 심장마비로 죽었다. 죽은 뒤에도 그에 대한 신화와 거짓은 계속 떠돌았다. 『뉴욕 타임즈』는 기사를 통해 블레싱의 죽음을 알렸는데, 그 내용은 맥키트릭의 경력에 대한 것만큼이나 칭찬 일색이었다. 신문기사는 그가 유니레버를 떠난 다음에 "광물·원유 산업 분야에서, 잘 알려지지 않은 다양한 직책을 맡았다"고 썼다.[20] 나치친위대가 일당 몇 즐로티에 임대한 노예 노동자들은, 콘티넨탈오일이 설치한 강제수용소에서, 죽을 때까지 일을 하거나 처형되었다. 그에 대해서 신문기사는 한마디도 언급하지 않았다.

13장

솟아오르는 바젤탑

> 솔직히 말해서, 나는 정치인들은 딱 질색이다. 그들은 중앙은행 총재들에 비해 판단력이 떨어진다.
> - 프리츠 루트윌러, BIS 총재 겸 이사회 의장, 1982~84년[1]

1970년까지 루돌프 브린크만은 거의 20년 동안 BIS 이사회에서 일했다. 그는 은행 이름과 소유권을 놓고 워버그 가문과 격렬한 다툼을 벌였다. 이 독일 은행가가 다툼을 해결하는 데에 세계에서 가장 배타적인 클럽의 회원 자격은 별로 도움이 되지 않았다. 이제 70세가 된 에릭 워버그는 브린크만,비르츠&컴퍼니의 공동경영인 지위에 머물러 있었다. 그는 아직도 매일 아침 그의 사무실이 있는 건물로 출근했다. 워버그는 그 건물의 정당한 소유주가 예전이나 지금이나 그의 가족이라고 생각하고 있다. 워버그와 브린크만은 둘 다 은행의 아침 회의에 참석했고, 그 뒤에는 서로 상대방을 무시했다. 워버그는 이 모든 상황을 **참을 수 없다**고 말했다.

워버그 가족은 이 은행 이름을 바꾸자고 제안했다. 은행 이름의 앞자리에 누구 이름이 먼저 들어가야 하는지에 대해서 워버그 가족은 워버그를, 브린크만은 브린크만을 내세웠다. 결국 그들은 은행 이름을 바꾸지 못했다. 그러나 브린크만은 독일의 은행가들이 그에게 등을 돌리고 있다는 것을 느낄 수 있었다. 헤르만 압스는 이 난국을 스캔들로 묘사했다. 마침내 브린크만이 마음을 바꾸도록 한 사람은 아마 스웨덴 은행 가문의 야콥 발렌베리였을 것이다. 은행의 함부르크 본점을 방문한 발렌베리는 브린크만에게, 그가 1913년에 거기를 처음 왔을 때는 은행 이름이 M.M. 워버그&컴퍼니였지 오늘날처럼 브린크만,비르츠&컴퍼니가 아니었다고 말했다.

1969년에 브린크만은 마침내 항복했고, 은행 이름을 M.M. 워버그-브린크만,비르츠&컴퍼니로 바꾸었다. 이듬해 그는 BIS 이사회에서 물러났다. 브린크만은 1973년 12월 마지막 날에 84세의 나이로 새롭게 이름이 바뀐 그의, 곧, 워버그의 은행에서 은퇴했다. 전쟁에서 이긴 워버그 가족은 은행이 독일 연방은행 함부르크 지점에서 브린크만을 위한 송별회를 열 것을 제안했다. 잔칫날은 다음 해 1월 2일로 정해졌다. 양쪽은 브린크만의 경력과 50년에 걸친 길고 파란만장한 적대 관계를 품위 있게 청산할 계획을 세웠다. 하지만 잔치는 열리지 않았다. 에릭 워버그와 루돌프 브린크만이 독일 연방은행 건물로 걸어 들어갈 때, 브린크만은 갑자기 숨을 몰아쉬다 쓰러져 죽었다.[2]

샤흐트와 블레싱의 죽음과 나란히 브린크만의 죽음은 전후 시대가 끝나가고 경제가 현대화, 세계화 방향으로 이행하며, 새로운 세대의 중앙은행가들이 떠오르고 있다는 사실을 상징한다. 돈은 더 활발하게 움직이고, 시장은 더 빨리 반응한다. 더욱이 나라들은 이제 1930년에 BIS를 설립하던 때에는 상상할 수 없었던 방식으로 서로 연결되어 있다. BIS 본부는 센트랄반스트라세 7번지의 옛 그랑호텔사부아 건물에 있었는데, 몇십 년 동안 중앙은행 총재들에게 잘 봉사해 왔다. 그러나 그 건물은 원래 국제은행의 본부가 아닌 호텔로 지어진 것이었다. 그것은, 권력과 영향력이 빠르게 성장한, 그리고 유럽 통합 프로젝트의 중심에 서 있는 국제은행의 본부로 지어진 것이 아니었다. 1958년을 기준으로 BIS의 직원 수는

158명이었다. 1971년에 이르러 직원 수는 237명으로 늘어났다. 국제결제은행의 회원 수는 꾸준히 증가하고 있었고, 그 영향력도 세계의 구석구석에 미칠 만큼 커졌다. 스페인, 포르투갈, 아이슬란드, 남아프리카공화국, 터키, 캐나다, 호주, 일본의 중앙은행이 모두 회원으로 가입했다. BIS 회원 자격은 이제 신흥 경제국들의 자랑거리였다. 한 달 걸러 열리는 중앙은행 총재회의에는 중앙은행가들 뿐만 아니라, 총재가 항상 데리고 다니는 보좌 직원들, 그리고 중간 관리자들까지 참석했다. BIS는 이들까지도 맞이해야 했다.

    1972년, BIS에 복귀한 리처드 홀은 1992년에 은퇴할 때는 승진해서 사무차장이 되어 있었다. 홀은 처음에는 1955년부터 1956년 사이에 18개월을 BIS에서 일했고, 그런 다음 잉글랜드은행에서 유럽지급동맹으로 파견 근무를 나갔다. 그 시대는 이제 먼지 쌓인 역사책의 페이지들에서나 볼 수 있다. "그때는 사람들이 환율 통제나 금본위제와 같은 것들에 많은 시간을 쏟았다. 그러나 1956년에서 1972년 사이에 세계는 엄청나게 변했고, 그에 따라 BIS도 변했다"고 그는 회상했다. BIS는 살아남았고, 진화했으며, 이제는 세계에서 자기의 위상을 굳혔다. "BIS는 더 큰 자신감을 가졌다. BIS는 즉시 해결해야 할 전후 문제를 풀어나가면서 살아남았다. 그뿐만 아니라 BIS는 중앙은행 총재들에게 자기의 존재가 일을 조정하고 협의하는 장소로서, 때로는 정부들이 얼마나 끔찍한지에 대해 서로 상대방의 어깨에 기대어 눈물을 흘리기조차 하는 장소로서 유용성이 크다는 것을 성공적으로 보여주었다. 중앙은행 총재들은 그들의 걱정거리와 책임에 대해 서로 터놓고 의견을 나누고는 했다. 중앙은행가들은, '그래, 나도 마찬가지로 고민거리를 가지고 있는데, 이를 해결할 좋은 아이디어가 있는가'라고 말하고는 했다."[3]

BIS는 지역 건축가 마틴 버크하트에게 고객 맞춤형의 새로운 본부 건물 설계를 의뢰했다. 버크하트는 24개 층으로 이루어진 초현대적인 원통형 탑 모양의 건물 설계를 제시했다. 첫 번째 설계는 건물이 높다는 이유로 채택되지 않았다. 바젤시는 건물이 너무 높으면 역사성이 있는 스카이라인을 방해할 수 있다는 문제점을 제기했다. 설계를 수정하여 건물의 높이를 낮추었지만 이에 대해서도 반대하는 지역 주민들이 많았다. 그리하여 바젤시 전체의 주민투표가 실시되었다. 건물을 지지하는 쪽이 압도적 다수인 32,000표를 얻었고 반대파는 14,000표를 얻는 데 그쳤다.[4] 1973년에 BIS 건물 주춧돌이 놓였다. 국제결제은행은 1977년에 새로운 사무실로 이사했다. 이사는 필수적이라고 리차드 홀은 말했다. 이사에 대해서 "일부 직원들은 안타까워했지만, 다른 직원들은 지금이 좋은 때라고 생각했다. 그 낡은 건물은 한계가 있어서, 우리는 거기에서 뛰쳐나와야 했다. 우리는 더 많은 사람들을 위한 더 넓은 공간이 필요했다."

고루하고 비밀스러운 조직인 BIS가 세간의 이목을 끄는 본부를 선택하자 사람들은 놀랐다. 옛날 BIS로 가는 출입구는 초콜릿 가게 옆에 좁게 나 있어서 거의 눈에 띄지 않았지만, 센트랄반플라츠 2에 있는 새 건물은 높이가 18층이었다. 그 건물은, 우주로 날아가기 위해 발사를 기다리고 있는 로케트처럼, 바젤 시내를 내려다보며 위협적으로 솟아 있었다. 햇빛은 나란히 줄지은 청동색의 반투명 유리창들에서 반짝였다. 입구에는 회원국 은행들의 국기가 일렬로 서 있었는데, 마치 유엔 건물의 축소판 같았다. BIS의 원형 복도와 둥근 모양의 1970년대식 가구는 고리타분한 중앙은행가들에게 대담하지는 않더라도 꽤 멋스러웠다. 지금도 여전히 사용하고 있는 이 건물은 1970년대의 제임스 본드 영화에서 이식해온 것처럼 보인다. 건물 내부는, 냉혹한 눈의 악당이 갑자기 긴 고리 모양의 복도를 성큼성큼 걸을 듯한, 그러다가 방심하고 있는 방문객의 팔을 비틀어 비밀의 별관으로 끌고 갈 듯한, 영화의 한 장면과 같은 모습이었다.

BIS의 베테랑 직원들은 **바젤탑**이 사람들에게 알려지자마자 그에 대해 불평했다. BIS는 더 이상 보이지 않는 존재가 아니었다. 관광객들은 그곳에 들렀고, 지역 주민들은 세계에서 가장 영향력 있는 은행이 이제 누구나 볼 수 있도록 모습을 드러내 놓고 있다는 사실에 자부심을 느꼈다. 스위스 국립은행 총재(뒤에는 BIS 총재) 프리츠 루트윌러는 BIS의 새로운 건물을 전혀 인정하지 않았다. 옛 건물에서 루트윌러는 잉글랜드은행 총재가 옆 사무실에 있을 때는 이를 알아챌 수 있었다. 잉글랜드 총재가 복도를 걷고 문을 여는 소리를 그가 들을 수 있었기 때문이다. 이 건물이 유명해지자 루트윌러는 격분했다. 루트윌러는 동 세대의 많은 은행가들처럼 BIS의 업무란 모름지기 남의 이목을 끌지 않고 수행해야 하며, 그래야 성과도 더 높다고 믿었다. 그는 새로운 본사 건물에 대해서, "그것은 우리가 원하는 것이 아니다. 일이 나에게 맡겨진다면, 나는 그런 건물을 절대 짓지 않을 것이다"고 단언했다.[5]

새 본사는 멋스러웠을 뿐만 아니라 최첨단 기술을 받아들였다. BIS 관리자들은 일찍부터 국제금융을 위한 컴퓨터의 중요성을 깨달았다. 그들은 급속하게 세계화의 방향으로 나아가는 경제에, 데이터의 전송과 저장을 위한 더 빠르고 안전한 장치가 필요할 것이라는 점을 알았다. BIS는 은행들의 대외거래에 대한 자료 수집과 분석에서도 중심적인 역할을 맡을 것이다. BIS는 G10의 컴퓨터 전문가 그룹에게 사무국을 마련해주었다. 그들은 정보 전달과 자동 국제결제를 위한 전자시스템을 개발하고 있었다. 또한 BIS는 데이터 뱅크를 실험적으로 운영하여 중앙은행들에 거시경제 데이터를 제공했다. 이 모든 것은 높은 수준의 보안을 필요로 했다. 지금은 BIS의 안전과 보안 기준이 정부나 기업 본부들에 대해 표준 역할을 한다. 그러나 1977년에는 그러한 기준이 최첨단이었고 시대를 앞서 있었기 때문에 보편적이지는 않았다. 여전히 국제조약의 보호를 받는 BIS는 자주권을 비밀주의만큼이나 예민하게 지키고 있다. 따라서 BIS 건물 건축가들과 직원들은 생각할 수 있는 모든 사건에 대한 대응계획을 세우려고 노력했다. 이것은 필요한 설비를 모두 갖춘 가능한 한 자족적인 건물을 만든다는 것을 의미했다. 스위스 당국이 BIS 구내에 들어가려면 경영진의 허가를 받아야 한다. 최선은 스위스 당국이 BIS 직원들을 소환할 근거를 찾을 수 없도록 확실히 하는 것이다.

바젤탑은 지하에 있는 자체 방공호, 백업 기능을 갖춘(하나가 작동하지 않으면 다른 하나가 작동하는) 스프링클러시스템, 구내 의료시설, 그리고 문서를 보관할 수 있는 기다란 지하 복도를 자랑한다. 중앙은행 총재들을 제외한 대부분의 방문자들은 안내인 없이는 아무 데나 걸어다닐 수 없으며, 이방에서 저방으로 걸어가려고 해도 직원을 불러야 한다. 방문자들은 직원식당에도 들어갈 수 없다. 직원들은 매일 12시 30분부터 오후 2시까지 직원식당에서 점심을 먹는다. 그 시간대에 방문자들은 BIS를 떠나야 한다. 대규모 폐쇄회로티비CCTV 시스템을 통해 건물을 면밀히 감시하는 경비원들은 무단으로 서성이는 사람을 신속하게 건물 밖으로 내보낼 것이며, 산책하다 길을 잘못 든 사람도 아마 건물부지 밖으로 나가도록 안내할 것이다. 건물 꼭대기 층에는 최고급 레스토랑이 들어가 있다. 이곳은 틀림없이 출입이 제한될 텐데, 왜냐하면 여기에서 일요일 저녁에 중앙은행 총재들이 모여서 저녁 식사를 하기 때문이다. 루트윌러 총재 시절에 BIS 사무국장을 맡은 군터 슐레밍어는 레스토랑의 운영 목적이 "중앙은행 총재들을 위한 완벽한 클럽 하우스를 제공하기 위한 것"이라고 말했다. 또한 BIS 직원들도 바젤 가까운 곳에 테니스 코트와 수영장을 갖춘 자기들만의 호화로운 컨트리클럽을 가지고 있다.

바젤은 스위스에서 가장 중요하고 유서 깊은 도시의 하나이다. 그 한복판에 18층짜리 원통형 건물을 짓는 데에 많은 열정이 필요하리라는 점은 두말할 나위 없다. 특히 건물 내부에 들어가 있는 조직이 스위스 법의 관할이 아닐 때는 더욱 그러하다. BIS는 변화하는 환경에 재빠르게 적응하고, 진화하는 세계경제에서 자기 자리를 결정적으로 구축하면서 지금까지 생존을 이어왔다. 새 본부건물은 47살의 나이에 이른 BIS가 성인이 되었다는 사실을 콘크리트와 채색 유리에 새긴 선언서였다. 바젤탑은 BIS 자체와 마찬가지로 거의 난공불락이었다. 그 유명한 건물이 BIS의 강박적인 비밀주의를 조금도 완화하지 않았다는 것은 자연스러웠다. 행인들은 그 건물을 바라볼 수 있지만, 그 안에서 무슨 일이 일어나고 있는지는 여전히 알지 못했다. BIS가 중앙은행들과 맺은 거래의 상세 내역, 총재회의의 논의 내용, 그리고 BIS 산하의 영향력 있는 위원회들에 대한 정보는 공개 대상이 아니었다.

중앙은행 총재들은 급속하게 세계화하는 경제에서 중앙은행가들과 BIS 사이의 비밀 보호와 신뢰가 훨씬 더 중요해졌다고 주장했다. 제2차 세계대전 동안 BIS는 연합국과 추축국 사이에서 정보를 전달하는 창구 역할을 했다. 냉전 시대에도 BIS는 같은 역할을 했다. 국제결제은행은 코뮤니스트 세계와 자본주의 세계가 서로 만나는 중립적이고 매우 편안한 장소였다. 철의 장막 뒤에서 온 중앙은행 총재들도 정기적으로 BIS를 방문했는데, 돈을 빌리기 위해서뿐만 아니라 금시장과 외환시장에서 축적한 BIS의 전문지식을 활용하기 위해서이기도 했다. BIS는 철의 장막 뒤에서 온 방문객들에게 항상 관대했다. BIS는 그들의 여행 비용을 부담했고 그들에게 현금으로 일당을 지급했다. 한때 바젤에서 고급 요리와 와인을 즐기며, 스위스 프랑을 주머니에 넣고 다니던 동유럽권의 중앙은행가들은 친절하고, 수다스러웠으며, 가장 유용한 경제정보의 원천이기도 했다.

BIS의 이러한 태도는 좋은 반응을 보여서 1976년에 이르러 동유럽권 국가들의 중앙은행 총재들은 BIS의 주관으로 바젤에서 2년마다 자기들만의 총재회의를 열기도 했다. 코뮨주의자들이 자본주의에 적응하면 할수록 그들의 체제는 더 빨리 붕괴할 것이라고 BIS 관리자들은 믿었다. 그리고 그러한 믿음은 옳은 것으로 드러났다. BIS의 고위간부들도 중앙은행 총재들을 만나기 위해 동유럽 수도들을 정기적으로 방문했다. 그들은 바르샤바나 부쿠레슈티에 비해 부다페스트를 더 마음에 들어 했는데, 그곳의 삶이 훨씬 더 즐거운 분위기였기 때문이다. 헝가리는 자주 BIS와 관련이 있는 냉전 음모의 중심에 있었다. BIS의 1982-83년 연차보고서에서 훌륭하게 설명하고 있듯이, BIS와 헝가리 중앙은행은 '오래된 사업 관계'를 맺고 있었다.

중부유럽 국가들은 BIS의 초창기부터 회원국들이었다. 국제결제은행의 첫 번째 업무의 하나는 1931년에 헝가리와 그 이웃 국가들에게 대출을 확대한 것이었다. BIS와 헝가리의 관계는 냉전을 견뎌냈고 1980년대 초에 이르러 꽃을 피우기 시작했다. 헝가리의 지도자 카다르 야노시는 제한적인 사유 기업의 도입을 일시적으로 실험하고 있었다. 서방에서는 카다르의 **구야시 코뮤니즘**이라고 이름 붙인 이 제도를 큰 관심을 가지고 지켜보고 있었다. 헝가리 경제는 중부유럽 지역에서 가장 자유주의적이었다. 이 나라는 1980년에 국제통화기금 가입을 신청했다. 헝가리의 베테랑 은행가인 프리게시 하쉐기는 1978년에 처음으로 BIS를 방문했다. 그 뒤, 하쉐기는 모스크바에 있는 국제투자은행에 헝가리 대표로 파견되었다. 그 은행은 소련과 그의 사회주의 동맹국들에게 은행서비스를 제공해 주고 있었다. 이 시기에 서방의 상업은행들은 사회주의 국가들에게 대출을 해주고 있었다. 그러나 국가가 통제하는 경제의 은행업무에 익숙한 동유럽 금융가들은 행동을 통한 학습을 통해서 자본주의 은행 메커니즘을 많이 배워야 했다. 하쉐기(와 그의 동료들)는, 자유시장 은행시스템이 어떻게 작동하는지를 이해하는데 바젤 회의에 참석했던 것이 많은 도움이 되었다고 회상했다. "BIS는 정보 분야의 증권거래소 같았다. 분위기는 항상 우호적이었다. 참석자들은 정치 발언은 피하면서 금융과 BIS 전문분야의 문제에 집중했다."[6]

하지만 헝가리는 문제를 안고 있었다. 구야시 코뮤니즘은 일, 주거, 휴가를 제공하고 제한적인 서방 여행을 가능하게 함으로써 사회 평화를 가져왔다. 그러나 그것은 외국에서 빌려온 돈을 통해서였다. 1982년에 이르러 헝가리는 100억 달러 이상의 외국 빚을 지고 있었다. 더욱이 그 빚은 대부분 단기에 갚아야 하는 것이었다.[7] 폴란드는 계엄령을 시행했고 그에 뒤이어 부채위기를 겪었다. 이웃한 루마니아 경제는 불안정한 상태였다. 이를 본 투자자들과 국제시장은 깜짝 놀랐다. 헝가리는 훨씬 더 자유주의 체제에 가까웠고, 경제지표도 양호했다는 점에서 상황이 완전히 달랐다. 그럼에도 한 지역을 묶어서 판단하는 **권역화**라는 요인 때문에 헝가리 채권단도 탈출을 서둘렀다. 뭉칫돈이 흘러나가고 있었다.

헝가리 중앙은행의 고위간부인 야노시 페케테는 BIS를 설득하여 지원을 받아내는 임무를 맡았다. 그는 BIS에서 좋은 인맥을 쌓고 있었고, 거기에서 열리는 회의에도 정기적으로 참석했다. 페케테는 헝가리가 IMF에 가입할 수 있으리라고 낙관했다. 실제로 헝가리는 워싱턴에 있는 IMF의 본부가 긍정적인 신호를 보내지 않았다면 IMF 가입을 신청하지도 않앉을 것이다. IMF 회원국 지위는 헝가리를, 소비에트가 만들어 놓은 조잡한 국제 금융시스템 대신에 글로벌 금융시스템에 단단히 묶어 놓을 것이다. 그러나 IMF의 움직임은 느렸고 헝가리 채권자들의 압박은 강했다. 헝가리인들은 자기들의 전설적인 꾀와 기발함을 마지막에 이르기까지 발휘해야 했다. 그들은 볼펜부터 핵무기까지 여러 발명품으로 세계에 기여해 왔다. 사실 헝가리인들은 꾀가 매우 많기로 유명하다. 마자르인은 "회전문을 들어갈 때는 남의 뒤에 서지만 나올 때는 남의 앞에 서는 사람"이라는 옛날 농담이 있다. 페케테도 마자르인다운 창의력을 가진 사람이었다.

페케테는 루트윌러 BIS 총재에게, 헝가리는 극심한 자금부족을 겪고 있지만 외환이나 금 준비가 충분하지 않다고 설명했다. 이 헝가리 은행가는 BIS에게, 헝가리가 국제통화기금에 가입하여 금융 지원을 신청할 수 있을 때까지 연결 대출을 조직해 줄 것을 부탁했다. 그는, 헝가리가 IMF에 가입하여 최초로 지원받는 자금으로 BIS 대출금을 즉시 상환하는 조건을 제시했다. 루트윌러는 페케티의 요청에 공감하면서 관심을 나타냈다. 권역화 접근법은 상대적으로 자유롭고 미래지향적인 헝가리를, 일반적인 사실로 미루어볼 때 힘이 약해지고 있는 전체주의 국가인 루마니아나 폴란드와 나란히 세우도록 한다. 이러한 접근법은 판단력의 빈곤을 보여주는 것이라고 루트윌러는 생각했다. 헝가리와 페케테는 BIS의 오랜 친구였다. 페케티의 옛 동료인 하쉐기는 BIS가 항상 헝가리를 많이 도와주었다고 말한다. "BIS는, 이것이 단기 위기이며, 자기 빚을 예외 없이 갚는 것이 헝가리의 경제철학이라고 분석했다."[8]

또다시 개인적인 인맥이 중요하다는 사실이 드러났다. 루트윌러는 워싱턴에 있는 IMF의 전무이사, 자크 드 라로시에르에게 전화를 걸었다.

BIS 총재는 두 가지 일을 알고 싶어 했다. 헝가리의 IMF 회원 가입 신청은 어떻게 진행되고 있는가? 그리고 부다페스트는 IMF의 지원을 받을 가능성이 있는가?

뒤늦게 깨달은 사실이지만, 페케테나 루트윌러가 알고 있는 것보다 훨씬 많은 것들이 이 전화 통화에 달려 있었다. 만약 드 라로시에르가 헝가리의 IMF 가입 신청이 승인될 것 같지 않다거나 지연되고 있다는 암시를 주었다면, 루트윌러는 헝가리를 도와주겠다는 확실한 약속도 없이 페케테를 정중하게 돌려세웠을 것이다. 자본은 부다페스트에서 계속 탈출했을 것이고, 경제는 붕괴에 직면했을 것이며, 헝가리의 일시적인 자유시장 도입 실험들은 의심의 여지없이 종말을 맞이했을 것이다. 헝가리 정치국 안의 개혁세력은 약해졌을 것이고, 강경세력은 훨씬 더 큰 힘을 얻었을 것이다. 강경세력은 자본주의 요소를 도입하는 실험을 위험하다고 보아 반대해왔다.

줄줄이 이어지는 그러한 사건들은 확실히 **권역화** 문제를 만들 것이다. 헝가리 자유주의자들의 패배는 소비에트 블록 전체에, 아마 모스크바에까지 반영될 가능성이 높다. 모스크바는 헝가리를 자본주의 요소 도입의 공인된 실험장으로 간주했다. 따라서 헝가리의 사례를 통해 모스크바는 자본주의 도입 실험이 어떻게 흘러가는지를 검증(소련에서는 할 수 없는 방식으로)할 수 있다. IMF 전무이사 라로시에르는 BIS 총재 루트윌러를 안심시켰다. 헝가리는 곧 IMF 회원국이 되어 금융 지원을 받을 자격을 얻을 것이다. 이렇게 안심을 한 루트윌러는 페케테가 요청한 연결 대출에 동의했다. BIS는 1982년 3월과 5월, 헝가리에 두 건, 총 2억 1천만 달러를 대출해 주었으며, 9월에는 3억 달러를 추가로 대출해 주었다. 그해 연말에 이르러 헝가리는 IMF에 가입했다. IMF 이사회는 5억 2천만 달러의 대출을 승인했다. 헝가리는 그 돈으로 BIS 빚을 갚았다.

 루트윌러는 자기도 모르는 사이에 조만간 유럽 지도를 다시 그릴 일련의 사건들에 시동을 걸었다. BIS와 IMF의 지원은 이들 기구와 그리고 BIS의 주주인 중앙은행들이 헝가리 지도부의 개혁정책을 신뢰하고 있다는 강력한 신호를 보냈다. 헝가리 개혁주의자들은 나라 경제를 더욱 자유화했다. 민간 기업들은 자유의 범위를 더 넓히려고 시도했고, 외국인 투자자들은 헝가리를 새로운 투자처로 바라보았다. 헝가리의 하쉐기, 페케테와 같은 국제 은행가들은 이미 사회주의 체제의 결함을 파악했다. 그들은 바젤 방문을 통해 사회주의 체제의 심각한 비효율성과 비즈니스 왜곡효과에 대한 이해를 더욱 높였다. 사회주의 블록의 중앙은행 기능은 자본주의 중앙은행 기능과 매우 달랐다. 헝가리 중앙은행은 대출과 외국 무역 금융을 수행하는 국영 상업은행이었다. 바젤 회의는 어떻게 해서 사회주의 국립은행을 화폐공급과 이자율 통제를 책임지는 전통적인 중앙은행으로 전환할 것인지에 대한 소중한 지침서였던 셈이다.

 1980년대 후반에 이르러 심지어 사회주의 1세대 멤버들조차 일당제 국가가 기능하지 않고 있다는 사실을 깨달았다. 헝가리 지도자 카다르가 사임하고 민주주의를 향해 평화적으로 이행하기 위한 협상이 시작되었다. 철의 장막은 헝가리에서 처음 걷혔고, 세 달 뒤에 베를린 장벽이 무너졌다. 1989년 8월 어느 날, 동독을 탈출한 수만 명의 사람들이 헝가리-오스트리아 국경으로 모여들었다. 그때에 이르러 코뮤니즘이 죽어가고 있다는 사실은 분명했다. 그들이 앞쪽으로 밀려들자 국경 수비대원들은 옆으로 비켜서서 그들을 통과시켜 주었다. 그해 말에 이르러 소비에트 블록 전체가 무너졌다. 이러한 사태의 전개 과정에서 BIS는 중요한 역할을 했다. BIS의 연결 융자는 헝가리 개혁가들에 대한 국제적인 신뢰를 높여주었고, 이는 국내에서 그들의 정치적 입지 강화로 이어졌다. 그 결과 코뮤니스트 당의 지배력은 약해졌고 철의 장막이 걷혔다. 이는 결국 지역 전체에 도미노 효과를 일으켰고 일당 체제 붕괴의 속도를 높였다.

소련은 바젤에서 별로 환영받지 못했다. 소련과 바젤의 관계가 냉랭한 데에는 발트 3국(라트비아, 리투아니아, 에스토니아)이 보유하고 있는 금 문제가 있었다. 발트 3국이 소비에트 연맹에 가입했을 때 모스크바는 BIS가 보유하고 있는 발트 3국의 금을 돌려 줄 것을 요청했다. 그러나 1940년에 맥키트릭은 그 금을 소비에트에게 돌려주지 않았다. 모스크바는 그 금의 소유권을 여전히 주장했다. 소비에트 연방은 1960년대에 BIS 회원 가입이 가능한지 계속 문의했지만, BIS의 부정적인 태도는 변함이 없었다. 1980년 시점에 발트 3국은 더 이상 존재하지 않았고 소련에 흡수된 상태였다. 그러나 금은 존재했고, 러시아인들은 그 금을 탐냈다. BIS는 올바르게도 발트 3국의 금을 계속 보유하고 있었다. 1991년에 발트 3국이 독립을 쟁취하고 소련이 무너졌을 때 BIS의 정당성이 입증되었다. 마침내 1996년에 러시아 중앙은행의 BIS 가입이 승인되었다.

헝가리의 연계 융자는 1982년에 이뤄졌다. 그때 멕시코도 역시 파산 직전이었다. 멕시코의 파산은 국제 은행시스템의 붕괴로 이어질 수 있었다. 멕시코는 800억 달러의 대외 부채를 떠안고 있었다. 멕시코는 지급일에 맞춰서 이자를 지급하기 위해 뉴욕에서 하루짜리 콜자금을 빌리고 있었다. 그러나 대출은 더 많은 대출을 불렀다. 멕시코는 날마다 어제 빌린 돈에 대한 원리금을 갚기 위해 오늘 더 많은 돈을 빌려야 했다. 멕시코 경제는 죽음의 소용돌이에 빠져들 위험 속에 있었다. 국제통화기금은 멕시코에 45억 달러를 빌려줄 계획을 짰다. 그러나 IMF의 움직임은 둔했고 서류작업이 끝나려면 몇 달이 걸릴지도 몰랐다. 여기에서도 BIS 인맥이 멕시코를 구제하는 데 도움을 주었다. 폴 볼커Paul Volker 미국 연준 의장과 프리츠 루트윌러 BIS 총재가 구제책을 마련했다.[9]

1968년으로 돌아가서, BIS 총재였던 자일스트라는 독일의 본에서 열린 국제통화기금 회의에서 프랑스 프랑을 안정시키려고 했을 때 점심시간에 20억 달러의 지원 약속을 받아냈다. 볼커와 루트윌러는 시간이 살짝 더 걸렸다. 일이 느려진 데에는 1968년과는 달리 은행가들이 한 테이블에 모여 있지 않았다는 점도 한몫했다. 헝가리와 거래할 때와 마찬가지로 BIS의 대출은 IMF의 구제금융을 대체하기 위한 것이 아니었다. 그것은 IMF가 구제금융 대출을 승인할 때까지만 임시로 해주는 일시적인 대출이었다.

볼커가 처음 제안한 대출 금액은 15억 달러였는데 나중에 18억 5천만 달러로 늘어났다. 이 가운데 9억 2,500만 달러는 미국 연준이, 나머지는 다른 중앙은행들이 댈 텐데, 후자의 돈은 BIS 창구를 통하는 형식으로 전해질 것이다. 브라질, 아르헨티나, 유고슬라비아에 대해서도 비슷한 협정이 뒤따랐다. 이러한 협정은 관련된 모든 당사자들에게 편리했다. 표면상으로는 BIS가 구제대책을 주도했다. 대출은 BIS 가 주선했지만, 실제 대출 자금은 미국과 다른 G10 국가들이 마련했다. 이 구제금융 대책은 참여 중앙은행, 특히 미국 연준에 상당한 정치적 위험을 가져왔다. 그러나 BIS의 중심적인 역할로 구제금융의 위험은 국제적으로 분산되었다.

1980년대 중반에 이르러, 바젤탑에 대한 논란은 사라졌다. 센트랄반플라츠 2에 솟아 있는 매끈하고 현대적인 이 건물은 바젤 도시 풍경의 일부가 되었다. 하늘을 향한 원통형 탑 건물은 BIS의 새로운 분야와 훨씬 더 야심찬 열망을 상징한다. BIS는 그저 살아남는 정도를 넘어서 급변하는 환경에서도 번창할 수 있는 변화무쌍한 능력을 보여주었다. BIS 설립의 표면적인 이유는 제1차 세계대전의 책임과 관련된 독일 배상금의 관리였다. 그러나 그것은 이제 희미한 기억으로만 남아 있다. 모겐소와 화이트가 BIS를 폐쇄하려고 시도했던 브레턴우즈 회의에 대한 기억도 거의 사라졌다. 그 회의에서 설계된 금융시스템은 금값을 1온스 = 35달러로 고정하는 것이었는데, 이것도 1971년 닉슨 대통령에 의해 끝장났다.

그러나 BIS는 이제 세계 금융시스템의 중심에 섰다. 루트윌러 BIS 총재는 전화 한 통화로 헝가리 경제를 살렸고, 결국 코뮤니즘을 무너트릴 정치개혁의 진행 속도를 높였다. BIS는 다면적인 구제금융 패키지를 관리하고 있었는데, 이를 통해서 라틴아메리카의 채무위기를 완화하고 그리하여 미국 은행들에 대한 잠재적인 재앙적 사태를 예방했다. 그러나 몇몇 은행은 구조가 불가능했다. 거기에서도 BIS는 역시 사건의 중심에 서 있었다. 1974년에 뉴욕의 프랭클린내셔널은행과 독일의 헤어슈타트은행이 과도한 대출로 파산했다. 그 당시 프랭클린내셔널은행은 미국의 은행 파산 역사상 최대 규모였다. 헤어슈타트은행은 훨씬 작은 민간은행이었지만 미국에서 상당한 규모의 외환 사업을 했다. 이에 대응하여, BIS와 G10 중앙은행 총재들은 바젤은행감독위원회를 설립했다. 이 위원회는 상업은행들을 규제하기 위해 시간이 많이 걸리고 복잡한, 아직도 진행 중인 절차를 개시했다. 이 위원회는 당연히 BIS에 사무국을 두었으며, 오늘날까지 활동하고 있다. 국제결제은행은, 유럽경제공동체EEC 총재위원회나 바젤위원회와 같은 새로운 초국적 금융조직을 유치하여 지원 업무와 관리 업무를 제공함으로써 세계경제의 기능에 필수불가결한 존재로 자기의 위상을 꾸준히 높였다. 바젤탑에 자리잡은 위원회들은 위치의 이점 때문에 명성을 얻었고, 명사들과 고위 관리들의 줄을 잇는 방문을 받앉으며, 새로운 영속감을 성취했다. 모겐소나 화이트와 같은 영향력을 가진 오늘날의 인물 가운데 BIS의 폐쇄를 요구하는 사람은 더이상 존재하지 않았다.

BIS는 놀랍도록 민첩하기도 했다. 국제결제은행은 컴퓨터 기술을 일찍 도입하며 안전성이 매우 높은 데이터베이스를 구축했다. 건물 안에 둔 데이터베이스는 중앙은행 정보와 국제 은행거래에 대한 자료를 빠르게 얻을 수 있는 필수적인 저장소가 되었다. 그러한 정보와 자료 가운데 중요한 것은 분석·요약되어 BIS 연차보고서에 실렸다. 이 연차보고서는 정보 가치가 매우 높았고 따라서 세계의 재무부, 금융 관청, 금융기관 직원들이 반드시 읽어야 할 자료가 되었다. 1988년 6월에 발간된 『제58차 연차보고서』는 223쪽 분량이었다. 8개의 장으로 세분된 보고서에는 일반적인 경제 발전 동향, 국제무역, 지급결제, 국내 금융시장, 국제 금융시장, 통화정책, 국제통화시스템, 그리고 자체 은행활동에 대한 BIS의 분석이 들어 있었다. BIS 자체 은행활동의 수익성은 점점 더 좋아졌다. 1988년 3월 31일에 끝나는 회계 연도에는 거의 9,600만 스위스 프랑의 비과세 순이익을 나타냈는데, 이는 지난해보다 500만 프랑 가까이 증가한 수치이다.

눈에 잘 띄지 않는 연차보고서의 197쪽과 198쪽에는 BIS의 대리인, 수탁인, 예수인 기능이라는 항목이 들어가 있다. 보고서의 그 항목은 유럽통합 프로젝트에서 BIS가 맡은 중심적이고 필수적인 역할의 세부 사항들을 은행가다운 무미건조한 산문으로 강조하고 있었다. BIS는 전후 유럽의 역사에서 가장 중요한 과제인 경제 발전을 돕기 위해 무대 뒤에서 금융 부문의 전문지식과 기술을 계속 제공하고 있었다. 유럽의 경제 발전은 통합으로 나아가는 원동력이었다. BIS 경제고문인 팔 야콥센과 BIS 이사이자 제국은행 부총재인 에밀 풀 사이의 전시 비밀부터 1980년대 후반의 유럽통화동맹 수행을 위한 세부 계획에 이르기까지 BIS는 모든 단계에서 추진체 역할을 했다.

BIS는 다자간 지급결제에 대한 1947년 파리협정을 관리했다. 3년 뒤에 협정은 유럽지급동맹으로 발전했고 BIS는 새로운 시스템의 업무처리 대리인으로 지명되었다. 1959년에 유럽 통화들 사이의 교환이 가능해지자 유럽지급동맹은 자연스럽게 BIS가 관리하는 유럽통화협정으로 나아갔다. BIS는 유럽 최초의 초국가적 기구인 유럽석탄철강공동체와 깊게 얽혀 있었다. BIS는 1954년에 유럽석탄철강공동체와 담보 규정에 대한 합의에 이르러, 그 이후 이 공동체의 채권 발행을 처리했다. BIS가 유럽석탄철강공동체를 공식 인정함으로써 이 풋내기 조직은 국제 시장에서 꼭 필요한 신뢰를 얻었다. 1988년의 BIS 연차보고서에 따르면 이 공동체는 자기가 발행한 마지막 채권을 1985년부터 1986년까지 상환했으며, 남아 있는 모든 자금은 룩셈부르크에 있는 유럽위원회에 반환했다.

유럽경제공동체EEC의 중앙은행 총재위원회는 1964년에 첫 회의를 열었다. BIS는 그때부터 회의를 주관했고 사무국도 제공했다. 이 총재위원회는 회원국들의 통화정책을 조정하고 통합했다. 유럽경제동맹의 전신인 이 위원회는 BIS에서 독립해 있었지만, 나중에 알렉산드르 람파루시(1985년부터 1993년까지 BIS 사무국장)를 받아들였다. 총재위원회는 유럽 통화들 사이의 환율 변동에 대한 1차 한도를 관리했다. '터널 속의 뱀'으로 알려진 이 메커니즘은 유럽통화동맹으로 가는 중요한 단계였다.

BIS의 사무차장이었던 리처드 홀은 총재위원회의 의미가 크다고 말했다. "유럽경제공동체의 토론은 정부들 사이에서 이뤄졌고 중앙은행 총재들은 항상 재무부장관에 이은 두 번째 서열이었다. 그러나 중앙은행 총재들은 통화동맹이 논의되기 수년 전부터 바젤에서 자주 모였기 때문에 함께 이야기하고 함께 일하는 데에 익숙했다. 그들은 재무부장관들에게 관심을 빼앗기는 것을 바라지 않았다. 그들은 이미 BIS 회의를 위해 수시로 바젤에 왔고, 그곳에 위원회를 설립했다. BIS는 총재들이 그렇게 하는 것을 몹시 반겼다."[10]

BIS는 유럽연합의 전신인 유럽통화협력기금의 업무 대리인이었다. 중앙은행 총재위원회는 유럽경제공동체 회원들의 단기대출협정을 관리하기 위해 이 기금을 설립했다. 또한 BIS는 유럽통화단위ECU를 위한 청산과 결제시스템의 업무 대리인이었다. 유럽통화단위는 유로화의 전신이었다.

유럽경제공동체로 진화한 유럽석탄철강공동체의 옹호자들은 이 기구가 관련 국가들에게 많은 혜택을 가져다줄 것이라고 선전했다. 그러나 가장 극적이고 광범위한 영향을 끼친 현대 유럽질서의 평화적인 재편 - 지속적이고 가차 없는 국가 주권의 침식- 은 꼼수를 통해 수행되었다. 유럽 통합 프로젝트와 BIS의 꾸준한 권한 확대에 대한 핵심은 그들의 의사결정, 정책, 행동을 **기술적, 비정치적**인 것으로, 그리고 일반 시민과 무관한 것으로 제시하는 데에 있다. 사실, 그 반대가 진실이다. 선출되지 않은 초국가 기관에 국가권력을 넘기는 것보다 더 정치적 일은 아마 없을 것이다. 한편 비밀스럽고 설명책임에서 완전히 벗어나 있는 바젤의 BIS가 필수적인 금융 메커니즘을 마련해서 관리하고 있다.

1980년대 후반에 이르러서는 이 진행을 효과적으로 멈춰 세우기가 불가능했다. 1988년 여름에 유럽경제공동체의 중앙은행 총재들은 개인 자격으로(따라서 그들이 자기 나라 중앙은행을 대표하는 것으로 보이지 않도록) 경제통화동맹EMU의 연구위원회에 참여해달라는 부탁을 받았다. 유럽 단일통화인 유로의 도입을 준비한 이 연구위원회는 위원장의 이름으로 더 잘 알려져 있다. 위원장은 프랑스 정치인이자 공직자인 자크 들로르 Jacques Delors였다.[11] 들로르는 유럽의 법과 정책의 집행을 감독하는 유럽위원회의 위원장이었다.

들로르위원회에는 17명의 위원이 있었다. 여기에는 연방은행 총재 칼 오토 푈, 로빈 리-펨버턴 잉글랜드은행 총재, 빔 다이센베르흐 네덜란드 중앙은행 총재가 들어 있었는데 모두 BIS 이사회 멤버였다. 경제통화동맹을 과연 실행해야 하는지, 실행한다면 언제, 어떻게 해야 하는지의 문제는 정치인들에게 맡겨졌다. 위원회는 정치적 함의보다는 기술적 측면에 관심을 두었다. 또다시 BIS가 사태의 중심에 섰다. 들로르위원회가 열린 곳은 유럽위원회의 소재지인 브뤼셀이나 유럽의회의 본거지인 스트라스부르, 또는 프랑크푸르트가 아니었다. 들로르위원회는 바젤에서 회의를 가졌다. 그곳에서 위원회 참가자들은 BIS가 지원하는 전담 직원의 헌신적인 도움을 받았다.

무대 뒤에는 영향력이 가장 큰 구성원이 한 명 있었는데, 그는 헝가리 태생의 BIS 사무국장 알렉산드르 람파루시였다. 람파루시는 1940년대 말에 소련이 헝가리를 점령하자 고향을 빠져나왔다. 그는 벨기에로 이주하여 루뱅 가톨릭 대학교에서 교편을 잡았고 나중에는 예일 대학교에서 가르쳤다. 람파루시는 1976년에 경제고문으로 BIS에 결합했다. 그 자리에는 한때 야콥센이 앉아 있었다. 1985년에 그는 사무국장으로 임명되었다. 람파루시는 유럽경제통합의 막후에 있는 지적 실력자로 널리 인정받았다. 그는 유럽 통합 프로젝트에 대해 이를 처음 기획할 때부터 실제 운영과 이론적 토대를 깊이 이해하고 있었다. 예를 들어, 환율의 변동 폭을 제한한 메커니즘인 스네이크 제도가 곤란에 부딪혔을 때, 중앙은행 총재들은 람파루시에게서 조언을 듣고자 했다.

그러므로 들로르위원회가 람파루시의 의견을 자주 따르는 것은 자연스러울 따름이었고, 이 모든 것들은 브뤼셀에서 온 유럽위원회 관리들을 매우 짜증나게 했다. 그들은 유럽 통화통합이라는 위대한 프로젝트를, 왜 그들의 정치적, 법적 관할권 밖에 있는, 바젤 중앙역 옆의 탑상 건물 스위트룸에서 이끌고 있는지 이해할 수 없었다. 그러나 들로르의 주요 관심사는 까칠까칠한 유로관료가 아니라 중앙은행가들이었다. 그는 중앙은행가들 도움 없이는 유럽통화동맹을 실현할 수 없다는 것을 알고 있었다. 람파루시는 다음과 같이 회상했다. "이것이 들로르의 천재성이었다. 그는 좋은 의미에서 훌륭한 조작자였다. 들로즈는 중앙은행 총재들의 감정을 살피고 좋은 분위기를 만드는데 진심을 다했다."[12] 여기에는 식사 자리도 한몫 했다. 푈, 리-펨버턴과 같은 들로르위원회의 중요한 다수 멤버는 중앙은행 총재회의를 위해 이미 바젤에 와 있었다. G10 총재들의 저녁 식사 자리에서 중앙은행가들은 람파루시가 묘사한 **협력의 규범**을 어느 때보다 더 비밀스러운 상황에서 결정했다. "우리가 어떠한 기록도 남기지 않은 채, 가장 어려운 문제를 이야기할 수 있는 곳은 저녁 식사 자리였다."[13]

또한 들로르위원회에는 귄터 베어와 토마소 파도아-스키오파라는 두 명의 조사위원이 있었다. 베어는 BIS에서 경제학자로 일해왔다. 파도아-스키오파는 유로화의 지적인 창시자의 한 명으로 여겨지는 이탈리아 경제학자였다. 조사위원들의 영향력은 엄청나게 컸다. 그들은 회의를 준비하고, 보고서를 썼으며, 람파루시 표현대로 "펜대를 휘둘렀다." "우리 직원들이 바젤에서 준비한 회의는 주로 유럽 전체의 프로젝트에 대한 것이었다."[14]

들로르위원회는 1989년 4월에 경제통화동맹EMU에 대한 보고서를 발표했다. 중앙은행의 준비금은 정부의 통제에서 벗어날 것이다. 유럽 공동체 이외의 통화로 차입하는 것은 제한해야 한다. 재정적자 한도(현재는 3%)를 넘는 나라들은 제재를 받을 것이다. 중요한 점은 이 제재가 유로존 가입국들뿐만 아니라 모든 유럽연합 가입국들에게 확대하여 적용될 것이라는 사실이다. 보고서는 유럽 국가들에 대해 경제와 통화 통합으로 결정적으로 나아가기 전에 경제적 조건의 수렴을 향한 실질적인 걸음을 내딛자고 요청했다. 구체적으로 예산 규율과 물가안정을 위한 조치를 강조했다.

그러나 엄격하고 공통적인 재정 규율을 어떻게 부과할지는 분명하지 않았다. 람파루시는 1989년 1월 메모에서, 단일통화에 바탕을 둔 공통의 통화정책을 실행하기 위해서는 정부의 조세와 지출에 대한 단일 기준에 따른 공통의 재정정책이 필요하지만 이에 대한 계획은 없다고 주장했다.

한마디로 말해서, 나에게는 이상한 일이다. 우리는 유럽통화동맹이 점진적으로 성립하도록 조정하고, 일단 성립한 뒤에는 완전히 기능하도록 해야 한다. 그런데 이를 적절하게 준비할 필요성을 주장하지 않는다면 이는 이상한 일이다. 유럽공동체 전체의 거시경제적인 재정정책은 공동체의 공통적인 통화정책의 자연스런 보완물일 것이다.[15]

해롤드 제임스가 언급하듯이, 람파루시의 메모는 "정면 대응하는 것이면서도 지적으로 설득력이 있었다."[16] 이 메모는 초국가적 재정정책이 없는 초국가적 통화의 모순을 깔끔하게 정리했다. 이 모순은 해결되지 않은 채 그대로였고 그리하여 유로존 위기를 촉발했으며 또 거기에 기름을 부었다. 다음 달, 경제통화동맹에 필요한 예산 통제와 감독 방법에 대한 다양한 논의를 하는 가운데서 람파루시는 최종 문서에 **강제적인**이라는 단어를 추가할 것을 제안했다. 그의 제안은 보고서에 포함되지 않았다. 그럼에도 람파루시는, 공통의 재정정책이 없는 상태에서라도 통화동맹을 밀어붙여야 한다고 주장했다. 환율 변동 폭을 제한했던 유럽통화체제EMS가 의도하지 않은 결과를 낳는 법칙의 희생양이 되었다는 그 이유 때문에라도 말이다. 통화를 안정시키겠다는 의도를 가진 유럽통화체제는 반대의 효과를 내고 있었다.

투기꾼들은 이탈리아에 돈을 퍼붓고 있었다. 1988년에 이탈리아의 인플레이션은 약 5%였는데, 이는 독일의 1.3%와 비교되었다. 높은 인플레이션은 이자율 인상을 의미했지만, 리라는 유럽통화체제에 고정되어 있었기 때문에 그 가치가 보장되었다. 투자자들에게는 리라의 가치가 떨어질 위험이 없었다. 자본이동의 자유화는 이 과정을 가속화했다. 람파루시는 유럽통화체제가 취약하기 때문에 유럽은 가능한 한 빨리 경제통화동맹으로 옮겨야 한다고 주장했다. "내가 가능한 한 빨리 1단계가 실행될 수 있기를 바라는 것은 바로 이 투기 때문이다. 나는 2, 3년 뒤가 아니라 올해 가을이나 늦어도 올해 말부터 시작하는 것이 좋겠다고 생각한다."[17]

들로르 보고서는 알려진 대로 43쪽 길이였다. 보고서에는 열다섯 편의 논문집이 첨부되었는데, 모두 위원회의 멤버들이 쓴 것이었다. BIS의 영향력은 분명했다. 들로르는 그 가운데 두 편의 논문을 썼다. 첫 번째 논문에는 '경제통화동맹, 그리고 유럽 건설의 새로운 시작'이라는, 프랑스 정치인들이 좋아하는 거창한 제목이 붙었다. 알렉산드르 람파루시는 세 편의 논문을 썼다. 람파루시의 글들은 통화와 경제 동맹 과정의 가장 중요한 기술적 측면들의 일부를 다루었다. 예컨대, 경제통화동맹에서 재정정책의 거시적 조정, 유럽 통화단위를 도입한 뒤의 은행 시장, 그리고 통화정책의 중앙집중화를 위한 제안과 같은 것들이었다.

1920년대로 돌아가보자. 노먼은 뉴욕 연준이사회 의장인 벤자민 스트롱에게 '처음에는 작지만 미래에는 크게 성장할 사적이고 폭넓은 중앙은행 클럽'의 필요성에 대해 혼잣말처럼 얘기했다. 노먼이 『이코노미스트』의 편집장 월터 레이튼을 사무실로 불러 BIS 법규의 초안을 작성해달라고 요청했을 때, 그가 무엇보다도 강조한 원칙은 그 법규가 BIS의 독립성을 보장해야 한다는 것이었다. 들로르 보고서는 그 원칙의 중요성을 확인했다. 정부는 통화정책 수립에서 제외될 것이다. 들로르 보고서는 유럽중앙은행시스템ESCB이라 불리는 새로운 기관의 창설을 요구했다. 이 시스템에서는 회원국들의 통화정책 운영을 중앙에서 결정하고 조정할 것이다. 몬태규 노먼이라면 유럽 단일통화의 도입을 승인하지 않았을 것이다. 그러나 그도 이 시스템이 각국 정부와 유럽연합 당국에서 완전히 독립해야 한다는 들로르 보고서에는 박수를 보낼 것이다.

유럽연합이 단일통화와 통일된 통화정책을 채택해야 한다는 들로르 보고서의 권고안은 받아들여졌다. 통화, 경제, 정치 통합을 향한 움직임은 멈춰 세울 수 없었다. 유럽중앙은행시스템에서 가장 힘 있는 기관인 새로운 은행이 설립되어 통화정책을 정의하고 실행하게 될 것이다. 유럽중앙은행은 일차적인 임무를 물가안정을 확보하는 것과 모든 정치적 압력에서 벗어나는 것에 둘 것이다. 이 모든 것은 너무 익숙하게 들렸다.

제 3부

붕괴

14장　두 번째 탑

15장　모든 것을 보는 눈

16장　성채 균열

14장

두 번째 탑

우리는 유럽의 경제통합을 이룰 것이다. 지금이 바로 그 시기이다.

- 발터 풍크, 1942[1]

　제국은행 총재이자 BIS 이사인 풍크의 말은 절반만 맞았다. 유럽의 경제통합은 실제로 이루어졌지만, 그가 예측한 지 60년이 지난 뒤였다. 풍크는 살아서 가장 중요한 두 가지 이정표를 보았다. 하나는 1951년, 유럽 최초의 초국가적 기관인 유럽석탄철강공동체의 설립이다. BIS는 이 기관의 차관을 관리했다. 다른 하나는 1957년의 로마조약 체결이다. 이때 여섯 나라(독일, 프랑스, 이탈리아, 벨기에, 룩셈부르크, 네덜란드)가 유럽경제공동체를 설립했다.

　풍크는 같은 해에 베를린의 스판다우 교도소에서 풀려나 1960년에 사망했다. 그러나 유럽 대륙 차원의 자유무역과 통화제한 폐지라는 그의 범-유럽 구상은 살아남아서 번창했다. 유럽관세동맹은 1968년에 탄생했다. 11년이 지난 1979년에, 유럽인들은 유럽의회 첫 총선을 치렀다. 1992년에는 유럽 열두 개의 나라들이 마스트리히트 조약에 서명하여 유럽연합을 탄생시켰다. 1993년 1월 1일부터 유럽연합의 12개 회원국을 망라한 유럽 단일시장이 운영되기 시작했다. 이제 회원국의 시민들은 그들이 원하는 곳에서 자유롭게 살면서 일할 수 있고, 기업들은 원하는 곳에서 그들의 제품을 팔 수 있을 것이다. 통화와 자본은 방해받지 않고 흐를 것이다. 풍크는 틀림없이 박수를 보냈을 것이다. 나치의 경제부장관이었던 풍크는 일찍이 1940년에 유럽 통화동맹이라는 아이디어를 떠올렸다. 그는 통화가치의 변동을 조절하고 환율을 규제함으로써 점진적으로 통화동맹을 도입하고자 했는데, 이것이 드디어 실제로 실현되었다.

나치가 전후 유럽에서 실현하고자 했던 경제 계획과 오늘날의 유럽연합 사이에서 유사점을 찾고자 한다면 조롱과 비난을 감수해야 한다. 많은 사람들에게 유럽 통합 프로젝트는, 세계가 더 밝고 안전한 미래로 거침없이 나아간다는 굳건한 진실, 그리고 신조가 되었다. 확실히, 유럽 통합은 칭찬할만한 많은 성과를 냈다. 그것은 1945년 이후의 재건 속도를 높였고, 자유무역을 위해 유럽 대륙을 개방했으며, 국경을 뛰어넘어 사유하는 범-유럽주의의 새로운 세대를 키웠다. 민주주의가 취약한 동유럽을 통합함으로써 유럽연합은 유럽 대륙의 동쪽 절반을 안정시키는 데 도움을 주었다. 자주 언급되는 유럽연합의 가치, 곧, 인권, 민주주의, 소수자 보호는 제3제국의 이데올로기와 정반대이다.

1996년에 헬무트 콜 독일 총리는 "유럽 통합정책은 실제로 21세기의 전쟁과 평화의 문제다"고 주장했다. 이러한 주장은 거대한 비약과 비논리적인 정신 구조를 담고 있다.[2] 콜의 진술은 장 모네와 몬태규 노먼에게까지 거슬러 올라가는 기술관료들의 신념을 구현하고 있다. 그들은 유럽이 번영하기 위해서, 그리고 까다롭고 은혜를 모르는 유럽 각국의 국민들이 자연발생적인 전쟁상태로 돌아가는 것을 막기 위해서, 필요한 것은 오로지 행정 엘리트와 금융 엘리트의 현명한 지도라고 생각한다. 역사학자 안토니 비버는 훨씬 설득력이 있는 반박 논리를 편다. 서유럽이 1945년 이후 전쟁에서 벗어난 것은 유럽연합 때문이 아니라 민주주의 때문이었다. "이것은 그야말로 통치체제의 문제이다. 민주주의는 서로 싸우지 않

는다."³

불편한 진실은, 그래서 입 밖에 내지 못하는 진실은, 전후 유럽경제에 대한 나치 지도부의 계획과 유럽의 통화·경제 통합의 전개 과정이 실제로 닮은 구석이 있다는 점이다. BIS는 이 두 가지를 꿰뚫어 연결하는 실 역할을 한다. 풍크의 부하 직원인 에밀 풀은 BIS를 제국은행의 **유일하고 진정한 외국지점**이라고 묘사했다. 왜냐하면 BIS가 제국은행을 중앙은행가들의 국제 네트워크에 연결해주는 중요한 역할을 했기 때문이다.⁴ 이러한 연계는 전쟁 뒤에도 그대로 유지되었다. BIS는 제국은행의 전후 승계 조직인 독일 국가은행BdL과 독일 연방은행이 전후 유럽경제를 계속해서 지배하도록 최선을 다했다. BIS는 독일 국가은행과 독일 연방은행에 정통성과 위신을 제공했다. 독일 국가은행과 그에 이은 독일 연방은행은 제국은행의 자리를 물려받아 BIS 총재회의에 참석했다. BIS는 독일 연방은행을 다른 중앙은행 총재들의 네트워크에 참가시켜 전후 유럽경제에 대한 논의를 구체화할 수 있는 장을 제공했다. 인물들도 거의 바뀌지 않았다. 얄마르 샤흐트Halmar schacht의 측근인 칼 블레싱은 1930년대 초에는 BIS에서 일했고, 제국은행으로 옮겨가서 전쟁 중 점령지의 노예 노동자를 감독했다. 그 다음에는 1958년에 독일 연방은행 총재로서 BIS에 되돌아왔다.

1930년대와 1940년대에는, 1970년대와 1980년대처럼, 정치인들은 유럽 통합에 대한 일반 이론을 제시했고 풍크와 같은 기술관료들은 현실적인 절차를 설명했다. 일찍이 1940년에 나치가 점령한 네덜란드를 통치한 아서 세이스-인쿼트는 '국민국가 개념을 넘어서는' 새로운 유럽공동체의 실현을 주장했다. 그러한 공동체는 "역사에 의해 주어진 우리의 생활 공간을 새로운 정신적 영역으로 바꿀"것이다.⁵ 새로운 유럽은 여러 나라가 협력해서 개발한 '가장 현대적인 생산 기술과 대륙 규모의 무역과 소통'에서 이익을 얻을 것이다. '일단 국경이라는 장벽을 제거하면' 반드시 급속한 번영을 실현할 수 있다.⁶

히틀러가 **소국들의 잡동사니**를 제거할 것을 요구하자 풍크는 흔쾌히 동의했다. "어떤 경우에는 자기의 이익을 유럽공동체의 이익에 종속시킬 준비가 되어 있어야 한다."⁷ 제국은행 총재는 그의 생각을 '유럽경제의 재편성'이라는 8쪽 분량의 소논문에 상세하게 정리하여 제시했다. 이 소논문의 사본은 바젤의 BIS 문서고에 보관되어 있다. 야콥센의 부하 직원은 이 소논문을 번역하여 1940년 7월 26일에 맥키트릭에게 보냈다.⁸

'전후 독일과 유럽 경제시스템의 건설과 조직화'라는 문제를 둘러싸고 온갖 종류의 구호가 난무했다. 풍크는 그 가운데서도 '유럽이라는 거대 규모의 경제'가 가장 마음에 들었다고 그의 1940년 소논문에서 썼다. 그러나 그러한 경제 구조는 앞으로 실현하지 않으면 안 되는 과제이다. 풍크는, '새로운 유럽경제는 유기적으로 성장'해야 하며 '독일과 유럽 국가들 사이의 긴밀한 경제협력'에서 비롯해야 한다고 설명했다. 그의 생각으로는, 새로운 유럽경제에서 라이히스마르크가 지배적인 화폐가 되겠지만 전후의 기축통화 문제는 경제 리더십에 비하면 부차적인 중요성 밖에 갖지 않는다. "건강한 유럽경제와 유럽경제들 사이의 합리적인 노동분업이 주어진다면, 통화문제는 저절로 풀릴 것이다. 왜냐하면, 그때는 통화문제가 통화를 둘러싼 기술적인 문제에 지나지 않을 것이기 때문이다." 풍크의 이러한 주장은 50년 뒤의 유로화 열광주의자들의 논리를 예상한 듯하다. 그들은, 정상적인 경제 상황에서 적절하게 설계만 한다면 공통통화는 실패할 수 없다고 주장했다.

풍크의 분석과 예측은 전후 유럽경제와 정치의 실제 진행 과정과 불안할 정도로 일치한다. 풍크는, 라이히스마르크가 지배적인 통화가 될 것이며, 독일이 일단 외채의 구속에서 벗어나면, 독일의 통화 영역은 '계속 넓어져야' 한다고 분석했다. 두 나라 사이의 지급결제는 여러 나라 사이의 경제 거래와 청산협정으로 전환해야 하며, 이에 의해서 다양한 국가들이 청산협정의 중개를 통해 서로 적절하게 규제된 경제 관계를 맺을 수 있을 것이다. 이는 1947년의 다자 지급에 대한 파리협정, 그리고 유럽지급동맹EPU과 같은 그 후계 메커니즘으로 실현되었다.

외환 통제를 단칼에 폐지하거나 통화동맹을 신속하게 도입할 수는 없었다. 풍크는 이 과정은 점진적이어야 한다고 주장했다. 그는 유럽지급동맹과 같은 중간 단계 시스템의 필요성을 예측했다. 유럽지급동맹에서는 비거주자의 외환 통제는 사라졌지만 거주자의 외환 통제는 남아 있었다. "문제는 환율의 자유화나 유럽통화동맹이 아니라, 무엇보다 청산에 참여하는 나라들 사이의 원활한 지급 결제를 보장하는 청산 기술의 발전이다." 환율은 통제를 받아야 하고 안정을 유지해야 한다. 이는 스네이크 제도(터널 속 뱀)와 유럽 통화시스템의 목적이기도 했는데, 이것들도 유럽지급동맹과 마찬가지로 BIS가 관리하고 실무를 담당했다.

풍크가 앞을 내다보고 주장했듯이, 실제의 통화동맹은 훨씬 복잡했다. 통화동맹을 실현하기 위해서는 "참가국들의 생활 수준이 점진적으로 비슷해져야 했지만, 심지어 미래에도 유럽 청산시스템에 참여하는 모든 나라들의 생활수준이 같아질 수는 없었다." 이러한 주장은 오늘날 독일과 그리스 사이의 불균형을 정확하게 예견하는 것이었다. 그러나 일단 유럽의 청산시스템이 운용되기 시작하면 외환 규제는, 먼저 외국 여행객들에 대해서, 그런 다음 수입업자에 대해서 철폐될 것이라고 풍크는 예상했다. 무역과 상업의 발전을 저해하는 많은 규제들이 있을 수 있다. 풍크는 "개

별 기업 활동을 짓누르는 세세한 감시와 모든 규제는 이제 더이상 필요 없게 될 것"이라고 썼다.[9]

풍크는 또한 미래의 유럽 통화들은 금과 연계되지 않을 것이라고 정확하게 예측했다. 새로운 다자 통화시스템이 화폐의 가치를 뒷받침하는 역할, 곧 금의 역할을 할 것이다. 무역 관계의 결정적 요소는 독일 수출상품의 질일 터인데, "그런 면에서 독일은 정말로 걱정할 일이 없다." 독일의 수요는 새로운 유럽경제의 중심이 될 것이다. 독일은 유럽 국가들과 장기의 경제협정을 맺을 것이며, 그러면 이 국가들은 장기 생산 계획을 세워 독일 시장의 수요에 맞출 것이다. "독일도 유럽 시장에서 자기 제품에 대한 더 유리한 판로를 얻게 될 것이다."[10]

나치 지도부는 풍크의 계획을 환영했다. 1942년, 독일 외무부는 **유럽위원회**를 만들었고, 그 위원들은 독일 주도의 유럽 연방을 위한 계획을 입안했다. 같은 해 베를린 실업가와 산업자본가 단체는 베를린 경제대학에서 **유럽경제공동체**라는 제목으로 회의를 열었다. 작가 존 래프랜드가 언급했듯이, 그 회의에서 쏟아낸 여러 연설의 제목은 '불가사의하게 현대의 범-유럽주의 담론'을 떠올리게 한다. 연설 제목에는 '새로운 유럽의 경제적인 면', '유럽경제공동체를 향한 발전', '유럽 통화 문제'가 들어있다. 이에 더해 오늘날에도 여전히 자주 논의되는 제목으로, '근본적인 질문: 유럽은 지리적 개념인가 아니면 정치적 사실인가'가 있다.[11] 6월에 독일의 한 관리는 '새로운 유럽을 위한 계획의 기본 요소들'이라는 문서를 작성했는데, 이것은 새로운 연방이 어떻게 기능할 것인지에 대한 개요였다. 문서의 내용은 현실에서 대부분 실현되었기 때문에 매우 친숙하게 들린다. **유럽 경제 조직**이라는 제목을 단 장에는 유럽 관세동맹, 유럽 청산소 설립(환율을 안정시키고 최종적으로는 유럽통화동맹으로 나아가는 다리 역

할을 할), 그리고 '노동조건과 사회복지의 조화'를 요구하는 내용이 들어 있다.[12]

전후 독일이 자기를 스스로 개편하여 참회에 기반한 민주주의의 수호자가 될 것이라고 전망한 사람은 하인츠 폴이었다. 그는 베를린 지역의 신문 편집장 출신이었는데, 나치를 탈출하여 미국으로 가서 살았다. 전쟁에서 지리라고 예상한 독일은 연합국과 강화조약을 맺어 유럽에 대한 지배력을 보존하고자 했다. 폴은 BIS가 이러한 편법적인 정책의 중심축이라고 썼다. 그는 1943년에 출판한 그의 저서 『보이지 않는 적』에서, 전쟁 중에 IG 파벤의 최고경영자 슈미츠와 나치 은행가인 폰 슈뢰더는 연합국 소통 창구를 열어두기 위해 BIS 이사 직위를 이용했다고 적었다. "둘 다 전쟁 초기부터 중재인을 통해서 국제연합에 속한 모든 나라들의 사업상 동료들과 연락을 유지해왔다."[13]

전략정보국의 하버드 플랜 문서는 독일 산업자본가들과 거래 협상을 할 때 맥키트릭이 어떤 역할을 했는지 상세히 기술하고 있다. 그 내용을 보면 독일은 전후 유럽에서 우위를 유지하기 위한 계획을 세워서 연합국 쪽과 협상을 시도했고, 그 장소가 BIS였다는 폴의 주장이 사실임을 알 수 있다. 전후 독일 지도자들이 표면상의 나치즘 요소들을 얼마나 빠르게 내팽개칠지에 대한 폴의 예측은 여전히 불편한 진실이다.

평화를 얻게 되면, 그들은 권력을 유지하기 위해 갑자기 **유럽** 정신을 떠들고 세계 전체의 **협력**을 제안할 것이다. 그들은 자유, 평등, 박애에 대해 재잘거릴 것이다. 그들은 별안간 유대인들에게 알랑거릴 것이다. 그들은 대서양 헌장이나 다른 어떤 헌장의 요구든 이를 따를 것이라고 맹세할 것이다. 그들은 모든 사람들과 권력을 나눌 것이고, 심지어 다른 사람들이 잠시 권력을 잡을 수 있게끔 할 것이다. 그들은 권력과 통제의 지위를 어느 정도 유지할 수만 있다면 이런 것들을 할 수 있으며 그 이상도 할 것이다. 그들이 셈하고 있는 것은 오로지 지위이다. 군대에서(비록 그 규모가 수천 명으로 줄어들더라도), 주요 경제 단체에서, 법원에서, 대학에서, 학교에서의 지위 말이다.[14]

이것은 실제로 일어난 일 그대로다. 1945년 이후, 나치에 참여했던 사람들이 새로운 독일에서 **권력과 지배**를 보장하는 수많은 요직을 장악한 사실은 이를 증명한다. 그들의 유산은 현재의 독일에 매우 높은 수익을 가져다주는 것으로 드러났다. 독일의 경제 규모는 현재 유럽연합에서 가장 크고 세계 전체에서는 네 번째이다. 그리스는 붕괴에 직면해 있고 스페인은 불황의 늪에 빠져 있지만 독일은 2010년에 3.7%, 2011년에 3%의 성장률을 기록하면서 호황을 누리고 있다. 풍크가 예측한 대로 이러한 성공의 상당 부분은 독일 수출품의 높은 품질에 바탕을 두고 있다. 독일이 세계 무역에서 차지하는 비율은 대략 9%이다. 독일은 특히, 생명공학, 유전공학, 제약 분야가 강하다.

IG 파벤의 승계기업인 바스프와 바이엘이 이들 분야에서 우위를 점하고 있다. 바스프는 세계에서 가장 큰 화학회사이며, 연간 매출은 735억 유로이다. 아스피린을 만드는 바이엘은 112,000명의 직원을 고용하고 있다. 바이엘은 IG 파벤에 뿌리를 둔 것을 부끄러워하지 않았다. 1964년에 바이엘은 프리츠 터 메어를 기리기 위해서 그의 80번째 생일에 2백만 도이치마르크를 기부하여 재단을 설립했다. 터 메어는 IG 파벤과 스탠다드오일의 협상을 담당했고, IG 아우슈비츠의 건설을 감독했다. 전쟁범죄로 유죄판결을 받은 터 메어는 1948년에 7년 감옥형을 선고받았다. 그는 1950년에 풀려났고 그 뒤에 바이엘의 감사위원회에 들어갔다. 터 메어를 기리기 위한 바이엘의 재단은 2005년에 이름을 바꾸었고 2007년까지 존속했다.

1990년대 초에 이르러 풍크의 '유럽이라는 거대 규모의 경제'가 분명히 시야에 들어왔다. 풍크의 아이디어는 아마도 유로존으로 더 잘 알려져 있다. 이를 실현하기 위한 기술적 준비는 수십 년 동안 이뤄져 왔다. 다자 지급에 대한 파리협정이 체결된 1947년은 아니더라도 적어도 유럽중앙은행 총재위원회가 통화정책을 조정하기 위해 BIS에서 처음 만난 1964년부터는 준비가 시작되었다. BIS에서 초안을 정리한 들로르 보고서는 경제통화동맹EMU 계획을 담고 있으며 나아가 유럽 통합을 주장했다. 그러한 보고서에 대한 긍정적인 반응은 유럽 통합을 향한 정치적인 움직임을 멈춰 세우기가 어렵다는 것을 의미했다.

1993년 12월에 알렉산드르 람파루시는 BIS 사무국장에서 물러나 유럽통화연구소EMI의 이사로 일하기 시작했다. 이 기구는 유럽중앙은행의 전신이었다. 사람들은 그를 잊지 못할 것이다. "람파루시는 BIS의 명성을 드높였다. 그는 위대했고, 매우 현명했다." 이것은 국제 싱크탱크인 G30 자문가 그룹의 설립자 제프리 벨이 한 말이다. "람파루시는 사상가였다. 특히 BIS가 은행 규제나 세계의 전반적인 상황과 같은 지적 이슈로 옮겨 가기 시작할 때 그는 사상가의 힘을 발휘했다."[15]

유럽통화연구소는 다음 달인 1994년 1월에 문을 열었다. 람파루시는 멀리 갈 필요가 없었다. 그 기구는 BIS 건물 안에 사무실을 두었다. EMI의 총재가 된 그는 거대한 임무를 떠맡았다. 그것은 단일통화의 도입을 준비하기 위해서 최초의 범-유럽 통화연구소를 설립하는 것이었다. 람파루시 이외에는 이 일을 맡을 만한 사람이 아무도 없었다. 람파루시는 유럽의 통화통합을 추진할 때 거의 처음부터 그 중심에 서 있었다. 이 헝가리 경제학자는 한때 유럽통화연구소에 대해, 그 기관이 자기 소유인 것처럼 자랑했다. 유럽통화연구소가 자기를 위해서 "펜대를 휘둘러" "바젤에서 열리는 유럽 전체의 프로젝트에 대한 회의를 준비했다"고 그가 말했던 것이다.

열한 달 뒤인 1994년 11월에 유럽통화연구소는 BIS 건물을 벗어나서 프랑크푸르트로 옮겨갔다. 새 사무실은 **유로타워**로 불리는 고층건물에 자리잡았는데, 빌리-브란트-플라츠에 있었다. 람파루시가 BIS에서 데려온 소규모 직원으로는 일손이 달렸다. 유럽통화연구소 총재는 6개월 안에 150명을 채용해야 했는데, 그가 17년에 걸쳐서 BIS에서 쌓아온 인맥이 직원을 확보하는 데에 큰 도움을 주었다. "나는 모든 사람들을 알고 있었다. 유럽통화연구소 조직에 구멍이 생기거나 누군가의 도움이 필요하다는 것을 깨달을 때… 나는 누구에게 도움을 요청해야 할지 정확히 알고 있었고, 실제로 그들에게 모든 것을 요청할 수 있었다. 그것은 나에게 두드러지게 유리한 점이었다." 람파루시의 네트워크는 유럽통화연구소의 임원들이 일을 하는 데에도 유리했다. 람푸루시는 그 이유에 대해서, "임원들이 서로 잘 알고 있었고 자기 직원들과도 역시 잘 알고 있었기 때문"이라고 회상했다.[16]

유로타워는 40층으로 BIS의 18층보다 두 배 이상 높았다. 프랑크푸르트 고층 빌딩의 거대한 규모는 유럽 단일통화 아이디어의 본거지로서 수행할 역할을 상징한다. 그 아이디어는 BIS에서 양육되었지만 이제는 그 탄생지 때의 모습보다 훨씬 성장했다. 그럼에도 바젤탑 때의 아담하고 클럽다운 세계는 곧 프랑크푸르트에서 재현되었다. 1960년대로 돌아가서, 뉴욕 연준의 찰스 쿰스는, BIS 총재회의에서 중앙은행 총재들은 자주 그들의 말을 끝낼 필요조차 없었는데, 그 이유는 "모두 직감으로 뒤에 무슨 말이 올지를 알았고, 거의 불가사의한 방식으로, 적절한 기술적 해결책을 동시에 생각해냈기 때문"이라고 회상한 바 있다. 유럽통화연구소 총재는 한스 티트마이어 독일 연방은행 총재, 자크 들로르 유럽위원회 위원장과 함께 이러한 종류의 텔레파시를 즐겼다.

유럽의 가장 유력한 중앙은행가들과 정치인들이 단일통화 프로젝트를 논의하기 위해 프랑크푸르트에 왔을 때, 람파루시는 회의장의 논의를 주도했다. "티트마이어나 들로르가 질문을 하기 위해 손을 들 때, 나는 그들이 무엇을 물어볼지 정확히 알고 있었고, 그들도 그들이 묻고자 하는 것을 내가 이미 알고 있다는 사실을 모르지 않았다. 서로 바라보는 것만으로도 상대의 의중을 알기에 충분했다. 나는 그들이 무슨 생각을 하는지 알기 때문에 무슨 이야기를 하고 싶어 하는지도 알았다."[17]

유럽통화연구소가 프랑크푸르트로 떠나버리자 BIS에는 공허함이 남았다. 고리 모양의 긴 복도는 더 조용해졌고, BIS가 유럽 역사상 가장 야심찬 금융 프로젝트의 중심에 서 있다는 흥분 분위기는 가라앉았으며, 직원 식당의 잡담은 더 잦아들었다. 1964년부터 BIS에서 열렸던 유럽중앙은행 총재위원회마저 개최 장소를 프랑크푸르트로 옮겨 버렸다. 위원회의 멤버들, 곧, 유럽중앙은행 총재들은 이제 유럽통화연구소의 평의회를 구성했다.

BIS는 또다시 생존 위기에 직면했다. 사람들은 BIS가 계속 존재할 필요가 있는지를 물었다. BIS는 확실히 아직도 수익성이 있었다. 1995년 3월로 끝나는 회계 연도의 결산보고서에는 1억 6,240만 프랑의 순이익이 나타나 있다. 그러나 만약 BIS가 국제적인 역할을 맡고 있지 않으면, 그 존재와 그리고 거대한 이익을 내는 데에 도움을 주는 광범위한 법적 특권을 정당화하기는 점점 더 어려워질 것이다. 앤드루 크로켓이 BIS의 사무국장으로 왔다. 영국의 경제학자인 그는 1972년부터 1989년까지 국제통화기금에서 일했다. 크로켓은 1994년에 잉글랜드은행에서 BIS로 왔는데, 잉글랜드은행에서는 4년 동안 상무이사로 있었다. 1986년에 영국은 대대적인 규제 완화, 곧 **빅뱅** 정책을 폈다. 그는 잉글랜드은행에 있을 때 그 정책이 런던 금융가에 미친 여파를 직접 관찰할 수 있었다.

빅뱅 이전의 런던 금융 중심가는 아직도 명문 학교 선후배가 지배하고 긴 점심시간이 특징인 사교적이고 편안한 곳이었다. 그곳에는 노먼이 느꼈을 편안함이 그대로 남아 있었다. 그러한 분위기는 하룻밤 사이에 거의 사라져버렸다. 월 스트리트의 투자은행들이 런던 금융 중심가로 쏟아져 들어오면서 공격적인 새로운 영업 전술을 선보였다. 투자은행 업무와 예금취급 업무를 분리한 1933년 글래스-스티걸 법은 미국에서는 여전히 시행되고 있었다. 거추장스러운 규제의 부담에서 벗어난 새로운 런던은 엄청난 기회를 만들어 냈으며, 거래 증가 속도를 높이는 급속한 컴퓨터 기술의 발전에 들떠 있었다. BIS는 빅뱅을 조심스럽게 환영했다. BIS 1987년 연차보고서에는 다음과 같은 언급이 들어있다.[18] "아무것도 하지 않으면, 런던 증권거래소는 외국 기관과 경쟁할 수 없을 것이며, 기업들도 외국으로 빠져나갈 것이라는 우려가 있다." 빅뱅이라는 변화로 영국 은행과 영국에 진출해 있는 외국계 은행에 "대량의 자본이 흘러 들어갔지만", 그 때문에 은행 내부의 이해충돌을 피하기 위한 정보 장벽의 중요성이 커졌다고 BIS는 설명했다. 그러나 정보 장벽은 곧 돈의 쓰나미 앞에서 허물어졌다. 런던 금융가에 있는 금융회사들의 새로운 미국 쪽 파트너들은 종종 이해충돌 문제에 대해서 그다지 신경을 쓰지 않았다. 그들은 고객 기업의 자문 과정에서 얻은 내부 정보를 이용하여 주식 거래를 하는 데에 거리낌이 없었다.

크로켓이 BIS에 오게 된 것은 그가 국제통화기금에서 최고위직에 오르지 못한 데 따른 위로 차원의 보상이라는 소문이 있었다. 어쨌든 그가 BIS에 온 것은 이 은행이 사라져 가는 것을 지켜보기 위해서가 아니었다. 크로켓은 자기의 국제적 경험을 바탕으로 여전히 안이하고 편협한 기관일 수 있는 BIS에 새로운 바람을 불어 넣었다. 그는 유럽통화연구소의 설립이 BIS에게는 한 시대의 종말을 의미한다는 사실을 이해했다. BIS는 예순네 살이었고, 사람으로 따지면 연금을 받을 나이였다. BIS의 원래 임무는 제1차 세계대전 이후 독일 배상금 지급을 관리하는 것이었는데, 그것은 오래 전에 끝났다. BIS가 관여한 복잡한 논쟁의 세부 내용은 은행 문서고에 먼지투성이 파일로 보관되어 있다.

BIS는 갑자기 시대에 뒤떨어진 존재처럼 보였다. 이 은행은, 서로 더욱 의존하고, 역동적이며, 빠르게 움직이는 글로벌 경제에서 대출통제와 통화제한이나 하는 구시대의 유물을 상징하는 듯 했다. 벨기에와 네덜란드처럼 작고 중요도가 떨어지는 나라들은 BIS 이사회에 들어가 있었지만, 중국, 브라질, 사우디아라비아, 러시아의 중앙은행들은 거기에 들어가 있지 않았다. 일본, 캐나다, 터키가 BIS에 가입해 있는 것은 사실이지만, 많은 사람들은, 특히 미국인들은, 이 은행을 철저히 유럽 중심적인 기관으로 생각했다. 1995년 5월에 캐나다 중앙은행 출신인 윌리엄 화이트는 BIS 연구 조직인 화폐경제국의 책임자가 되었다. "내가 BIS에 왔을 때, 사람들은 유로화 이후 BIS는 무엇을 해야 하는지를 물었다. 그것은 타당한 질문이었다. BIS는 유럽에 몹시 편향된 조직이었다. 일단 유럽통화연구소가 설립되면, BIS에는 유로화와 관련된 어떤 일도 남아 있지 않게 될 것이다."[19]

BIS는 새로운 목적을 찾아야 했다. 그 목적이 크로켓에게는 분명했다고 화이트는 회상했다. "크로켓은 우리에게 말했다. 우리는 세계로 나아갈 것이다." 그러나 그렇게 하려면 미국이 BIS 이사회에 들어와야 했다. BIS는 설립된 지 60년이 넘었고, 미국에 뿌리를 깊게 박고 있었다. 그럼에도 미국 연준은 여전히 BIS에 거리를 두었고, 연준에 배정된 BIS 주식을 인수하지도 않았다. 미국은 항상 BIS에서 일어나는 일과 그곳에서 논의되는 내용을 추적했다. 그러나 바젤을 방문하는 미국 연준 직원들은 회원 중앙은행의 대표가 아닌 참관인 자격으로 그곳에 갔다. 크로켓은 이러한 변칙 상태를 끝내기를 원했다. 그는 일요일 저녁 BIS에서 열리는 G10 총재회의에 참가하는 모든 국가들이 BIS의 회원이어야 하며 BIS 이사회에 들어가야 한다고 믿었다. 연준은 먼저 BIS에 가입한 다음에 이사회에 들어가야 했다.[20]

1970년대와 1980년대에 워싱턴은 BIS에 특별히 관심을 두지 않았다. 연준 국제금융국장을 지낸 캐런 존슨은 "당시에는 금융보다는 주로 무역에 초점이 맞춰져 있었다"고 말했다. "무역은 다소 예측 가능한 방식으로 움직인다. 무역은 잘 바뀌지 않기 때문에 사람들을 놀라게 하지도 않는다. 그런데 1980년대에 변화가 생기기 시작했고 1990년대에는 더욱 큰 변화가 일어났다." 빠르게 확산하는 세계화, 국제 시장의 증가하는 권력, 세계 곳곳을 더욱 빠르게 흘러 다닐 수 있는 화폐의 능력을 통해서 우리는 미국 경제가 세계 금융시스템과 얼마나 뗄 수 없는 관계에 있는지를 더 쉽게 알 수 있다. "금융 연계는 엄청나게 중요해졌다. 금융시장의 움직임은 더욱 더 빨라졌다. 위기나 예상치 못한 사건들이 금융 쪽에서 발생할 가능성이 훨씬 높아졌다"고 존슨은 말했다.

크로켓의 로비는 효과가 있었다. 1994년 연준이사회는 마침내 자기들에게 할당된 지분을 인수하여 BIS에 가입하고 이사회에 두 명의 이사(연준 의장과 뉴욕연준 총재)를 임명했다. 미국 연준 국제금융국의 고위 직원인 찰스 J. 시그먼은 미국의 BIS 가입 결정에 대해 다음과 같이 말했다. "중앙은행들 사이의 협의, 협력, 정보교환을 위한 주요 포럼으로서 BIS의 역할이 점점 더 중요해질 것으로 인정되며, 그 범위도 확대될 것으로 예상된다."[21] 미국의 결정은 세계를 향해서 BIS가 여전히 적절하고, 필요하며, 국제 금융안정에 기여할 수 있다는 강력한 신호를 보냈다. 2년 뒤인 1996년에는 중국, 인도, 러시아, 브라질, 홍콩, 싱가포르, 사우디아라비아의 중앙은행과 통화 당국이 BIS에 가입했다. BIS의 미래는 탄탄대로였다.

캐런 존슨은 1998년부터 2007년 은퇴할 때까지 9년 동안 연준 국제금융국장으로서 중앙은행 총재회의에 참석했다. 존슨은 앨런 그린스펀 연준 의장과 그 후임자인 벤 버냉키 의장, 또는 그들을 대리한 연준 부의장을 동행하여 BIS를 방문했다. 존슨은 연준이 BIS에 관심을 갖도록 하는 데 성공했다. "BIS에 대한 미국의 태도는 변했다. 왜냐하면 세상이 변했기 때문이다. BIS는 회원국을 확대하고 있었다. 왜냐하면 세계의 다른 국가들이 과거에는 중요하지 않았지만 이제는 중요하기 때문이었다. BIS는 미국이 거의 관심을 기울이지 않는 유럽 중심적인 조직에서, 글로벌 조직, 국제 조직으로 바뀌었다. 우리가 일단 우리에게 배정된 BIS 지분을 인수하자 연준의 고위 인사들이 관여하는 정도가 완전히 달라졌다."[22]

미국 연준과 뉴욕 연준은 바젤에서 주말 회의가 열릴 때, 거기에 참석하는 모든 중앙은행들이 그러하듯이, BIS 본부에 임시 사무소를 열었다. 연준 의장과 뉴욕 연준 총재는 개별 사무실을 배정받았고, 수행 직원들이

나 가끔 회의에 참석하는 다른 간부들은 별도의 공동 사무실을 썼다. 존슨은 바젤로 가는 것을 좋아했다. 남성 중심의 중앙은행 세계에서 보기 드문 여성인 존슨은 1979년에 스탠퍼드대학교에서 연준으로 직장을 옮겼다. "이러한 국제회의에 참석하면 나는 또다시 회의실에서 유일한 여성이었다. 그러나 이름표에 연준이 새겨져 있었기 때문에 나는 원하는 곳으로 가서 누구든 만날 수 있었다."[23]

1998년 6월에 유럽통화연구소가 문을 닫았다. 알렉산드르 람파루시가 유럽통화연구소를 설립하기 위해 BIS를 떠난 지 4년 5개월 만의 일이었다. 유럽통화연구소의 폐쇄는 그 기관의 실패가 아니라 성공의 표시였다. 유럽중앙은행은 새로운 업무를 시작했다. 그 일곱 달 뒤인 1999년 1월 1일에, 열한 개 나라가 유로화를 출범시켰다. 기술적인 면에서 보면, 단일통화의 탄생은 놀라운 성과였고, 정당하게도 BIS의 옛 사무국장 람파루시는 **유로화의 아버지**라는 칭호를 얻었다. 유로화는 2002년 1월에 마침내 국민 통화를 대체했다. 대부분의 언론들은 의기양양하면서 유로화의 혜택에 초점을 맞추었다. 적어도 화폐 거래의 편리함과 용이함이라는 면에서는 혜택이 적지 않았다. 이것은 1940년에 풍크가 그의 소논문에서 예측한 것과 눈에 띄게 닮았다. 여행자들은 포르투갈의 대서양 해안에서 핀란드의 북극 국경까지 같은 통화를 사용할 수 있을 것이다. 유로존에서 거래하는 기업들도 그렇게 할 수 있을 것이다. 유럽 은행의 외화계좌 유지 비용, 환전 수수료, 번거로운 장부 기록, 이 모든 것은 즉시 사라졌다. 1997년에 체결된 **안정과 성장 협약**은 원론적으로는 예산 규율을 확실히 하고 통화의 안정을 지킬 것이다. 협약에 따라 국가 예산 적자는 GDP의 3%를 초과해서는 안 된다.

승리감 가운데서도, 단일통화의 정치적 측면은 관심을 덜 받았다. 또다시 국가 주권의 점진적인 제거는 정치적인 결정이라기보다 근본적으로 기술관료적인 혁신으로 묘사되었다. 실제로 1951년에 유럽철강석탄공동체가 설립된 이래로 사태는 그렇게 흘러왔다.

유럽의 어떤 국가가 유로존에 가입하면, 그 중앙은행은 자동적으로 유럽중앙은행시스템의 일부로 편입되었는데, 그 시스템이 유럽중앙은행 ECB이었다. 회원국들은 비록 유럽중앙은행의 총재평의회에서 대표권을 갖기는 했지만 자국의 통화정책에 대한 통제권을 포기했다. 여기에는 합당한 논리가 있었다. 만약 각 회원국이 독립적인 통화 지배권을 갖는다면 공통통화는 금세 기능을 상실한다는 것이다.

영국은 화폐 주권을 포기한다는 생각을 공포심을 가지고 대했다. 워싱턴에서 폴 볼커 연준이사회 의장은 좀 더 미묘한 견해를 밝혔다. 그는 유럽중앙은행 아이디어를 지지하면서도 "정부가 없는 중앙은행이 있다는 것은 매우 특이한 일"이라고 생각했다.[24] 볼커는 단일은행과 단일통화의 이면에 있는 논리는 이해할 수 있지만, 이것들이 재정 규율과 적절히 통합될 필요가 있다고 생각했다. "좋은 면도 있고 나쁜 면도 있다. 누군가는 항상 통화의 가치를 떨어트리고 있다. 그런 다음 그들은 통화의 가치를 안정시키려고 하겠지만, 그 가치는 무너지고 말 것이다. 그래서 여러분이 많은 문제를 겪고 있다면 공통의 통화를 갖는 것이 이치에 맞다는 생각이 든다. 그러나 단지 단일통화가 개별 회원국들로 하여금 더 이상 그들의 통화 가치를 떨어트릴 수 없도록 하기 때문에 그들에게 통화 규율을 강제할 것이라고 생각한다면 이는 너무 낙관적이다."[25]

많은 사람들은 유로화의 도입을, 부분적으로는, 다른 수단에 의한 제2차 세계대전의 연속으로 보았다. 진짜 중요한 것은 통화의 문제가 아니라 정치의 문제였다. 프랑스 정치인들은 단일통화가 독일 문제를 영원히 해결할 것이라고 믿었다. 독일은 한 세기 안에 두 번이나 유럽을 철저하게 파괴했다. 그러나 이제 독일은 유럽 통합 프로젝트에 갇혀 있고 얽매여 있기 때문에, 다시는 전쟁을 원하지도 않을 것이고, 할 수도 없을 것이다. 독일의 전망과 번영은 가장 중요한 이웃이자 라이벌인 프랑스의 전망과 번영에 어쩔 수 없이 엮이게 될 것이다. 물론, 국가들의 경쟁은 계속될 것이지만, 독일인들이 범 유럽통화에 가입함으로써 그들의 화폐 주권이 희석될 것이고, 이를 통해 마침내 제2차 세계대전의 유령을 잠재울 것이다. 프랑스인들은 베를린이 더이상 유럽경제를 지배할 수 없을 것이라고 믿었다. 이는 잘못된 것으로 드러났다. 사실 독일 연방은행은 물가안정에 초점을 둔 유럽중앙은행의 설계도를 만들었고, 그 운영에 대해서도 거대한 영향력을 행사했다.

헝가리 중앙은행 총재와 재무부장관을 지낸 지그몬드 자라이는 "유로화가 정치적 타협의 산물이었다"고 말했다. "프랑스는 1989년에 독일 통일을 허용했다. 그러나 프랑스는 통일 독일이 전 유럽 대륙을 지배하고 너무 강해지는 것을 걱정했다. 그래서 파리는 말했다. 좋다, 독일은 통일을 할 수 있다. 그러나 독일은 마르크를 포기해야 한다. 우리는 대신 유로화를 가질 것이다. 독일은 프랑스 제안을 받아들였고, 나아가서 동유럽에서 새로운 수출 시장을 얻었다." 독일 마르크는 유로화의 토대였다고 자라이는 말했다. "유로화와 유럽중앙은행의 도입 목적은 독일의 경제적 안정을 프랑스와 이탈리아에 수출하는 것이었다. 독일 마르크는 항상 강세 통화였고, 독일 연방은행은 인플레이션을 통제할 수 있는 은행이었다. 프랑스와 이탈리아는 인플레이션을 통제할 수 없었다. 목표는 유럽중앙은행을 이용하여 프랑스와 이탈리아가 그들의 통화를 통제하도록 강요

하는 것이었다."²⁶

1993년부터 1995년까지 잉글랜드은행 부총재를 역임한 루퍼트 페넌트-레는, 유럽 협력의 새 시대를 상징하게 할 의도로 새로운 통화를 도입했다고 말했다. 그러나 실제로는 유로화가 옛 원한을 청산하는 수단으로 기능했다고 그는 덧붙였다.

유로는 무시무시한 창조물이었다. 그것은 프랑스-독일 관계의 정치공학에 의해 추진되었다. 두 나라의 관계는 독일 연방은행과 프랑스은행 사이의 관계에 명백히 반영되었는데, 대체로 한쪽이 하는 것을 다른 쪽이 곧바로 따라 하는 식이었다. 프랑스 정치 집단은 그들이 독일 연방은행의 가락에 맞춰 춤을 추어야 한다는 사실을 싫어했다. 프랑스인의 시각에서 보면 유로화는 그들의 국가적 자존심에 대한 지속적인 굴욕에서 벗어나는 방안에 지나지 않았다. 프랑스인들은 대부분의 면에서 독일인들보다 낫다고 생각했지만, 통화 문제에서는 항상 굴종적으로 독일의 꽁무니를 쫓았다. 그들은 그것을 싫어했다.

페넌트-레는 유로화 프로젝트의 운명이 처음부터 밝지 않았다고 주장했다. 람파루시와 그가 프랑크푸르트 유럽통화연구소로 데려온 BIS 출신 직원들이 기술적인 전문지식을 제공했음에도 사정은 마찬가지라고 그는 말했다. "그 프로젝트는 완전히 잘못 설계되었다. 서로 전혀 다른 경제들로 구성된 통화동맹을 만들어서는 안 된다. 그렇게 만든 통화동맹이 잘 돌아갈 리 없다. 여러 경제학자들은 그 점을 지적했다. 그러나 정치인들은 뭐든지 자기들이 더 잘 알며, 자기들은 역사를 창조하고 있다고 말했다. 정치인들은, 보통의 인간으로서는 이해하기 어려운 숭고한 정당성을 가지고 있다는 것이다."²⁷

그렇다면 왜 독일인들은 유로화에 동의했을까? 페넌트-레는 다음과 같이 분석했다. "독일 연방은행은 항상 유로화 아이디어를 싫어했는데, 그 이유는 통화동맹이 분명히 독일의 화폐 주권을 제약할 것으로 보았기 때문이다." 그러나 콜 총리, 미테랑 대통령, 들로르는 역사책에 그들의 이름을 남기는 데 집착했다. 화폐 주권의 상실은 대륙을 재설계하기 위해 지급해야 하는 작은 비용이었다. 그것은 베를린 못지않게 파리나 브뤼셀에 대한 것이기도 했다. 페넌트-레는 다음과 같이 서술했다. "나는 유로화 도입이 위대한 인물과 그가 살아가는 시대에 대한 문제라고 생각한다. 우리는 새로운 유럽을 창조했다. 새로운 유럽에서는 지난 세기의 끔찍한 역사는 사라지고 다시는 되돌아오지 않을 것이라고 우리는 이제 확고하게 말할 수 있다. 왜냐하면 우리는 지금 옛 유럽과 완전히 다른 유럽을 창조했기 때문이다. 그러나 새로운 유럽은 독일 국민의 절대다수가 생각하는, 또는 바라는 것과는 아무런 관련이 없었다. 독일의 정치 지도자들은 결코 여론을 조사해 본 적이 없었다. 끔찍한 일이었다."[28]

람파루시는, 속으로는 어떤 의심을 하고 있었는지 모르지만, 유로화를 실현하기 위해 자기 할 일을 했다. 이 헝가리 경제학자는 겸손하고 호감이 가는 사람이었다고 페넌트-레는 말했다. "그는 경제학에서 유로화에 대한 진실을 찾으려고 노력했다. 그러나 그는 유로화를 창출하기 위해 극도로 정치화한 환경에서 일해야만 했다. 람파루시는 경제 분석에 충실하려고 애썼으며, 정치적인 문제에는 눈을 돌리지 않으려고 했다."

유로화 프로젝트에 좀 더 호의적인 사람들조차도 그 프로젝트가 처음부터 결함을 가졌다는 사실을 인정한다. 유로존에는 두 가지 근본적인 결함이 있었다. 첫째, 그것은 동질적인 통화 지역이 아니었다. 독일과 그리스, 또는 이탈리아와 프랑스처럼 문화, 역사, 경제정책, 재정정책, 국가의 역할에 대한 국민들의 생각, 증세에 대한 저항 정도가 매우 다른 개별 국가들을 하나로 묶는다는 것은 항상 위험이 뒤따르는 작업이었다. 실제로 풍크는 1940년에 이를 예측한 바 있다. 둘째, 유로존은 신뢰할만한 초국가적인 공통의 재정시스템을 갖춰야 했다. 람파루시는 그 시스템이 규칙과 강제 수단을 가져야 한다고 주장했다. 유로존의 국민 정부들은 세금을 올리고 공공지출을 통제할 수 있는 권한을 유지했다. 그러한 권한의 행사에 대한 의사결정은 궁극적으로 다른 회원국들에게 영향을 주기조차 했다. 그러므로 모든 유로존 회원국들은 사실상 서로 인질로 잡혀 있었다. 회원국들에게는 외부 영향을 통제할 수단이 없었다.

이에 대한 반론은 이제 완전 통합을 향한 움직임은 멈춰 세울 수 없다는 주장이다. 유로화를 실현할 시기는 왔다. 샤흐트가 1920년대에 초인플레이션을 잡기 위해 도입한 렌텐마르크나 또는 제2차대전 이후에 경제를 안정시키기 위해 도입한 도이치마르크처럼, 유로화는 기능할 것이고, 기능해야만 한다. 왜냐하면 충분히 많은 사람들이, 특히 유럽의 지배계급에 속하는 사람들이 유로화가 기능할 것이라고 믿기 때문이다. 그리고 유로는 항상 공통통화 그 이상이었다. 기술관료들은 경제통화동맹의 창설을 통해서 유로화가 안고 있는 모순을 어떻게든 해결할 것이고, 그런 다음 경제통화동맹이 유럽의 통화, 경제, 정치의 완전한 통합을 진전시키는 촉매 작용을 할 것이라고 믿었다. "유로존 회원국들과 유럽연합은 유럽에서 더 광범위한 정치·경제시스템을 구축하기 위해 경제 구조에 대해 항상 얼마간 좁은 범위의 결정만을 해왔다"고 맬컴 나이트는 말했다. 그는 2003년부터 2008년까지 BIS의 사무국장을 역임한 바 있다.[29]

달리 얘기하자면, 금융정책, 통화정책에 대한 기술적인 결정이 국민국가를 넘어서는 초국가를 도입하는 데에 은밀하게, 그것도 종종 BIS를 통해서, 이용되어 왔다는 것이다. 단일통화가 안고 있는 모순에 대한 경고는 무시되었다. 유럽은 지금 그 대가를 치르고 있다. 유로존의 몇몇 문제들은 마땅히 예측했어야 한다고 네이션 시츠는 주장했다. 그는 2008년부터 2011년까지 연준의 국제금융국장으로 일한 바 있다. "그들은 유로화 도입을 향한 조약을 체결할 때, 어떠한 플랜 B도 가지고 있지 않았다. 회원국을 떠나게 하거나, 강제로 탈퇴시킬 수단은 없었다. 과도한 국가 부채로 시달리고 있는 나라를 처리하기 위한 명확한 메커니즘도 없었다. 회원국들이 규칙을 지키고 있는지 감시하고 확인하는 업무 집행도 불충분했다."[30] 이러한 결함은 유로존이 17개 회원국으로 늘어나면서 더욱 심각해졌다. "그들은 유로존을 매우 이질적인 국가 그룹으로 시작했다. 추가로 회원국을 받아들임으로써 그들은 유로존을 더욱 이질적으로 만들었다."[31]

유로화가 잘 기능할 수 없으리라는 것은 처음부터 분명했다고 지그몬드 자라이는 말했다. 그는 BIS에서 열린 수많은 회의에 참석했으며 같은 헝가리 출신인 알렉산드르 람파루시와 잘 알고 지내는 사이였다. "유로 위기 전에 람파루시는, 공통의 통화를 가지고 있다면 처음부터 공통의 경제정책과 재정정책을 가져야 한다는 것은 분명하다고 내게 말했다. 람파루시는 나에게, 정치가들이 먼저 공통통화를 만들면 그것이 더 공통적인 경제정책과 재정정책을 만들도록 강요할 것이라고 말했다."[32] 그러나 유럽은 여전히 공통의 경제정책과 재정정책을 실현하지 못하고 있다.

15장
모든 것을 보는 눈

나는 프레디 맥과 패니 메이의 문제점에 대한 엄청난 분량의 서류를 가지고 있었다.
- 윌리엄 화이트

BIS는 국제 은행 활동에 대한 통계를 수집하여 그 데이터의 저장을 전산화하기로 결정했다. 그 결정은 좋은 결실을 맺었다. 국제결제은행은 빠르게 세계에서 정보를 가장 많이 가진 금융기관의 하나가 되었다. 특히 대외 은행거래와 국제자본의 흐름에 대해서는 경쟁 기관이 없을 정도였다. 역외금융센터에 본사를 둔 은행을 포함한 시중은행들은 그들의 자산과 부채, 외국 통화, 대외 거래에 대한 데이터를 중앙은행 당국(일반적으로 국립은행 또는 그와 유사한 형태의 은행)에 제공하면 중앙은행은 이 데이터를 종합하여 BIS로 전송했다. 그러면 국제결제은행은 그 정보의 일부를 『쿼털리 리뷰』라는 간행물에 게재했다. BIS는 중앙은행을 위한 은행으로 설계되었다. 하지만 BIS는 언제나 그렇듯이 민첩하게 움직였다. BIS는 상업은행 부문에 대한 정보와 또 거기에서 파생되는 모든 정보를 얻는 필수적인 거점으로서 자기를 스스로 개조했다.

1994-95년 회계 연도의 제65차 연차보고서는 228쪽 분량인데, 경제·금융에 대한 통계와 지표의 진정한 백과사전이었다. 그것은 서방 세계와 개발도상국의 국제무역, 통화정책, 채권 시장, 환율, 신흥국과 서방 시장의 자본 흐름, 국제 금융시장의 발전 전망을 포괄했다. 보고서는 요약, 분

석, 지침을 제공했고, 은행과 규제당국 사이의 더 많은 협력과 조정을 요구했다.

1995년, 오타와를 출발하여 바젤에 도착한 윌리엄 화이트는 BIS의 화폐경제 연구 부문의 책임자 역할을 맡았다. 이 부문은 사람들의 높은 평가를 받고 있었다. 1931년에 팔 야콥센이 이 부문의 책임을 맡아 첫 보고서를 낸 이래 국제결제은행의 처방은 거의 변함없이 유지되었다. 그것은 신용과 인플레이션을 엄격하게 통제할 필요성이었다. 화이트는 다음과 같이 말했다. "사물을 보는 방식에서 BIS가 사실상 모든 사람들과 구분되는 점은, 과도한 대출 때문에 발생할 수 있는 나쁜 결과를 더 강조한다는 것이다. 그것은 1930년대로 거슬러 올라간다. BIS는 독일의 초인플레이션 이후에 설립되었다는 역사를 가지고 있다."[1]

국제결제은행은 1990년대에 아시아 경제 호황을 부채질하고 있던 안이한 대출 확대에 대해 경고를 보냈다. 1997년에 아시아 채무 위기가 터졌을 때, 태국 바트는 무너졌고 위기는 지역 전역으로 전염병처럼 퍼져나갔다. 이는 BIS 경고가 옳았음을 입증했다. 비록 그것이 변변찮은 위안에 지나지 않지만 말이다. 화이트는 다음과 같이 말했다. "사람들은 동남아시아의 채무 위기가 갑자기 나타나서 예측할 수 없었다고 이야기했다. 그러나 이것은 터무니없는 이야기다. BIS 은행 통계는 1990년대의 그 위기를 매우 분명히 보여주고 있었다. 이 나라들은 짧은 기간에 엄청난 양의 돈을 외국 통화로 빌려다가 국내에서 자국 통화로 훨씬 긴 만기의 대출을 해주고 있었다. 아시아 채무 위기가 일어나는 것은 단지 시간문제였다."[2]

그러나 문제가 있다는 것을 알았다고 해서 BIS가 정책 입안자들을 설득하여 예방조치나 개선조치를 취하도록 항상 설득할 수 있었던 것은 아니었다. 몇 해 뒤인 2000년대 초반에, 미국도 비슷한 금융붕괴 가능성에 직면했다. 1999년에 은행의 예금업무와 중개활동의 분리를 규정한 글래스-스티걸 법이 폐지되었다. 이는 신용 호황과 자산가격 거품을 부채질하는 결과로 나타났다. 글래스-스티걸 법은 대공황 시기인 1933년에 통과되었다. 많은 사람들은 이 법의 폐지가 또 다른 거품-붕괴 순환과 그에 이은 공황을 촉발할 것이라고 경고했지만, 이는 무시되었다.

BIS 직원들은 보통 패니 매로 불리는 연방주택저당협회FNMA와 프레디 맥으로 불리는 주택대출저당공사FHLMC에 대해 특히 걱정했다. 그 두 기관은 모기지 시스템에 유동성을 공급하는 정부 기업이었다. 이들은 자기들이 설정한 기준을 충족하는 주택대출을 사들여서 이를 주택담보증권으로 전환했다. 그런 다음 프레디와 패니는 그 증권을 산 외부의 투자자들에게 원금과 이자 지급을 모두 보장했다. 이 시스템은 정부의 뒷받침 덕분에 안정적으로 기능했다.

그러나 2000년대 초에 월 스트리트는 프레디나 패니를 거치지 않고 담보대출을 매입해서 증권화하는 방법을 고안해냈다. 리먼브라더스나 베어스턴스 같은 금융회사들은 고위험 서브프라임 모기지(신용등급이 낮은 대출자에 대한 주택담보대출)를 묶어서 증권으로 만들었다. 그런 다음 월가의 금융회사들은 그것들을 투자자들에게 팔았다. 투자자들은 그들이 떠안게 되는 위험을 전혀 이해하지 못했다.

국제 신용시스템은 엄청나게 확장했다. BIS는 과도한 글로벌 신용 증가, 상업은행들의 부실한 대출 관행, 민간부문 과잉 차입, 그리고 글로벌 불균형이 위기 가능성을 부채질하고 있다고 거듭 경고했다. 하지만 싼 돈은 강물처럼 세계 구석구석 흘러 들어갔고, BIS 경고에 귀를 기울이는 사람은 없는 듯했다. BIS 직원들은 프레디와 패니가 글로벌 시장의 오염물질이라고는 생각하지 않았다. 그보다 그것들은 재앙을 불러일으킬 잠재적인 방아쇠였다. 중앙은행가들은 주의 깊게 살펴보았어야 했다. 프레디와 패니를 논의하는 자리는 BIS의 글로벌 금융시스템위원회였다. 여러 나라 중앙은행 부총재와 간부직원들로 구성되는 이 위원회는 글로벌 금융시장의 안정성을 분석하고 대응하는 역할을 맡았다. 그러나 중앙은행 총재들은 프레디와 패니에 대해 말하고 싶지 않은 모습이었다. 그들은 프레디와 패니 문제가 정치적인 것이어서 이에 손댈 수 없다고 판단했다.

정부후원기업GSE은 정부가 뒷받침하는 이익추구 회사인데, 강한 영업력을 가졌지만 파산 위험을 안고 있었다. 이런 형태의 회사를 가진 나라는 미국만이 아니었다. 프랑스는 국가개발투자기금CDC을, 독일의 주정부들은 란데스방크로 알려진 자체 주립은행을 보유했고 일본은 우체국에서 은행서비스를 제공했다. 이익추구 행위에서 발생하는 위험에 대한 국가의 지원은 폭발 가능성을 키우는 것이었다. 도쿄에서든, 툴루즈나 텍사스에서든 폭발이 일어날 수 있었다. 위원회로 하여금 정부후원기업의 문제를, 특정한 한 나라에 초점을 두는 것이 아니라 전체를 묶어서 다루도록 하려는 시도가 있었지만 이 역시 별다른 성과를 내지 못했다.

루퍼트 페넌트-레는 그가 잉글랜드은행을 떠난 지 한참이 지난 뒤에도 BIS 연차보고서는 필수적인 읽을거리라고 말했다.

BIS는 지난 2003년과 2004년에 과도한 신용 증가, 과도한 상호 의존성, 그리고 금융시스템의 주요한 약점 몇 가지에 대해 경고하기 시작했다. 2007년-2008년 사태를 아무도 예견하지 못했다고 다들 말한다. 이는 사실이 아니다. 예견을 한 유일한 기관은 BIS였다. 모든 세부 사항까지 예측한 것은 아니었다. 그러나 경고라는 측면에서 보면, 일이 잘못되어 가고 있다는 점, 모든 부문의 대차대조표에 부채가 너무 많다는 점, 은행들이 과도한 차입을 통해 서로 반대의 자산-부채 포지션에 도박을 걸고 있는 위험한 상호 의존관계에 빠져 있다는 점, 이 많은 것들이 다소 지루해 보이는 연차보고서에 실려 있다.[3]

BIS 위원회를 주관하는 일은 예를 들어, 중앙은행 총재회의를 준비하는 것에 비하면 활기가 떨어진다. 그러나 장기적으로 보면 각 위원회는 적어도 BIS에 대해서만큼은 유용하다. BIS는 스스로 글로벌 금융시스템에 대한 가장 중요한 문제를 다루는 포럼의 중심적이고 필수적인 기둥으로 자리매김해왔다. 해마다 여러 나라 중앙은행과 감독 당국에서 오는 임직원 5천 명 이상이 바젤을 방문한다. BIS는 화폐·금융안정성, 준비금 관리, 정보기술, 내부감사와 같은 주제에 대한 전문가 회의를 주최한다. 오랜 시간에 걸쳐서 BIS는 자기를 세계 중앙은행 총재들과 그 직원들을 위한 중심축으로 만들어왔다.

BIS의 여섯 개 위원회 가운데 보통 상업은행 감독을 다루는 바젤은행감독위원회만이 언론의 주목을 받는다. 이 위원회의 업무가 상업은행에 계좌를 보유한 대중에게 직접적인 영향을 미치기 때문이다. BIS 웹사이트에 따르면, BIS 바젤위원회의 목적은 "전 세계의 주요 감독 이슈에 대한 이해를 높이고 은행 감독의 질을 개선하는 것"이다. 이는 잘 알려져 있는 사실이다.

세계화의 진전은 역설적으로 개별 국가에서 은행업의 불균형을 돋보이도록 한다. 은행 감독 기준이 나라 별로 다양할 뿐만 아니라 자본자산의 정의도 역시 마찬가지였다. 장기 부채와 장부 외의 항목을 자산으로 계산하는 은행이 있는가 하면 그렇지 않은 은행도 있었다. 1988년에 바젤은행감독위원회는 새로운 규정을 만들었다. 새 규정에 따르면, 요컨대, 은행은 대출을 포함한 총자산의 8% 이상을 자기자본으로 보유해야 한다. 만약 은행의 자본이 충분하지 않다면, 은행은 부채와 위험 자산을 줄여야 한다. 은행감독위원회는 강제력은 가지고 있지 않지만, 엄청난 도덕적 권위를 가지고 있다. 국제 시장에서 영업하기를 원하는 은행은 8%의 규정을 지키지 않을 수 없다.

바젤 I로 알려진 1988년 협정은 계속 진화해 왔다. 2004년에 발표된 바젤 II에서는 자본 요구 비율, 수치로 측정한 리스크, 국제 규정의 기준에 대한 더욱 정교한 규제가 도입되었다. 바젤 II의 목적은 경쟁 조건의 불평등이 생기지 않도록 하는 것이었다. 경쟁 조건의 불평등이란 고객들이 통제가 느슨한 은행을 찾아다닐 때 생기는 불평등을 말한다. 1993년부터 2003년까지 뉴욕 연준이사회 의장을 지냈고 2000년부터 2003년까지 바젤은행감독위원회 위원장을 역임한 맥도너는, 은행들의 대출은 자유롭게 풀어주면서 자본 요구 비율을 규제하는 것은 섬세하게 균형을 잡는 행위와 같다고 말했다. "자본 요건 규제에는 고유의 모순이 존재한다. 공공의 이익을 위해서는 금융위기를 피해야 한다. 그런 면에서는 자본 요건을 더 높이는 것이 차라리 낫다. 반면에, 자본가적인 전체 자유시장시스템은 누군가가 저축한 것을 다른 사람들이 투자에 쓸 수 있을 때 기능한다. 이 시스템이 돌아가기 위해서는 누구나 최선을 다하는 거래가 존재해야 하며 그러려면 자본 요건이 낮은 편이 낫다."[4]

"2007년 말 경제 붕괴를 돌이켜보면 바젤 II의 자본 요구 비율이 충분하지 못했음이 분명하다"고 맥도너는 말했다. 그는 "바젤 II의 목적은 자본 요구 비율을 올리는 것이었지만 세계경제를 질식시키지 않는 방법으로 그렇게 해야 했다"고 말했다. 결국은 바젤 II도 위기가 왔을 때 거기에 대처할 수 있을 정도로 강력하거나 잘 정비되어 있지는 않았다.[5] 바젤 III 협정은 은행에 대한 자본 요구 규정을 더욱 강화하는 것을 목표로 한다.

규제 당국이 아무리 헌신적이라 하더라도, 그들은 항상 거래자들을 뒤쫓는 처지이다. 맥도너는 "우리는 이색 금융상품의 폭발적인 성장이 리먼브러더스를 몰락시킬 것이라고는 예상하지 못했다. 그로 인한 파급 효과도 예측이 불가능했다. 그러한 사태를 예상했다면, 희망 사항이지만, 누군가는 그것을 막으려고 노력했을 것이다."[6] 그러나 규제당국자들은, 군인들과 마찬가지로, 필연적으로 끝까지 싸우고 있다. 자본은 더 빠르게 움직이고, 세계경제는 전례 없이 얽혀 있으며, 금융상품들은 더 복잡하다. 새로운 규정들이 발표될 때마다, 월 스트리트는 가장 뛰어나고 똑똑한 금융 두뇌와 법률 두뇌를 고용하여, 규정을 최저선에서 지키면서도 최대의 이익을 얻어낼 방법을 찾아낸다. BIS는 런던은행간대출금리LIBOR 부정 사건을 예측하거나 막을 수 없었다. 이 부정 사건에서 상업은행들은 자기들의 이익에 유리한 방향으로 은행 간 대출금리를 조작하여 막대한 이익을 챙겼다. 바젤은행협정에는 은행 간 대출금리에 대처하는 조항이 없었다.

BIS는, 지배구조에 대해서는 훌륭하다는 평가를 받아 왔지만, 스스로 상업적 활동을 하는 데 대해서는 비판을 받아왔다. BIS의 주요 주주는 항상 중앙은행이었다. 그러나 1930년에 BIS가 설립된 이후 창설 멤버에 속했던 미국, 프랑스, 벨기에의 은행은 보유 지분의 일부를 매각했다. 2000년 말 기준으로, BIS 자본금의 거의 14%에 달하는 72,648주가 거래 가능한 개인 소유이다. BIS는 강제적인 재매입 수단을 통해 개인 소유 주식을 다시 사들일 것이라고 발표했다. BIS가 특권적인 법적 지위를 가지고 있었기 때문에, 개인 소유자들이 그 결정에 항의하기는 쉽지 않은 일이었다. 그러나 가격은 협상 대상이었다. BIS는 주당 16,000 스위스 프랑을 제시했다.

세 명의 주주는 그 가격을 받아들이지 않았다. 그 제시 가격은 시장 거래 가격의 거의 두 배이지만, BIS의 순자산 가치 비율로 평가한 주식의 가격에 비하면 여전히 낮다고 그들은 주장했다. 뉴욕에 본부를 둔 뮤추얼 펀드인 퍼스트이글펀드와 다른 소액 투자자 두 명은 헤이그 중재 재판소에 소송을 제기했다. 이 재판소는 BIS에 대한 분쟁을 관할하는 곳이다. 재판소는 투자자들에게 유리한 판결을 내렸는데, BIS가 주식의 가치를 잘못 계산했다고 말했다. 재판소는 개인 주주들에게 주당 7,977.56 스위스 프랑과 5%의 이자를 더하여 총 9,052.90 스위스 프랑을 추가로 지급하라는 판결을 내렸다. 이는 원래의 제시 가격보다 50% 이상 높은 금액이다.[7] 『중앙은행 저널』은 이 판결이 원래의 제시 가격에 서명했던 이사회에 대한 **굴욕적인 면박**이였다고 말했다. 서명 이사에는 장-클로드 트리셰, 그린스펀 연준이사회 의장, 에디 조지 잉글랜드은행 총재가 들어 있었다.[8]

문제는 개인 주주들에게서 주식을 강제적으로 빼앗는 것에 있지 않았다고 샤를 드 보는 말했다. 그는 당시에 퍼스트이글펀드의 포트폴리오 매니저였고, 현재는 인터내셔널밸류어드바이저스의 최고 투자책임자이자 포트폴리오 매니저 역을 맡고 있다. "BIS 주식이 개인에게 흘러 들어가서 거래가 되고 BIS가 그것을 다시 사들이기를 원한다는 것은 역사의 우연이었다. 나는 그것을 이해할 수 있다. 그러나 가격은 공정해야 한다. 강제적으로 빼앗는 거래에는 더 높은 기준이 필요하다. 최고의 아이러니는 BIS가 항상 자기를, 적절한 자기자본 유지, 투명성, 기업지배구조를 촉진하는 기관으로 묘사해왔다는 것이다. 이 모든 것은 좋은 것이고 세계를 더 나은 곳으로 만들 것이라고 BIS는 주장했다. 그렇다면 BIS는, 자기의 주식을 되사야 하는 상황에서도 똑같은 기준을 내세워야 하는 것이 아닌가?"[9] 1994년부터 2003년까지 BIS의 사무국장을 역임한 앤드류 크로켓은 제시 가격이 J.P. 모건의 평가에 근거한 것이었기 때문에 당시에는 그도 그것을 **공정하다**고 믿었다고 말했다.[10]

프랑크푸르트의 유럽중앙은행은 세를 확장했다. 유럽중앙은행은 이제 세계에서 가장 강력한 중앙은행에 속한다. 유럽중앙은행은 17개의 유로존 회원국에 대한 통화정책을 관리한다. 유럽중앙은행의 포괄 지역은 포르투갈의 대서양 연안에서 터키 국경까지 이르며, 거기에 3억 3천만 명 이상의 사람들이 살고 있다.

유럽중앙은행의 모은행인 BIS의 영향력은 분명하다. 유럽중앙은행은 폴 볼커가 지적한 바와 같이 국가나 국가 단위 준비금이 없는 초현대적 기관이고 심지어 포스트모던 기관이다. 그것은 궁극적으로 장 모네가 꿈꾸었던 초국가 기구의 금융 면의 표현이다. 그러나 유럽중앙은행의 설립 정신은 노먼-샤흐트 시대에 확고히 뿌리를 두고 있다. 유럽중앙은행의 구조, 운영 방식, 그리고 책임성의 결여는 BIS를 빼다 닮았다. BIS와 마찬가지로 유럽중앙은행은 국제법, 구체적으로 얘기하자면 유럽연합을 설립하기 위해 체결한 마스트리히트 조약에 따라 보호를 받는다.

이것은 부분적으로 유럽중앙은행이 통화기관임과 동시에 항상 정치적인 기관이기 때문이다. 정치적인 기관은 주고받기에 뿌리를 둔 무대 뒤의 거래를 잘 한다. 유럽의 가장 강력한 중앙은행으로서, 독일 연방은행은 유럽중앙은행의 설계에 매우 큰 영향을 끼쳤다. 유럽중앙은행은 홈페이지에 말하고 있는 바와 같이, 그의 '일차적인 목표'를 '물가안정의 유지',

그리고 이를 위해 인플레이션을 2% 미만으로 관리하는 데에 두고 있다.[11] 이를 못 박은 것은 독일 연방은행이었다. 이에 비해서 미국 연준은 실업과 인플레이션이라는 이중의 임무를 띤다. 윌리엄 화이트는 다음과 같이 말했다. "독일인들은 중앙은행의 적절한 역할을 매우 좁게 보고 있다. 중앙은행이 해야 하는 거의 유일한 일은 물가안정의 유지라고 그들은 본다. 이러한 관점은 그들의 역사와 초인플레이션 경험에서 비롯한다."[12]

그렇다면 유럽중앙은행은 누구에게 민주적인 설명책임을 지는가? 사실, 아무에게도 설명책임을 지지 않는다. 유럽중앙은행의 정책이사회는 통화정책을 실행하기 위한 수단들에 대해 직접 통제한다. 유럽중앙은행은 유로존 정부들의 조언을 받아서는 안 된다.[13] 유럽의회는 유럽중앙은행에 대한 의미 있는 권한을 가지고 있지 않다. 은행 지배구조 전문가인 앤 지버트 교수는 2009년 논문에서 "유럽중앙은행은 너무 많은 독립성을 누리고 있다"고 썼다. "유럽중앙은행은 비정상적일 만큼 과도한 **목표 독립성**을 가지고 있다. 유럽중앙은행의 **운영 독립성**은 아마 전례가 없을 것이다. 유럽중앙은행은 재정적으로도 거의 완전히 독립적이고 기능적으로도 대체로 독립적이다." 이는 유럽중앙은행이 대부분의 통화정책 수단을 통제하고 있으며, 자기가 적절하다고 생각하는 수단을 자유롭게 사용할 수 있다는 것을 의미한다.[14]

유럽중앙은행은 정책이사회의 통화정책회의가 끝난 다음 은행 금리의 변동을 자세히 기술한 언론 보도자료를 내고 총재 기자회견을 갖는다. 유럽중앙은행은 또한 월간 회보를 발행한다. 그러나 이것은 최소한의 보고 의무일 뿐이며 적절한 설명책임과 거리가 멀다. BIS와 마찬가지로 유럽중앙은행도 내부 업무를 비밀로 유지한다. 지버트 교수는 "유럽중앙은행은 투명성, 특히 절차적 투명성이 떨어진다"고 지적했다. "우리는 유럽

중앙은행 내부에서 어떻게 결정이 내려지는지 모른다. 투표조차 안 하는 듯하다. 회의록 비공개를 기자회견만으로 대체할 수 없다."[15]

미국 연준이사회FRB는 연방공개시장위원회FOMC의 회의가 끝나면 항상 보도자료를 낸다. 그 보도자료에는 연방공개시장위원회의 투표 현황과 반대자들의 견해가 포함되어 있다. 연방공개시장위원회의 각 회의가 끝나면 이전 회의록이 공개되는데, 거기에는 정책 결정을 하게 된 이유를 상세히 정리한 내용이 들어있다. 연준이사회는 의회에 설명책임을 진다. 이사회 의장은 1년에 두 번 의회에 출석하는데, 출석 전에 이사회는 포괄적인 보고서를 의회에 제출한다. 보고서에는 포괄적이고 의미 있는 분석, 통화정책과 재정정책 사이의 상호 연관성, 연준의 결정이 끼치는 여러 영향이 내용에 포함되어 있다. 잉글랜드은행도 2주의 시차를 두고 통화정책 회의 의사록을 공개한다.

유럽의회는 유럽중앙은행에 대해 이사회 회의록과, 익명 처리한 투표 결과를 공개할 것을 요구하는 결의안을 반복해서 통과시켰다. 유럽중앙은행 정책위원회의 회원이기도 한 각국의 중앙은행 총재들은 BIS 간부들이 BIS 중앙은행 총재회의의 의사록을 공개하지 않으면서 편 논리를 그대로 이어받아 왜 의사록을 공개해서는 안 되는가를 설명한다. 그들은, 의사록을 공개하면 회의에서 자유로운 의견 교환이 제한될 것이라는 주장을 편다. 유럽중앙은행 이사회 의사록이 공개되면 다음과 같은 사실도 드러날 수 있을 것이다. 곧, 유럽중앙은행은 스스로 각국의 정치를 초월해 있다고 주장하지만, 유럽중앙은행 틀 안에서도 회원국 중앙은행 총재들은 여전히 자국의 이익을 유로존 전체의 이익보다 앞에 둘 수 있음이 드러날 것이다.

유럽중앙은행의 간부들은, 유럽중앙은행에 대한 유럽의회의 권한 부족을 논의할 때는 유럽중앙은행의 특수하고 초국가적인 구체적인 역할을 고려해야 한다고 주장한다. "이것은 유럽중앙은행이 다른 중앙은행들보다 설명책임을 덜 져도 좋다는 것을 의미하지는 않는다…. 그것은 다만 유럽중앙은행의 설명책임에 대한 유럽적인 방식의 독특한 특징들을 가리킬 뿐이다."[16] 유럽중앙은행은 자기들이 **투입지향 정당성**을 갖추고 있다고 말한다. 유럽중앙은행은 유럽연합을 탄생시킨 마스트리히트 조약을 통해 설립된 기관이다. 그러나 **투입지향 정당성**은 말 자체에 비해 덜 인상적이다. 유로존의 위기가 악화하면서 유럽중앙은행의 투입지향 정당성마저 서서히 소멸해갔다.

[투입지향 정당성 : 전통적인 견해에 따르면, 유럽의 통합은 여러 나라 정치 지도자들이 합의를 통해 단일 정책을 마련하고 이를 국내에서 실행함으로써 달성될 수 있다는 것이었다. 그러나 단일 정책을 국내에서 실행하는 과정은 쉽지 않은 것으로 드러났다. 단일 정책에 반대하는 여러 정치 세력의 저항이 만만치 않았기 때문이다. 효율성을 앞세운 기존의 산출 지향 정책 과정은 한계를 드러냈다. 이에 따라 단일 정책을 수립하는 단계부터 다양한 사회 세력을 참여시킬 필요성이 제기되었다. 이처럼 정책 수립 단계부터 개방성 원칙에 따라 다양한 정치 세력의 참여를 보장하여 확보하는 정책의 정당성을 투입지향 정당성이라 한다. - 역자 주]

민주주의를 인정한다는 의미에서, 12개 유럽연합 회원국은 마스트리히트 조약을 비준할 필요가 있다는 결정을 내렸다. 그러나 자기 나라 시민들을 충분히 신뢰하여 국민투표를 하기로 결정한 회원국은 세 나라밖에 없었다. 아마도 정치인들은 그 결과를 예상했을 것이다. 1992년, 덴마크 국민투표에서는 간발의 차이로 조약이 부결되었다. 반대표의 비율은 50.7%였다. 프랑스 국민투표 결과는 유럽 연방주의자들을 놀라게 했다. 인구의 51%만이 조약에 찬성표를 던졌기 때문이다. 아일랜드만이 조약에 열성을 보였는데, 국민투표에서 68.7%가 찬성표를 던졌다. 나머지 아홉 나라는 의회에 투표를 위임했는데, 모든 나라의 의회는 조약을 비준했다. 덴마크는 이듬해에 다시 국민투표를 했다. 코펜하겐은 유럽연합에 가입하지 않을 권리를 포함하여 조약에서 손을 뗄 수 있는 네 개의 항목을 조정했다. 이번에는 찬성 비율이 56.7%였다.

창설부터 현재까지 유럽연합의 경험을 보면서, 시민들의 열정은 점점 시들어가는 것처럼 보였다. 2005년 프랑스와 네덜란드는 국민투표에서 새로운 유럽 헌법을 부결시켰다. 이 헌법은 이전 조약을 대체하고 연방화 과정을 더욱 다그칠 내용을 담고 있었다. 유럽연합의 관리들은 헌법을 우회하는 길을 선택했다. 그들은 헌법을 리스본 조약으로 이름을 바꾸고 이것이 이전의 조약을 수정했을 뿐이므로 국민투표를 할 필요 없다고 주장했다. 2008년 6월에 아일랜드만이 리스본 조약에 대한 국민투표를 했는데, 53.4%가 반대표를 던졌다. 2009년 10월에 두 번째 국민투표를 실시했는데, 이번에는 충분한 정치적 정지 작업과 압박도 있고 해서 아일랜드 유권자들은 찬성표를 던졌다.

유럽의 정치인들과 관료들이 민주주의를 더 많이 말하면 말할수록, 유럽 대륙의 시민들은 민주주의를 실천하기가 더 어려워지는 것처럼 보였다. 그러나 전후 유럽의 사건 전개는 유럽중앙은행이 업무를 시작하기 수십 년 전에 결정되어 있었다.

1941년 10월에, 맥키트릭은 켄터키주 루이빌에 사는 친구의 질문을 받았다. 질문 내용은 전후 금융시스템의 계획에 대한 것이었다. BIS 총재 맥키트릭은, "어디에서나 사람들은 국가 주권의 부분적 폐지를 수반하는 연방화에 대해 이야기하고 있다…. 이러한 방향으로 국가 주권이 제한되는 정도에 따라 국제 금융당국의 업무 범위가 정해져야 한다."[17]

적어도 유럽에서는 그러한 범위가 이제 영구적으로 정해졌다. 그 중심은 프랑크푸르트 빌리-브란트-플라츠의 유로타워에 있는 유럽중앙은행의 본부이다. 그러나 기술관료들이 최선의 노력을 다했지만, 실제 삶은 유럽중앙은행이 새로운 유럽을 위한 통화체계에서 상정했던 것보다 더 복잡한 것으로 증명되고 있었다. 독일인은 저축했고 그리스인은 지출했다. 이탈리아인들은 세금을 내지 않았다. 프랑스인은 그들의 6주의 휴가를 포기하지 않으려고 했다. 독일과 프랑스는 모두 **안정과 성장 협약**의 규칙을 어겼다. 그 규칙은 공공부채를 통제하기 위한 것이었다. 그러나 변하지 않는 것도 있었다. 인플레이션을 2% 이하로 유지하기 위한 유럽중앙은행의 물가 집착은 변하지 않았다. 유럽중앙은행 법령에 새겨진 물가 집착은 유로존 정부들로 하여금 공공서비스를 줄이고 공공지출을 깎도록 강요했다. 그 결과 소비자 수요가 줄었고, 경제성장은 멎었으며, 실업은 증가했다. 이는 1945년 이후 유럽의 가장 심각한 정치, 경제 위기를 낳은 경기침체로 이어졌다.

글로벌 금융위기가 깊어지면서 BIS 총재회의 예절에도 금이 가기 시작했다. 두 달에 한 번 열리는 총재회의에서 공식적인 정책 조율은 이뤄지지 않는다. 그럼에도 중앙은행 총재들은 가능한 한 전체의 이익이 극대화하는 방향으로 자국의 통화정책을 조화시키려고 노력한다. 그러나 역설적이게도, 세계경제가 더욱 글로벌화 함에 따라, 중앙은행가들은 국내 문제를 해결하는 데로 관심을 돌리고 있다. 2007년 금융 붕괴 이후 중앙은행 총재들이 자국의 이익 보호를 우선에 두면서 일할 것이라는 사실이 분명해졌다. 그것이 비록 다른 나라의 경제에 나쁜 영향을 미치더라도 말이다. 중앙은행 총재들은 결국 **자국** 중심적 중앙은행을 관리하고 있는 셈이다.

BIS 임직원들은 BIS의 세계경제회의에서, 세계경제를 이끌고 있는 나라들을 한 편으로 하고, 서방 정부들이 내린 결정에 의해 뒤흔들리는 나라들을 다른 편으로 하는 분열이 훨씬 더 분명해지고 있다고 입을 모은다. 미국, 일본, 영국은 성장을 촉진하기 위해 수조 달러 규모의 유동성을 자국의 경제에 공급해왔다. 여기에는 다음과 같은 이론 배경이 있다. **양적완화**로 알려진 자산 매입은 시중은행 대차대조표의 자산·부채 규모를 팽창시킬 것이고, 유동성을 증가시킬 것이며, 대출 확대를 부추길 것이다. 이는 결국 소비지출, 경제성장, 일자리 창출에 활력을 불어넣을 것이다. 동시에 미국, 영국, 일본, 유럽중앙은행은 초저금리의 느슨한 통화정책을 펴고 있다.

이는, 이와 같은 통화정책을 펴는 나라에서 단기 투기자금을 만들어 내는데, 이 자금은 더 나은 수익을 추구하면서 전 세계로 흘러나간다. 단기 투기자금은 그 자금이 유입된 나라에서 자산 거품을 일으키고 환율을 왜곡하여 말레이시아 링기트와 한국의 원화와 같은 통화를 더 비싸게 만들어 이들 국가의 수출에 영향을 미친다. 익명을 요구한 한 전직 중앙은행 총재는 2012년 말 중앙은행 총재회의에서 "이에 대한 선진국과 개발도상국 사이의 의견 불일치가 더 뚜렷해졌다"고 말했다. "대부분의 개발도상국 중앙은행 총재들은 말하고 있다. **저금리가 당신들의 경제성장에 보탬이 되고 있는지는 모르지만, 바로 그 저금리가 우리에게는 자본 유입으로 인한 여러 문제를 일으킨다. 우리의 환율은 떨어져서 수출에 불리하게 된다. 우리는 부동산 거품을 떠안는다.**" 중앙은행 총재들은 여전히 예의 바르다. "참석자들은 모두 조심스러워한다. 왜냐하면 한 나라 중앙은행 총재가 다른 나라 중앙은행 총재에게 이래라저래라 말할 수 없기 때문이다. 그래도 개발도상국의 중앙은행 총재들은 말한다. 당신들이 펴고 있는 정책이 우리에게 끼치고 있는 영향을 살펴보기 바란다. 그 정책들이 우리에게 여러 문제를 일으키고 있다."[18]

대부분의 비판은 미국을 향했다. 주요한 불평은 동남아시아 국가들과 일부 라틴아메리카 국가들에서 나왔다. "미국이 성공하면 성공할수록, 이 나라들은 더 화가 난다. 미국의 정책은 대규모 자본이 개발도상국들로 흘러 들어가도록 하는데, 개발도상국들은 그것을 별로 필요로 하지 않는다." 글로벌경제회의에서 중앙은행 총재들은 BIS 내부에서 행해지는 논의에 대해서는 결코 공개적으로 말하지 않는다. 그러나 이러한 논의와 유사한 내용에 대해서도 중앙은행 총재들이 부담을 덜 느끼는 다른 포럼에서는 논쟁이 벌어진다. 2012년 12월에 오스트레일리아 중앙은행의 총재인 글렌 스티븐스는 방콕에서 강연을 했다. 사람들은 강연의 내용이 미국 연준, 일본은행, 유럽중앙은행에 대해 잘 드러나지 않은 방식으로 공격하는 것이라고 보았다. 심지어 스티븐스는 바젤의 중앙은행 총재 만찬 자리에서는 사용될 것 같지 않은 언어로 세 명의 총재를 향해 "그들 국가의 약점을 수출한다"고 비난하기조차 했다.[19]

그러나 유로화에 대해서는 낙관주의가 팽배했다. 한 전직 중앙은행 총재는 "누구나 마리오 드라기의 마술 같은 손길을 기다리고 있었다"고 말했다. 그리스가 유로존에서 탈퇴할 가능성은 낮아 보였다. 구제금융 자금이 풀리고 있었고, 그리스의 긴축재정 목표도 느슨해지고 있었다. 그리스, 아일랜드, 포르투갈을 구제하기 위해 만든 7,000억 유로 규모의 기금인 유럽안정메커니즘ESM은 이제 영구적인 기구로 굳어졌다. 실제로 마리오 드라기는 **마법의 손길**을 가지고 있는 것 같았다. 유럽중앙은행은 유로화 붕괴를 막기 위해 **할 수 있는 것은 무엇이든** 할 것이며, 특정한 조건만 충족한다면 과잉 채무국의 단기채권을 **무제한으로** 매입할 수 있다고 말함으로써, 드라기 총재는 시장을 안심시켰다. 스페인과 이탈리아의 차입 비용은 빠르게 낮아졌다.

전직 중앙은행 총재에 따르면, 드라기의 계획은 **신의 한 수**였다. "유럽중앙은행은 채권을 사겠다고 말한다. 그러나 유럽중앙은행이 스스로 부과한 조건에 비추어보면 유럽중앙은행이 실제로 채권을 매입하는 것은 거의 불가능하다. 그럼에도 시장은 그런 조건을 환영하면서 모든 문제가 해결되었다고 말한다. 이것은 중앙은행이 달성할 수 있는 궁극적인 결과이다. 모든 중앙은행가들은, 뭔가 말은 하지만 아무런 행동도 하지 않고, 한 푼도 쓰지 않으면서 시장의 분위기를 완전히 바꾸는 것을 꿈꾼다. 이것은 기적에 가깝다."[20]

드라기뿐만 아니라 다른 은행가들도 언론의 관심을 받았다. 중앙은행가들은 이제 금융위기 국면의 록 스타들이다. 금융 컨설턴트 언스트&영과, 그리고 중앙은행가들과 금융감독 당국자들의 포럼인 공적화폐금융기관포럼OMFIF이 공동 집필한 보고서에 따르면, 수수한 정장을 입고 있는 남성들 ―그들은 거의 모두 남성이다― 은 국가조직과 국제조직 양쪽의 정책 결정 기구에서 두각을 나타내면서 중추적인 인물이 되었다.[21] 금융위기가 발생하면 글로벌 수준에서 신속하고 협조적으로 대응할 필요성이 생겨난다. 그러한 필요성 때문에 정부의 재정정책(조세와 공공지출)과 중앙은행의 통화정책(금리와 인플레이션 통제)의 전통적인 차이가 모호해지는 결과가 나타난다. 많은 나라에서 중앙은행 총재들은 "그들의 상관인 정부 지도자들만큼 잘 알려져 있으며, 그들의 발언과 행동은 신문에서, 술집에서,

그리고 택시 안에서 뜨겁게 논쟁하는 주제가 되었다."[22]

 2012년 11월에 마크 카니 캐나다은행 총재가 잉글랜드은행 총재로 임명되자, 그는 왕족이나 축구 선수들만큼이나 언론의 높은 관심을 받았다. 영국 『선데이 타임즈』는 '노부인을 밀어제친 초인'이라는 제목으로 카니에 대한 성인(聖人) 전기 작가적인 프로필 기사를 실었다. 여기에서 노부인은 런던 시티 스레드니들 거리의 노부인을 뜻하는데, 곧, 잉글랜드은행의 별칭이다. 말쑥하고 사진을 잘 받는 카니는 1694년에 잉글랜드은행이 설립된 이후 총재직에 임명된 최초의 외국인이었다. 그 기사는 카니를 '매력적이고, 재능이 넘치며, 조지 클루니 외모를 닮은 인물'로 치켜세웠다. 그는 사회의식도 높아서 월 스트리트 점령운동에 대해 동조적인 목소리를 내기도 했다.[23] 카니는 이러한 여러 이점 덕분에 약 140만 달러의 연봉을 제시받았다. 더욱이 그는 상당히 커진 권한을 행사하게 될 것이다. 이제 잉글랜드은행은 영국의 상업은행과 보험사에 대한 규제 권한을 갖게 될 것이다.[24]

 카니는 BIS에서도 잘 알려진 인물이다. 그는 이사회 멤버였고 캐나다은행을 대표했다. 그는 BIS 글로벌 금융시스템위원회의 위원장을 역임했다. 이 위원회는 화폐와 금융 안정을 조정하기 위한 중앙은행들의 포럼이다. 그는 또한 금융안정이사회FSB의 의장이다. 이 기구는 국제 금융감독과 규제정책을 조정한다. BIS는 금융안정이사회를 주관한다. 내부정보를 잘 알고 있는 인사에 따르면, 중앙은행들의 권한이 증가하는 현실을 반영하여 금융안정이사회의 중요성은 점점 커질 것 같다고 한다. 일부의 중앙은행 총재들은 현재, 자국의 상업은행을 감독하고, 위험관리시스템과 국내 금융시스템을 감시하며, 재난이 닥쳤을 때를 항상 대비해야 한다는 요구를 받고 있다. 맬컴 나이트는, "중앙은행 총재들이 물가안정뿐만 아니라 금융안정에 대해서도 일차적인 책임을 져야 한다는 생각은 정통 중앙은행 이론과 동떨어진 것으로 여겨진다. 특히 미국에서 그렇다"고 말했다.[25]

카니는 BIS에서 보낸 세월을 통해서 값으로 따질 수 없는 개인 인맥을 쌓았다. 인맥을 쌓아가는 데에 BIS의 식사 자리가 도움을 주었다. BIS를 통해서 중앙은행가들 사이에 형성된 이러한 인맥과 상호 신뢰는 "매우 중요하다"고 머빈 킹은 강조했다. "중앙은행가들 사이의 신뢰와 신임은 대단히 중요하다. 여러 나라의 재무부장관들은 임기가 길지 않아서 서로 친해질 기회를 갖지 못한다."

위기의 시기에는 중앙은행 총재들의 개인적인 친분관계가 결정적으로 중요하다. 1963년에 케네디 대통령이 총격을 당했을 때, 뉴욕 연준의 찰스 쿰스는 곧바로 결연한 행동을 할 수 있었다. 그것은 유럽 여러 나라 중앙은행 총재들이 자기를 지지해 줄 것이라고 판단했기 때문이다. 2001년 9월 11일의 테러공격 이후에도 똑같은 일이 일어났다. 킹은 다음과 같이 회상했다. "우리는 서로 거리낌 없이 말할 수 있다. 왜냐하면 대화 내용이 유출될 걱정이 없기 때문이다. 경우에 따라서는 공식적인 절차를 모두 생략하고도 일을 처리할 수 있다. 9.11 테러 때 앨런 그린스펀은 미국을 떠나 있었고, 로저 퍼거슨이 연준 책임을 맡고 있었다. 퍼거슨과 나는 은행들에게 달러 유동성을 공급하기 위한 스와프협정을 협의할 수 있었다. 영국의 은행들은 달러가 필요했지만 연준에서는 구할 수 없는 상황이었다. 우리는 서로 믿기 때문에 협의를 개인적이고 비공식적으로 할 수 있었다. 이러한 사실 덕분에 우리는 영국 은행들로 하여금 그들이 달러를 얻게 되리라는 희망을 갖게 할 수 있었다. 이것은 비공식적인 인맥이 현실에서 중요한 역할을 할 수 있다는 좋은 사례이다. 긴 시간에 걸쳐 개인적으로 교류하고 서로 협력해서 일한 경험 없이는 그러한 인맥을 쌓을 수 없다." 킹은 계속 이어서 말했다.

"개인적인 신뢰가 없으면 급한 위기 상황에서는 보통 법적 세부절차를 모두 마무리할 때까지 기다린 다음에야 누군가에게 일의 진행을 지시할 수 있다. 그러나 그때쯤에는 일 처리 시기가 너무 늦을 것이다. 우리가 끼어들어서 '걱정할 필요 없다. 괜찮을 것이다'고 말할 수 있다는 것은 대단히 중요했다."

2008년부터 2011년까지 연준 국제금융국장을 역임한 네이선 시츠는, 중앙은행 총재들의 주말 회의는 일종의 성역이라고 말한다. "바젤에서는 마음이 통하는 사람끼리 어울린다. 바젤에는 중앙은행가들의 진정한 동료 의식이 있다. 다른 여러 국제회의에서는 유럽인과 미국인은 서로 하는 일이 다르고 처지도 같지 않다는 사실에 눈을 돌린다. 그러나 BIS에서는 다르다. 거기에서 더 중요한 문제는 우리가 어떤 종류의 도전에 마주 서서 어떻게 그 도전을 함께 헤쳐 나갈 수 있는가이다. BIS에서 쌓은 동료관계에 기대서 한 중앙은행 총재는 외국의 다른 중앙은행 총재에게 쉽게 전화를 걸 수 있다. 이러한 여러 회의 덕분에 중앙은행 총재들은 서로 알게 되고, 서로 친해지고, 상대방이 무슨 생각을 하는지까지 알게 된다."[26]

헝가리 중앙은행 총재를 지낸 페테르 아코스 보드는 "BIS 모임에서 건설적인 비판이 나올 수 있다"고 말했다. "만약 여러분 나라에서 무슨 일이 일어났는데, 여러분이 무엇을 하거나 하지 않았다면, 다른 총재들은 문제를 제기했다. 만약 여러분 나라의 인플레이션이 선을 넘었다면 여러분은 우호적인 비판을 받아야 했다. 예를 들어, 독일 연방은행 총재는, 여러분은 이 방법을 선택한 것 같은데 왜 저 방법을 대신 선택하지 않았는가? 하고 따질 것이다. 그리고 여러분은 자기 나라 중앙은행에 돌아가서 직원들에게 왜 우리는 그렇게 했는지 물을 것이다."[27]

한 전직 중앙은행가는 BIS의 영향이 간접적이지만 현실적이라고 말했다. "바젤을 방문한 중앙은행가들은 여러 가지를 듣는다. 그들은 그것을 머리에 넣어서 자국으로 가져가서 사용한다. 중앙은행 업무는 경쟁자가 없기 때문에 매우 특별한 사업이다. 만약 여러분이 자동차 생산자라면 다른 자동차 생산자를 만났을 때 여러분의 차에 대해 얘기하지 않는다. 만약 여러분이 다른 중앙은행 총재를 만난다면, 여러분은 배울 것이 참으로 많기 때문에 여러 질문을 한다. 상대방 중앙은행 총재는 여러분에게 숨길 이유가 없다. 그와 같은 관점에서, 이러한 논의는 극히 유용하다."[28]

공통의 관심사를 갖고 있다는 중앙은행 총재들의 동료의식과 그들의 상호 신뢰는 위기가 진행하는 동안에는 특히 중요하다. 킹은 "우리는 시장과 소통할 수 있는 다양한 수단을 채택했으며, 다른 나라의 경험을 통해 어떤 것이 효과가 있고 어떤 것이 효과가 없는지에 대해 배웠다. BIS 회의에서 얻은 도움을 통해서 우리는 무엇을 해야 하는지, 우리가 사용하고 있는 금융수단이 무엇인지에 대한 견해를 형성했다. 모든 중앙은행 총재들은 경험을 공유함으로써 이익을 얻는다고 생각한다. 이것은 단순히 문서를 통해 얻는 경험과는 다른 것이다."

그럼에도, 중앙은행 총재회의는 여전히 미국 연방준비은행, 유럽중앙은행, 잉글랜드은행 총재들이 지배하고 있다. 그들 사이에는 수십 년 전부터 이어져 온 연계를 공유하는 긴밀한 내부 핵심이 존재한다. 벤 버냉키, 마리오 드라기, 그리고 머빈 킹은 모두 매사추세츠 공과대학교 경제학부에서 공부했다. 버냉키와 드라기는 그곳에서 박사학위를 받았고, 반면 킹은 1980년대에 그곳에서 잠시 가르쳤는데 버냉키와 같은 사무실을 썼다. 각국의 지위와 위계를 강조함으로써 BIS의 신비성이 증폭된다고 페넌트-레는 말했다.[29] "회원국들의 실체를 들여다보면 실제로 중요한 나라는 상대적으로 소수에 지나지 않는다. 무엇보다 미국이 중요하고 독일, 영국이 그 뒤를 잇는다. 회원국들 사이에서는 서열의식이 매우 강하다."

런던에 본부를 둔 싱크탱크인 금융혁신연구센터의 앤드루 힐튼 이사는 "상호 조언과 상호 강화를 위해 서로 의존하고, 자기들 내부에서만 기준점을 찾는 모든 그룹들과 마찬가지로 중앙은행 총재들도 BIS에서 화려하고 자유로운 환경에 둘러싸여 있다 보면, 자기들이 공직자라는 사실을 쉽게 잊어버릴 수 있다"고 말했다. "중앙은행 총재 자리는 까다로운 곳이다. 여러분은 중앙은행 총재들이 날마다 대중 영합주의자들의 압박에 의해 영향을 받는 것을 원치 않는다. 반면에, 여러분은 중앙은행 총재들이 우유 1파인트의 가격이 얼마인지까지 알기를 원한다. 여러분이 그어야 할 미세한 경계선은 중앙은행 총재들이 길거리에서 일어나는 일들에 의해 압박받지 않아야 한다는 것과 그럼에도 그것들을 알고 있어야 한다는 것 사이에 있다. 중앙은행가로서 정치경제를 누비면서 군중에게 선심성 정책을 던져주기는 너무 쉽다. 그러므로 중앙은행가들이 리무진을 타고 아무 데나 다니게 해서는 결코 안 된다. 그들은 대중교통을 이용해야 한다."[30]

긴축정책을 펴는 중앙은행가들은 개인적으로는 긴축정책에 따라 생기는 고통을 겪지 않는다. 트리셰는 2003년부터 2011년까지 유럽중앙은행 총재를 지냈다. 유럽중앙은행이 인플레이션을 2% 이하로 유지하라는 무자비한 요구를 함에 따라 유럽경제는 부분적으로 침체로 빠져들었다. 트리셰는 유로존 위기 전개에 책임이 있는 인물이지만, 현재 여러 국제회의의 인기 있는 강연자이다.

2012년 5월에 트리셰는 워싱턴에 있는 피터슨 국제경제연구소에서 강연을 했다. 그는 '위기에서 배우는 교훈'이라는 제목으로 자기의 생각을 설명했다. 외부인의 눈에 그 강연 장면은 특별한 광경이었다. 스페인경제는 무너지기 시작했고, 신나치주의자들은 아테네 거리를 싸돌아다니면서 이민자들을 두들겨 팼다. 또 유럽의 젊은 세대 전체는 수년째 실업과 빈곤에 직면해 있다. 그럼에도 트리셰는 그의 통찰력을 칭찬하는 갈채를 받았다. 피터 G. 피터슨은 프랑스은행가(트리셰)에 대해 다음과 같이 말했다. "그는 유럽중앙은행 총재로서 유럽의 위기에서 중요한 역할을 한 다음, 지난 가을에 물러났다." 그가 중요한 역할을 했다는 것은 사실이었다. 피터슨이 의도한 의미에서는 아니지만 말이다.

트리셰는 유로존 위기에 대한 해결책에 대해서 초국가주의와 기술관료적인 지배로는 부족하고 그 이상이 필요하다고 주장했다. 트리셰는 그것을 경제 거버넌스의 **비약적인 발전**이라고 묘사했다. 그는 유럽 통합의 다음 단계를 더 빨리 내딛기 위해 이러한 발전을 요청했다. 만약 유로존 회원국이 "중앙(곧, 유럽연합 당국)에서 내려오는" 지시에 따르지 않는다면, "연방정부 수립을 더욱 다그쳐야" 한다. 이러한 정책이 의미하는 바는, 여러분의 의회가 제대로 행동하지 않는다면 상위의 연방정부가 여러분의 나라에 벌금을 물린다는 것이다. 그러나 트리셰조차 인정하듯이, 이러한 정책이 받아들여질 가능성은 '매우, 매우, 제한적'일 것이다.[31]

기술관료에 의한 지배에 대해서 유럽 전체에 걸친 반발이 증가하고 있다. 트리셰는 이를 의식하지 못한 것이 틀림없다. 그는 국가 주권을 끝장내려는 그의 생각을 더 가다듬을 시간을 충분히 확보할 듯하다. 그가 유럽 경제통합에 대한 가장 앞선 싱크탱크의 하나인 브뤼겔의 회장으로 새로 취임했기 때문이다. 진보 성향의 싱크탱크인 경제정책연구센터CEPR의

딘 베이커는 다음과 같이 말했다. 유럽중앙은행 초대 총재(트리셰)는 "적대적인 강국들이 서로 협력하여 미래에 실현하기를 바랐던 유럽경제의 파괴를 초래"하고 은퇴했다. 트리셰는, 경제위기가 자기들의 책임이 아니라고 생각하는 중앙은행가의 전형이라고 베이커는 말했다. "그들이 하는 일은 인플레이션을 2%로 낮추는 것이다. 경제위기는 우연히 일어난 안 좋은 일이다. 그런 일이 일어나지 않았으면 좋았을 테지만, 그러나 그것은 중앙은행가들의 책임이 아니다. 여러분은 그들에게 위기에 대한 책임을 물을 수 없다. 중앙은행가들은 위기에 대처할 수단도 가지고 있지 않다."[32]

중앙은행 총재들은 베이커의 주장을 강력히 거부한다. 인플레이션은 정부가 성장을 자극하기를 원할 때 켜거나 끌 수 있는 수단이 아니라고 그들은 말한다. 한 전직 중앙은행가는, "이것은 여러분이 가지고 놀 수 있는 장난감이 아니다"고 말했다. "인플레이션을 유발함으로써 사람들의 저축을 사실상 빼앗는 것은 정치인들에게는 아주 쉬운 일이다. 그러나 그것은 도덕적으로 바람직하지 않다. 어쨌든 자본은 10년 전, 아니 30년 전에 비해 훨씬 더 유동적이다. 자본은 다음과 같이 말할 것이다. 여러분이 인플레이션을 일으킨다면 우리는 몇 초 안에 중국과 같은 곳으로 떠나버린다. 우리가 문제에 정면으로 맞서 고통을 견뎌내면서 그것을 처리한다면 일은 훨씬 간단하다."[33]

BIS의 화폐경제국장인 스티븐 세체티가 말했듯이, 높은 수준의 부채는 "성장의 발목을 잡는다." 구조개혁과 점진적이고 확실한 부채 수준의 감소 없이는 성장이 있을 수 없다. 그는 "신흥시장과 선진 경제권에서 나타난 수년 동안의 위기 경험에서 배웠듯이 긴축과 성장 가운데서 선택한다는 것은 잘못이다. 진정한 선택은 긴축과 붕괴 가운데 하나이다. 그리고 그것은 정말 선택의 여지가 없다."[34]

그러나 BIS의 견해는 시대에 뒤떨어져 있다. 선택지는 있다. 이제는 국제통화기금조차도 그것을 주장한다.

16장

성채 균열

> 또 말하되 자, 성읍과 탑을 건설하여 그 탑 꼭대기를 하늘에 닿게 하여 우리 이름을 내고 온 지면에 흩어짐을 면하자 하였더니[1]
> - 창세기 11장 4절 바벨탑

우리는 바벨탑 이야기를 종종 오만함의 대가에 대한 우화로 읽는다. 바벨탑의 건축가들은 세계에서 가장 높은 건물을 짓기 시작했는데, 그 꼭대기가 하늘에 닿을 수 있도록 하여 그들의 위대함과 야망을 물리적으로 표현하려고 했다. 그들의 일은 끝이 좋지 않았다.

바젤의 센트랄반플라츠 2에 있는 BIS 바젤탑은 하늘에 닿아 있지는 않지만, 탑 안에서 일하는 많은 사람들은 자기들이 사실상 천국의 사명을 띠고 있다고 믿는다. 1930년에 설립된 BIS는 세계에서 가장 부유하고 가장 영향력이 크지만 시대에 뒤떨어진 조직의 하나로 발전했다. 몬태규 노먼의 **은밀한 클럽**의 회원 수는 60명이다. [2022년 10월 기준으로는 63명 - 역자 주] 회원은 콜롬비아에서 필리핀, 아이슬란드, 아랍에미리트에 이르기까지 전 세계에 걸쳐 있지만, 개발도상국들은 여전히 대표성이 부족하다. BIS는 50개 이상의 국가에서 온 약 600명의 직원을 고용하고 있다. 중앙은행 총재와 직원 등 수천 명이 해마다 BIS의 수많은 위원회, 간담회, 회의에 모여든다.

2007년 이후 계속되는 금융위기는 BIS의 자산가치를 감소시키지도 않았고 수익과 위신을 떨어뜨리지도 않았다. BIS는 중앙은행들에게 단기 유동성, 단기 대출, 금 스와프와 같은 서비스, 그리고 다양한 투자 기회와 금융 편의를 제공하고 요금과 수수료를 받는다. 이를 통해 BIS는 많은 돈을 벌어들인다. 중앙은행들에게 BIS는 매우 인기 있는 상업 파트너이다. 회계 기록을 보면 BIS는 견실하고 보수적이며 신용등급은 최우수라는 사실을 알 수 있다. 금융위기는 적어도 BIS에게는 대체로 사업에 유리하게 기능한다. 2009년 3월 말에 끝나는 회계 연도에 BIS는 약 6억 5천만 달러의 비과세 순이익을 올렸다.[2] BIS의 총 지분 가치는 거의 200억 달러에 이르는 것으로 평가받는다.[3] 2012년 3월 말에 끝나는 회계 연도의 이익은 2009년 회계 연도에 비해 거의 두 배로 증가하여 약 11억 7천만 달러(한 달에 약 1억 달러)에 달한다. 은행의 총지분 가치는 약 280억 달러로 2009년 회계 연도에 비해 40% 증가했다.[4] 이것은 단지 140 곳의 고객과 두 개의 지역사무소(멕시코시티와 홍콩)만을 가진 단일 금융기관으로서는 어마어마한 금액이다.

  IMF는 공공지출의 확대를 보통은 옹호하지 않는다. 그러한 IMF조차도 과도한 긴축에 대해 공개적으로 그리고 반복적으로 경고하고 있는 시기에, BIS에는 샤흐트, 노먼, 야콥센의 유산이 살아 있다.[5] BIS의 경영진은 과도한 대출과 인플레이션의 위험에 대해 주기적으로 경고를 보낸다. 그들은 긴축에 대해 그 결과가 아무리 못마땅하더라도 꼭 처방해야 할 약으로 본다. 사람들은 BIS의 경고에 귀를 기울인다.

  BIS의 영향력은 지대하다. BIS는 소프트 파워 면에서 보면 세계에서 가장 효과적인 수단의 하나이다. 두 달에 한 번꼴로 열리는 총재회의에는 세계 GDP의 5분의 4 이상을 지배하는 국가들에서 온 중앙은행가들이 모인다. 바젤에서 주말에 열리는 토론회에서는 글로벌 금융위기와 그에 따른 세계수준의 대응책에 대해서 그 논의 방향을 설정해왔다. BIS가 주관하는 여러 위원회는 세계의 금융구조를 재구축하고 규제와 감독 정책을 조율한다. 바젤은행감독위원회는 상업은행의 자본요건을 감시한다. 『워싱턴 포스트』의 칼럼니스트인 에즈라 클라인은 은행감독위원회가 하는 일이 "글로벌 금융의 미래, 나아가서는 세계경제의 미래상을 형성할 것"이라고 썼다. 클라인은 바젤은행감독위원회에 대해 '가장 모호하지만 중요한 올해의 규제기관'이라는 제목으로 다음과 같이 썼다. "은행감독위원회의 행동이 신문 1면을 장식하는 일은 매우 드물 것이다. 그러나 바젤에서 수행하는 일은 더 안정적인 세계경제를 만드는 데 매우 중요하다."[6] '모호하지만 중요한'이라는 표현을 보면서 BIS 본부 사람들은 알 듯 말 듯한 표정으로 조용하게 웃었다.

BIS 연차보고서는 세계의 재무부 직원들과 기타 정부 관계자들이 반드시 읽어야 할 자료로 간주된다. 연차보고서 집필에 참여하고 감수도 하는 BIS 화폐경제국장은 세계에서 가장 박식하고 영향력 있는 금융경제 분석가, 비평가의 한 명이다. BIS는 세계에서 가장 크고 접근권이 제한된 BIS 정보데이터베이스를 보유하고 있다. BIS의 메인 컴퓨터에는 역외금융센터를 드나드는 자금을 포함하여 초국적 금융에 대한 데이터가 수집되어 있다. 정부들은 그러한 정보에 큰 관심을 갖는다. 9/11 테러가 발생한 3개월 뒤에, 바젤은행감독위원회는 중앙은행과 규제당국의 전략을 조정하기 위한 회의를 개최했다. 회의 목적은 테러 자금 조달을 막고 기록을 공유하는 데 있었다.[7]

BIS가 주관하는 금융안정이사회FSB는 BIS 자체, 국제통화기금, 세계은행에 이어 세계 금융시스템의 네 번째 기둥이 될 가능성이 높다. 금융안정이사회는 여러 국가의 금융당국과 금융 규제기관의 활동을 조정한다.

금융안정이사회 회원에는 미국 연준이사회, 유럽중앙은행, 잉글랜드은행, 그리고 중국, 사우디아라비아, 스위스, 러시아, 일본, 한국의 중앙은행이 포함되어 있다. 국제통화기금, 세계은행, 유럽위원회, BIS도 금융안정이사회의 회원이다. 금융안정이사회는 BIS가 주관하는 3대 위원회처럼 힘이 막강하다. 3대 위원회란 바젤은행감독위원회, 글로벌금융시스템위원회, 지급결제시스템위원회를 말한다. 작가 매트 태비는 거대 투자은행인 골드만삭스를 모든 것을 빨아들이는 **뱀파이어 오징어**로 기억하기 쉽게 묘사한 적이 있다.[8] BIS는 이제 규제 세계의 뱀파이어 오징어이다. BIS는 수많은 위원회들을 주관하는데, 이는 다시 여러 소위원회를 거느린다. 다수의 위원회와 소위원회는 같은 중앙은행 총재·직원들로 구성되며, 각각 수많은 보고서를 작성한다. 그러한 보고서는 바젤과 여러 중앙은행·정부를 오고 가면서 권고안과 결의안의 끊임없는 회전목마로 이어진다.

은행위기에 대한 해법은 BIS나 다른 기관이 주관하는 내부 위원회나 규제기구를 늘리는 것이 아니라, 줄이거나 아예 없애는 것이라고 주장하는 사람도 있다. 금융혁신연구센터의 앤드류 힐튼은 "은행업은 자전거를 제조하는 것과 같은 평범한 산업이 되어야 한다"고 말했다. "사기를 막기 위해, 소비자를 보호하기 위해, 은행의 청렴성을 지키기 위해 은행을 규제해야 하지만, 그 밖의 목적으로 규제할 필요는 없다. 다들 은행업무가 특별하다고 하니까 이런 주장이 오히려 정신 나간 소리로 들릴 수 있다. 은행을 통해서 흘러 다니는 돈의 규모가 너무 크고 이것이 사회를 무너트릴 수 있다는 점에서만 은행업이 특별하다. 은행이 더 작아진다면, 은행이 더 단순한 일만을 한다면, 은행이 개별로든 산업 전체로든 체계적인 위험에 노출되지 않는다면, 은행을 규제할 필요는 없을 것이다. 은행은 보험에 들 것이고 시스템은 보호될 것이다."[9]

바젤은 이러한 관점을 공포로 받아들인다. 그러나 문제의 핵심은 BIS가 21세기에 걸맞지 않게 불투명하고 엘리트주의적이며 비민주적인 기관이라는 점이다. BIS는 일찍이 독일 배상금 프로그램이 파탄 난 뒤인 1930년대 초에 문을 닫았어야 했다. 그러기는커녕 BIS는 홀로코스트와 나치 전쟁조직에 자금을 댔다. 맥키트릭이나 야콥센과 같은 BIS의 구성원들은 종종 필수적인 경제 정보를 나치에 건넸다. 보통은 연합국 당국자들도 그것을 알고 있었다. BIS는 가장 냉소적인 종류의 자본주의를 구현했다. 수백만 명이 죽어가는 동안에도 BIS는 전선을 가로지르는 금융창구를 열어두었다.

1945년 이후 BIS와 그리고 BIS와 관련이 있는 위원회들은 전후 금융세계 대부분의 틀을 만들었다. BIS는 유럽 통합주의의자 프로젝트의 금융적 측면에 필요한 금융 메커니즘, 금융 지원, 그리고 기술적 전문지식을 무대 뒤에서 제공했다. BIS가 없었다면 유로는 존재하지 않았을 것이다. BIS는 유럽중앙은행을 탄생시켰다. 이 은행은 열일곱 나라의 통화정책을 통제하지만 유럽의회나 또는 어떤 정부에 대해서도 책임을 지지 않는다. BIS는 수십 년을 거치면서 생존해왔다. BIS는 불투명성과 비밀주의에 의해, 그리고 법적 면책특권의 보호막 뒤에 숨는 방법에 의해 그 본질을 유지해 왔다. 기술관료들은, 엘리트 의식이 강한 소수가 일반인들에게 설명책임을 질 필요 없이 글로벌 금융을 관리해야 한다고 믿는다. BIS에 대한 보호는 이러한 믿음을 영구화시킨다. BIS의 명성은 긴축재정을 애지중지하던 시대의 유물이다. 그런데 고맙게도 적어도 선진국에서는 그러한 시대가 지나가버렸다.

1994년부터 2003년까지 BIS 사무국장이었던 크로켓은 임기 중에 BIS의 강박적인 비밀주의 가운데 일부를 걷어냈다. 1996년부터 1997년 사이에, 제2차 세계대전 동안 BIS와 스위스 은행들의 비밀 거래, 나치가 약탈한 금 처리 문제, BIS와 나치의 협력 관계가 차례로 폭로되면서 BIS는 급류 속으로 휘말려 들어갔다. 이를 계기로 크로켓은 전시 문서 보관소를 열었다. 그의 결정은 현명했고 역사가들과 탐사보도 기자들에게는 혜택이었다. "오래전에 누군가가 나쁜 짓을 했다면, 그것을 숨겨서는 안 된다는 것이 우리의 견해였다. 우리는 유일한 해답이 완전한 투명성이라고 결정했다"고 윌리엄 화이트는 회상했다.[10] BIS는 20만 스위스 프랑을 들여 수십 년 동안 방치되어 온 기록을 디지털과 마이크로필름으로 전환하기 위한 용도의 컴퓨터를 샀고, 전문 역사가인 피에트 클레망을 고용했다(크로켓은 또한 BIS의 전시 기록에 대한 나의 인터뷰에도 응하여 장시간 동안 얘기해주었다. 그 내용은 내가 1998년에 쓴 『히틀러의 비밀은행: 홀로코스트 기간 스위스 중립성의 이유』에 실려 있다). BIS의 아카이브는 30년이 지나면 문서를 공개한다는 원칙에 따라 자료를 공개하는데, 이것은 역사가들에게 귀중한 연구 대상이다.

그러나 BIS는 현재의 지배 구조에 대해서는 기꺼이 밝히려고 하지 않는다. BIS의 연차보고서와 기타 문서들은 웹사이트에서 이용할 수 있다. 그리고 트위터 계정(@bis_org)을 통해서도 정보를 제공하는데, 2013년 2월 기준의 팔로워 수는 13,000명 이상이다. BIS는 하루에도 몇 번씩 트윗을 하기도 한다. 트윗에 연결된 내용에는 BIS가 발표한 연구논문과 보고서뿐만 아니라 여러 중앙은행가의 연설문도 들어 있다. BIS 웹사이트에는 지금까지 업데이트한 최신 자료가 올라와 있다. 하지만 이러한 정보는 이미 공개된 영역에 존재하는 것들이다. BIS는, 중앙은행 총재회의나 경제자문위원회의 의제와 주제, 또는 참석자 명단, BIS가 여러 중앙은행의 외환준비금을 운용하는 공공 기금과 수행한 거래 내용과 같은 BIS 내부 운영에 대한 정보는 트윗을 통해 제공하지 않으며, 적어도 가까운 장래에 그렇게 할 가능성은 없다. 오히려, 비밀주의의 강조는 지금도 확고하다. 내가 BIS의 경제고문인 스티븐 세체티에게 중앙은행 총재회의와 BIS의 활동에 대한 높은 수준의 비밀유지에 대해 질문을 하자, 그는 "은행들이란 고객에 대한 정보를 공개해서는 안 된다는 비밀유지 협약의 구속을 받는다. 은행업무를 수행하는 데에서, BIS는 고객과 거래 관계를 맺을 때 모범관행 이상을 추구하기 위해 노력하고 있다"고 대답했다.[11]

통상, BIS는 중앙은행 총재회의 뒤에 기자회견이나 성명서 발표는 하지 않지만, 최근 수년 동안은 연차총회와 연차보고서 발표 뒤에 기자회견을 열었다. 2011년 연차총회 뒤의 기자회견은 인터넷으로 볼 수 있었는데, 맥없는 모습이었고, 심지어 내용도 종잡을 수가 없었다.[12] 카루아나 사무국장은 준비한 기자회견문을 읽었다. 그런 다음 그와 세체티는 소수 참석 기자들의 질문을 받았다. 질문은 네 가지였다. 세 가지는 바젤위원회의 업무에 대한 것이었고 한 가지는 통화정책에 대한 것이었다. 세체티는 발언을 하지 않았다. 기자회견은 겨우 17분 동안 이어졌다. 참석 기자들은 BIS 출입 특파원들이었다. 2012년에는 기자회견이 없었다. BIS 출입 기자들은, 장시간의 보도제한을 걸어서 연차보고서를 발표하고 원격회견을 기획한다면 따로 기자회견을 할 필요가 없다는 의견을 BIS에 제시했다. 2012년에 기자회견이 열렸다면, 일반 기자들이 훨씬 더 강력한 질문들을 준비했을 것이다. 그것은 은행의 비밀주의 전통, 법적 면책성, 그리고 이것들이 BIS의 미래에 주는 함의에 대한 심오한 의문을 제기하는 내용이었을 것이다.

아르헨티나는 1991년에 파산을 선언했고 거의 810억 달러에 이르는 채무는 불이행 상태가 되었다. 아르헨티나 정부는 결국 채권자들에게 1달러에 대해 35센트를 변제하는 안을 제시했다. 이전에 파산한 국가들은 1달러에 대해 50~60센트를 제시한 바 있다. 변제율이 이렇게 낮았지만 2010년까지 채권자들의 93%가 그 제안을 받아들였다. 그러나 나머지 채권자들은 누적이자를 포함해서 60억 달러에 이르는 부채에 대해 더 많은 금액을 변제하라고 요구하며 여전히 버티고 있었다. 변제 안을 거부한 나머지 채권자들은 이탈리아에 사는 약 6만 명의 사람들인데, 크게 두 그룹이 있었다. 한 그룹은 은퇴자금을 굴리기 위해 아르헨티나 채권을 샀다. 다른 그룹은 '벌처 펀드'로 알려진 한 쌍의 투자 펀드로, 엘리엇매니지먼트와 그 자회사 NML캐피탈이었다. 이 투자 펀드는 채무불이행에 빠진 나라들을 추적하여 그 나라 증권을 유통시장에서 대량으로 사들였다. 엘리엇은 미국 법원을 통해 아르헨티나 중앙은행을 제소했다. 이탈리아 투자자들은 세계은행의 일부인 국제투자분쟁센터에서 소송전을 펴고 있었다. 이 투자 펀드와 이탈리아인 투자자들은 법적으로는 일부 승리를 거두었다.[13]

그러나 아르헨티나 중앙은행은 준비금의 상당 부분을 BIS로 보냈다. 그 돈은 채권자들의 손이 닿지 않는 곳으로 옮겨진 것이다. 그러자 투자 펀드는 BIS를 상대로 소송을 제기하면서 BIS의 면책보장 특권에 대한 관심을 이끌어 내고 있다. 이것은 BIS로서는 달갑지 않은 일이었다. 이 투자 펀드는, 아르헨티나 중앙은행 외환준비금의 80~90%인 480억 달러를 바젤에 예치하는 것을 BIS가 허용했다고 주장한다. 대부분의 중앙은행들은 외환준비금의 작은 비율만을 바젤에 예치한다. 내가 2012년 12월에 아르헨티나 외환준비금에 대한 상세한 질문을 했을 때, BIS의 홍보 책임자인 리사 웍스는 답변을 거부했다. 그러나 웍스는 2011년 7월에 『월 스

트리트 저널』에 실린 자기의 글을 읽어보라고 말해주었다.[14]

윅스는 그 글에서 아르헨티나 중앙은행이 BIS에 계좌를 가지고 있다는 사실을 인정했다. BIS는 고객 기밀유지 의무에 따라서 아르헨티나 중앙은행이 실제 예치한 금액은 공개하지 않았다. 그러나 약 400억 달러라는 수치는 '극도로 과장된 것'이라고 윅스는 썼다. 윅스는 글에서, 스위스의 대법원인 스위스 연방재판소가 투자 펀드의 소를 각하하고 BIS의 면책특권을 확인했다는 사실을 지적했다. "중앙은행의 예금을 받아들이는 것은 BIS 임무의 일부이다. 이를 통해 BIS는 중앙은행의 국제결제 거점으로서 법적 기능을 수행할 수 있다." BIS는 다른 국제기구들과 마찬가지로 "면책특권에 의해 보호를 받는데, 그 특권은 BIS가 공공의 이익을 위해 그 기능을 수행할 수 있도록 한다"고 윅스는 썼다.

그러나 아르헨티나 채권 보유자들은 **공공의 이익**에 대한 개념을 다르게 보았다. 국제통화기금의 서반구 국장을 지낸 클라우디오 루저는 BIS에 있는 아르헨티나 예금계좌는 "은행업무 기준에서 명백히 벗어난 것"이라고 썼다. "BIS는 심각한 이해 상충 문제를 안고 있다. BIS는 어떤 한 나라 중앙은행의 이익을 위해 다른 많은 나라들의 이익에 반하는 행동을 하고 있다."[15] 2012년 12월에 스위스 연방평의회(스위스 연방정부)는 아르헨티나 채권을 보유한 투자 펀드가 BIS에 예치한 아르헨티나 자금을, 얼마가 됐든, 가압류할 수 없다고 확인했다. 평의회는 1987년에 BIS 본부 지위에 대해서 BIS와 스위스 연방평의회가 맺은 면책특권 협정의 남용은 없었다고 판단했다. 연방평의회는 BIS의 법적지위와 면책특권을 관리하는 곳이다.

적어도 현재까지는, BIS가 아르헨티나 외환준비금을 둘러싼 싸움에서 승리한 것으로 보인다. 그러나 더 광범위한 의문점들이 남아 있다. 만약 다른 나라들도 채권자들을 피하는 장소로 BIS를 이용하려 한다면 어떻게 될까? BIS의 전 간부직원은 다음과 같이 말한다. "아르헨티나는 BIS에게 큰 숙제이다. 정부들이 BIS에 준비금을 예치하는 이유는 그곳이 돈을 넣어 두기에 좋은 곳이라고 생각하기 때문인가 아니면 예치된 준비금이 면책이 되고, BIS가 소송을 당하거나 압류를 당하지 않을 것이라고 생각하기 때문인가?"[16] BIS는 약탈한 돈의 반환을 돕기도 했다. 나이지리아 독재자 사니 아바차가 1998년에 죽은 뒤에 나이지리아 당국은 아바차가 약탈하여 스위스 은행들에 예치해 둔 수억 달러를 추적했다. 2004년에 스위스 당국은 스위스의 여러 은행에 대해 약 5억 달러를 BIS의 나이지리아 계좌를 거쳐서 나이지리아 중앙은행으로 보내도록 명령했다.

아르헨티나 외환준비금과 나이지리아 약탈 자산 문제는 BIS의 면책특권이 양날의 칼이라는 사실을 보여준다. BIS는, 논란거리이기는 하지만, 채권자의 손에서 벗어나려는 나라에 피난처를 제공하기도 했지만, 약탈 자산의 반환과 같은 외교적으로 민감한 거래를 위해 선택하는 은행이기도 했다. 맬컴 나이트는 "주로 주권국가의 중앙은행과 거래하는 BIS가, 국제통화기금이나 세계은행과 마찬가지로 금융거래에 대해서 각국 법 체계의 적용을 완전히 면제받는다는 것은 매우 중요하다"고 말했다.[17] BIS의 옛 사무국장은 다음과 같이 말했다. BIS와 거래하는 모든 나라는 국제통화기금이 요구하는 것과 유사한 통일표준협정에 서명해야 한다. 그 협정에 따라 BIS와 거래하는 나라의 모든 금융거래에는 면책 특권이 적용된다. 또한 그 협정은 BIS가 공식적 국제기관으로서 기능하는데 필요한 다른 면책특권, 예컨대 직원들이 출장을 갈 때에 적용되는 면책특권도 제공한다.

킹은 BIS가 "어떤 의미에서든 피난처가 되지 않았다"고 말했다.

미래에는 국가채무 논쟁이 채무국을 내몰아서 채무 재조정을 반대할 소수의 채권자들에게 착취당할 수 있는 처지로 떨어지도록 하지는 않을 것이다. 이 점은 대단히 중요하다. BIS는 이러한 종류의 논쟁에 특화해 있지는 않다. BIS가 다루는 논쟁은 훨씬 더 광범위하며, 우리가 국가채무 조정을 어떻게 처리해야 하는지에 대한 것이다. 벌처 펀드와 같은 채권자들이 뒷구멍으로 여러 나라 국채를 매입하는 것을 허용해야 하는가? 그리고 그 채권자들이 다른 채권자들보다 훨씬 더 유리한 지위를 얻으려고 시도하는 것을 허용해야 하는가? 앞으로 국공채는 채무조정 방해 행위를 막기 위해 집단 행동 조항을 넣어서 발행해야 한다. 그러나 이러한 것은 법적인 게임 규칙의 틀 속에서 결정되어야 한다. BIS는 IMF나 기타 국제기관과 같은 정도의 법적인 면책을 받고 있다.[18]

BIS는 자기들이 매우 엄격하게 보호되어야 한다고 믿는데, 여기에는 커다란 모순이 깃들어 있다. BIS는 미래의 글로벌 금융규제 틀을 만들어 나가면서, 좋은 지배구조를 부르짖는다. 그러면서도 자기 일은 법적 보호와 면책특권의 촘촘한 장막 뒤에 확실하게 숨겨 놓는다.

BIS는 21세기에 들어와서도 훨씬 더 확신에 찬 모습으로 나아가고 있다. BIS가 더 이상 존재해야 할 이유가 사라졌음에도 말이다. BIS의 은행업무는 일반 상업은행들에게 맡길 수 있다. 그 경우 상업은행들은 필요한 비밀은 지켜야 할 법적 의무를 지게 될 텐데, 이의 목적은 중앙은행의 개입 정보를 이용한 시장의 투기를 막기 위해서이다. BIS의 연구부서와 데이터베이스는 적절한 대학으로 옮길 수 있다. 유명한 BIS 방식의 손님맞이는 다른 많은 고급 호텔이나 컨퍼런스 센터에서 쉽게 재현할 수 있다. 은행과 국제금융시스템을 규제하는 BIS 주관의 위원회들은 IMF로 옮길 수도 있고, 개방적이고 투명한 거버넌스를 갖춘 신설 싱크탱크로 이관할 수도 있다. BIS를 몇 개의 구성 부분으로 분해하는 것은 세계금융을 민주화하는 데 도움을 줄 것이다.

그러나 BIS는 이러한 논의에 아랑곳하지 않는다. BIS는 유력한 친구들을 보유하고 있는데, 그들이 BIS의 불가침성과 생존을 보장해줄 것이라고 믿는다. BIS가 들어서 있는 국가의 통치 기구인 스위스 연방평의회는 BIS의 법적 불가침성에 대한 약속을 강하게 재확인하고 있다. BIS의 업무를 처리하는 이사회의 구성원들은 세계에서 가장 영향력 있는 중앙은행가들의 명부와 일치한다. 여기에는 벤 버냉키, 머빈 킹, 마크 카니, 마리오 드라기, 독일 연방은행의 옌스 바이데만, 중국 인민은행의 저우샤오촨이 들어가 있다. BIS 경영진은 이들 누구와도 전화로 연락할 수 있으며, 중앙은행 총재들이 그들에게 시간을 내줄 것이라는 사실을 알고 있다.

BIS가 앞날을 걱정하지 않는 데에는 문제를 잘 해결해 왔다는 집단 기억도 작용한다. 1945년에, BIS는 미국 재무부장관 헨리 모겐소와 같은 강력한 적들을 노련하게 물리쳤다. 모겐소는 BIS가 나치와 협력했다는 이유로 그것을 폐쇄하려고 했다. 은행업계 관계자들은 다음과 같이 말한다. 유로존의 붕괴, 금융위기의 심화, 또는 새로운 전쟁과 같은 여러 종류의 법적 또는 정치적 난관이 앞에 놓여 있더라도 전쟁 당사국 사이에서 또는 무대 뒤에서 금융을 중개해야 할 필요성은 항상 존재할 것이다.

BIS는 유로화의 탄생을 도왔고 유로화가 실패할 경우 개입할 준비도 하고 있을 것이다. 유로화 위기가 더 나빠지고 단일통화가 깨지면, BIS는 틀림없이 자기의 전문성을 활용하여 그 파장을 억제하려고 할 것이다. 2013년 초, 독일 연방은행이 이제 인류 최고의 가치 저장물에 신뢰를 두기 시작했다는 징후가 있었다. 그 가치 저장물이란 금이다. 독일 연방은행에게는 자기 의지에 반하여 단일통화를 채택할 수밖에 없었던 사정이 있었다. 독일 연방은행은 뉴욕 연준 금고에 보관하고 있는 300톤의 금을 본국으로 가져올 계획이라고 발표했다. 독일은 소유하고 있는 금의 3분의 2 이상(금액으로는 1,830억 달러 이상)을 뉴욕, 파리, 런던에 보관하고 있다. 독일은 파리에 보관하고 있는 374톤의 금은 이동시키지만 잉글랜드은행 보관분은 옮기지 않는다는 계획도 가지고 있다.

금을 파리에서는 빼내 오고 런던에는 남겨두기로 한 결정은 곧바로 유로화와 초국가 프로젝트에 대한 신뢰의 상실로 해석되었다. 유로존과 유럽 초국가 프로젝트가 휘청거림에 따라, 독일 전역에서는 금에 대한 열풍이 휩쓸고 있다. 인류가 가장 선호하는 가치 저장물은 겨우 10년 된 화폐보다 더 안전한 선택으로 간주된다. 2012년에 독일 감사원은 독일 연방은행이 외국에 보관하고 있는 모든 금의 보유 현황을 조사할 것을 지시했다. 연방은행 간부들은 자기들이 파악한 모든 금을 직접 확인했다고 밝혔다. 금 열풍은 얄마르 샤흐트와 몬태규 노먼에게는 매우 낯익을 것이다. 대중들의 기억은 깊이 흐르는 법인데, 특히 지난 세기에 두 차례(1918년과 1945년)의 경제붕괴에 직면했던 독일에서는 더더욱 그렇다. 세계인의 칭찬을 받는 독일의 경제기적은 항상 외국 자본의 대량 유입에 뿌리를 두고 있었다. 그 외국 자본이 1920년대에는 월 스트리트에서 나왔고 1945년 이후에는 미국 정부에서 나왔다. 그러한 진수성찬이 오늘날 또다시 차려질 것 같지는 않다. 만약 유로화가 무너진다면, 또 다시 구제 자금이 대서양을 건너서 오기를 바라기보다는 금을 선택하는 것이 더 안전할 것이다.

금에 대한 관심이 새롭게 높아진다는 사실은 BIS에게는 좋은 일이다. 그것은 BIS의 뿌리로 돌아가는 것을 의미한다. BIS의 공식 역사가인 지

아니 토니올로가 언급한 바와 같이, 화폐의 가치를 금의 무게에 고정한 금본위제도는 다름 아닌 "BIS의 DNA에 배어 있었다."[19] 금본위제는 오래전에 사라졌지만 금값은 계속 오르고 있고 금은 여전히 투자자들의 심리를 강하게 지배하고 있다. 확실히 금은 BIS의 은행업무에서 중심을 차지한다는 것 이상의 의미를 갖는다. 그리하여 『파이낸셜 타임즈』는 BIS를 '최고의 금 전당포'라고 묘사할 정도였다.[20] 2012년의 BIS 연차보고서에 따르면 BIS는 금 스와프 계약과 관련하여 355톤(금액으로는 약 190억 달러)의 금을 보유하고 있다. 이는 BIS가 금과 통화를 교환한 것이고 따라서 계약이 끝나면 금을 되돌려 주어야 한다는 것을 의미한다.[21]

풍부한 경험을 가진 국제 은행가인 루디 보그니는 "유로화가 무너진다면 BIS는 모든 구제 작업에서 필수적인 역할을 하게 될 것"이라고 말했다. "BIS는 기술적으로 확실히 도움을 줄 수 있다. BIS는 시장 개입에 필요한 다양한 기술을 가지고 있으며, 개입해야 하는 상황이라면 개입할 것이다." BIS는 또한 대규모의 새로운 전쟁과 같은 어두운 시나리오에서도 유용하다는 것을 증명할 수 있을 것이다. BIS는 확실히 분쟁 당사자들 사이에 금융창구를 열어두었던 풍부한 경험을 가지고 있다. 현대와 같은 글로벌 경제에서, 그러한 연계 고리를 유지하는 것은 제2차 세계대전 때보다 훨씬 더 중요하다고 밝혀질 것이다. "사람들이 서로 대화하기보다 서로 총질을 시작할 때도, 경제와 무역은 계속된다. 전쟁보다 더 큰 이해관계는 항상 존재한다"고 보그니는 말했다. "한 개인이 죽은 뒤에도 금전적인 이해관계는 계속 이어지며 누구든 여기에서 자유롭지 않다. 그러므로 전쟁에서 죽지 않은 교전 당사자들은 자기들의 이해관계를 전후에도 계속 보유하기를 바랄 것이다."[22] 바젤은 의심할 여지 없이, 다시 한번 당사자들 사이에 창구를 열어둘 수 있는 선택지가 될 것이다.

그러나 21세기에 들어서 전개되고 있는 상황은, BIS에게는 가장 중요한 도전이고 위험일 수 있다. BIS는 세계화와 경제 발전의 빠른 진전으로 헤아릴 수 없는 이익을 얻었다. 앞으로 개발도상국들이 새로운 회원으로 가입하면 그 이익은 더 늘어날 것이다. 개발도상국들은 BIS의 전문지식과 은행업무 서비스를 통해 이익을 얻기를 갈망하고 있다. 킹은 다음과 같이 말한다. "신흥시장 경제로 편입된 많은 나라들이 존재한다. 이들 나라에서 BIS의 은행업무는 실질적인 가치를 갖는다. 이 나라들은 중앙은행을 위한 은행, 곧, BIS가 없다면 뭔가를 잃을 수 있다고 느낄 것이다."[23]

현재도 진행 중인 금융위기는 BIS의 대차대조표를 변경시키는 것 그 이상이다. 전 세계 시민과 활동가들은 은행과 금융기관에 책임성과 투명성을 요구하고 있다. 그러나 그러한 시민과 활동가들도 대부분은 BIS에 대해 들어본 적도 없다. 나는 이 책이 그러한 정보 부족 부분을 채웠기를 희망한다. BIS 경영진은 국제연합이나 유럽중앙은행처럼 국제조약에 의해 보호되고 있는 법적 불가침성을 BIS의 가장 큰 강점으로 보면서, 이 은행이 영구히 보호될 것이라고 믿는다. 그러나 1930년대라는 전혀 다른 시대에 경의와 복종의 뜻을 담아 작성한 BIS의 법규는 그것의 아킬레스건이 될 수도 있다.

아르헨티나 외환준비금 문제는 BIS의 법적 불가침성에 대한 근본적인 의문을 제기한다. 다시 말해서, BIS의 면책 특권은 다시 검증대에 오를 수 있다. 2013년 초에 대부분의 소식통들은 그리스가 국가채무를 재협상할 것으로 예상했다. 재협상 과정에서 그리스 채권을 보유한 투자자들은 보유 채권의 장부가치를 가격이 떨어진 시장가치로 현실화하거나 일부 탕감해야 한다는 요구를 받게 될 것이다. 그렇다면, 그리스가 아르헨티나처럼, 분노한 채권자들을 피하기 위해 외환준비금을 BIS로 옮겨버린다면 어떻게 될 것인가? 그리스가 아르헨티나가 했던 대로 한다면 BIS에 대한 인식은 달라질 것이다. 도덕적 진실성이나 공공의 이익을 위한 행동이라는 BIS의 주장은 단연코 뻔한 말로 들리기 시작할 것이다. 지금까지 BIS는 스위스 법원과 연방평의회의 보호와 지원을 받고 있다. 그러나 익명계정과, 숫자로만 관리하는 계정을 허용하는 스위스에서조차 나라의 평판(법적인 불투명성을 추구하는 사람들의 피난처라는 평판)에 대한 여론이나 법률가들의 의견은 변하고 있다. 미국과 유럽연합 당국은 스위스에게 비밀주의와 익명성 보장을 완화하라고 압력을 넣고 있다.

아르헨티나 외환준비금이 채권단의 손에서 벗어나 있는 한, BIS는 해결책 없는 선례를 인정하고 있는 셈이다. 만약 BIS의 한 회원국이 채무불이행 상태에 빠지거나 빠지기 직전인 경우 그 나라는 자기의 준비금을 바젤로 보내서 안전하게 지킬 수 있을 것이다. BIS에게는 불편하겠지만, 현재의 BIS 행동은 1930년대와 1940년대의 유사한 행동에 그 기원을 두고 있다. 1939년 3월, BIS의 설립자의 한 명이자 가장 영향력 있는 이사인 몬태규 노먼과 BIS 총재 요한 바이엔은 체코 명의의 BIS 하위 계좌로 잉글랜드은행이 보관하고 있는 금 일부를 제국은행 명의의 BIS 하위 계좌로 이체하라는 체코슬로바키아 중앙은행의 지시를 거부하지 않았다. 나치가 체코슬로바키아를 침공한 뒤에 내려진 이체 지시는 협박에 의한 것이 분명했다. 그러나 노먼은 의도적으로 BIS와 새로운 초국가적 금융시스템의 이익이 더 중요하다는 관점을 받아들였다. 그 결과 그는 체코 중앙은행의 요청을 거절하지도, 심지어 지연시키지도 않았다. 바이엔도 이 결정에 동조했다. 금은 제국은행 계좌로 이체되었다. 제2차 세계대전 동안, BIS는 나치가 약탈한 금의 보관소 역할을 했다. 금이 도난당한 것일 수 있다는 경고가 맥키트릭 BIS 총재에게 구체적으로 전해졌음에도 말이다. 맥키트릭은, BIS는 금이 어디에서 나왔는지 알 바가 아니고 어쨌든 그러한 BIS의 행위가 자체 법규에 의해 보호를 받으리라고 믿었다. 그러나 강력한 동맹세력을 가지고 있었던 BIS도 약탈한 금을 받아들였다는 사실 때문에 폐쇄위기에 놓였고, 이를 피하기 위해 열심히 싸워야 했다.

현재로는, BIS의 특권적 지위와 스위스 법률시스템의 지원에 의해 BIS의 자산은 불가침의 영역에 있다. 그러나 법률과, 국제은행 설립의 기반이 된 조약은 정치적 맥락에서 만들어진 것이며, 따라서 변경이 가능하다. BIS에 대한 법적, 정치적 압력은 가중될 수 있다. BIS에 대한 인식의 변화는 이미 일어나고 있다. 위에서 인용한 클라우디오 루저와 같은 영향력 있는 분석가들과 경제학자들은 BIS의 윤리, 행동, 그리고 법적 불가침성에 의문을 제기하고 있다. 트위터와 페이스북의 시대에 BIS의 중심적인 역할과 중요성이 드러나면, BIS는 세계인의 비판이 자기를 과녁으로 삼고 있다는 사실을 스스로 깨닫게 될 것이다.

BIS의 자산은 불가침의 영역으로 남아 있겠지만, 더 많은 활동가들이 글로벌 금융시스템에서 BIS가 수행하는 역할, BIS의 비밀주의와 엘리트주의를 이해함에 따라, 그들은 BIS의 운영, 역할, 그리고 존재의 필요성에 대해 점점 더 의문을 가질 것이다. BIS에 대한 세계인의 그러한 인식 변화, 그리고 그것을 좀 더 책임 있게 만들라는 요구는 정치인들에게 압력을 넣을 것이다. 그러한 압력은 중앙은행 총재들에게 전달될 것이다. 중앙은행 총재들은 정부가 임명했음에도 독립적인 지위를 누리고 있다. 아르헨티나 외환준비금에 대한 논란은 결국 BIS의 소프트파워, 곧, 규제와 감독 틀에 대한 기반을 부식시킬 수 있다. 예를 들어 BIS가 가맹 중앙은행을 채권자들에 대항해서 확실히 보호해주고 있는데, 왜 상업은행들은 바젤은행감독위원회 규칙을 따라야 하는지를 물을 수 있다.

적어도 현재로서는, BIS는 강력한 친구들에게 의존할 수 있다. 그러나 만약 정치적인 분위기가 투명성과 책임성의 방향으로 계속 옮겨간다면 BIS 경영진은 자기들의 도움 요청에 달려오는 친구들이 점차 줄어들고, BIS의 수명도 짧아지고 있다는 사실을 알게 될 것이다. BIS는 생존을 보장받기 위해 세 가지 영역에서 개혁을 해야 한다. 그 영역이란 투명성, 책임성, 그리고 기업의 사회적 책임을 말한다.

투명성은 가장 간단한 영역이다. BIS는 두 달에 한 번씩 주말에 열리는 중앙은행 총재회의 뒤에 기자회견을 열어야 하며 이를 인터넷으로도 볼 수 있도록 해야 한다. BIS는 주말 회의의 참석자 명단과 회의에서 다룬 폭넓은 주제들을 공개해야 한다. 특히 일요일 저녁 식사 자리에 앞서 갖는 엘리트 경제자문위원회, 다음날 열리는 글로벌경제회의, BIS 지배구조를 다루는 BIS 이사회 회의, 그리고 국제 금융시장을 다루는 시장위원회의 심의사항에 대해서는 회의 참석자와 회의 내용을 반드시 공개해야 한다.

BIS와 중앙은행 총재들은 그러한 움직임이 토론을 방해할 것이라고 주장한다. 킹은 다음과 같이 말했다.

BIS는 자기의 재정 상태, 법적 지위, 이사회 구성원, 그리고 그것이 어떻게 작동하는지를 공개하기까지 꽤 먼 길을 걸어왔다. BIS 회원국은 잘 알려져 있다. 이를 통해 어떤 회원국의 중앙은행 총재들이 회의에 참석할 것인지를 추론할 수 있다. 토론 주제와 소재는 순전히 기밀이 지켜지기 때문에 가치가 있다. 나는 BIS 회의와 공동 선언문을 발표하는 G20, IMF 회의를 비교하고자 한다. 확실히 G20와 IMF는 투명성을 확보하고 있고 무슨 발언이 오갔는지를 공개한다. 그러나 공개가 예정되어 있다면 유용한 토론은 벌어지지 않을 것이다.

BIS에서 이뤄지는 대화의 중요한 점은 그것들이 사적이고 은밀하다는 것이다. 사적인 대화라도 고유의 유용한 역할이 분명히 있다. 중앙은행 총재들 사이의 모든 대화를 회의록으로 작성하여 보고하게 할 수는 없다. 그렇게 한다면 유용한 대화는 오가지 않고, 단순히 서로 공식적인 발언만 주고받을 것이다.
　중앙은행 총재들은 바젤에서 중요한 일 처리를 하는 것이 아니다. 중앙은행 총재들이 책임을 갖고 정책 협력과 조정을 한다고 얘기하기에는 무리가 있다. 정책 결정의 책임은 중앙은행의 위원회들에 그대로 남아 있다. BIS 회의를 통해서 중앙은행 총재들은 왜 사람들이 다양한 일을 해오고 있는지, 그리고 그들이 앞으로는 무슨 일을 하려고 하는지를 훨씬 더 잘 알게 된다.[24]

　중앙은행 총재들이 서로 자유롭게 말할 수 있어야 한다는 것은 사실이다. 그러나 회의실에 카메라를 설치하거나 회의 동영상을 유튜브에 올리거나 녹취록을 공개할 필요는 없다. 그럼에도 BIS는 회의록만큼은 공개해야 한다. 회의록에는 토론의 광범위한 주제, 논쟁의 흐름, 그리고 회의의 전반적인 결론이 들어있어야 한다. 총재회의에 참석하는 중앙은행 총재들과 간부들은 모두 국가의 준비금(공적인 자금) 관리 책임을 맡은 공직자들이다. 중앙은행 총재들은 자기들에게 급여와 연금을 지급하는 시민들에게 설명책임을 진다. 중앙은행 총재들이 비밀스런 무리를 이루어 모이고, 그들의 만남에 대한 최소한의 내용조차 공개하기를 거부하는 것은 더 이상 받아들일 수 없다. 여기에서 미국 연준은 참조할만한 유용한 모델이다. 연방공개시장위원회FOMC가 열리기 전에 연준은 항상 그 이전 회의의 회의록을 편집해서 배포한다. 연준 웹사이트에는 이미 어떤 은행 간부들이 BIS 주말 회의에 참석하고 있는지와 바젤에 머무는 동안 그들의 시간대별 일정에 대한 자세한 정보가 실려 있다. 그러한 정보 공개의 결과로 엔준, 달러, 심지어 BIS도 무너지지 않았다.

중앙은행가들은 BIS가 의사결정기구가 아니기 때문에 비교가 타당하지 않다고 주장한다. 킹은 다음과 같이 말했다. "잉글랜드은행은 회의록을 공개한다. 그 이유는, 잉글랜드은행은 영국 정부가 위임한 사항에 대해 공식적인 결정을 하기 때문이다. BIS에서는 그와 같은 공식적인 결정이 내려지지 않는다. 만약 BIS가 금리 결정을 내리고 있다면, 그에 걸맞은 투명성을 갖는 것이 옳을 것이다. 우리는 BIS에서 여러 결정을 만들어 내지 않는다. 우리는 비공식적인 논의를 한 다음 자기 나라로 돌아가서 자기 나라의 결정을 내린다."[25]

둘째로, BIS에게서 법적 불가침성을 박탈해야 한다. BIS는 국제조약에 의해 보호받는 상업은행 업무를 통해서 매우 높은 수익을 올리는 기묘한 혼합조직이다. BIS를 설립할 때 제정한 법령은 확실히 현대와 동떨어져 있다. 그 법령들을 통해서 공적자금을 취급하는 BIS는 불필요한 수준의 법적 보호를 받는다. 이러한 법령들은 BIS에서 일하는 사람들의 심리를 왜곡시키며, 특히 고위 경영진 다수의 유별난 오만함에 기름을 붓는다. BIS는 공적서비스의 사명을 가지고 있다고 주장하지만, 그 구조는 법적 면책특권의 보호를 받으면서 대중은 가능한 한 멀리 떼 놓는 방식으로 설계되어 있다. 불가침성의 박탈과 같은 변화를 위해서는 BIS의 특별총회가 필요할 것이다. 여기에는 선례가 있다. 최근에 특별총회가 소집된 적이 있다. 안건은, BIS의 회계단위를 스위스 프랑에서 특별인출권SDR으로 바꾸는 것, 민간이 소유하고 있는 BIS 주식을 강제로 사들이는 것, 옛 유고슬라비아가 보유하고 있던 BIS 주식을 그 승계 국가들에 배분하는 것이었다. 특별총회의 안건은 중앙은행 총재들의 투표로 결정하기로 했다. 만약 회원국 정부들이 자국의 중앙은행 총재들과 간부들에게 BIS 변화와 현대화에 투표하도록 위임했다면, BIS는 그러한 변화에 동의해야 할 것이다.

셋째, 특별총회에서는 또한 BIS가 이윤의 일부를 기업의 사회적 책임과 기여활동에 쓰도록 결의할 수 있다. BIS는 수십 년 동안 각국의 중앙은행 자금과 같은 공적자금의 관리로 풍부한 보상을 받아 왔다. 2011-2012 회계연도에 BIS는 매달 거의 1억 달러의 비과세 이익을 냈다. 이 이익의 일부는 중앙은행 주주들에게 해마다 지급하는 배당금을 넘어서 더 넓은 사회에 환원해야 할 때이다. BIS는, 기여금에 얼마나 지출하는지에 대한 저자의 질문에 답변을 거부했다. 2011-2012년 연차보고서에는 **자선**이나 **기여**라는 단어가 등장하지 않는다. BIS의 홍보부장 리사 웍스는 직원 대부분이 바젤 시내나 근교에 거주하기 때문에 BIS는 "바젤 지역에서 선택한 프로젝트나 기관에, 사회적 또는 문화적 목적을 갖고서, 적절한 재정적 지원을 하고 있다"고 말했다.[26] BIS는 또한 필리핀의 태풍 희생과 같은 큰 자연재해가 있을 때 비정기적인 기부를 한다고 말했지만 그 금액이 얼마인지는 밝히지 않았다.

이것은 의지박약이다. 이제는 BIS가 그토록 자랑하는 세계주의를 BIS의 사회적 양심에까지 확장해야 할 때이다. BIS는 재단을 설립하여 청년 사업가와 은행가를 위한 세계 규모의 직업훈련, 교육, 인턴십, 그리고 개발 프로그램을 지원해야 한다. 연간 이익의 하루분인 320만 달러만으로도 그러한 프로그램을 시작하기에 충분할 것이다. 그러한 프로그램은 BIS의 후광으로 금세 기업 후원을 이끌어낼 것이다. BIS 직원들에게는 소득세를 면제받는 만큼의 기부를 장려할 수 있을 것이다. 재단에는 BIS 주식의 일부를 배정하여 시민사회가 BIS의 연차총회에서 투표권을 행사할 있도록 보장해야 한다. 중앙은행 총재나 간부들로 구성된 특권그룹은 중앙은행가와 BIS의 정책과 의사결정이 외부 세계에 영향을 끼친다는 사실을 잘 이해하지 못하는 듯하다. 특권그룹 바깥의 현실 세계에서 삶을 살아가는 사람들이 그러한 사실에 대한 유용하고 신선한 깨우침을 줄 것이다.

중앙은행가들은 BIS가 이미 수많은 세미나와 회의를 통해, 그리고 금융안정연구소를 주관함으로써 사회에 어느 정도 기여하고 있다고 반박한다. BIS와 바젤은행감독위원회는 1999년에 금융안정연구소를 설립하여 각국의 금융부문 감독자들과 협력하고 있다. 킹은 다음과 같이 말했다.

금융안정연구소는 BIS의 소규모 회원들이 BIS에 와서 배울 수 있는 기회를 제공하는 데에 훌륭한 역할을 한다. BIS는 지배 구조와 중앙은행을 운영하는 데에서 생기는 어려움에 대한 비공식 워크숍을 개최하는데, 소규모의 BIS 회원들은 이것이 엄청난 가치를 지닌다는 것을 깨닫는다. 그들은 한 소모임에 들어가서 그들의 중앙은행 동료들과 이야기할 기회를 갖는다. 자기 나라 안에서는 조언을 구할 사람이 아무도 없었다. 그런 종류의 의견 교환은 매우 소중하다. 그것은 BIS가 큰 나라들의 자원을 사용해서 신흥시장과 개발도상국에 가치 있는 뭔가를 돌려주는 것이다.[27]

작지만 고무적인 징후도 있다. 일부 중앙은행 총재들은 거대한 금융의 힘에는 사회적 책임이 뒤따라야 한다는 사실을 이해한다. 2012년 10월에 잉글랜드은행 금융안정담당 집행이사인 앤드루 홀데인은, 사회적 항의 운동의 런던지부인 **경제학을 점령하라**가 주관한 한 모임에서 **사회적으로 유용한 은행**에 대한 연설을 했다.[28] 그는 **점령 운동**이 **금융개혁**의 첫 단추를 꿰는 데 도움을 주었다고 말했다. 정책 입안자들은 비판에 귀를 기울이고 있었고 세계 금융시스템의 **균열**을 메우기 위해 행동하고 있었다.

"점령 운동은 세계 금융시스템의 문제를 대중에게 알리는 데에 성공했는데, 그 유일한 이유는 단순히 그것이 옳기 때문이다." 수년 동안 **사람과 돈**이 은행, 특히 투자은행으로 **급속하게** 빨려 들어갔다. 이는 인적자원과 금융자원을 경제의 나머지 부문에서 빼냈다는 것을 의미한다. 이것은 BIS조차 인정한다. 홀데인은 연설 가운데서 BIS의 최근 연구를 인용했다. 이에 따르면, 금융 부문의 성장이 어떤 수준에 이르면 금융이 경제성장을 방해한다. 왜냐하면 금융 부문과 경제의 다른 부문이 희소한 자원을 두고 서로 경쟁하기 때문이다. "금융의 성장이 항상 좋은 것은 아니다"고 스티븐 세체티와 애니스 카루비는 썼다.[29]

그렇다면 BIS의 미래는 어떻게 될 것인가? 수십 년 동안, 샤흐트-노먼 시대부터 제2차 세계대전과 유로화의 탄생을 거쳐서, 오늘날 규제위원회들의 범람에 이르기까지, BIS는 그 시대의 필수적인 존재로 자리매김하는 비범한 능력을 보여주었다. BIS는 자기가 떠맡은 역사적 짐을 반복적으로 떨쳐내면서, 그리고 자기를 재창조하면서 글로벌 금융시스템의 중심 위치를 보존해왔다.

은행가들을 향한 세계인들의 적대감이 증가하고 있다는 사실을 날카롭게 인식하고 있는 BIS는 이제 국제기구로서의 위상과 공공 이익에 대한 기여를 강조한다. 이것은 확실히 효과적인 인재 모집 수단이다. "BIS에서 일하는 사람들의 질은 매우 높다"고 킹은 말했다. "훌륭한 인재를 모집할 때, 이곳이 단지 싱크 탱크가 아니라 여러분이 일할 국제 기관이라고 말하는 것이 도움이 된다. 사람들은 자기가 공공서비스 분야에서 일하고 있다는 사실을 자랑스럽게 생각한다."[30]

BIS는 최근 사회적으로 책임 있는 기관으로 발전해가고 있다. 그러나 여기에는 큰 어려움이 뒤따를 것으로 예상된다. 금이 BIS의 DNA에 배어 있듯이 비밀주의, 불투명성, 책임성의 결여도 마찬가지이다. 앤드루 홀데인은 BIS가 새로운 요청, 곧 설명책임을 가지며 사회적으로도 책임을 다하는 금융기관으로 거듭나야 한다는 요청에 적응하기는 쉽지 않을 것이라고 서술했다. 그러나 살아남으려면 그렇게 해야 할 것이다. 정보와 자본이 매우 빠르게 흐르는 시대에, 시민들이 자기 삶을 지배하는 힘 있는 기관들에게 더 많은 투명성과 책임성을 요구하는 시대에, 월 스트리트조차 몇 주 동안 점령될 수 있는 시대에, 바젤탑은 더 이상 불가침의 영역이 아니다.

성경에 나오는 바벨탑과는 달리, 바젤탑은 도시 스카이라인 위의 18층까지만 닿는다. 그러나 성경의 탑 건설자들의 운명은 은행가들을 잠시 멈추게 할 것이다. 주께서 그들의 일을 보시고, 그들의 말을 혼란스럽게 하시며, 여러 말로 얘기하도록 하셨다. 건설자들은 더이상 서로 알아들을 수 없었다. 건설 공사는 멈췄고, 그들은 흩어졌다. 그들의 탑은 역사 속으로 사라졌다.

| 감사의 말 |

이 책은 내가 뉴욕에 있을 때 만난 퍼블릭어페어즈 출판사의 클라이브 프리들과 나눈 대화의 소산이다. 클라이브는 작가가 바랄 수 있는 최고의 편집인이었다. 그는 힘을 북돋는 스타일이었고, 통찰력을 갖췄으며, 식견이 넓었다. 훌륭한 에이전트인 윌리엄모리스엔데버의 엘리자베스 세인크만은 이 프로젝트를 열렬히 지지했고, 조 로저스는 항상 곁에서 나를 도와주었다. 여러 친구들과 동료들은 격려, 조언, 아이디어를 주었는데, 특히 로저 보이즈, 저스틴 레이튼, 에릭 다마토, 니콜라스 카베넬의 신세를 많이 졌다. 뉴욕에 머물 때는 피터 그린, 밥 그린, 그리고 바벳 오던트가 따뜻하게 환대해주었고, 워싱턴에 머물 때는 매트와 엠마누엘 웰치가 내 집처럼 편안한 곳을 마련해주었다. 부다페스트에서는 플로라 헤베시가 장시간의 여러 인터뷰 내용을 부지런히 옮겨 적어 주었는데, 기술이나 은행과 관련된 어려운 전문 용어에 대해 한 번도 불평하지 않았다. 고마운 일이다. 로리 홉커크의 제작, 조직, 그리고 편집 능력, 데이지 바우어의 깔끔한 디자인, 베스 프레이저의 부지런한 교정작업에 고마움을 전한다.

바젤탑은 금융 네트워크, 인맥, 그리고 은밀한 힘의 행사에 대한 책이다. 내부자나 내부자였던 사람이 자기의 전문성과 지식을 사람들에게 밝힐 마음을 갖고 있을 때에는 언제나 이러한 연계를 드러내 보이기가 더 쉽다. 나는 국제결제은행, 중앙은행업의 세계, 그리고 관련 주제에 대한 직접적인 지식을 갖고 있는 많은 사람들과 이야기를 나누었다. 어떤 사람들은 익명으로 처리하기를 선호했다. BIS는 익명의 그들이 누구인지 안다. 그런 상황에서도 통찰력을 제공해 준 익명의 그들에게 고마운 마음을 전한다. 다른 사람들은 기록으로 공개하는 데에 동의했다. 댄 알라마리우, 페테르 아코스 보드, 딘 베이커, 죠프리 벨, 루디 보그니, 스티븐 세체티, 윌리엄 드 겔시, 샤를 드 보, 아담 길버트, 리차드 홀, 프리게시 하쉐기, 앤드루 힐튼, 지그몬드 자라이, 캐런 존슨, 머빈 킹, 맬컴 나이트, 윌리엄 맥도너, 로렌스 마이어, 론 폴, 루퍼트 페넌트-레, 네이선 시츠, 폴 볼커, 페레그린 워손에게 고마움을 전한다. 윌리엄 화이트는 특히 도움이 되는 정보를 제공해 주었다. 런던은행 홍보실의 사라 애쉴리, 그리고 질리안 테트, 랄프 앳킨스, 데이비드 데릭, 폴 엘스턴, 바바라 윌리, 『모노클』의 스티브 블룸필드, 그리고 조나단 브란트, 존 허벨 와이즈, 피터 그로스, 존 로이드, 그레그 입, 피터 로나, 부다페스트브로디하우스의 윌리엄 클로디어, 파울리나 브렌, 졸탄 마르쿠스, 노스포토의 마크 밀스타인, 알렉스 쿨리, 그리고 연준 홍보실 직원들에게도 고마움을 전한다. 라이언 아벤트는 이 책의 초고를 읽고서, 중앙은행 세계에 대한 그의 통찰을 제공해 주었다. 존 샤틱은 친절하게도 부다페스트의 중앙유럽대학의 도서관을 이용할 수 있도록 해주었다. 리 고다드는 나에게 훌륭한 웹사이트 (www.adamlebor.com.)를 만들어 주었다.

  나는 특히 다음과 같은 기록 보관소의 직원들에게 고마움을 전한다; 잉글랜드은행, 콜롬비아 대학의 희귀 도서·사본 도서관, 뉴욕 연준, 프랭클린 D. 루스벨트 대통령 도서관, 프린스턴 대학의 실리 G. 머드 사본 도서관, 런던 국립 기록 보관소, 그리고 메릴랜드 파크주에 있는 미국 국립기록보관소와 문서관리청. 나와 같이 일한 연구원들에게 특별한 고마움을 전한다. 런던에서는, 로지 화이트하우스가 잉글랜드은행의 문서 보관소에서 귀중한 자료를 찾아냈다. 엘리시아 글로버는 뉴욕 연준의 기록, 콜롬비아 대학 도서관의 문서보관소, 하이드 파크의 프랭클린 D. 루스벨트 대통령 도서관이 소장하고 있는 헨리 모겐소의 일기를 부지런히 조사했다. 워싱턴에서 엠마누엘 웰치는 프렌치커넥션리서치(www.frenchpi.com)를 조사하여, 미국 국가기록보관소에 있는 귀중한 자료들의 위치를 찾아냈다. 안드라스 랭기엘과 에스더 유다는 프랑스어와 독일어를 솜씨 좋게 영어로 번역했다.

이 책은 BIS에 대한 비공인 탐사 역사서이다. BIS 간부들이나 직원들이 이 책을 읽어 봐주거나 검토해 준 것은 아니다. 그럼에도 BIS의 수많은 사람들에게 고마움을 전하고 싶다. 에드워드 앳킨슨은 항상 통찰력과 풍부한 유머 감각을 발휘하며 나를 기록보관소로 안내해주었다. BIS의 역사가인 피에트 클레망 박사는 역사적 문제에 대한 그의 지식을, 아무리 난해한 것이라도, 흔쾌히 설명해 주었다. BIS 홍보국의 마가렛 크리치로우와 리사 웍스는 친절하게도 나를 BIS의 미디어 메일링 명단에 추가해주었고, 많은 질문에 답변해주었으며, 수많은 사진을 제공해 주었을 뿐만 아니라 화폐경제국장인 스티븐 세체티와 인터뷰도 주선해주었다.

모든 역사 연구는 그 이전의 연구자에 의존한다. 나는 지아니 토니올로 교수와 피에트 클레망 박사의 기여를 기쁜 마음으로 받아들인다. BIS에 대한 그들의 권위 있는 연구서인 『BIS에서 중앙은행의 협력, 1930-1973년』은 헤아릴 수 없는 가치를 지닌 참고자료이다. 나는 특히 아메리칸대학의 저널리즘 교수인 크리스토퍼 심슨과 매우 재능 있고 젊은 역사학자인 제이슨 바이셀바움에게 고마움을 전한다. 대기업과 대량학살의 연관성에 대한 연구를 개척한 심슨 교수는 그의 귀중한 시간과 전문성을 아낌없이 나누어 주었다. 또, 그는 나를 미국 국립문서보관소로 안내해주었고, 자기가 소장하고 있는 문서자료의 원본을 제공해주었다. 미국 기업과 나치의 연계에 대한 전문가인 제이슨 바이셀바움은 BIS나 연합국의 연구 주제와 관련된 여러 문서를 제공해 주었다. 그는 끈덕진 연구자이기도 했다. 해롤드 제임스 교수는 BIS에 대한 통찰력을 전해주었고, 이 책이 다루는 BIS의 역사적 배경에 대해 설명해주었다. 도널드 매크래런은 친절하게도 그의 아버지의 삶과 업적에 대한 정보를 제공해주었다. 헬렌 숄필드는 나와 처음 만나서 영국의 비밀요원들이 나치의 미국 내 경제적 이익을 방해하기 위해 어떤 일을 했는지에 대한 특별한 이야기를 해주었다. 그에게 고마움을 전한다. 그러한 에피소드는, 전시의 국경을 넘는 여러 경제적 암투와 마찬가지로, BIS에 귀착한다.

케이티, 대니, 그리고 한나에게 가장 큰 고마움을 전한다. 그들은 내가 오랫동안 집을 비울 때도 참아주었고 바젤탑 밖에도 참다운 삶이 존재한다는 사실을 내게 매일 깨쳐주었다.

| 옮긴이 후기 |

이 책은 스위스 바젤에 본부를 둔 국제결제은행BIS의 역사와 본질적인 한계를 다룬다. BIS는 중앙은행들의 은행 기능을 하는 기구라 할 수 있는데, 따라서 이 책에서 다루는 내용은 중앙은행들의 역사, 한계와도 밀접하게 엮여 있다. 이 책의 제목 바젤탑은 구약 성경 창세기에 나오는 바벨탑을 패러디한 것이다. 18층의 원통형으로 솟아 있는 BIS 본부 건물은 탑의 모습을 닮았다. 이점에 착안하여 저자는 바젤탑이라는 조어로 BIS를 나타내고 있다. 나아가 저자는 구약 성경에서 인간의 욕심을 상징하는 바벨탑이 무너졌듯이, 금융으로 쌓은 탑도 잘 통제하지 못하면 언젠가는 무너질 수 있음을 바젤탑이라는 조어를 통해 암시하고 있다.

그렇다면 우리는 왜 BIS를 알아야 하는가. 사실 우리는 BIS가 어떤 기구인지 잘 알지 못할 뿐만 아니라 우리의 삶과 별 관련이 없기 때문에 알 필요도 없다고 생각할 수 있다. 그러나 BIS는 의외로 우리 삶과 직간접적으로 맞닿아 있다. 예컨대 금융기관 종사자들은 BIS 자기자본 비율이라는 규제정책을 잘 알고 있어야 한다. 이 비율 때문에 금융기관들의 영업활동이나 손익이 큰 영향을 받기도 한다. 잘 알려져 있지 많지만 1997년의 우리나라 경제위기도 이 자기자본 비율과 상당 정도 관련이 있다. 일본의 은행들은 1988년에 제정된 이 규정을 1990년대 초부터는 지켜야 했는데, 이것이 주변국들의 유동성 축소, 나아가 경제위기에 영향을 준 것이다. 무엇보다 BIS는, 여러 단계를 거치기는 하지만, 우리의 자산가격, 특히 부동산 가격에 영향을 주고 있다. 자산가격은 중앙은행의 금융정책, 감독기구의 규제정책, 그리고 글로벌 자본이동 규제정책을 반영한다. 그런데 이러한 정책들은 모두 중앙은행의 은행이라 할 수 있는 BIS의 활동과 이러저러하게 연결되어 있다. 심지어 가상자산의 미래마저도 그것이 중앙은행 디지털화폐CBDC와 무관할 수 없다는 점에서 BIS의 영향권 속에 놓여 있다. 우리가 BIS를 알아야 하는 이유들이다.

저자는 국제결제은행의 기능과 본질이, 20세기 들어 성장하기 시작한 금융자본의 이해와 뗄 수 없는 관계에 놓여 있다고 주장한다. 20세기 초는 자본일반의 지배에서 금융자본의 지배로 넘어가는 문턱에 해당한다. 문턱을 넘어서서 금융자본이 어느 정도 성장하자 이제는 이 금융자본의 이해와 운명을 같이하는 초국적 금융자본 계급이 탄생한다. 이 계급의 이익에 적합하도록 설계된 조직이 BIS라는 것이 저자의 주장이다. 물론 BIS가 여러 나라들에 적용되는 통일적인 정책을 직접 수립하지는 않는다. BIS는 중앙은행들의 단순한 친목 모임처럼 보이기도 한다. 실제로 BIS는 그렇게 주장해왔다. 그럼에도 BIS는 내부적으로 중앙은행들 사이에서 위계를 철저하게 세우면서도 동시에 초국적 금융자본 계급에 유리한 방향으로 금융정책들이 수립될 수 있도록 조율해왔다.

BIS는 자기의 이익을 지키는 수단으로 크게 보아 두 가지의 특징적인 행태를 발전시켰다. 첫째, 비밀주의 행태이다. BIS는 설립 이후 지속적으로 비밀주의를 유지해 왔다. BIS는 여러 나라들에서 수집한 통계자료나 분석보고서 등은 공개하지만 이사회나 여러 위원회의 회의록, 중앙은행들이나 국제기구들과 거래한 내용 등 핵심 사항은 지금도 공개하지 않고 있다. 둘째, 기술관료적인 전문가주의를 강조하는 행태이다. BIS의 여러 활동이나 정책은 매우 정치적이다. 그럼에도 BIS는 자기의 활동을 정치와 거리가 먼 전문가들의 기술적인 일 처리로 포장해왔다. 그러나 저자는 BIS의 정치적 독립성, 그리고 중앙은행의 정치적 독립성이라는 개념이 초국적 금융자본 계급이 자기의 이익을 보호하기 위해 내세우는 이데올로기에 지나지 않는다고 설명한다. 저자는 BIS 개혁을 강조하면서 이를 위해 최소한 이러한 행태를 바로잡아야 한다고 주장한다. 다시 말해서 저자는 BIS에 대해 비밀주의를 폐기할 것과 정치적 독립성을 선출된 권력에 의한 민주적인 통제로 대체할 것을 주장한다.

중앙은행 독립성에 대한 저자의 관점은 우리에게도 시사하는 바가 크다. 우리는 중앙은행 독립성을 반드시 지켜야 하는 금과옥조로 간주하는 주장을 자주 듣는다. 중앙은행 정책은 최고의 전문성을 가진 전문가들이 알아서 하는 영역이지 일반인들이나 정치인들이 따따부따할 수 있는 영역은 아니라는 주장도 듣는다. 실제로 우리나라 정당들은 중앙은행의 정책에 대한 발언을 매우 꺼려 한다. 어쩌다 정치인이나 정당이 중앙은행 정책에 대해 한마디 했다가는 주류 언론의 집중적인 비판을 받기 십상이다. 그런데 저자는 그러한 중앙은행의 정치적인 독립성 개념이 금융자본 계급에게 유리한 이데올로기라고 주장하는 것이다. 뒤집어 말하면 이는 선출된 권력이 중앙은행을 민주적으로 통제해야 한다는 것을 의미한다.

중앙은행의 독립성 개념은 다차원적이다. 우리가 보통 이야기하는 중앙은행의 독립성은 정치적인 독립성을 일컫는 경우가 많다. 그런데 중앙은행 독립성에는 이러한 정치적인 독립성 외에도 다른 차원의 독립성이 있다. 예를 들어 한국은행 이창용 총재는 한국은행이 정부에게서는 독립적이지만 미국 연준에게서는 독립적이지 않다고 말한 적이 있다. 곧, 한국은행이 외국 중앙은행 정책의 영향을 받지 않는다는 의미의 독립성 개념이 있을 수 있다. 한국은행이 시장의 영향력에서 자유롭다는 의미의 독립성 개념도 있다. 유명한 중앙은행 연구자이자 과거 미국 연준 부의장을 역임한 앨런 S. 블라인더는 이러한 독립성 개념의 중요성이 점차 높아지고 있다고 말한다.

중앙은행의 독립성은 필요할 수 있다. 문제는 어떤 의미의 중앙은행 독립이냐 하는 것이다. 우리나라의 은행을 장악한 외국계 자본, 은행에서 대규모로 자본을 끌어다 쓰는 건설업자, 재벌기업, 그리고 자산가 등에게는 한국은행이 정부나 정치에서 독립하는 것이 그들의 이익에 더 부합할 수 있다. 그러나 다수 대중의 이익과 관련해서는 한국은행이 연준에서 독립하는 것, 시장에서 독립하는 것이 훨씬 더 중요할 수 있다. 다수 대중에게는, 중앙은행이 정부나 정치에서는 독립해 있지만 시장 권력이나 연준 정책에 종속되어 있을 때가 가장 바람직하지 않은 상황이다. 불행하게도 우리는 현재 그러한 상황에 놓여 있는 듯하다. 우리가 올바른 중앙은행 독립성 개념을 정립하고 중앙은행에 대한 민주적인 통제를 고민해야 하는 이유는 이 때문이다. 이 책은 바로 이러한 우리의 고민 지점을 짚어주고 이해할 수 있게 해준다는 점에서 읽어볼 가치가 있다.

미주

서론

1 Gates McGarrah, "세계 신용의 평형 바퀴," *Nation's Business*, 1931.3.24. BIS archive, File 7.18 (2), MCG8/55.
2 Jon Hilsenrath and Brian Blackstone, "Inside the Risky Bets of Central Banks," *Wall Street Journal*, 2012.12.12.
3 머빈 킹과 저자의 인터뷰, 런던, 2013.2.
4 폴 볼커와 저자의 인터뷰, 뉴욕, 2012.5.
5 페테르 아코스 보드와 저자의 인터뷰, 부다페스트, 2011.10.
6 로렌스 마이어와 저자의 인터뷰, 워싱턴, 2012.5.
7 BIS의 법적 지위를 결정하기 위한 스위스 연방평의회와 BIS 사이의 합의가 1987년 2월 10일에 이뤄졌다. 이 합의는 2003년 1월 1일에 개정(효력 발휘) 되었다. 자료는 다음 사이트에서 다운로드할 수 있다. http://www.bis.org/about/Headquart-en.pdf.
8 비망록 A, "미국이 BIS 이사회에 대표를 파견함으로써 기대할 수 있는 여러 이익", 1935.10.16., NARA, MD. RG 82—FRS, NWCH, box 13.
9 Charles Coombs, *The Arena of International Finance*, New York: John Wiley, 1976, 26p.
10 "King: Ace or Joker," *Economist*, 2012.3.31.
11 Harold Callender, "The Iron-Willed Pilot of Nazi Finance," *New York Times*, 1934.3.4.
12 Coombs, op. cit., 26p.
13 http://www.bis.org/about/index.htm.
14 국제통화기금은, 그것의 이름에서 알 수 있듯이, 은행이라기보다는 펀드이다. IMF는 188개 회원국에 신용을 공급하고, 대출에 엄격한 조건을 부과하며, 종종 정부의 경제·재정정책의 변화를 요구한다. 세계은행 그룹은 국제부흥개발은행을 포함한 다섯 개의 기관으로 구성되며, 빈곤 국가, 저소득 국가, 중간 소득 국가에 돈을 빌려준다. 세계은행 그룹의 목표는 이익을 내는 것이 아니라 빈곤을 구제하는 것이다.
15 자료; http://www.investopedia.com/terms/b/basel_i.asp#axzz2JIIsrfcm.
16 Gianni Toniolo, *Central Bank Co-operation at the Bank for International Settlements 1930–1973*, London: Cambridge University Press, 2005, xiiip.
17 World Gold Council, World Official Gold Holdings, 2012.2.

제1부 자본이 먼저다

제1장 중앙은행가들의 꿈의 은행

1 Gianni Toniolo, *Central Bank Co-operation at the Bank for International Settlements 1930–1973*, London:

Cambridge University Press, 2005, 30p.

2 Kathleen Woodward, "Montagu Norman: Banker and Legend," *New York Times*, 1932.4.17.

3 페레그린 워손과 저자(로지 화이트하우스도 참석)의 인터뷰, 영국 헤지를리, 2012.3.

4 John Weitz, *Hitler's Banker*, London: Warner Books, 1999, 71p.

5 Op. cit., 73p.

6 Liaquat Ahamed, *Lords of Finance*, London: Windmill Books, 2010, 216p.

7 Op cit, 327p.

8 Ibid, 332p.

9 Hjalmar Schacht, *Confessions of the Old Wizard*, NY: Houghton Mifflin, 1956, 232p.

10 Op cit., 235p.

11 Andrew Boyle, *Montagu Norman*, London: Cassell, 1967, 247p.

제2장 바젤의 은밀한 클럽

1 Peter Grose, *Gentleman Spy: The Life of Allen Dulles, Boston*: Houghton Mifflin, 1994, 30p.

2 Op. cit., 101p.

3 앨런 덜레스가 레온 프레이저에게 쓴 편지, 1930.9.3., BIS archive, File 7.18 (2) MCG, 10/76.

4 폴 워버그가 레온 프레이저에게 쓴 편지, 1930.5.28., BIS archive, File 7.18 (2) MCG, 10/76.

5 Ronald W. Preussen, *John Foster Dulles: The Road to Power*, NY: The Free Press, 1982, 70–71p.

6 Op. cit., 72p.

7 Gianni Toniolo, *Central Bank Co-operation at the Bank for International Settlements 1930–1973*, London: Cambridge University Press, 2005, 49p.

8 Op. cit., 51p.

9 Clarence K. Streit, "A Cashless Bank That Deals in Millions," *New York Times Magazine*, 1930.7.27.

10 게이츠 맥거러가 H. C. F. 핀레이슨에게 보낸 편지, 1931.2.9., BIS archive, File 7.18 (2) MCG, 4.23.

11 Op. cit.

12 Ibid.

13 John Weitz, *Hitler's Banker*, London: Warner Books, 1999, 110p.

14 Nancy Lisagor and Frank Lipsius, *A Law Unto Itself: The Untold Story of Sullivan and Cromwell*, NY: William Morrow and Company, 1988, 120p.

15 게이츠 맥거러가 조지 해리슨에게 보낸 편지, 1930.9.22., BIS archive, File 7.18 (2) MCG, 6/48.

16 Op cit.

17 BIS, 『제1차 연차 보고서』, Basel: 1931, 1p.

제3장 가장 쓸모 있는 은행

1 Gianni Toniolo, *Central Bank Co-operation at the Bank for International Settlements 1930–1973*, London: Cambridge University Press, 2005, 59p에서 인용.
2 Op. cit., 58p.
3 Ibid., 59p.
4 Ibid., 59p.
5 Ibid., 106p.
6 Hew Strachan, *Financing the First World War*, NY: Oxford University Press, 2004, 28p.
7 Niall Ferguson, *Paper and Iron: Hamburg Business and German Politics in the Era of Inflation, 1897–1927*, London: Cambridge University Press, 2002, 117p.
8 Pierre Mendes-France, *La BRI Son rôle dans la vie économique mondiale*, published in L'Espirit International, 1930.7.1., 362p.
9 Ibid.
10 Toniolo, 46p.
11 게이츠 맥거러가 존 포스터 덜레스에게 쓴 편지, 1930.10.14., BIS archive, File 7.18 (2) MCG, 7/53.
12 Eleanor Dulles, *The BIS at Work*, NY: Macmillan, 1932, 480p.
13 John Weitz, *Hitler's Banker*, London: Warner Books, 1999, 106p.
14 게이츠 맥거러가 레온 프레이저에게 보낸 편지, BIS archive, File 7.18 (2) MCG, 12/20a.
15 쿠르트 프라이헤어 폰 슈뢰더에 대한 심문, 1945.11.13., Charles Higham collection, "Trading with the Enemy" Collection, Box 3, Folder 6, University of Southern California Cinematic Arts Library.
16 Op cit.
17 독일어로 된 이 문서의 자료; http://www.ns-archiv.de/krieg/1933/04-01-1933.
18 도널드 매클래런, 헤르만 슈미츠에 대한 영국 정보부 문서, "독일 화학 산업의 탈-나치화를 위한 보고 자료"의 일부, 1945.12.1., Author's collection.
19 Joseph Borkin, *The Crime and Punishment of IG Farben*, New York: The Free Press, 1978. 51p.
20 Ronald W. Preussen, *John Foster Dulles: The Road to Power*, NY: The Free Press, 1982, 129p.
21 Toniolo, 154p.
22 게이츠 맥거러가 요한 빌렘 바이엔에게 보낸 편지, 1935.6.27., BIS archive, 7.18 (2) MCG, 12/79a.
23 Op. cit.
24 Ibid.

제4장 나치에 이용당하는 BIS

1 파리 주재 미국 대사관의 코크란이 보낸 전보 문단, 1939.5.9., no. 907. Franklin D. Roosevelt Presidential Library, Hyde Park, NY. Henry Morgenthau Papers. Book 189, 1p–3p.

2　Gianni Toniolo, *Central Bank Co-operation at the Bank for International Settlements 1930–1973*, London: Cambridge University Press, 2005, 131p.
3　Gates McGarrah, "세계 신용의 평형 바퀴," *Nation's Business*, 1931.3.24. BIS archive, File 7.18 (2), MCG8/55.
4　Henry M. Christman, editor, *Essential Works of Lenin: "What Is to Be Done?" and Other Writings*, NY: Dover Publications, 1987, 202p–203p.
5　"노먼을 주시하라," *News Chronicle*, 1939.1.5., Press cuttings file, Bank of England Archives.
6　"대중들은 그가 그곳에서 무엇을 하고 있는지 알아야 한다," *Daily Herald*, 1939.1.6.
7　Frederick T. Birchall, "샤흐트가 회갑 축하를 받다," *New York Times*, 1937.1.23.
8　The Nikor Project, "Nazi Conspiracy and Aggression: Individual Responsibility of Defendants, Hjalmar Schacht," 자료: http://www.nizkor.org/hweb/imt/nca/nca-02/nca-02-16-responsibility-12-03-01.html.
9　H. R. Trevor-Roper, *Hitler's Secret Conversations, 1941–1944*, NY: Farrar, Straus and Young, 1953, 432–433p.
10　Hjalmar Schacht, *Confessions of the Old Wizard*, Boston: Houghton Mifflin, 1956, 356p.
11　Op. cit, 304p.
12　Ibid, 357p–358p.
13　Paraphrase of Sections Six and Seven, from Cochran, American Embassy, Paris, 1939.5.9., no 907. FDRPL. Henry Morgenthau Papers. Book 189, pp. 6–11p.
14　랜돌프 버지스가 연준이사회에서 발언한 내용, 1931.10.30., NARA, RG 82– FRS, NWCH.
15　Andrew Boyle, *Montagu Norman*, London: Cassell, 1967, 281p.
16　Op. cit, 281.
17　Diarmuid Jeffreys, *Hell's Cartel: IG Farben and the Making of Hitler's War Machine*, London: Bloomsbury, 2009, 210p.
18　Toniolo, 195p.
19　Bretton Woods Conference, Reel 216, Book 755, 117p. FDRPL. Henry Morgenthau Papers.
20　Tereixa Constenla, "How Franco Banked on Victory," *El Pais* (English), 2012.6.13.
21　Pablo Martín-Aceña, Elena Martínez Ruiz, and María A. Pons, "War and Economics: Spanish Civil War Finances Revisited," Working papers on Economic History, Universidad de Alcala, in Madrid, WP-04-10, 2010.12.
22　BIS, *Seventh Annual Report*, BIS: Basel, 1937, 49p.
23　Constenla, "How Franco Banked on Victory."

제5장 합법적인 약탈

1　Paul Elston, "Banking with Hitler," BBC Timewatch documentary, 1998. 자료: http://www.youtube.com/watch?v=YauM5dHLn1s.
2　Douglas Jay, "£10,000,000—And Norman's Fault," *Daily Herald*, 1939.6.21., Press cuttings files, Bank of England Archives.

3 Elston, "Banking with Hitler."

4 Toniolo, *Central Bank Co-operation at the Bank for International Settlements 1930– 1973*, 209p.

5 Op. cit, 208p.

6 Ibid, 210p.

7 몬태규 노먼이 요한 바이엔에게 보낸 편지, 1939.5.25., BIS archive, File 2.22e, Vol 1.

8 조지 해리슨이 마리너 에클스에게 보낸 편지, 1939.4.6., Columbia University, Harrison, Volume 57, Miscellaneous letters and reports, Volume V, 1940.

9 Op. cit.

10 Ibid.

11 바젤에서 열린 제93차 이사회 회의록에서 발췌, 1939.6.12., BIS archive. File 2.22e, Vol. 1.

12 요세프 말리크가 토마스 맥키트릭에게 보낸 편지, 1945.6.16., BIS archive, File 2.22, volume 1.

13 "Sees British Hands Tied on Czech Gold," *New York Times*, 1939.6.6.

14 Toniolo, 187p.

15 Milton Friedman, "The Island of Stone Money," Working Papers in Economics, E-91-3. The Hoover Institution, Stanford University, 1991.2.

16 Op. cit.

17 John Weitz, *Hitler's Banker*, London: Time Warner, 1999, 244p.

18 Andrew Boyle, *Montagu Norman*, London: Cassell, 1967, 309p.

제6장 히틀러를 돕는 미국인 은행가

1 위난트가 국무부로 보낸 전보, 1941.7.1., Telegram 2939. NARA. Author's collection.

2 코크란이 국무부로 보낸 전보, 1939.5.9., Telegram 907. FDRPL. Henry Morgenthau Papers, Book 189, 1p–9p and 11p–14p.

3 토마스 맥키트릭이 R. R. 챌린저와 가진 인터뷰, 1964.7., John Foster Dulles Oral Collection at Seeley G. Mudd Manuscript Library, Princeton University Library, 7.

4 Higginson & Co., Paris Office, Copies of Cable & Telegraphic Correspondence- German Gov't Short Term Financing, 1930. 9.19. Thomas H. McKittrick Papers. Harvard University Business School, Baker Library Series 2, Carton 6, Folder 13, Reel 10.

5 게이츠 맥거러가 존 포스터 덜레스에게 보낸 편지, 1930.10.14., BIS archive, File 7.18 (2) MCG, 7/53.

6 맥키트릭 인터뷰, 9p, 10p.

7 맥키트릭과 케네스 브라운 베이커의 서신 교환, 1939.9.25., 1939.10.19., Thomas H. McKittrick Papers. HUBL, Baker Library, Series 2, sub-series 2.1, Carton 5, file 18.

8 매턱이 맥키트릭에게 보낸 편지, 1938.11.23., Thomas H. McKittrick Papers. HUBL, Baker Library, Series 2, sub-series 2.1, Carton 5, file 17.

9 맥키트릭이 해리슨에게 보낸 편지, 1942.8.28., Thomas H. McKittrick Papers. HUBL, Baker Library, Series 2, sub-

series 2.1, Carton 6, file 1.
10 맥키트릭이 직원에게 보낸 메모, 1940.6.11., BIS archive, McKittrick papers. Series 2, Business papers 2.2, Carton 10, f.11 Neutrality file.
11 맥키트릭이 바란스키에게 보낸 편지, 1940.5.1., Thomas H. McKittrick Papers. HUBL, Baker Library, Series 2, Carton 6, Folder 20, Reel 12.
12 맥키트릭 인터뷰, 19p.
13 맥키트릭이 코크란에게 보낸 편지, 1940.9.2., FDRPL Henry Morgenthau Papers. Reel 83, Books 302, 3-5.
14 맥키트릭 인터뷰, 13p-15p.
15 Ibid.
16 위난트가 국무부로 보낸 전보, 1941.7.10., NARA. Author's collection.
17 Ibid.
18 맥키트릭 인터뷰, 37p.
19 Toniolo, 225p에서 인용.
20 Ibid, 229.
21 현재, BIS가 전쟁 동안 독일 제국은행을 포함한 여러 거래상대방과 사고 판 외환의 총액에 대한 수치는 구할 수 없다. 이 정보는 BIS 문서 보관소의 BIS-독일 제국은행 거래 파일과 BIS의 외환 기록에서 얻어야 하지만, 작성된 자료는 남아 있지 않다. 독일 제국은행 관련 거래의 대부분은 BIS의 독일 투자금에 대한 이자를 지급하기 위한 스위스 프랑 거래이다. 이러한 거래의 규모는 보통 20만에서 30만 스위스 프랑 사이였다. 그러나 독일 제국은행이 약탈한 금으로 BIS에 대한 이자를 지급하기 시작하면서 이러한 거래는 1943년 1월에 끝났다. 이러한 정보를 알려준 BIS 역사가 피에트 클레망에게 고마움을 전한다.
22 Erin E. Jacobssen, *A Life for Sound Money: Per Jacobssen, His Biography*, Oxford: Clarendon Press, 1979, 165p.
23 Toniolo, 227p. 토니올로는 제2차 세계대전 당시 스위스의 독립 전문가 위원회 최종 보고서(2002년 출판)를 참조한다.
24 심문 보고서, Devisenschutzkommando, 1945.5.29., United Kingdom National Archives, London. FO 1046/763, German Loot.
25 Op. cit.
26 Lucas Delattre, *A Spy at the Heart of the Third Reich*, London: Grove Press/Atlantic Monthly Press 2006, 198p.
27 Elizabeth Olson, "Report Says Swiss Knew Some Nazi Gold Was Stolen," *New York Times*, 1998.5.26.
28 슈미츠가 토마스 맥키트릭에게 보낸 편지, 1941.1.3., Thomas H. McKittrick Papers. HUBL, Baker Library, Series 2, Carton 5, Folder 25, Reel 9.
29 프레이저가 맥키트릭에게 보낸 편지, 1940.11.20., Thomas H. McKittrick Papers. HUBL, Baker Library, Series 2, Carton 8, Folder 18, Reel 18.
30 Ibid.
31 Ibid.
32 Toniolo, 227p.에서 인용.
33 노먼이 맥키트릭에게 보낸 편지, 1942. 6.12., Thomas H. McKittrick Papers, HUBL, series 2.2, carton 8, folder 1-2, Correspondence Bank of England 1939-1946.

34 Ibid.
35 루스가 노먼에게 보낸 편지, 1942.9.12., BIS archive, Thomas H. McKittrick Papers. Series 2, Business papers, 2.2 Carton 10, f.11 Neutrality file.
36 맥키트릭이 베른에서 스위스 국립은행 총재와 나눈 대화 메모, 1940.6.7., HUBL. Thomas H. McKittrick Papers Series 2, Carton 6, Folder 21, Reel 11.
37 Toniolo, 225p.에서 인용.
38 Ibid.
39 마르셀 피에트-골라즈의 비망록, 1942.10.2., BIS archive, McKittrick papers. Series 2.2, Business papers, Carton 10, f.11 Neutrality file.38. Ibid.
40 Op. cit.
41 Ibid.
42 Ibid.
43 Ibid.

제7장 전쟁에서 돈 버는 월 스트리트

1 리스고 오스본이 맥키트릭과 나눈 대화 내용에 대해 윌리엄 도노번에게 보낸 편지, 1942.12.14., NARA. RG 226 OSS records. Entry 92, box 168p.
2 맥키트릭 메모, 바젤에서 리스본으로 여행(날짜 없음), BIS Archive, Thomas H. McKittrick Papers, Series 2 Business Papers, 2.2, Carton 9, journeys.
3 토마스 맥키트릭이 R. R. 첼리너와 가진 인터뷰, 1964.6., John Foster Dulles Oral History Collection at Seeley G. Mudd Manuscript Library, Princeton University Library, 24p.
4 맥키트릭 인터뷰 22p.
5 맥키트릭이 해리슨에게 보낸 편지, 1943.11.15., NARA, RG 84, American Legation, Bern, General Records, 1936–1949. 1943: 850–851.6, Box 92.
6 촐레스가 허들에게 보낸 편지, 1943.2.17., NARA, RG 84, American Legation, Bern, General Records, 1936–1949. 1943: 850–851.6, Box 92.
7 폴리가 모겐소에게 보낸 편지, 1942.6.2., NARA Treasury Department. Author's collection.
8 맥키트릭 인터뷰 34p.
9 맥키트릭 인터뷰 31p.
10 맥키트릭이 프레이저에게 보낸 편지, 1941.4.22., Thomas H. McKittrick Papers. Harvard Business School, Baker Library Series 2, Carton 8, Folder 18, Reel 18.
11 맥키트릭 인터뷰 31p.
12 오스본이 도노번에게 보낸 편지, op cit.
13 맥키트릭이 폰 트로트 추 졸즈와 나눈 대화 대모, 1941.6.10., BISA Series 2.2 Business papers. Carton 9, confidential memoranda, f.19.

14 오스본이 도노번에게 보낸 편지, ibid.
15 대학 클럽에서 열린 맥키트릭 환영을 위한 프레이저 만찬 수락, 1942.12.17., Thomas H. McKittrick Papers. Harvard University Business School, Baker Library, Series 2, Carton 8, Folder 18, Reel 17. 제이슨 바이셀바움의 저서도 참조. 특히, "The Contradiction of Neutrality and International Finance: The Presidency of Thomas H. McKittrick at the Bank for International Settlements in Basel 1940–46," 2010.5., 자료; http://jasonweixelbaum.wordpress.com/tag/thomas-h-mckittrick, and "Following the Money: An Exploration of the Relationship between American Finance and Nazi Germany," 2009.12., 자료; http://jasonweixelbaum.wordpress.com/2009/12/21/following-the-money-an- exploration-of-the-relationship-between-american-finance-and-nazi-germany.
16 William M. Tuttle Jr., "The Birth of an Industry: the Synthetic Rubber 'Mess' in World War II," *Technology and Culture*, 1981.1., 40p.
17 Ibid., 41p.
18 *The United States of America vs. Carl Krauch et al*(IG Farben trial). U.S. Military Tribunal, Nuremberg, 1948.7.30., 146p. 자료; http://www.werle.rewi.hu- berlin.de/IGFarbenCase.pdf.
19 Donald MacLaren, "Description of Work," 날짜 미상, ca.1943–1944, author's collection.
20 Ibid.
21 뉴저지의 스탠다드오일은 1972년에 이름을 엑손으로 바꾸었다. 엑손은 1999년에 모빌과 합병하여 엑손모빌이 되었다. 이 회사의 국제무역 상호는 에소(Esso)이다. 이는 스탠다드오일의 이니셜인 S-O의 음성 표기이다. 스탠다드오일의 기록 보관소는 텍사스대학교 오스틴의 브리스코 미국역사센터에 있는 엑손모빌 역사전시관에 있으며, 의심의 여지 없이 흥미 있는 많은 자료를 소장하고 있다.
22 루디 케네디와 저자의 인터뷰, 1999.11.12.
23 Ibid.
24 "Rudy Kennedy: Holocaust Survivor, Scientist and Campaigner," *The Times* (of London), 2009.3.3.
25 루디 케네디는 아우슈비츠에서 거의 2년을 지내고도 살아남았다. 1945년 1월에 그는 도라-미텔바우로 옮겨갔는데, 거기는 베르너 폰 브라운이 V-1과 V-2 로켓을 제조하는 곳이었다. 앨런 덜레스는 나중에 나치의 로켓 과학자인 폰 브라운을 미국으로 데려왔다. 이후 루디 케네디는 벨젠으로 이송되었는데, 그곳에서 1945년 4월에 영국군에 의해 풀려났다. 전쟁이 끝난 뒤 그는 영국에 정착하여 성공적인 사업가로 변신했다. 그는 나치 시기의 노예 노동자들을 위한 재판 캠페인도 벌였다. 케네디는 수십 년 동안 IG 파벤과 그 승계 회사들, 그리고 독일 정부를 상대로 지칠 줄 모르고 싸웠다. 그는 회사에 대해서 잘못을 받아들이고 적절한 보상금을 지급할 것을 요구했다. 미국 국무부의 큰 압력으로, 노예 노동자들을 대표하는 단체들은 결국 2000년에 각각의 희생자들이 약 7천 달러를 받는다는 협정에 서명했다. IG 파벤의 승계회사들이 협상 타결에 기여했다. 협상안을 받아들인 사람은 미래의 모든 청구권에 대해서는 이를 포기해야 했다. 케네디는 서명을 거부하고 캠페인을 계속했다. 그는 2008년에 81세의 나이로 죽었다.
26 R. Billstein, *Working for the Enemy: Ford, General Motors and Forced Labor in Germany During the Second World War*, New York: Berghahn Books, 2000. 참조. 1990년대 후반 포드는 기록보관소를 열고 기록보관 담당자들과 역사학자들에게 전시 기록을 면밀히 조사해줄 것을 의뢰했다. 그들의 연구결과는 2001년에 출판된 208페이지의 보고서에 집대성되었다. 보고서의 제목은 "Research Findings About Ford-Werke Under the Nazi Regime"이다. 이 보고서를 볼수 있는 곳은, http://media.ford.com/article_display.cfm?article_id=10379. 보고서는 연합국 내

에 있는 포드와 그 자회사가, 다량의 항공기, 군용차량, 엔진, 발전기, 탱크, 전쟁물자를 생산함으로써, 연합군의 전쟁 활동에 결정적인 기여를 했다고 언급했다.

27 Michael Dobbs, "Ford and GM Scrutinized for Alleged Nazi Collaboration," *Washington Post*, Nov 30, 1998. 이때 GM은 자기의 기록 보관소를 역사학자인 헨리 애쉬비 터너 주니어에게 개방했다. 그는 *German Big Business and the Rise of Hitler*의 저자이다. 이 저서는 나치를 지지하는 산업 자본가의 역할을 대단치 않게 여겼다. 2005년 터너는 *General Motors and the Nazis: The Struggle for Control of Opel, Europe's Biggest Carmaker*라는 저서를 출간했다. 이 저서는, GM이 1939년에 이르러 자기의 독일 자회사에 대한 통제권을 상실했기 때문에 오펠의 군사 목적 생산이나 노예 노동의 사용에 대한 규제 권한이 없었다고 주장했다. 이러한 견해가 보편적으로 인정되는 것은 아니다.

28 메서스미스가 필립스에게 보낸 편지, 1934.11.16., Special Collections Department, University of Delaware Library. 자료; http://www.lib.udel.edu/ud/spec/findaids/html/mss0109.html.

29 Op. cit.

30 "Thomas J. Watson Is Decorated by Hitler," *New York Times*, 1937.7.2.

31 Christopher Simpson, *The Splendid Blond Beast: Money, Law, And Genocide in the Twentieth Century*, Monroe, ME: Common Courage Press, 1995, 73p.

32 Edwin Black, *IBM and the Holocaust: The Strategic Alliance Between Nazi Germany and America's Most Powerful Corporation*, Westport, CT: Dialogue Press, 2008.

33 메서스미스가 가이스트에게 보낸 편지, 1938.12.8., Special Collections Department, University of Delaware Library. 자료; http://www.lib.udel.edu/ud/spec/findaids/html/mss0109.html.

34 메서스미스가 롱에게 보낸 편지, 1941.4.7., Special Collections Department, University of Delaware Library, 자료; http://www.lib.udel.edu/ud/spec/findaids/html/mss0109.html.

35 윌리엄 도드가 발터 풍크에게 보낸 편지, 1946.5.6., Nuremberg Trial Proceedings, 자료; http://avalon.law.yale.edu/imt/05-06-46.asp.

36 코크란이 모겐소에게 보낸 편지, 1940.10.3., NARA. US Department of Treasury. Author's collection.

37 Paul Gewirts, US Department of Treasury, Corporate Analysis Unit, "Report on the Activities of the Chase Bank Branches in France," 1945.4.3., 1. University of Southern California Cinematic Arts Library. Charles Higham "Trading with the Enemy" Collection. Box 1, Folder 3.

38 Op. cit.

39 Ibid.

40 Matthew J. Marks, Memorandum for Mr. Ball, US Department of Treasury, "Investigation of Morgan et Cie," 1945.4.26., University of Southern California Cinematic Arts Library. Charles Higham "Trading with the Enemy" Collection, Box 1, Folder 3.

41 Ibid. 1998년 12월, 홀로코스트 피해자들과 그 가족들을 대변하는 변호사들은 체이스맨해튼은행, J.P. 모건, 그리고 일곱 개의 프랑스은행을 상대로 집단소송을 제기했다. 그들은 미국 은행의 프랑스 자회사들이 강제수용소로 추방된 프랑스 유대인들의 재산을 압류하는 데 공모했다고 주장했다. 체이스맨해튼은 이 소송이 **불필요하다**고 말했는데, 그 이유로, 자기들은 유대인 단체와 협력해서 옛 고객이나 상속인을 가려내기 위해 과거 기록을 조사하고 있고, 확인된 고객이나 상속자에게는 이자를 지급하고 있다는 사실을 든다. 곧바로, J.P. 모건은 275만 달러에 합의하자는 데에 동의했다. 그러나 많은 사람들은 지급 청구를 하지 않았다. 남아 있는 돈은 2003년에 뉴욕의 예시바대학에 기부되었는데, 홀로코스

트 연구 센터의 운영 책임을 맡기기 위해서였다. 2002년에 J.P. 모건과 체이스맨해튼은행은 합병하여 J.P. 모건,체이스가 되었다. 체이스은행에 대한 배상 청구는 프랑스은행들에 대한 배상 청구를 감독하는 프랑스 정부기관인 드라이Drai 위원회가 처리했다. 집단소송은 미국, 스위스, 영국의 은행들과, 기타 유럽 은행들이 전쟁 때 저지른 행적을 표적으로 삼은 것이었다. 스위스 은행들은 결국 약 12억 5천만 달러의 배상금을 지급하기로 합의했다. 영국의 바클레이즈은행은 나치 점령 기간에 프랑스에서 재산을 잃은 가족들에게 360만 달러의 보상금을 지급하기로 합의했다. 추가로 참고할 자료는, Michael J. Bazyler, *Holocaust Justice: The Battle for Restitution in America's Courts*, New York: New York University Press, 2005.

42 맥키트릭이 베버에게 보낸 편지, 1943.1.02., Thomas H. McKittrick Papers. Harvard Business School, Baker Library. Series 2, Carton 8, Folder 18, Reel 17.

43 맥키트릭 인터뷰, 32p.

44 Op. cit., 35p-36p.

제8장 적과 맺은 협정

1 Col. Edward Gamble, Office of Strategic Services, European Theater of Operations, United States Army (Forward), 1945.6.15., BIS Archive. Thomas H. McKittrick Papers. Series 2.2, Carton 9, Journeys.

2 토마스 맥키트릭이 R. R. 챌리너와 가진 인터뷰, 1964.6., John Foster Dulles Oral History Collection at Seeley G. Mudd Manuscript Library, Princeton University Library, 22p.

3 Ibid., 40p.

4 베른 주재 미국 공사관에서 보낸 전보, 1943.6.23., NARA. RG 84, American Legation, Bern, General Records. 1943: 850–851.6, Box 92.

5 Neal H. Petersen, *From Hitler's Doorstep: The Wartime Intelligence Reports of Allen Dulles 1942–1945*, University Park, PA: Penn State Press, 1996, 294p-295p.

6 Ibid., 287p.

7 맥키트릭이 발렌베리에게 보낸 편지, 1943.6.9., BIS Archive. Thomas H. McKittrick Papers. Series 2.1, Carton 6, f.2.

8 발렌베리 가문에 대한 휴이트의 보고, 날짜 미상. US National Archives and Records Administration. RG 226, Entry A1-210, Box 345.

9 Ibid.

10 모겐소가 그루에게, "A Summary of Some Information with Respect to the Wallenbergs and the Enskilda Bank," 1945.2.7. NARA. Author's collection.

11 Ibid.

12 Richard Breitman, "A Deal with the Nazi Dictatorship: Hitler's Alleged Emissaries in Autumn 1943," *Journal of Contemporary History*, vol. 30., no. 3, 1995.7.

13 윌리엄슨이 덜레스에게 보낸 편지, 1945.2.1., NARA. RG 226 OSS, Entry 190, Box 31.

14 Op. cit.

15 Henry Morgenthau diaries, Franklin D. Roosevelt Memorial Library. Book 755, Reel 216, 175p.

16 플레이페어가 니마이어에게 보낸 편지, 194.12.6., Bank of England Archives.
17 Morgenthau diaries, FDRML. 1944.7.19., 9:30 p.m. Book 756, 54p.
18 Morgenthau diaries, FDRML. Book 755, Reel 216, 178p.
19 Op. cit., 183.
20 케인즈가 모겐소에게 보낸 편지, 1944.7.19., FRDML. Author's collection.
21 Henry Morgenthau diaries, FRDML, Book 756, 1944.7.19., 7:25 p.m., 134p.
22 Toniolo, 271p.
23 Ibid., 272p.
24 오비스 슈미트가 헨리 모겐소에게 보낸 편지, 1945.3.23., FDRML. Reel 241, Book 831, 328p–333p.
25 Op. cit.
26 Ibid.
27 "Survey of the War-Time Activities of the Bank for International Settlements," TWX Conversation between Washington and Berlin, Col. Bernstein, Miss Mayer, Mr. Ritchin, and Mr. Nixon; and Thorson, "Capt. Zap: Investigation by Bernstein's Associates," Donald W. Curtis and William V. Dunkel, 1945.12.5., University of Southern California Cinematic Arts Library. Charles Higham "Trading with the Enemy," Collection. Box 1, Folder 1.
28 Erin E. Jacobssen, *A Life for Sound Money: Per Jacobssen*, Oxford: Clarendon Press, 1979, 163p–164p.
29 Ibid., 165p.
30 Ibid.,178p.
31 Ibid.,178p.
32 Ibid., 153p.
33 Heinz Pol, "IG Farben's Peace Offer," *The Protestant*, 1943. 6-7., 41.
34 Ibid.
35 Jacobssen, 170p.
36 맥키트릭이 오보앵에게 보낸 편지, 1946.1.22., HUBL. Thomas H. McKittrick Papers. Series 2, Carton 8, Folder 4, Reel 17.
37 맥키트릭이 덜레스에게 보낸 편지, 1945.10.17., BIS Archive. Thomas H. McKittrick Papers. Series 2.1, Carton 6, f.3.

제2부 연방 제국

제9장 유럽의 통합을 요구하는 미국

1 Oral history interview with W. Averell Harriman, Washington, DC, 1971. Harry S. Truman Library and Museum. 자료를 볼수 있는 곳: http://www.trumanlibrary.org/oralhist/harriman.htm.
2 토마스 맥키트릭 인터뷰, 1964.7, John Foster Dulles Oral History Collection at Seeley G. Mudd Manuscript Library, Princeton University Library, 45.

3 맥키트릭이 올드리치에게 보낸 편지, 1945.12.12., Thomas H. McKittrick Papers. Harvard University Business School, Baker Library Series 2, Carton 8, Folder 18, Reel 18.

4 Allen Dulles, "The Future of Germany," *The Commercial & Financial Chronicle*, vol. 163, no. 4458. Author's collection, with thanks to Christopher Simpson.

5 http://www.oecd.org/general/organisationforeuropeaneconomicco-operation.htm.

6 맥키트릭 인터뷰, 45.

7 James M. Boughton, "Harry Dexter White and the International Monetary Fund," *Finance and Development magazine*, 1998.9.

8 R. Bruce Craig, *Treasonable Doubt: The Harry Dexter White Spy Case*, Lawrence, KS: University Press of Kansas, 2004.

9 James C. Van Hook, "Review of Treasonable Doubt: The Harry Dexter White Spy Case by R. Bruce Craig," *Studies in Intelligence*, vol. 49, no. 1, 2007.4.

10 자료; http://usa.usembassy.de/etexts/ga4-mccloy.htm.

11 Robert Taylor Swaine, "The Cravath Firm and its Predecessors 1819-1947," *The Lawbook Exchange Ltd*, New Jersey, 611p.

12 Ibid., 610p-611p.

13 "Alkali Exporters Held Trade Cartel," *New York Times*, 1949.8.13.

14 루돌프 브르바와 알프레드 벡슬러는 유대인 수감자였는데, 1944년 4월에 아우슈비츠를 탈출했다. 그들은 수용소 내부의 상황, 가스실의 작동, 헝가리 유대인 몰살 계획에 대한 30페이지 분량의 상세한 보고서를 작성했다. "아우슈비츠 각서"로 알려진 이 문서는 바티칸, 적십자 국제위원회, 연합국 정부, 그리고 유대인 지도자들에게 배포되었다. Martin Gilbert, *Auschwitz and the Allies*, London: Michael Joseph, 1981. 참고.

15 David S. Wyman, *The Abandonment of the Jews*, NY: Pantheon, 1948, 296p.

16 해리먼 인터뷰, ibid.

17 메이가 재무부 직원 J. W. 펠레에게, 1941.8.18. ; Examiner's report, 1942.10.5. NARA. Author's collection.

18 Federal Register, Vesting Order 248, 1942.11.7., 9097p. author's collection.

제10장 처벌받지 않은 전쟁 범죄

1 Major Donald MacLaren, "Brief for the De-Nazification of the German Chemical Industry," Part III, Dossiers of Principal IG Farben Officials, Hermann Schmitz. 1945.12.1., Author's collection.

2 Ron Chernow, *The Warburgs*, NY: Vintage, 1994, 501p-502p.

3 Ibid., 583p.

4 David R. Henderson, "German Economic Miracle: The Concise Encyclopedia of Economics," 자료; http://www.econlib.org/library/Enc/GermanEconomicMiracle.html.

5 아담 투즈와 저자의 전화 인터뷰, 2009.5., 투즈는, *The Wages of Destruction: The Making and Breaking of the Nazi Economy*, NY: Penguin, 2009. 의 저자.

6 바이츠 314p에서 인용.
7 David Marsh, *The Bundesbank*, London: Heinemann, 1992, 19p.
8 Ibid., 137p.
9 Tom Bower, *Blind Eye to Murder: Britain, America and the Purging of Nazi Germany*, London: Andre Deutsch, 1981, 18p. 바우어는 헤르만 압스와 인터뷰를 해서 정보를 얻었다.
10 Ibid., 15p.
11 Ibid.
12 Harold James, *The Deutsche Bank and the Nazi Economic War Against the Jews*, London: Cambridge University Press, 1981. 참조.
13 Alfred C. Mierzejewski, *Ludwig Erhard*, Chapel Hill: Univ. of North Carolina Press, 2006, 19p–22p.
14 경제전 사단의 존 이스턴이 국무부로 보낸 보고서, London, 1944.11.27., NARA. Author's collection.
15 Henry Morgenthau diaries, Book 755, Bretton Woods, 1944.7.16.–18., 9p, 21p.
16 Ibid.
17 덜레스가 친 전보, 1945.3.21.. NARA. RG 226, Entry 134, Box 162p.
18 도널드 매크래런, "독일 화학 산업의 탈-나치화를 위한 보고 자료", 1945.12.1., Author's collection.
19 Otto Ambros, Wollheim Memorial. 자료; http://www.wollheim-memorial.de/en/otto_ambros_19011990.
20 Kai Bird, *The Chairman: John J. McCloy and the Making of the American Establishment*, NY: Simon and Schuster, 1992, 369p–371p.
21 Jeffreys, 346p.
22 Chernow, *The Warburgs*, 576p–577p.
23 Simpson, 146p–147p.
24 Ibid., 136p–137p.
25 머피가 국무부로 보낸 전보, 1945.12.10., NARA. RG 59, Lot 61, D33, Box 1, file "War Crimes, International Military Tribunal folder A-1."
26 해리슨이 국무부로 보낸 전보, 1945.12.13., NARA. RG 59, Lot 61, D33, Box 1, file "War Crimes, International Military Tribunal folder A-1."
27 Simpson, 228p–229p.
28 Ibid., 235p.
29 Bower, *Blind Eye to Murder*, 347p.
30 Priscilla Norman, letter to *The Times (of London)*, 1981.7.11.
31 페레그린 워손과 로지 화이트하우스의 (저자를 위한) 인터뷰, 2012.3.
32 Weitz, 333p–334p.

제11장 불사조처럼 살아나는 독일

1 존 맥클로이 연설, "Germany in a United Europe," Information Bulletin, 1950.5., 자료; http://digicoll.library.

wisc.edu/cgi-bin/History/History-idx?type= turn& entity=History.omg1950May.p0041&id=History.omg1950May&isize=text.

2 유럽경제협력기구(OEEC) 위원회에서 폴 호프먼의 연설, 1949.10.31., 자료; www.let. leidenuniv.nl/pdf/geschiedenis/eu-history/EU_03.doc.

3 Jacobssen, 401p.

4 Ibid., 157p.

5 David W. Ellwood, "The Propaganda of the Marshall Plan in Italy in a Cold War Context," in Giles Scott-Smith and Hans Krabbendam, eds., *The Cultural Cold War in Western Europe, 1945–1960*, Independence, KY: Frank Cass Publishing, 2004, 225p.

6 알렉산드르 람파루시와 저자의 인터뷰, 브뤼셀, 2010.3.18., 자료; http://www.cvce.eu/obj/interview_with_alexandre_lamfalussy_the_bis_the_committee_of_governors_of_the_central_banks_of_the_member_states_of_the_eec_and_the_delors_committee_brussels_18_march_2010-en-72964f36-a638-47c8-8af4-f40a938e7420.html.

7 John Singleton, *Central Banking in the Twentieth Century*, NY: Cambridge University Press, 156p–157p.

8 리처드 홀과 저자의 인터뷰, 2012.12.

9 Toniolo, 333p.

10 유럽 위원회 웹사이트 참조. 자료; http://eacea.ec.europa.eu/llp/ funding/2012 /call_jean_monnet_action_ka1_2012_en.php.

11 Bird, 72p.

12 Trygve Ugland, *Jean Monnet and Canada: Early Travels and the Idea of European Unity*, Toronto: Univ. of Toronto Press, 2011.

13 앨버트 코놀리와 인터뷰, European University Institute, Int 549, Jean Monnet Statesman of Interdependence Collection. 자료; http://www.eui.eu/ HAEU/OralHistory/bin/CreaInt.asp?rc=INT549.

14 Preussen, 119p.

15 Lisagor and Lipsius, 111p.

16 Preussen, 309p.

17 Ibid., 310p–311p.

18 엘러 자일스트라와 인터뷰, European University Institute, Int 534, Jean Monnet Statesman of Interdependence Collection. 자료; http://www.eui.eu/HAEU/ OralHistory/bin/CreaInt.asp?rc =INT534.

19 자일스트라 인터뷰, ibid.

20 Richard J. Aldrich, "OSS, CIA and European Unity: The American Committee on United Europe, 1948–1960," *Diplomacy & Statecraft*, vol. 8, no. 1 (1997):208p.

21 맥클로이 연설, "Germany in a United Europe."

22 Ambrose Evans-Pritchard, "Euro-Federalists Financed by US Spy Chiefs," *Daily Telegraph*, 2000.9.19.

23 BIS Annual Report, 1956, 229p.

24 Ibid.

25 발터 풍크 재판, 1946.5.6. 자료; http://avalon.law.yale.edu/imt/05- 06-46.asp.

26 *Banking with Hitler*, from the BBC Timewatch series, produced by Paul Elston, 1998.

27 도널드 매크래런, "독일 화학 산업의 탈-나치화를 위한 보고 자료", 1945.12.1., Author's collection.

28 Ibid.

제12장 책상물림 살인자들의 귀환

1 David Marsh, *The Bundesbank: The Bank That Rules Europe*, London: Heineman, 1992, 55p. 마쉬는, 영국 관리들은 이 은행가에게 그다지 열광하지는 않았다고 언급하면서, 자기를 혼종 블레싱이라고 묘사했다.

2 Charles Coombs, *The Arena of International Finance*, NY: John Wiley, 1976. 모든 쿰스의 인용문은 주로 3장의 바젤 회의에 대한 그의 메모에서 가져온 것이다.

3 Ibid., 27p.

4 Marsh, 91p.

5 Ibid., 54p.

6 Bower, 15p.

7 Marsh, 52p–53p.

8 Simpson, *The Splendid Blond Beast: Money, Law and Genocide in the Twentieth Century*, Monroe, ME: Common Courage Press, 1995, 224p.

9 Ibid., 225p.

10 앨런 덜레스가 조제프 닷지에게 보낸 편지, 1945.9.20., NARA. OMGUS-FINAD. RG260, Box 237. File: Johannes Tuengeler. 은행가들의 전기에 대한 발췌는 이 문서에서 가져온 것이다. 저자는 미국 국립문서보관소에서 발굴한 이 문서의 사본을 아낌없이 제공해 준 크리스토퍼 심슨에게 고마움을 전한다.

11 Ibid.

12 Petersen, 426p–427p.

13 Ibid., 628p.

14 Toniolo, 377p.

15 Coombs, 26p.

16 Toniolo, 402p.

17 Eric Roll, Obituary of Hermann Abs, *the Independent*, 1994.2.8.

18 Marsh, 51p–52p.

19 Chernow, 664p.

20 "Karl Blessing Is Dead at 71; Led West German Central Bank," *New York Times*, 1971.4.27.

제13장 솟아오르는 바젤탑

1 Edward Jay Epstein, "Ruling the World of Money," *Harper's, November* 1983.

2 론 처노(Ron Chernow)의 워버그 자서전 참조. *The Warburgs: The Twentieth-Century Odyssey of a Remarkable Jewish Family*, NY: Vintage, 1994.

3 리처드 홀과 저자의 인터뷰, 2012.12.

4 Toniolo, 362.

5 Epstein, "Ruling the World of Money."

6 프리게시 하쉐기와 저자의 인터뷰, 부다페스트, 2012.12.

7 James M. Boughton, "Silent Revolution: The International Monetary Fund," Washington, DC: IMF, 2001, 324p.

8 프리게시 하쉐기와 저자의 인터뷰, 부다페스트, 2012.12.

9 Boughton, 293p.

10 리처드 홀과 저자의 인터뷰, 2012.12.

11 David M. Andrews, "Command and Control in the Committee of Governors: Leadership, Staff and Preparations for EMU," European University Institute, 2003.

12 알렉산드르 람파루시와 저자의 인터뷰, 브뤼셀, 2010.3.8. "The BIS, the Committee of Governors of the Central Banks of the EEC, and the Delors Committee," 자료: www.cvce.eu.

13 Ibid.

14 Ibid.

15 Harold James, *Making the European Monetary Union*, Cambridge, MA: Harvard University Press, 2012, 249p.

16 Ibid.

17 Boughton, 329.

제3부 붕괴

제14장 두 번째 탑

1 John Laughlan, *The Tainted Source*, London: Warner Books, 1997, 32p.

2 Stephen Haseler, Super-State: *The New Europe and its Challenge to America*, London: I. B. Taurus, 2004) 80p.

3 Antony Beevor, "Europe's Long Shadow," *Prospect*, 2012.12.

4 Toniolo, 229p.

5 Laughland, 17p.

6 Ibid.

7 Ibid., 17p–18p.

8 Walter Funk, "Economic Reorganization of Europe," 번역일 1940.7.26., BIS archives, Thomas McKittrick papers.

9 Op. cit.

10 Ibid.

11 Laughland, 30p.

12 Ibid., 33p.

13 Heinz Pol, *The Hidden Enemy: The German Threat to Post-War Peace*, New York: Julian Messner, 1943, 256p.

14 Ibid., 257p.

15 죠프리 벨과 저자의 인터뷰, 뉴욕, 2012.4.

16 알렉산드르 람파루시와 저자의 인터뷰, 브뤼셀, 2010.3.8. "The BIS, the Committee of Governors of the Central Banks of the EEC, and the Delors Committee," 자료; www.cvce.eu.

17 Ibid.

18 Bank for International Settlements, *1987 Annual Report*, Basel: BIS, 1987, 81p.

19 윌리엄 화이트와 저자의 인터뷰 2012. 12.

20 BIS 창립 멤버인 일본은 1951년 탈퇴했다가 1970년에 다시 가입했는데, 그때 캐나다은행도 함께 가입했다.

21 Charles J. Siegman, "The Bank for International Settlements and the Federal Reserve," *Federal Reserve Bulletin*, vol. 80, no. 10, 1994.10., 900.

22 커렌 존슨과 저자의 인터뷰, 워싱턴, 2012.5.

23 Ibid.

24 폴 볼커와 저자의 인터뷰, 뉴욕, 2012.5.

25 Ibid.

26 지그몬드 자라이와 저자의 인터뷰, 부다페스트, 2011.11.

27 루퍼트 페넌트-레와 저자의 인터뷰, 런던, 2011.7.

28 Ibid.

29 맬컴 나이트와 저자의 인터뷰, 뉴욕, 2012.5.

30 네이션 시츠와 저자의 인터뷰, 뉴욕, 2012.4.

31 Ibid.

32 지그몬드 자라이와 저자의 인터뷰.

제15장 모든 것을 보는 눈

1 윌리엄 화이트와 저자의 인터뷰, 2012. 12.

2 Ibid.

3 루퍼트 페넌트-레와 저자의 인터뷰, 런던, 2011.7.

4 윌리엄 맥도너와 저자의 인터뷰, 뉴욕, 2012.5.

5 Ibid.

6 Ibid.

7 "Withdrawal of privately held shares of the BIS: Final decision of the Hague Arbitral Tribunal," BIS, 2003.9.23. 자료; https://www.bis.org/press/ p030922.htm.

8 A BIS Embarrassed," *Central Banking Journal*, 2003.5.13.

9 샤를 드 보와 저자의 인터뷰, 2012.12.
10 "Trichet Backs Disputed BIS Share Buyback Plan," *Central Banking Journal*, 2000.12.2.
11 유럽중앙은행의 통화정책 자료; http://www.ecb.int/ mopo/html /index.en.html.
12 윌리엄 화이트와 저자의 인터뷰.
13 Patricia S. Pollard, "A Look Inside Two Central Banks: The European Central Bank and the Federal Reserve," *Federal Reserve Bank of St. Louis*, 2003. 1월/2월, 24p.
14 Prof. Anne Sibert, "Accountability and the ECB," *European Parliament, Directorate General for Internal Policies, Policy Department A: Economic and Scientific Policies, Economic and Monetary Affairs*, 2009.9.
15 Ibid.
16 "The Accountability of the ECB," *ECB Monthly Bulletin*, 2002.11.
17 토마스 맥키트릭이 올리버 크나우트에게 보낸 편지, 1941.10.30., BIS archive, Thomas H. McKittrick papers.
18 익명의 정보 제공자와 인터뷰, 2012.
19 "Australian Central Banker Uncomfortable Over Capital Flow Surge," *Market News International*, Sydney, 2012.12.11.
20 익명의 정보 제공자와 인터뷰.
21 "Challenges for Central Banks, Wider Powers, Greater Restraints," Official Monetary and Financial Institutions Forum and Ernst and Young, 2012.11.
22 Ibid.
23 "A Superhuman to Push the Old Lady," *Sunday Times*, 2012.12.2.
24 Ben Chu, "Why I'm Worried about Mark Carney's Governorship," *The Independent*, 2012.12.3.
25 맬컴 나이트와 저자의 인터뷰.
26 네이선 시츠와 저자의 인터뷰.
27 페테르 아코스 보드와 저자의 인터뷰.
28 익명의 정보 제공자와 인터뷰, 2012.
29 Jon Hilsenrath and Brian Blackstone, "Inside the Risky Bets of Central Banks," *Wall Street Journal*, 2012.12.11.
30 앤드류 힐튼과 저자의 인터뷰, 런던, 2012.4.
31 Jean-Claude Trichet, "Lessons from the crisis: Challenges for the Advanced Economies and for the European Monetary Union," Eleventh Annual Niarchos Lecture, Petersen Institute for International Economics, Washington, DC, 2012.5.17., 자료; http://www.iie.com /publications/papers/ transcript-20120518niarchos-trichet.pdf.
32 딘 베이커와 저자의 인터뷰, 워싱턴, 2012.5.
33 Ibid.
34 스티븐 세체티와 저자의 이메일 인터뷰, 2012.12.19.

제16장 성채 균열

1 Rabbi Nosson Scherman, *The Chumash: The Torah, Haftoras and Five Megillos With a Commentary Anthologised from the Rabbinic Writings*, NY: Mesorah Publications, 2001, 49p.
2 BIS는 2003년에 회계 단위를 (금)프랑에서 특별인출권(SDR)으로 바꿨다. SDR은 통화가 아니라 국제 준비자산이며 유로, 일본 엔, 영국 파운드, 미국 달러와 같은 주요 통화 바스켓에 기반을 두고 있다. 2013년 1월 기준 1 SDR은 $1.53이다.
3 2009년 3월 31일로 끝나는 회계연도의 이익과 손실, *BIS 79th Annual Report*, 182p-183p.
4 2012년 3월 31일로 끝나는 회계연도의 이익과 손실, *BIS 82nd Annual Report*, 135p.
5 크리스틴 라가르드(IMF 총괄이사)의 연설 참조, 2012.1.24., 자료; http://blog-imfdirect.imf.org/2012/01/24/driving-the-global- economy-with-the-brakes-on.
6 "Presenting the Second Annual Wonky Awards," The Wonkblog Team, Washington Post online, 2012.12.28., 자료; http://www.washingtonpost.com/blogs/wonkblog /wp/2012/12/28 /presenting-the-second-annual-wonky-awards.
7 "Sharing of Financial Records Between Jurisdictions in Connection with the Fight Against Terrorist Financing," BIS, Basel Committee on Banking Supervision, 2002.4., 자료; http://www.bis.org/publ/bcbs89.htm.
8 Matt Taibbi, "The Great American Bubble Machine," *Rolling Stone*, 2009.7.9.
9 앤드류 힐튼과 저자의 인터뷰, 런던, 2012.7.
10 윌리엄 화이트와 저자의 인터뷰, 2012.12.
11 스티븐 세체티와 저자의 이메일 인터뷰, 2012.12.19.
12 BIS의 2010-2011년 연차보고서에 대한 기자회견문은 웹사이트에서 볼 수 있다. 자료; http://www.bis.org/events/agm2011/pcvideo.htm.
13 "Gauchos and Gadflies," *Economist*, 2011.10.22.
14 Lisa Weekes, "The Argentinean Money and Banking Immunity," *Wall Street Journal*, 2011.7.27.
15 Claudio Loser, "Destabilizing Force," Forbes online, 자료; http://www.forbes.com /2010/01/20/bank-of-international-settlements-argentina-stagnation- opinions-contributors-claudio-m-loser.html.
16 저자 인터뷰, 2012.
17 맬컴 나이트와 저자의 인터뷰, 뉴욕, 2012.5.
18 머빈 킹과 저자의 인터뷰, 런던, 2013.2.
19 Toniolo, 131p.
20 Izabella Kaminska, "Apropos Those BIS Gold Swaps," *FT* Alphaville blog, 2012.6.25., 자료; http://ftalphaville.ft.com/2012/06/25/1058101/a-propos-those-bis- gold-swaps.
21 *BIS 82nd Annual Report*, 148p.
22 루디 보그니와 저자의 인터뷰, 런던, 2012.
23 머빈 킹과 저자의 인터뷰, 런던, 2013.2.
24 Ibid.
25 Ibid.

26 리사 윅스가 저자에게 보낸 이메일, 2013.1.25.
27 머빈 킹과 저자의 인터뷰, 런던, 2013.2.
28 Andrew Haldane, "A Leaf Being Turned," Occupy Economics, London, 2012.10.29., 자료; http://www.bankofengland.co.uk/publications/Documents/speeches/2012/speech616.pdf.
29 Cecchetti and Kharroubi, "Reassessing the Impact of Finance on Growth," BIS Working Papers, 381, 2012.6., 14p.
30 머빈 킹과 저자의 인터뷰, 런던, 2013.2.

참고 자료

참고 아카이브

Baker Library, Harvard Business School (HUBL)

Bank of England, London (BE)

Bank for International Settlements, Basel (BISA)

Centre for European Studies, Luxembourg (CVCE)

Cinematic Arts Library, University of Southern California, Los Angeles, California (USCCAL)

Columbia University Rare Book and Manuscript Library, New York, New York. (CU)

European University Institute, Brussels (EUI)

Federal Reserve Bank of New York, New York (FRBNY)

Franklin D. Roosevelt Presidential Library, Hyde Park, New York (FDRPL)

Harry S. Truman Library and Museum, Independence, Missouri (HTLM)

Seeley G. Mudd Manuscript Library, Princeton University (SGMML)

Special Collections Department, University of Delaware (UDSCD)

UK National Archives, London (UKNA)

US National Archives and Records Administration, College Park, Maryland (NARA)

참고 도서

Ahamed, Liaquat. *Lords of Finance: 1929, the Great Depression and the Bankers Who Broke the World*, London: Windmill, 2010.

Baker, James C, *The Bank for International Settlements: Evolution and Evaluation*, Westport, CT: Quorom Books, 2002.

Bank for International Settlements, *The BIS and the Basel Meetings 1930–1980*, Basel: BIS, 1980.

Bartal, David, *The Empire: The Rise of the House of Wallenberg*, Stockholm: Dagens Industri, 2005.

Bazyler, Michael, J., *Holocaust Justice: The Battle for Restitution in America's Courts*, New York: New York University Press, 2005.

Billstein, Reinhold, Karola Fings, Anita, Kugler, and Nicholas Levis, *Working for the Enemy: Ford, General Motors and Forced Labor During the Second World War*, Oxford, New York: Berghahn Books, 2004.

Bird, Kai., *The Chairman: John J. McCloy and the Making of the American Establishment*, New York: Simon and Schuster, 1992.

Black, Edwin, *IBM and the Holocaust: The Strategic Alliance between Nazi Germany and America's Most Powerful Corporation*, Westport, CT: Dialogue Press, 2012.

Borkin, Joseph, *The Crime and Punishment of I. G. Farben*, New York: Free Press, 1978.

Boughton, James M, Silent Revolution: *The International Monetary Fund 1979–1989*, Washington, DC: IMF, 2001.

Bower, Tom, *Blind Eye to Murder: Britain, America and the Purging of Nazi Germany*, New York: HarperCollins, 1981.

Boyle, Andrew, *Montagu Norman*, London: Cassell, 1967.

Breitman, Richard; Goda, Norman J. W.; Naftali, Timothy; and Wolfe, Robert, *U.S. Intelligence and the Nazis*, Cambridge University Press, 2005.

Chernow, Ron, *The Warburgs: The Twentieth-Century Odyssey of a Remarkable Jewish Family*, New York: Vintage, 1994.

Christman, Henry M., ed., *Essential Works of Lenin*, Mineola, New York: Dover, 1987.

Coombs, Charles, *The Arena of International Finance*, London: John Wiley, 1976.

Delattre, Lucas, *A Spy at the Heart of the Third Reich*, London: Grove Press/Atlantic Monthly Press, 2006

Dulles, Alan, *The Craft of Intelligence*, New York: Harper and Row, 1963.

Dulles, Eleanor Lansing, *The Bank for International Settlements at Work*, New York: Macmillan, 1932.

———, *Chances of a Lifetime: A Memoir*, Eaglewood Cliffs, NJ: Prentice Hall, 1980.

Ellwood, David W. "The Propaganda of the Marshall Plan in Italy in a Cold War Context," in Giles Scott-Smith and Hans Krabbendam, eds., *The Cultural Cold War in Western Europe, 1945–1960*, Independence, KY: Frank Cass Publishing, 2004.

Ferguson, Niall, *Paper and Iron: Hamburg Business and German Politics in the Era of Inflation 1897–1927*, Cambridge: Cambridge University Press, 2002

———, *The Ascent of Money: A Financial History of the World*, London: Penguin, 2009.

Gilbert, Martin, *Auschwitz and the Allies*, London: Michael Joseph, 1981.

Greider, William, *Secrets of the Temple: How the Federal Reserve Runs the Country*, New York, Touchstone, 1987.

Grose, Peter. *Gentleman Spy: The Life of Allen Dulles*, London: Andrew Deutsch, 1994.

Hartrich, Edwin, *The Fourth and Richest Reich: How the Germans Conquered the Post-War World*, London: Macmillan, 1980.

Haseler, Stephen, *Super-State: The New Europe and Its Challenge to America*, London: I.B. Taurus, 2004.

Henderson, David R., *German Economic Miracle: The Concise Encyclopedia of Economics*. Available at: http://www.econlib.org/library/Enc/GermanEconomicMiracle.html.

Higham, Charles, *Trading with the Enemy: An Exposé of the Nazi-American Money Plot 1933– 1945*, London: Robert Hale, 1983.

Jacobssen, Erin E., *A Life for Sound Money—Per Jacobssen, His Biography*, Oxford: Clarendon Press, 1979.

James, Harold, *Making the European Monetary Union*, Harvard University Press, 2012.

———, *The Deutsche Bank and the Nazi Economic War Against the Jews*, London: Cambridge University Press, 1981.

Jeffreys, Diarmuid, *Hell's Cartel: IG Farben and the Making of Hitler's War Machine*, London: Bloomsbury, 2009.

Kahn, David, *Hitler's Spies: German Military Intelligence in World War II*, New York: Macmillan, 1978.

Krugman, Paul, *End This Depression Now!*, New York: W. W. Norton, 2012.

Laughland, John, *The Tainted Source: The Undemocratic Origins of the European Idea*, London: Time, Warner, 1998.

LeBor, Adam, *Hitler's Secret Bankers: How Switzerland Profited from Nazi Genocide*, London: Pocket Books, 1999.

LeBor, Adam and Roger Boyes, *Surviving Hitler: Choice, Corruption and Compromise in the Third Reich*, London: Pocket Books, 2000.

Lisagor, Nancy and Frank Lipsius, *A Law Unto Itself: The Untold Story of Sullivan and Cromwell*. New York: William Morrow and Company, 1988.

MacMillan, Margaret, *Peacemakers: Six Months that Changed the World*, London: John Murray, 2003.

Mahl, Thomas E., *Desperate Deception: British Covert Operations in the United States 1939–1944.*, Dulles, Virginia: Brassey's, 1998.

Marsh, David, *The Bundesbank: The Bank That Rules Europe*, London: William Heinemann, 1992.

———, *The Euro: The Battle for the New Global Currency*, Yale University Press, 2011.

Mierzejewski, Alfred C., *Ludwig Erhard*, (Chapel Hill: Univ. of North Carolina Press, 2006.)

Mosley, Leonard, *Dulles: A Biography of Eleanor, Allen and John Foster Dulles and their family network*, New York: Doubleday, 1978.

O'Sullivan, Christopher D., *Post-War Planning and the Quest for a New World Order*, Columbia University Press, 2008.

Padoa-Schioppa, Tommaso, *The Road to Monetary Union in Europe*, Oxford: Clarendon Press, 1994.

Partnoy, Frank, *The Match King: Ivar Kreuger and the Financial Scandal of the Century*, New York: PublicAffairs, 2010.

Pauly, Louis W., *Who Elected the Bankers? Surveillance and Control in the World Economy*, Ithaca: Cornell University Press, 1997.

Petersen, Neal H., ed., *From Hitler's Doorstep: The Wartime Intelligence Reports of Allen Dulles 1942–1945*, Penn State University Press, 1996.

Pol, Heinz, *The Hidden Enemy: The German Threat to Post-War Peace*, New York: Julian Messner, 1943.

Roberts, Richard, *Schroders: Bankers and Merchants*, London: Macmillan, 1992.

Sampson, Anthony, *The Money Lenders: The People and Politics of the World Banking Crisis*, London: Viking, 1983.

Schacht, Hjalmar, *Confessions of the Old Wizard*, New York: Houghton Mifflin, 1956.

Scherman, Rabbi Nosson, *The Chumash: The Torah, Haftoras and Five Megillos With a Commentary Anthologised from the Rabbinic Writings*, NewYork: Mesorah Publications, 2001.

Simpson, Christopher, *Blowback: The First Full Account of America's Recruitment of Nazis and Its Disastrous Effect on Our Domestic and Foreign Policy*, New York: Weidenfeld and Nicholson, 1988.

———, *The Splendid Blond Beast: Money, Law and Genocide in the Twentieth Century*, Monroe, ME: Common Courage Press, 1995.

Simpson, Christopher, ed., *War Crimes of the Deutsche Bank and the Dresdner Bank: Office of the Military Government (US) Reports*, Teaneck, NJ: Holmes and Meier, 2002.

Singleton, John, *Central Banking in the Twentieth Century*, Cambridge: Cambridge University Press, 2010.

Stiglitz, Joseph, *Freefall: Free Markets and the Sinking of the Global Economy*, London: Penguin, 2010.

Strachan, Hew, *Financing the First World War*, Oxford: Oxford University Press, 2004.

Sutton, Anthony, *Wall Street and the Rise of Hitler*, West Hoathly, Sussex: Clairview Books, 2010.

Swaine, Robert Taylor, *The Cravath Firm and Its Predecessors 1819–1947*, New Jersey: The Lawbook Exchange Ltd, 1964.

Tarullo, Daniel, *Banking on Basel: The Future of International Financial Regulation*, Washington, DC: The Peterson Institute for International Economics, 2008.

Toniolo, Gianni, with Piet Clement, *Central Bank Cooperation at the Bank for International Settlements 1930–1973*, London: Cambridge University Press, 2005.

Tooze, Adam, *The Wages of Destruction: The Making and the Breaking of the Nazi Economy*, London: Allen Lane, 2006.

Touffut, Jean-Philippe, *Central Banks as Economic Institutions*, Cheltenham: Edward Elgar Publishing, 2008.

Trevor-Roper, H. R., *Hitler's Secret Conversations, 1941–1944*, New York: Farrar, Strauss, and Young, 1953.

Turner, Henry Ashby Jr., *German Big Business and the Rise of Hitler*, New York: Oxford University Press, 1985.

Ugland, Trygve, *Jean Monnet and Canada: Early Travels and the Idea of European Unity*, Toronto: University of Toronto Press, 2011.

Weitz, John, *Hitler's Banker: Hjalmar Horace Greeley Schacht*, London: Warner Books, 1999.

West, Nige, *British Security Co-ordination: The Secret History of British Intelligence in the Americas 1940–45*, London: Little, Brown, 1998.

Wistrich, Robert, *Who's Who in Nazi Germany*, London: Routledge, 2002.

Wyman, David S., *The Abandonment of the Jews: America and the Holocaust 1941–1945*, New York: Pantheon, 1984.

참고 논문

Aldrich, Richard. "OSS, CIA and European Unity: The American Committee on United Europe 1948–1960," Diplomacy and Statecraft, Vol. 8, No. 1, March 1997.

Andrews, David M. "Command and Control in the Committee of Governors: Leadership, Staff and Preparations for EMU," European University Institute, available at http://aei.pitt.edu/2811/1/078.pdf.

Auboin, Roger. "The Bank for International Settlements, 1930–1955," Essays in International Finance, May 1955.

Avent, Ryan. "The Twilight of the Central Banker," Free Exchange, The Economist, June 26, 2012, available at http://www.economist.com/blogs/freeexchange/2012/06/central-banks.

Bank for International Settlements, The. Annual reports from 1930, available at http://www.bis.org.

Bank for International Settlements, The. "Note on Gold Operations Involving the BIS and the German Reichsbank, September 1, 1939–May 8, 1945," available at http://www.bis.org/publ/bisp02b.pdf.

Beevor, Antony. "Europe's Long Shadow," Prospect magazine, December 2012.

Borkin, Joseph and Charles Welsh. "Germany's Master Plan," review by J. Hurstfield, Economic History Review, Vol. 14, No. 2 (1944), 206–207.

Boughton, James M. "Harry Dexter White and the International Monetary Fund," Finance and Development magazine, September 1998.

Breitman, Richard. "A deal with the Nazi dictatorship: Hitler's alleged emissaries in Autumn 1943," Journal of Contemporary History, Vol. 30, No. 3, July 1995.

Cecchetti, Stephen and Enisse Kharroubi. "Reassessing the Impact of Finance on Growth," BIS Working Papers, 381, July 2012.

Clement, Piet. "The touchstone of German credit: Nazi Germany and the service of the Dawes and Young Loans," Financial History Review, Vol. 11, 1, April 2004.

——. "The term 'macroprudential': origins and evolution," Bank for International Settlements, BIS Quarterly Review, March 2010.

Eichengreen, Barry, and Jorge Braga de Macedo. "The European Payments Union: History and implications for the evolution of the international financial architecture," OECD Development Center, Paris, March 2001.

Epstein, Edward Jay. "Ruling the world of money," Harper's, November 1983.

Friedman, Milton. "The Island of Stone Money," Working Papers in Economics E-91-3, The Hoover Institution, Stanford University, February 1991.

Funk, Walter. "Economic Reorganisation of Europe," Reichsbank, Berlin, 1940.

Goodhart, Charles. "The Changing Role of Central Banks," BIS Working Paper 326, November 2010.

Hilsenrath, Jon, and Brian Blackstone. "Inside the Risky Bets of Central Banks", Wall Street Journal, December 12, 2012.

Haldane, Andrew. "A Leaf Being Turned," Occupy Economics, London, 29 October, 2012, available at http://www.bankofengland.co.uk/publications/Documents/speeches/2012/speech616.pdf.

Hudson, Manley, O. "The Immunities of the Bank for International Settlements," American Journal of International Law, Vol. 32, No. 1 (Jan. 1938), 128–134.

Johanssen, Niels and Gabriel Zucman. "The End of Bank Secrecy? An Evaluation of the G20 Tax Haven Crackdown," Working Paper 2012-04, Paris School of Economics, February 2012.

Keynes, J. M. "The Bank for International Settlements, Fourth Annual Report, 1933–34," Economic Journal, Vol. 44, No. 175. September 1934, 514–518.

Kriz, M.A. "The Bank for International Settlements: Wartime Activities and Present Position," (Revised), Federal Reserve Bank of New York, Foreign Research Division, June 11, 1947.

Lamfalussy, Alexandre. "Central banks, Governments and the European Monetary Unification Process," BIS Working Paper 201. February 2006.

Lefort, Daniel. "Bank for International Settlements, Basel, Switzerland," Kluwer Law International, Intergovernmental Organisations—Supplement 36, November 2009.

Martín-Aceña, Pablo, Elena Martínez Ruiz, Maria. A. Pons, "War and Economics: Spanish Civil War Finances Revisited," Working papers on Economic History, Universidad de Alcala, Madrid, WP-04-10, December 2010.

Maes, Ivo. "The Evolution of Alexandre Lamfalussy's Thought on the International and European Monetary

System (1961-1993)," Working Paper Research, November 2011, No. 127. National Bank of Belgium.

Official Monetary and Financial Institutions Forum and Ernst and Young. "Challenges for Central Banks, Wider Powers, Greater Restraints." November 2012.

Pol, Heinz. "IG Farben's Peace Offer," Protestant Magazine, June-July 1943, 41.

Pollard, Patricia. "A Look Inside Two Central Banks: The European Central Bank and the Federal Reserve," Federal Reserve Bank of St. Louis, January/February 2003.

Sibert, Anne. "Accountability and the ECB," European Parliament, Directorate General for Internal Policies, Policy Department A: Economic and Scientific Policies, Economic and Monetary Affairs, September 2009, available at http://www.europarl.europa.eu/document/activities/cont/200909/20090924ATT61145/20090924ATT61145EN.pdf.

Siegman, Charles J. "The Bank for International Settlements and the Federal Reserve," Federal Reserve Bulletin, Volume 80, number 10, October 1994.

Simmons, Beth. "Why Innovate? Founding the Bank for International Settlements," World Politics, Vol. 45, No. 3 (Apr. 1993), 361–405.

Taibbi, Matt. "The Great American Bubble Machine," Rolling Stone, July 9 2009.

Tuttle, William M. Jr. "The Birth of an Industry: the Synthetic Rubber 'Mess' in World War II,"

Technology and Culture, January 1981, 40.

Van Hook, James C. "Review of Treasonable Doubt: The Harry Dexter White Spy Case by R. Bruce Craig," Studies in Intelligence, Vol. 49, No. 1, April 2007.

Weixelbaum, Jason. "The Contradiction of Neutrality and International Finance: The Presidency of Thomas H. McKittrick at the Bank for International Settlements in Basel 1940–1946," May 2010, available at http://jasonweixelbaum.wordpress.com/tag/thomas-h-mckittrick.

———. "Following the Money: An Exploration of the Relationship between American Finance and Nazi Germany," December 2009, available at http://jasonweixelbaum .wordpress.com/2009/12/21/following-the-money-an-exploration of-the-relationship-between-american-finance-and-nazi-germany.

인터뷰

Connelly, Albert Ray. Conducted in October 1990. Number 549, Jean Monnet Statesman of Interdepence Collection (EUI), available at http://www.eui.eu/HAEU/OralHistory/bin/CreaInt.asp ?rc=INT549.

Harriman, Averell. Conducted in 1971. Harry S. Truman Library and Museum, available at http://www.trumanlibrary.org/oralhist/harriman.htm.

Hoffman, Paul. Conducted in October 1964. Harry S. Truman Library and Museum, available at http://www.trumanlibrary.org/oralhist/hoffmanp.htm.

Lamfalussy, Alexandre. Series of interviews conducted in March 2010, available athttp://www.cvce.eu.

McKittrick, Thomas. Conducted in July 1964. John Foster Dulles Oral History Collection, number 172 (SGMML).

Zijlstra, Jelle. Conducted in May 1989. Number 534, Jean Monnet Statesman of Interdepence Collection (EUI), available at http://www.eui.eu/HAEU/OralHistory/bin/CreaInt.asp?rc=INT534.

참고 웹사이트

Bank for International Settlements, http://www.bis.org Centre for European Studies, http://www.cvce.eu

Economics resource, http://www.dictionaryofeconomics.com Economics and finance resource, http://www.econlib.org The Economist, http://www.economist.com

European University Institute, http://www.eui.eu

Financial Times, http://www.ft.com

Investopedia finance resource, http://www.investopedia.com

New York Times, http://www.nytimes.com Holocaust research resource, http://www.nizkor.org

Harry S. Truman Library and Museum, http://www.trumanlibrary.org IG Farben historical resources, http://www.wollheim-memorial.de

US Department of State, Office of the Historian, http://www.history.state.gov

바젤탑

ⓒ 더늠, 2022

초판 제1쇄 인쇄 2022년 11월 30일
초판 제1쇄 발행 2022년 11월 30일

글쓴이 | 아담 레보어
옮긴이 | 임수강
표지 | 일러스트 김새로미
펴낸곳 | 더늠
펴낸이 | 임수강
등록 | 제2022-000038호
주소 | 서울시 동대문구 용두동 253
전화 | 02-953-2527
팩스 | 0504-363-2527
전자우편 | linsk@hanmail.net

ISBN 979-11-980732-2-8